SCHÄFFER
POESCHEL

Jochen Gutzy/Michael Märzheuser

Praxishandbuch Ad-hoc-Publizität

Das neue Recht der Ad-hoc-Publizität unter Berücksichtigung von Anlegerschutzverbesserungsgesetz und Transparenzrichtlinie-Umsetzungsgesetz

2007
Schäffer-Poeschel Verlag Stuttgart

Autoren:
Jochen Gutzy und Michael Märzheuser, geschäftsführende Gesellschafter
der MärzheuserGutzy Kommunikationsberatung GmbH, München/Berlin.

Mit freundlicher Unterstützung der news aktuell GmbH, Hamburg

Bibliografische Information der Deutschen Nationalbibliothek

Die Deutsche Nationalbibliothek verzeichnet diese Publikation in der
Deutschen Nationalbibliografie; detaillierte bibliografische Daten sind im
Internet über http://dnb.d-nb.de abrufbar.

Gedruckt auf chlorfrei gebleichtem, säurefreiem und alterungsbeständigem
Papier

ISBN 978-3-7910-2228-4

Dieses Werk einschließlich aller seiner Teile ist urheberrechtlich geschützt.
Jede Verwertung außerhalb der engen Grenzen des Urheberrechtsgesetzes ist
ohne Zustimmung des Verlages unzulässig und strafbar. Das gilt insbesondere für
Vervielfältigungen, Übersetzungen, Mikroverfilmungen und die Einspeicherung und
Verarbeitung in elektronischen Systemen.

© 2007 Schäffer-Poeschel Verlag für Wirtschaft · Steuern · Recht GmbH
www.schaeffer-poeschel.de
info@schaeffer-poeschel.de

Einbandgestaltung: Willy Löffelhardt
Satz: Dörr + Schiller GmbH, Stuttgart
Druck und Bindung: Kösel, Krugzell · www.koeselbuch.de
Printed in Germany
September 2007

Schäffer-Poeschel Verlag Stuttgart

Geleitwort

Verehrte Leserinnen und Leser,

die Regeln für die Kommunikation mit dem Finanzmarkt sind einem ständigen Wandel unterworfen. Deshalb stellt die gelungene Ansprache von Anlegern, Analysten und Journalisten eine permanente Herausforderung für Investor-Relations-Fachleute dar. Insbesondere heute, wo die Staaten der Europäischen Union immer enger zusammenwachsen und ein gemeinsamer Finanzmarkt langsam Gestalt annimmt, sind Transparenz und Zuverlässigkeit die wichtigsten Kriterien für moderne Investor Relations.

euro adhoc hat sich das Ziel gesetzt, die eigenen Publizitätsdienste frühzeitig auf veränderte Rahmenbedingungen auszurichten und die Emittenten mit Erfahrung und Fachwissen bei der IR-Arbeit zu unterstützen. Dazu gehören unser jährliches »euro adhoc IR-Forum«, wo Fachleute, Analysten und Wirtschaftsredakteure aktuelle Trends diskutieren, unsere Umfragereihe »IR-Trendmonitor« und die enge Abstimmung mit unserem internationalen Partner PR Newswire. Diesen Weg des Austausches und der Förderung von Know-how wollen wir weiter beschreiten.

Deshalb haben wir uns entschieden, das Projekt »Praxishandbuch Ad-hoc-Publizität« aktiv zu unterstützen. Wir wollen eine Richtschnur liefern, die Orientierung für einen Bereich der Unternehmenskommunikation bietet, der Jahr für Jahr komplexer wird. Die beiden wesentlichen gesetzlichen Änderungen der letzten Zeit, das AnSVG (Anlegerschutzverbesserungsgesetz) und das TUG (Transparenzrichtlinie-Umsetzungsgesetz), nehmen darum einen großen Raum in diesem Werk ein. Das Praxishandbuch gehört in jedes gut sortierte Bücherregal einer Investor Relations-Abteilung.

Ich danke den verdienten Autoren Jochen Gutzy und Michael Märzheuser dafür, dass sie gemeinsam mit euro adhoc dieses Projekt möglich gemacht und mit ihren Recherchen und Analysen ein Standardwerk geschaffen haben, das IR-Verantwortliche in Unternehmen und Agenturen bei ihrer täglichen Arbeit zu Rate ziehen können.

Viel Erfolg für Ihre Finanzkommunikation wünscht

Frank Stadthoewer, Geschäftsführer
news aktuell GmbH/euro adhoc
euroadhoc@newsaktuell.de
www.euroadhoc.com

Vorwort

Die Idee zu dem »Praxishandbuch Ad-hoc-Publizität« wurde bereits im April 2004 geboren. In diesem Monat wurde die »Benchmark-Studie Ad-hoc-Publizität 2003«, die wir im Auftrag der news aktuell GmbH durchgeführt hatten, mit dem PR-Report Award als beste Arbeit in der Kategorie Research ausgezeichnet. Schon damals lag die Diskussion über die europäische Marktmissbrauchsrichtlinie und das Anlegerschutzverbesserungsgesetz in der Luft. Was lag also näher, als ein Buch zu verfassen, das einen praxisbezogenen Zugang zu dieser komplexen Rechtsmaterie eröffnet und dabei auch die vielfältigen kommunikativen Querbezüge der Ad-hoc-Publizität berücksichtigt. Ein Buch von Praktikern für Praktiker.

Unser besonderer Dank gilt an dieser Stelle der news aktuell GmbH, die dieses Buchprojekt als Sponsor-Partner unterstützt hat. An vorderster Stelle danken wir Carl-Eduard Meyer, Geschäftsführer der news aktuell GmbH, ganz herzlich für seine tatkräftige Hilfe, die er uns bei der Ausarbeitung des Buches gewährt hat und für die Geduld, mit der er dieses Buchprojekt begleitet hat. Unseren besonderen Dank sprechen wir auch Frank Stadthoewer, Jens Petersen und Peter List, alle news aktuell, Hamburg, aus. Sie alle haben das Projekt mit Rat und Tat begleitet und so einen wertvollen Beitrag für das Gelingen des Buches geleistet.

Bedanken wollen wir uns an dieser Stelle auch bei unseren Mitarbeiterinnen und Mitarbeitern, die das Manuskript mit unzähligen Hinweisen versehen und in mehrfachen Korrekturschleifen kritisch auf Fehler überprüft haben. Herausheben möchten wir an dieser Stelle besonders Kawita Köhler, Karina Mößbauer, Michael Mang und Markus Pounder. Ein ganz besonders herzlicher Dank gebührt darüber hinaus RA Dr. Rudolf Griesam, Dr. Griesam, Nibbe & Kollegen, München, für die zahlreichen inhaltlichen Anregungen.

München im Mai 2007   Jochen Gutzy
                                                                                    Michael Märzheuser

Inhaltsverzeichnis

Geleitwort V

Vorwort VII

Abkürzungsverzeichnis XIV

1 Grundlagen der Ad-hoc-Publizität 1

1.1 Rechtliche Grundlagen der Ad-hoc-Publizität 1
    1.1.1 Überblick über die Regelungsbereiche der Ad-hoc-Publizität .. 1
    1.1.2 Zielsetzungen der Ad-hoc-Publizität 4
        1.1.2.1 Der Schutzzweck der Ad-hoc-Publizität 5
        1.1.2.2 Die Ad-hoc-Publizität als insiderrechtliche Präventivmaßnahme 6
    1.1.3 Die Stellung der Ad-hoc-Publizität im System der kapitalmarktrechtlichen Publizität 8
        1.1.3.1 Das Spannungsverhältnis zwischen Ad-hoc-Publizität und Regelpublizität 10
        1.1.3.2 Beurteilung von Sachverhalten der Regelpublizität im Hinblick auf ihre Qualität als Insiderinformationen im Sinne des § 13 WpHG 12
        1.1.3.3 Abschätzung des Preisbeeinflussungspotenzials von Sachverhalten aus dem Bereich der Regelpublizität ... 15
        1.1.3.4 Bestimmung des Veröffentlichungszeitpunkts für Sachverhalte aus dem Bereich der Regelpublizität 18
    1.1.4 Die rechtshistorischen Wurzeln der Ad-hoc-Publizität 19
    1.1.5 Weiterentwicklung des Rechts der Ad-hoc-Publizität durch das Zweite und Dritte Finanzmarktförderungsgesetz 22
    1.1.6 Praxisrelevante Änderungen des Rechts der Ad-hoc-Publizität durch das Vierte Finanzmarktförderungsgesetz 23
        1.1.6.1 Gegenstand und Ziele des Vierten Finanzmarktförderungsgesetzes 23
        1.1.6.2 Änderungen des Wertpapierhandelsgesetzes in Bezug auf die gesetzlichen Publizitätspflichten 24
    1.1.7 Harmonisierung des Insiderrechts und des Rechts der Ad-hoc-Publizität auf europäischer Ebene: Die Auswirkungen der EU-Marktmissbrauchsrichtlinie 28
        1.1.7.1 Der Kontext der europäischen Marktmissbrauchsrichtlinie: Der Aktionsplan für Finanzdienstleistungen (FSAP) 29
        1.1.7.2 Gegenstand und Ziele der EU-Marktmissbrauchsrichtlinie 31

1.1.7.3 Regelungsbereiche der EU-Marktmissbrauchsrichtlinie ... 32
1.1.7.4 Die Novellierung des Wertpapierhandelsgesetzes durch das Anlegerschutzverbesserungsgesetz 36
1.1.7.5 Praxisrelevante Änderungen des Insiderrechts und des Rechts der Ad-hoc-Publizität 37
1.1.8 EU-Transparenzrichtlinie und Transparenzrichtlinie-Umsetzungsgesetz (TUG) 48
1.1.8.1 Auswirkungen des Transparenzrichtlinie-Umsetzungsgesetzes auf den Kreis der Normadressaten von § 15 WpHG 50
1.1.8.2 Auswirkungen des Transparenzrichtlinie-Umsetzungsgesetzes auf die Veröffentlichung und Speicherung von Ad-hoc-Mitteilungen 52
1.2 Beurteilung des Insiderrechts und des Rechts der Ad-hoc-Publizität aus der ökonomischen und rechtspolitischen Perspektive 54
1.2.1 Beurteilung des Insiderrechts und des Rechts der Ad-hoc-Publizität aus der ökonomischen Perspektive 54
1.2.1.1 Der Kapitalmarkt als Informationsverarbeitungssystem ... 55
1.2.1.2 Asymmetrische Information und adverse Selektion: Insiderhandel als Funktionsproblem des Kapitalmarktes ... 60
1.2.1.3 Abschließende Beurteilung des Insiderrechts und des Rechts der Ad-hoc-Publizität aus ökonomischer Perspektive 63
1.2.2 Beurteilung des Insiderrechts und des Rechts der Ad-hoc-Publizität aus der rechtspolitischen Perspektive 65
1.2.2.1 Strafwürdigkeit von Insiderhandel 66
1.2.2.2 Strafbedürftigkeit von Insiderhandel 67
1.2.3 Möglichkeiten und Grenzen der Insiderregulierung 68
1.3 Praktische Erfahrungen bei der Umsetzung der Ad-hoc-Publizität in Deutschland 70
1.3.1 Entwicklung der Zahl und der Qualität der Ad-hoc-Mitteilungen 72
1.3.2 Inhalte der verbreiteten Ad-hoc-Mitteilungen 79
1.3.3 Zeitpunkt der Veröffentlichung der Ad-hoc-Mitteilungen 80
1.3.4 Ad-hoc-Publizitätspraxis in den verschiedenen Börsensegmenten 81

2 Tatbestandsmerkmale und Rechtsfolgen der Ad-hoc-Publizität .. 85

2.1 Das neue Recht der Ad-hoc-Publizität 85
2.1.1 Überblick über die Regelungen von § 15 WpHG 86
2.1.2 Die europarechtlichen Vorgaben der Marktmissbrauchsrichtlinie 88
2.2 Die Tatbestandsmerkmale der Ad-hoc-Publizität 90
2.2.1 Wer muss veröffentlichen? Die Normadressaten der Ad-hoc-Publizitätspflicht 91

2.2.2 Was muss veröffentlicht werden? Die Insiderinformation als Ausgangspunkt der Ad-hoc-Publizitätspflicht 93
   2.2.2.1 Allgemeine Voraussetzungen für das Vorliegen einer Ad-hoc-Publizitätspflicht 94
   2.2.2.2 Hinreichende Konkretisierung einer Information als Voraussetzung für das Vorliegen einer Ad-hoc-Publizitätspflicht 95
      2.2.2.2.1 Mehrstufige Entscheidungen 96
      2.2.2.2.2 Prognosen und zukünftig eintretende Umstände 98
      2.2.2.2.3 Gerüchte 99
   2.2.2.3 Fehlende Öffentlichkeit der Umstände als Voraussetzung der Ad-hoc-Publizitätspflicht 102
   2.2.2.4 Unmittelbare Betroffenheit des Emittenten als Voraussetzung für das Vorliegen einer Ad-hoc-Publizitätspflicht 104
   2.2.2.5 Eignung der Umstände zur erheblichen Preisbeeinflussung als Voraussetzung für das Vorliegen einer Ad-hoc-Publizitätspflicht 106
2.2.3 Wann muss veröffentlicht werden? Vorabmitteilung und Veröffentlichung der Insiderinformationen 111
   2.2.3.1 Unverzüglichkeit der Veröffentlichung 112
   2.2.3.2 Veröffentlichungsweg 113
   2.2.3.3 Selbstbefreiung von der Ad-hoc-Publizität 114
      2.2.3.3.1 Vorliegen berechtigter Interessen 115
      2.2.3.3.2 Keine Irreführung der Öffentlichkeit und Gewährleistung der Vertraulichkeit als Voraussetzungen für eine Selbstbefreiung 117
   2.2.3.4 Vorabmitteilung 118
2.2.4 In welcher Form muss veröffentlicht werden und was muss bei der Veröffentlichung beachtet werden? 120
   2.2.4.1 Sprache und Umfang der Veröffentlichung 120
   2.2.4.2 Angaben zum Emittenten und dessen Finanzinstrumenten 121
   2.2.4.3 Angaben zur Insiderinformation 122
   2.2.4.4 Übliche Kennzahlen 123
   2.2.4.5 Missbrauch der Ad-hoc-Publizität 124
   2.2.4.6 Ad-hoc-Mitteilungen im Falle einer Aktualisierung oder Berichtigung 125

2.3 Rechtsfolgen bei Verstößen gegen die Ad-hoc-Publizität 126
   2.3.1 Ordnungswidrigkeiten 126
   2.3.2 Schadenersatzregelungen 127

2.4 Prüfungsschema 130
   2.4.1 Formelle Prüfung 130
      2.4.1.1 Adressaten der Verpflichtung 130
   2.4.2 Materielle Prüfung 131

2.4.2.1 Vorliegen einer Insiderinformation 131
2.4.2.2 Unmittelbare Betroffenheit des Emittenten 133
2.4.3 Aktivierung der Selbstbefreiung 133

3 Besondere Anwendungsfälle 135

3.1 Ausgewählte Anwendungsbeispiele 135
    3.1.1 Geschäftsergebnisse 136
    3.1.2 Außerordentliche Erträge oder Aufwendungen 141
    3.1.3 Personalveränderungen bei Schlüsselpositionen des Unternehmens 143
    3.1.4 Verwaltungs- und Gerichtsverfahren 149
    3.1.5 Abschluss, Änderung oder Kündigung bedeutender Verträge mit Kunden, Lieferanten und Partnern 151
    3.1.6 Restrukturierungsmaßnahmen 154
    3.1.7 Strategische Entscheidungen, Investitionen und Desinvestitionen 156
3.2 Wertpapiererwerbs-, Übernahme- und Pflichtangebote 158
    3.2.1 Die Rechtslage bei Wertpapiererwerbs-, Übernahme- und Pflichtangeboten 158
    3.2.2 Mitteilungspflichten der Bietergesellschaft bzw. des Kaufinteressenten 160
    3.2.3 Mitteilungspflichten der Zielgesellschaft 163
    3.2.4 Umgang mit Marktgerüchten 165
    3.2.5 Anteilserwerbe, die nicht dem Wertpapiererwerbs- und Übernahmegesetz unterfallen 166

4 Handlungsempfehlungen für die Praxis 167

4.1 Organisatorische Aspekte der Ad-hoc-Publizität 167
    4.1.1 Compliance Management 167
    4.1.2 Ad-hoc-Publizitäts-Gremium 168
    4.1.3 Ad-hoc-Dienstleister 171
4.2 Praktische Hilfestellungen für das Formulieren von Ad-hoc-Mitteilungen 173
    4.2.1 Formale Anforderungen an Ad-hoc-Mitteilungen 173
    4.2.2 Sprachliche Anforderungen an Ad-hoc-Mitteilungen 174
    4.2.3 Inhaltliche Anforderungen an Ad-hoc-Mitteilungen 175
4.3 Grundsätze einer kapitalmarktorientierten Disclosure Policy 177
    4.3.1 Ganzheitliches Kommunikationskonzept 180
    4.3.2 Expectation Management 182
    4.3.3 Earnings Guidance 185
4.4 Schlussbetrachtung 187

Anhang: Gesetze und Verordnungen 191

Literaturverzeichnis 203

Disclaimer 207

Stichwortverzeichnis 209

Abkürzungsverzeichnis

3. FiFöG	Drittes Finanzmarktförderungsgesetz
4. FMFG	Viertes Finanzmarktförderungsgesetz
a. F.	alte Fassung
Abs.	Absatz
AktG	Aktiengesetz
AnSVG	Anlegerschutzverbesserungsgesetz
Art.	Artikel
ATS	Alternative Trading System
BaFin	Bundesanstalt für Finanzdienstleistungsaufsicht
BaKred	Bundesaufsichtsamt für das Kreditwesen
BAV	Bundesaufsichtsamt für das Versicherungswesen
BAWe	Bundesaufsichtsamt für den Wertpapierhandel
BDI	Bundesverband der Deutschen Industrie e. V.
BGB	Bürgerliches Gesetzbuch
BIP	Bruttoinlandsprodukt
BörsG	Börsengesetz
BörsZulV	Börsenzulassungsverordnung
CESR	Committee of European Securities Regulators (Komitee der Europäischen Wertpapieraufsichtsbehörden)
DAI	Deutsches Aktieninstitut
DGAP	Deutsche Gesellschaft für Ad-hoc-Publizität
DIRK	Deutscher Investor Relations Verband e. V.
DRPR	Deutscher Rat für Public Relations
DVFA	Deutsche Vereinigung für Finanzanalyse und Asset Management
EBIT	Earnings before Interest and Taxes
EBITDA	Earnings before Interest, Taxes, Depreciation and Amortization
ECOFIN	Council of Economics and Finance Ministers of the European Union (Rat der Wirtschafts- und Finanzminister der Europäischen Union)
EG	Europäische Gemeinschaft
EHUG	Gesetz über elektronische Handelsregister und Genossenschaftsregister sowie das Unternehmensregister
EPS	Earnings per Share
ERS	Exchange Reporting System
EU	Europäische Union
EWG	Europäische Wirtschaftsgemeinschaft
EWR	Europäischer Wirtschaftsraum
f.	folgende (Seite)

ff.	folgende (Seiten)
FinDAG	Finanzdienstleistungsaufsichtsgesetz
ggf.	gegebenenfalls
GuV	Gewinn- und Verlustrechnung
HGB	Handelsgesetzbuch
i. S. v.	im Sinne von
i. V. m.	in Verbindung mit
IFRS	International Financial Reporting Standard
InsO	Insolvenzordnung
ISIN	International Securities Identification Number
KWG	Kreditwesengesetz
MoU	Memorandum of Understanding
n. F.	neue Fassung
Nr.	Nummer
S.	Seite
SG	Schmalenbach-Gesellschaft
TUG	Transparenzrichtlinie-Umsetzungsgesetz
Tsd.	Tausend
VAG	Versicherungsaufsichtsgesetz
VerkaufsprospektG	Verkaufsprospektgesetz
vgl.	vergleiche
VO	Verordnung
WDR	Wertpapierdienstleistungsrichtlinie
WpAIV	Verordnung zur Konkretisierung von Anzeige-, Mitteilungs- und Veröffentlichungspflichten sowie der Pflicht zur Führung von Insiderverzeichnissen nach dem Wertpapierhandelsgesetz (Wertpapierhandelsanzeige- und Insiderverzeichnisverordnung)
WpHG	Wertpapierhandelsgesetz
WpPG	Wertpapierprospektgesetz
WpÜG	Wertpapiererwerbs- und Übernahmegesetz
Ziff.	Ziffer

1 Grundlagen der Ad-hoc-Publizität

Die Ad-hoc-Publizität ist im dritten Abschnitt des Wertpapierhandelsgesetzes geregelt. Das Wertpapierhandelsgesetz vollzieht in weiten Teilen Europarecht nach. Dies gilt auch für die Ad-hoc-Publizität, die in ihrem Kern auf die Börsenzulassungsrichtlinie der Europäischen Gemeinschaft vom 17. April 1979 zurückgeht. Die Ad-hoc-Publizität gemäß § 15 WpHG trat in ihrer ursprünglichen Form am 1. Januar 1995 in Kraft und ersetzte den bis dahin gültigen § 44 a BörsG. Die Vorschrift wurde zwischenzeitlich mehrfach modifiziert, zuletzt durch das Anlegerschutzverbesserungsgesetz, das die europäische Marktmissbrauchsrichtlinie in deutsches Recht überführt hat, sowie das Transparenzrichtlinie-Umsetzungsgesetz, das die EU-Transparenzrichtlinie in innerstaatliches Recht umgesetzt hat.

1.1 Rechtliche Grundlagen der Ad-hoc-Publizität

Wohl kaum ein Regelungsbereich des Kapitalmarktrechts war so häufig Gegenstand von Änderungen wie die Ad-hoc-Publizitätspflicht. Über die Jahre wurde der sachliche Anwendungsbereich der Ad-hoc-Publizität beständig erweitert und präzisiert, die Sanktionen für Verstöße gegen die Pflicht zur Ad-hoc-Publizität wurden fortlaufend erhöht. Die geringe Kontinuität bei den rechtlichen Rahmenbedingungen ist jedoch nicht dem Gesetzgeber allein anzulasten – auch wenn die Verwendung von unbestimmten Rechtsbegriffen, das Vorliegen von Regelungslücken sowie sprachliche Ungereimtheiten im Gesetz die Umsetzung der Ad-hoc-Publizität nicht gerade erleichtert haben.

Beständige Ausdehnung der Ad-hoc-Publizität

Die Mehrzahl der gesetzlichen Änderungen auf dem Gebiet der Ad-hoc-Publizität wurde vielmehr durch Entwicklungen auf dem Kapitalmarkt ausgelöst. Es ist ein ernst zu nehmendes Problem, dass sich die Effektivität gesetzlicher Normen in dem durch eine hohe Dynamik gekennzeichneten Kapitalmarkt im Vorfeld nur schwer abschätzen lässt. Da der Gesetzgeber aber an den Grundsatz der Verhältnismäßigkeit gebunden ist, mithin also unter allen denkbaren Normen bzw. Sanktionen mit gleicher Wirkung diejenige wählen muss, die den geringsten Eingriff in die Rechtspositionen der Betroffenen mit sich bringt, stellt sich die Rechtsetzung als ein evolutorischer Prozess des *Trial and Error* dar. Gerade in jüngerer Zeit hat der deutsche Gesetzgeber zudem überwiegend Vorgaben, die auf europäischer Ebene entwickelt wurden, in deutsches Recht umgesetzt.

Umsetzung europäischer Vorgaben

1.1.1 Überblick über die Regelungsbereiche der Ad-hoc-Publizität

Die Ad-hoc-Publizität zählt zu den zentralen kapitalmarktrechtlichen Publizitätspflichten. In ihrem Kern geht die Ad-hoc-Publizitätspflicht auf die EG-Börsenzulassungsrichtlinie vom 17. April 1979 zurück (vgl. BaFin/BAWe (1998 b), S. 26). Der Tatbestand der Ad-hoc-Publizität war zunächst in

Historische Wurzeln der Ad-hoc-Publizität

§ 44a BörsG a. F. geregelt. Die börsengesetzliche Regelung erlangte aber – nicht zuletzt auf Grund des geringen Abschreckungspotenzials der gesetzlichen Sanktionen – zu keinem Zeitpunkt praktische Bedeutung und blieb letztlich *totes Recht*.

Wertpapierhandelsgesetz Eine erste umfassende Neuregelung erfuhr die Ad-hoc-Publizität mit Inkrafttreten des Wertpapierhandelsgesetzes am 1. Januar 1995. Seither ist der gesetzliche Tatbestand der Ad-hoc-Publizität – wie das Insiderrecht – im dritten Abschnitt des Wertpapierhandelsgesetzes (WpHG) geregelt. § 15 WpHG, der in seiner ursprünglichen Fassung mit »Veröffentlichung und Mitteilung kursbeeinflussender Tatsachen« überschrieben war, enthielt im Wesentlichen den Wortlaut der börsengesetzlichen Vorgängerregelung. Zwischenzeitlich war diese Rechtsnorm jedoch selbst mehrfach Gegenstand von Änderungen. Die letzten Änderungen wurden durch das Anlegerschutzverbesserungsgesetz (AnSVG) und das Transparenzrichtlinie-Umsetzungsgesetz (TUG) angestoßen.

AnSVG Neuerungen hat dabei vor allem das Anlegerschutzverbesserungsgesetz mit sich gebracht. Das AnSVG hat das Recht der Ad-hoc-Publizität in wesentlichen Punkten verändert und die Publizitätspflicht in verschiedenen Richtungen ausgebaut. Dabei wurde auch die Aufteilung der unterschiedlichen Regelungsbereiche geändert. Zudem wurden einige Vorschriften mit eher technischem Charakter aus dem Gesetz selbst ausgegliedert. Hier hat der Gesetzgeber – wohl mit Blick auf die hohe Dynamik des Kapitalmarktgeschehens und mit Rücksicht auf die Effizienz des Gesetzgebungsverfahrens – die Verabschiedung von konkretisierenden Rechtsverordnungen durch das Bundesfinanzministerium vorgesehen. Dagegen hat das Transparenzrichtlinie-Umsetzungsgesetz das Recht der Ad-hoc-Publizität in materieller Hinsicht nicht wesentlich verändert.

Sachlicher Anwendungsbereich der Ad-hoc-Publizität Die beiden ersten Absätze von § 15 WpHG regeln den sachlichen Anwendungsbereich der Ad-hoc-Publizität. § 15 Abs. 1 WpHG beantwortet die Frage, wen die Ad-hoc-Publizitätspflicht trifft, unter welchen Voraussetzungen überhaupt eine Veröffentlichungspflicht entsteht, wie die Übermittlung zu erfolgen hat und welche inhaltlichen Anforderungen an die Veröffentlichung gestellt werden. § 15 Abs. 2 WpHG enthält ein Verbot für die Veröffentlichung von nicht ad-hoc-pflichtigen Informationen und schreibt zugleich eine Verpflichtung zur Korrektur von Mitteilungen, die unwahre Informationen enthalten, fest.

Selbstbefreiung Der dritte Absatz regelt das Verfahren, das bei der Aktivierung der im Zuge der Novellierung des WpHG durch das AnSVG neu geschaffenen Möglichkeit einer Aufschiebung der Veröffentlichung zum Tragen kommt. § 15 Abs. 3 Satz 1 WpHG legt fest, unter welchen Voraussetzungen eine Selbstbefreiung von der Veröffentlichung in Frage kommt. Die Sätze 2, 3 und 4 regeln das Verfahren, das bei dem Wiederaufleben der Veröffentlichungspflicht – nach Wegfall der Gründe, die zu einem Aufschieben der Veröffentlichung berechtigen – verlangt wird.

Verfahren bei Vorliegen einer Ad-hoc-Pflicht Die Absätze 4 und 5 regeln das Verfahren, das bei Vorliegen einer Ad-hoc-Publizitätspflicht von den Emittenten angewendet werden muss. Für die Praxis besonders wichtig sind dabei die Pflicht zur Vorabinformation der Geschäftsführung der inländischen Börsen und der BaFin (§ 15 Abs. 4 Satz 1 WpHG), das *Auslandsemittentenprivileg*, das Emittenten mit Sitz im Ausland gestattet, die Vorabinformation zeitgleich mit der Veröffentlichung vorzunehmen

(§ 15 Abs. 4 Satz 4 WpHG) und das Verbot einer vorherigen anderweitigen Veröffentlichung der Insiderinformation (§ 15 Abs. 5 Satz 1 WpHG).

§ 15 Abs. 6 WpHG bestimmt, unter welchen Voraussetzungen bei einer Verletzung der Ad-hoc-Publizitätspflicht Schadenersatzansprüche gegen den Emittenten geltend gemacht werden können.

Schadenersatzregelung

Der siebte Absatz enthält die Ermächtigung zum Erlass von Rechtsverordnungen, die nähere Bestimmungen über

Rechtsverordnungen

- Mindestinhalt, Art, Sprache, Umfang und Form der Veröffentlichung nach Abs. 1 Satz 1, 4 und 5 sowie Absatz 2 Satz 2,
- Mindestinhalt, Art, Sprache, Umfang und Form der Veröffentlichung nach Abs. 3 Satz 4, Absatz 4 und Absatz 5 Satz 2 und
- über die berechtigten Interessen des Emittenten und die Gewährleistung der Vertraulichkeit im Falle einer Aktivierung der Selbstbefreiung von der Veröffentlichung gemäß Absatz 3

enthalten. Rechtspolitisch von Bedeutung ist in diesem Zusammenhang, dass die Konkretisierungsverordnungen nicht der Zustimmung des Bundesrates bedürfen und das Recht zum Erlass der Verordnungen an die Bundesanstalt für Finanzdienstleistungsaufsicht (BaFin) deligiert werden kann.

Wie die Lektüre der Jahresberichte der BaFin und auch schon zuvor des Bundesaufsichtsamtes für den Wertpapierhandel (BAWe) zeigt, war die Umsetzung der Ad-hoc-Publizität von Beginn an von Unsicherheiten geprägt. So wurden bereits 1995 vermehrt auch Auslegungsfragen an die Mitarbeiter der Aufsichtsbehörde herangetragen (vgl. BaFin/BAWe (1995), S. 22).

Anwendungspraxis

Eine Ursache für die Schwierigkeiten bei der Umsetzung der Ad-hoc-Publizität seit Inkrafttreten des Wertpapierhandelsgesetzes liegt in der Verwendung von unbestimmten Rechtsbegriffen, deren Auslegung selbst unter Juristen umstritten war und teilweise noch immer ist. Die BaFin hat sich zwar in der Vergangenheit – wie zuvor bereits das BAWe – immer wieder um Klarstellung der strittigen Auslegungsfragen bemüht. Dabei agiert die Aufsichtsbehörde aber in einem engen Korridor, da ihr als Bundesbehörde streng genommen die Legitimation zur Auslegung der gesetzlichen Bestimmungen fehlt. Diese Aufgabe obliegt allein den Gerichten.

Unbestimmte Rechtsbegriffe

Indes, im Rahmen ihrer Möglichkeiten hat die BaFin einen erheblichen Beitrag zur Schaffung von Rechtssicherheit bei der Umsetzung der Bestimmungen des Wertpapierhandelsgesetzes geleistet. Dazu haben – neben den Jahresberichten, die immer auch der Darstellung von strittigen Auslegungsfragen angemessenen Raum bieten – vor allem die Bekanntmachungen, die Rundschreiben und die Informationsblätter der Bundesanstalt beigetragen. Auch der Emittentenleitfaden hat sich dem überwiegenden Urteil der Emittenten zufolge durchaus bewährt.

Klärung strittiger Auslegungsfragen

Von ihrer Richtlinien- und Verordnungskompetenz hat die BaFin bislang kaum Gebrauch gemacht. Im Bereich der Ad-hoc-Publizität war eine solche Kompetenz vor dem Inkrafttreten des AnSVG zudem noch nicht vorgesehen. Abzuwarten bleibt, inwieweit das Bundesministerium der Finanzen die im Zusammenhang mit der Novellierung des WpHG durch das AnSVG geschaffene Möglichkeit der Subdelegation der Verordnungskompetenz gemäß § 15 Abs. 7 WpHG nutzt.

Subdelegation der Verordnungskompetenz

1.1.2 Zielsetzungen der Ad-hoc-Publizität

Einzelfallbezogene Prüfung

Aus unserer Beratungspraxis wissen wir, dass die Umsetzung der Vorschriften zur Ad-hoc-Publizität auch deshalb Schwierigkeiten mit sich bringt, weil in der täglichen Routine des Arbeitsalltags die Zielsetzungen des deutschen wie auch des europäischen Gesetzgebers schnell aus dem Blick geraten. Schließlich ist die Ad-hoc-Publizität nur eine von vielen Aufgaben, mit denen sich Vorstände und IR-Manager beschäftigen müssen. Wir wissen aber auch, dass die Auseinandersetzung mit den gesetzgeberischen Zielen das Verständnis für diese schwierige Rechtsmaterie verbessern und die Bewertung von Informationen im Hinblick auf eine Ad-hoc-Publizitätspflicht erheblich erleichtern kann. Schließlich ist bei der Überprüfung eines Sachverhalts im Hinblick auf eine mögliche Publizitätspflicht auf die konkreten Umstände des jeweiligen Einzelfalls abzustellen. Dort wo das Gesetz Interpretationsspielräume lässt, ist im Zweifel diejenige Auslegungsvariante zu wählen, die den Gesetzeszielen am besten gerecht wird.

Ergänzung der Regelpublizität

Welche Ziele verbindet der Gesetzgeber nun mit der Ad-hoc-Publizität? Nach ihrer Entstehungsgeschichte zählt die Ad-hoc-Publizität zu den kapitalmarktrechtlichen Publizitätspflichten. Sie soll die laufende Publizität in Gestalt der jährlichen aktienrechtlichen Rechnungslegung und der obligatorischen Zwischenberichterstattung, die sogenannte *Regelpublizität*, in der Weise ergänzen, dass kursrelevante Sachverhalte unverzüglich nach ihrem Eintritt und nicht erst zum Zeitpunkt der nächsten Regelpublizität zu veröffentlichen sind.

Verbesserung der Markttransparenz

Dies geht bereits aus den Gesetzesmaterialien zu dem Zweiten Finanzmarktförderungsgesetz hervor. Danach sollte die am 1. Januar 1995 in Kraft getretene Neuregelung der Ad-hoc-Publizität nach § 15 Abs. 1 WpHG a. F. den Rechtsgedanken des § 44 a BörsG a. F. fortführen (vgl. Deutscher Bundestag (1994a), S. 48). Die kapitalmarktrechtliche Publizität soll dem Publikum demzufolge die Informationen aus dem Bereich der Emittenten bereitstellen, die notwendig sind, um sachgerechte Entscheidungen treffen zu können. Die Überlegung dabei: Die Versorgung mit kapitalmarktbezogenen Informationen erspart den Marktteilnehmern Kosten und Zeit für die Beschaffung und Auswertung der für die Anlageentscheidungen benötigten Informationen. Dies wirkt sich positiv auf die Informationseffizienz des Kapitalmarktes aus.

Schutz vor Insiderhandel

Doch die Rolle der Ad-hoc-Publizität erschöpft sich keineswegs in der Verbesserung der Transparenz. Die Aufnahme der Ad-hoc-Publizitätspflicht in das Wertpapierhandelsgesetz erfolgte nach den Gesetzesmaterialien auch deshalb, weil sich der Gesetzgeber hiervon einen Beitrag zur Bekämpfung des Insiderhandels erhoffte (vgl. Deutscher Bundestag (1994a), S. 48). Diese Überlegung ist von der Vorstellung getragen, dass eine frühzeitige und umfassende Informationspolitik den besten Schutz vor Insideraktivitäten bietet. Aus diesem Grund wurde die Ad-hoc-Publizität auch als insiderrechtliche Präventivmaßnahme ausgestaltet – eine Funktion, die durch die Novellierung des Wertpapierhandelsgesetzes im Zusammenhang mit dem AnSVG eine weitere Aufwertung erfahren hat.

Doppelrolle der Ad-hoc-Publizität

Die Ad-hoc-Publizitätspflicht erfüllt also zwei Funktionen: Als Instrument der kapitalmarktrechtlichen Publizität soll sie dem Publikum kapitalmarktbezogene Informationen bereitstellen. Als Instrument der Insiderprävention soll sie dazu beitragen, dass die mit den Insiderinformationen vertrauten Marktteilnehmer aus ihrem Informationsvorsprung keine wirtschaftlichen Sondervorteile zu Lasten der übrigen Anleger ziehen können.

Von den beiden genannten Funktionen zu trennen sind die Zielsetzungen der Ad-hoc-Publizität. Natürlich dient die Ad-hoc-Publizität dem Ziel, die Transparenz des Kapitalmarktgeschehens zu verbessern und dem Missbrauch von Insiderinformationen entgegenzuwirken. Doch diese beiden Ziele sind den Gesetzesmaterialien zum Zweiten Finanzmarktförderungsgesetz zufolge in ein erweitertes Zielsystem eingebunden (vgl. Deutscher Bundestag (1994a), S. 1). *Erweitertes Zielsystem*

Übergeordnete Ziele der Ad-hoc-Publizität sind die Stärkung des Anlegerschutzes, die Verbesserung der Funktionsfähigkeit der Finanzmärkte und die Verbesserung der Wettbewerbsfähigkeit der deutschen Wirtschaft. Diese Zielsetzungen werden auch in den Begründungen zu den drei wichtigsten WpHG-Novellen – dem Vierten Finanzmarktförderungsgesetz, dem Anlegerschutzverbesserungsgesetz und dem Transparenzrichtlinie-Umsetzungsgesetz – aufgegriffen (vgl. hierzu Deutscher Bundestag (2002), S. 1f.; Deutscher Bundestag (2004), S. 5f.). *Übergeordnete Zielsetzungen*

1.1.2.1 Der Schutzzweck der Ad-hoc-Publizität

Die Schaffung eines modernen Insiderrechts und die Neuregelung der Ad-hoc-Publizität im Rahmen des Zweiten Finanzmarktförderungsgesetzes ist ebenso wie die Novellierungen des Wertpapierhandelsgesetzes im Zusammenhang mit der EU-Marktmissbrauchsrichtlinie und dem Anlegerschutzverbesserungsgesetz in erster Linie wachstums-, struktur- und beschäftigungspolitisch motiviert. Mit Blick auf die Bedeutung der Finanzmärkte für Wachstum, Strukturwandel und Beschäftigung sowie für die internationale Wettbewerbsfähigkeit des Wirtschaftsstandortes zielte bereits das Zweite Finanzmarktförderungsgesetz auf die Verbesserung der Attraktivität des Finanzplatzes Deutschland ab. *Förderung des Finanzplatzes Deutschland*

Die Verbesserung des Anlegerschutzes ist ebenfalls unter diesem Gesichtspunkt zu sehen – dies geht aus den Gesetzesmaterialien zum Zweiten Finanzmarktförderungsgesetz hervor. Dort heißt es: »Für die Funktionsfähigkeit der Finanzmärkte ist das Vertrauen der Anleger von entscheidender Bedeutung. […] Das Vertrauen der Anleger beruht insbesondere auf der Zusicherung, dass sie gleichbehandelt und gegen die unrechtmäßige Verwendung einer Information geschützt werden. [..] Deshalb ist eines der Hauptziele des vorliegenden Gesetzes die Schaffung eines Insider-Straftatbestandes und von Eingriffsmöglichkeiten zur konsequenten Verfolgung von Insider-Verstößen. [..] Darüber hinaus will das Gesetz das Vertrauen der Anleger durch konkrete Verbesserungen im Bereich des Anlegerschutzes erhöhen.« (Deutscher Bundestag (1994a), S. 33). Anlegerschutz, Institutionenschutz und Systemschutz – auf diese Formel bringt Claussen die Ziele des Wertpapierhandelsgesetzes, wobei mit *Institutionenschutz* der Schutz der Funktionsfähigkeit des Marktes und mit *Systemschutz* der Schutz des Finanzplatzes und Wirtschaftstandortes Deutschland gemeint ist (vgl. hierzu Claussen, C. P. (1997b), S. 15f.). *Institutionen- und Systemschutz*

Das unmittelbare Ziel der Ad-hoc-Publizitätspflicht besteht nach den Gesetzesmaterialien darin, das Vertrauen der Anleger durch Verbesserungen im Bereich des Anlegerschutzes zu erhöhen. § 15 WpHG zielt dabei allerdings nicht auf den Schutz der Individualinteressen der einzelnen Anleger ab – geschützt wird vielmehr das Anlegerpublikum als Ganzes. Schutzgut im engeren Sinne ist die Funktionsfähigkeit des Kapitalmarktes: Die Ad-hoc-Publizität *Stärkung des Vertrauens der Anleger* soll verhindern, dass es durch den unterschiedlichen Informationsstand der Insider auf der einen Seite und den übrigen Marktteilnehmern auf der anderen Seite zur Bildung unangemessener Börsenpreise kommt. Sie dient insoweit der Markttransparenz und der Preiswahrheit durch Beseitigung von Informationsasymmetrien (vgl. Deutscher Bundestag (1994 b), S. 96). Daneben soll der Kreis der (potenziellen) Insider möglichst klein gehalten und der Zeitraum für Insideraktivitäten so weit wie möglich verkürzt werden (vgl. Deutscher Bundestag (1994 b), S. 102).

Kein Schutz individueller Anlegerinteressen

§ 15 Abs. 1 WpHG n. F. begründet keinen Individualschutz – die Rechtsnorm besitzt also keinen *drittschützenden Charakter*. Allein schon aus diesem Grund handelt es sich bei dieser Regelung nicht um ein Schutzgesetz im Sinne des § 823 Abs. 2 BGB, bei dessen pflichtwidriger Verletzung geschädigte Anleger Schadensersatzansprüche gegen den Emittenten geltend machen könnten.

Schadenersatzregelung

Dies hat sich auch durch die Einführung der §§ 37 b und 37 c WpHG durch das 4. FMFG, die dem Emittenten bei Unterlassen einer rechtlich gebotenen Veröffentlichung von Insiderinformationen bzw. bei der Veröffentlichung unwahrer Insiderinformationen Schadenersatzpflichten auferlegen und der damit verbundenen Neufassung von § 15 Abs. 6 WpHG, nicht geändert. Im Gegenteil, diese Regelung stellt mit der Formulierung, Verstöße des Emittenten gegen die Absätze 1 bis 4 machten diesen nur unter den Voraussetzungen des § 37 b WpHG oder § 37 c WpHG schadenersatzpflichtig, vielmehr klar, dass es sich bei dieser Regelung gerade nicht um ein Schutzgesetz im Sinne des § 823 Abs. 2 BGB handelt und Schutzgut des § 15 WpHG weiterhin allein die Funktionsfähigkeit des Kapitalmarktes ist.

Handel zu fairen Preisen

Doch auch wenn die Ad-hoc-Publizität nicht auf Individualschutz ausgerichtet ist, so bedeutet dies keineswegs, dass diese Regelung keine anlegerschützende Wirkung zu entfalten vermag. Allerdings kommt diese nur indirekt zum Tragen. So schützt die Verpflichtung zur Ad-hoc-Publizität die Anleger – im Sinne eines Rechtsreflexes – doch insoweit, als diese bei rechtskonformer Umsetzung durch die Emittenten jederzeit Wertpapiere zu *fairen Preisen* kaufen und verkaufen können.

1.1.2.2 Die Ad-hoc-Publizität als insiderrechtliche Präventivmaßnahme

Gesetzliches Insiderhandelsverbot

Eine der zentralen Bestimmungen des Wertpapierhandelsgesetzes ist das Verbot von Insidergeschäften. Mit dem gesetzlichen Insiderhandelsverbot wurde die EG-Insider-Richtlinie 89/592 EWG (ABl Nr. L 334/30) vom 13. November 1989 in deutsches Kapitalmarktrecht umgesetzt. Insiderhandel ist in Deutschland seit dem 1. August 1994 strafbar. Verstöße werden mit einer Freiheitsstrafe von bis zu fünf Jahren oder mit Geldstrafe geahndet. Damit wollte der Gesetzgeber deutlich machen, dass Insiderhandel kein Kavaliersdelikt ist, sondern ein krimineller Akt, der dazu geeignet ist, den Finanzplatz Deutschland in Misskredit zu bringen und das Vertrauen der Anleger in die Integrität des Wertpapierhandels tiefgreifend zu erschüttern (vgl. hierzu BaFin/BAWe (1995), S. 16).

Kritik an den standesrechtlichen Regeln

Getragen wurde die Gesetzesinitiative nicht zuletzt von der wachsenden, an den konkurrierenden Finanzplätzen London und New York geäußerten Kritik an dem alten deutschen Insiderrecht. Die bis dahin gültigen *Freiwilligen Regeln für die Verfolgung von Insiderverstößen* waren vor allem angelsächsischen Investoren ein Dorn im Auge. Der Grund für die kritischen Stimmen liegt auf der Hand: Bei dem alten Regelwerk handelte es sich nicht um Gesetzesrecht, sondern um Standesrecht, dem sich die Berufsangehörigen im Wege einer rein privatvertraglichen Unterwerfung unterstellten (vgl. hierzu Claussen, C. P. (1996), S. 2 f.). Weil die Ahndung von Verstößen nur halbherzig und zudem weitgehend unter Ausschluss der Öffentlichkeit erfolgte, galt dieses System im Ausland schließlich als nicht mehr vermittlungsfähig (vgl. Dreyling, G. M./ Schäfer F. A. (2001), S. 32).

Das Insiderhandelsverbot dient dem Zweck, Insidergeschäfte strafrechtlich zu verfolgen und vorbereitende Handlungen wirksam zu unterbinden. Daher enthält das Insiderrecht sowohl repressive als auch präventive Elemente. Als Rechtsgut wird das Vertrauen der Anleger in einen fairen – auf dem Prinzip eines gleichberechtigten Zugangs der Marktteilnehmer zu kursbeeinflussenden Informationen basierenden – Wertpapier- und Derivatemarkt geschützt.

Repressive und präventive Elemente des Insiderrechts

Mit der über die Verabschiedung des Zweiten Finanzmarktförderungsgesetzes vollzogenen Integration der Ad-hoc-Publizität in das Wertpapierhandelsgesetz erhielt diese Regelung als zusätzliche Aufgabe eine Art *Präventivfunktion* im Hinblick auf den Missbrauch von Insiderinformationen. In diesem Zusammenhang verfolgt die Pflicht zur Ad-hoc-Publizität das Ziel, den zeitlichen Spielraum, in dem eine potenziell kursbeeinflussende Information missbräuchlich ausgenutzt werden kann, so weit wie möglich zu verkürzen und auf diese Weise Insiderdelikte – wenn schon nicht zu verhindern – so doch zumindest zu erschweren (vgl. BaFin/BAWe (1995), S. 21). Dahinter steht die ebenso banale wie überzeugende Erkenntnis, dass die Offenlegung von noch unveröffentlichten, potenziell kursbeeinflussenden Informationen diesen die Rechtsqualität einer Insiderinformation nimmt und damit verbotenen Insideraktivitäten letztlich die wirtschaftliche Grundlage entzieht (vgl. Dreyling, G. M. (1997), S. 6).

Präventivfunktion der Ad-hoc-Publizität

Als *präventives Korrelat des Insiderhandelsverbotes* begrenzt die Pflicht zur Ad-hoc-Publizität den Missbrauchsspielraum der Insider. Dies erklärt auch, weshalb die ursprünglich im Börsengesetz geregelte Ad-hoc-Publizität dort herausgenommen und in das damals neu geschaffene Wertpapierhandelsgesetz integriert wurde. Offenbar wollte der Gesetzgeber die Ad-hoc-Publizität ganz bewusst für die Bekämpfung des Missbrauchs von Insiderinformationen nutzen. So heißt es in den Gesetzesmaterialien zum Zweiten Finanzmarktförderungsgesetz: »Der Mißbrauch von Insider-Informationen soll nicht nur mit dem Strafrecht bekämpft werden. Vielmehr müssen die Möglichkeiten für Insidergeschäfte bereits im Vorfeld so weit wie möglich beschränkt werden. Dies soll mit der Aktivierung der Vorschriften zur Ad-hoc-Publizität geschehen, die bisher in § 44 a Börsengesetz geregelt ist.« (Deutscher Bundestag (1994 a), S. 35).

Begrenzung des Spielraums für Insideraktivitäten

Eine weitere Aufwertung ihrer Bedeutung bei der Bekämpfung von Insideraktivitäten hat die Ad-hoc-Publizität durch die Novellierung des Wertpapierhandelsgesetzes durch das AnSVG erfahren. So knüpft die Pflicht zur Ad-hoc-Publizität mit Inkrafttreten des Anlegerschutzverbesserungsgesetzes im Einklang mit den europarechtlichen Vorgaben an dem Begriff der Insiderinformation an, der deutlich weiter gefasst ist als der Begriff der ad-hoc-publizitätspflichtigen Tatsache im Sinne des § 15 Abs. 1 Satz 1 WpHG a. F.

Europarechtlich geprägter Begriff der Insiderinformation

1.1.3 Die Stellung der Ad-hoc-Publizität im System der kapitalmarktrechtlichen Publizität

Kapitalmarktrechtliche Publizität

Das Wertpapierhandelsgesetz ist bei weitem nicht die einzige Rechtsquelle, die Publizitätspflichten begründet. Veröffentlichungspflichten ergeben sich auch aus dem Handelsgesetzbuch (HGB) und dem Aktiengesetz (AktG) sowie für börsennotierte Gesellschaften zusätzlich aus dem Wertpapier-Verkaufsprospektgesetz (VerkaufsprospektG), dem Wertpapiererwerbs- und Übernahmegesetz (WpÜG) sowie dem Transparenzrichtlinie-Umsetzungsgesetz (TUG). Damit erweist sich die Pflicht zur Ad-hoc-Publizität als ein integraler Bestandteil des kapitalmarktrechtlichen Publizitätssystems.

Verbesserte Informationseffizienz

Im Unterschied zur handelsrechtlichen Publizität zielt die kapitalmarktrechtliche Publizität jedoch nicht nur auf die Unterrichtung der Anteilseigner und Gläubiger der Gesellschaft ab. Sie soll auch dem sonstigen Publikum Informationen zugänglich machen, die für eine fundierte Entscheidung über den Kauf oder Verkauf von Wertpapieren des Emittenten erforderlich sind. Die kapitalmarktbezogene Informationsvermittlung reduziert den Zeit- und Kostenaufwand der Marktteilnehmer für die Beschaffung der für Anlageentscheidungen benötigten Informationen und verbessert auf diese Weise die Effizienz des Marktes.

Handelsrechtliche Publizität

Neben der Ad-hoc-Publizität umfasst das System der kapitalmarktrechtlichen Publizität die sogenannte *Regelpublizität* in Form des handelsrechtlichen Jahresabschlusses bzw. des Jahres- und Halbjahresfinanzberichts. Der Jahresabschluss (§ 242 HGB) besteht aus der Bilanz und der Gewinn- und Verlustrechnung; bei Kapitalgesellschaften ist der Jahresabschluss um einen Anhang und den Lagebericht zu ergänzen (§ 264 Abs. 1 HGB). Nach dem Gesetz hat der Jahresabschluss ein den tatsächlichen Verhältnissen der Gesellschaft entsprechendes Bild der Vermögens-, Finanz- und Ertragslage zu zeichnen.

Publizitätspflichten börsennotierter Unternehmen

Für börsennotierte Gesellschaften werden die handelsrechtlichen Publizitätspflichten durch umfangreiche Pflichten zur Veröffentlichung von Jahres- und Halbjahresberichten sowie Zwischenmitteilungen der Geschäftsführung ergänzt. Detailliert geregelt werden diese Pflichten in den §§ 37v bis 37z WpHG, die seit Inkrafttreten des TUG gelten. Nach § 37v WpHG sind Inlandsemittenten fortan dazu verpflichtet, einen Jahresfinanzbericht sowie ggf. einen Konzernfinanzbericht (§ 37y WpHG) zu erstellen. Der Jahresfinanzbericht

Jahresfinanzbericht

(ggf. inklusive Konzernjahresfinanzbericht) besteht gemäß § 37v Abs. 2 WpHG (ggf. § 37y Nr. 1 WpHG) aus dem geprüften Jahresabschluss (HGB), dem Lagebericht sowie ggf. dem Konzernabschluss (IFRS) und dem Konzernlagebericht sowie dem *Bilanzeid*.

Elektronischer Bundesanzeiger

Die Offenlegung der Jahresabschlüsse erfolgt nunmehr durch Einreichung der Unterlagen beim elektronischen Bundesanzeiger. Sofern nicht bereits eine Verpflichtung zur Veröffentlichung nach § 325 HGB vorliegt, ist der Jahresbericht innerhalb von vier Monaten nach Ablauf des Geschäftsjahres der Öffentlichkeit zur Verfügung zu stellen und dem Unternehmensregister zur Veröffentlichung zu übermitteln. Vor der Veröffentlichung hat eine *Hinweisbekanntmachung* zu erfolgen. So muss, etwa auf der Webseite der Gesellschaft, eine Bekanntmachung darüber erfolgen, ab wann und unter welcher Internetadresse die Rechnungslegungsunterlagen – zusätzlich zu ihrer Verfügbarkeit im Unternehmensregister – öffentlich zugänglich sind. Somit sieht das Gesetz

Unternehmensregister

neben der Einreichung beim Bundesanzeiger eine zweite obligatorische Veröffentlichung im Internet vor.

Inlandsemittenten von Aktien und Schuldtiteln sind zudem dazu verpflichtet, für die ersten sechs Monate eines Geschäftsjahrs einen Halbjahresfinanzbericht zu erstellen und diesen unverzüglich, spätestens jedoch zwei Monate nach Ablauf des entsprechenden Berichtszeitraums der Öffentlichkeit zur Verfügung zu stellen. Bestandteile des Halbjahresfinanzberichts sind ein verkürzter Abschluss (verkürzte Bilanz, verkürzte GuV mit Anhang und die Rechungslegungsgrundsätze des Jahresabschlusses), Zwischenlagebericht (Darstellung der wichtigsten Ereignisse des Berichtszeitraums inklusive ihrer Auswirkungen auf den verkürzten Abschluss, die Chancen und Risiken für die dem Berichtszeitraum folgenden sechs Monate sowie – bei Inlandsemittenten, die Aktien begeben – zusätzlich Geschäfte des Emittenten mit nahe stehenden Personen) und der *Bilanzeid*.

Halbjahresfinanzbericht

Entgegen den ursprünglichen Plänen der Bundesregierung ist eine prüferische Durchsicht des Halbjahresfinanzberichts durch den Abschlussprüfer nicht erforderlich, sie kann jedoch auf freiwilliger Basis erfolgen (§ 37w Abs. 5 WpHG). Wird ein Konzernjahresbericht erstellt, so genügt die Veröffentlichung des Konzernhalbjahresfinanzberichts. Die Veröffentlichung des Einzelabschlusses ist also nicht notwendig. Die Rechnungslegungsunterlagen sind nach Veröffentlichung dem Unternehmensregister zur Speicherung zu übermitteln. Auch hier ist eine Hinweisbekanntmachung im Vorfeld der Veröffentlichung notwendig.

Erleichterungsregelung für Konzerne

All jene Inlandsemittenten, die Aktien begeben, sind gemäß § 37x Abs. 1 WpHG dazu verpflichtet, in einem Zeitraum zwischen zehn Wochen nach Beginn und sechs Wochen vor Ende der ersten und zweiten Hälfte des Geschäftsjahrs der Öffentlichkeit jeweils eine Zwischenmitteilung der Geschäftsführung zur Verfügung zu stellen. Diese muss die Informationen enthalten, die eine Beurteilung erlauben, wie sich die Geschäftstätigkeit des Emittenten in den drei Monaten vor Ablauf des Mitteilungszeitraums entwickelt hat. In der Zwischenmitteilung sind die wesentlichen Ereignisse und Geschäfte des Mitteilungszeitraums und ihre Auswirkungen auf die Finanzlage des Emittenten zu erläutern. Darüber hinaus ist das Geschäftsergebnis im Mitteilungszeitraum darzustellen.

Zwischenmitteilung der Geschäftsführung

Vor der Offenlegung der eigentlichen Zwischenmitteilung ist das Unternehmen dazu verpflichtet, eine Bekanntmachung darüber zu veröffentlichen, ab wann und unter welcher Internetadresse diese Mitteilung – zusätzlich zu ihrer Verfügbarkeit im Unternehmensregister – öffentlich zugänglich ist. Das Unternehmen muss die Bekanntmachung gleichzeitig mit ihrer Veröffentlichung der Bundesanstalt mitteilen und sie unverzüglich, jedoch nicht vor ihrer Veröffentlichung dem Unternehmensregister zur Speicherung übermitteln. Die Zwischenmitteilung selbst muss ebenfalls unverzüglich, jedoch nicht vor Veröffentlichung der Bekanntmachung, an das Unternehmensregister zur Speicherung übermittelt werden.

Hinweisbekanntmachung

Alternativ dazu können die Emittenten gemäß § 37x Abs. 3 WpHG anstatt einer Zwischenmitteilung einen Quartalsbericht nach Maßgabe des Halbjahresfinanzberichts (ohne das Erfordernis eines Bilanzeids) erstellen. Eine prüferische Durchsicht ist vom Gesetzgeber weder für die Zwischenmitteilung der Geschäftsführung noch für den alternativ zu erstellenden Quartalsbericht vorgesehen.

Quartalsbericht

Bilanzeid

Mit dem Transparenzrichtlinie-Umsetzungsgesetz ist für börsennotierte Gesellschaften der sogenannte *Bilanzeid* eingeführt worden. Die gesetzlichen Vertreter eines Inlandsemittenten sind seit Inkrafttreten des TUG am 20. Januar 2007 dazu verpflichtet zu versichern, dass die Abschlüsse die Vermögens-, Finanz- und Ertragslage der Gesellschaft korrekt wiedergeben. Bei Lageberichten erstreckt sich die Erklärung auf den Geschäftsverlauf einschließlich der Geschäftsergebnisse und der Lage sowie zusätzlich auf die Beschreibung der wesentlichen Chancen und Risiken der voraussichtlichen Entwicklung der Gesellschaft. Die Erklärung erfolgt unter der Einschränkung, dass die Aussage »nach bestem Wissen« erfolgt. Der Bilanzeid betrifft folgende Rechnungslegungsunterlagen:
- den Jahresabschluss,
- den Lagebericht,
- den Konzernabschluss,
- den Konzernlagebericht,
- den verkürzten Abschluss des Halbjahresfinanzberichts und
- den Zwischenlagebericht des Halbjahresfinanzberichts.

Abgabe des Bilanzeids

Die Abgabe des Bilanzeids ist fällig, wenn der Jahres- und der Konzernabschluss unterzeichnet werden. Es empfiehlt sich also, ihn bereits nach der Aufstellung des Abschlusses und im Anschluss an den Anhang abzugeben. Die Versicherung zum (Konzern)-Lagebericht wird sinnvoller Weise zum selben Zeitpunkt abgegeben und am Ende der Unterlagen platziert. Entsprechend kann beim Halbjahresfinanzbericht vorgegangen werden. Der Bilanzeid ist bei Aufstellung des Jahres- bzw. Konzernabschlusses oder des Halbjahresfinanzberichts durch sämtliche Mitglieder der Geschäftsführung zu leisten. Bereits in der Vergangenheit hafteten die gesetzlichen Vertreter dem Unternehmen gegenüber für eine sorgfältige Rechnungslegung. In Ausnahmefällen kam sogar eine unmittelbare Haftung gegenüber Dritten, zum Beispiel den Investoren, in Betracht. Neu ist mit dem TUG, dass nun auch strafrechtliche Konsequenzen drohen: Wer den Bilanzeid nicht richtig abgibt, kann gemäß § 331 Nr. 3 a HGB mit einer Freiheitsstrafe von bis zu 3 Jahren oder mit Geldstrafe bestraft werden.

Strafrechtliche Konsequenzen bei Verstößen

1.1.3.1 Das Spannungsverhältnis zwischen Ad-hoc-Publizität und Regelpublizität

Sonderstellung von Sachverhalten aus dem Bereich der Regelpublizität

In der Rechtspraxis stellt sich regelmäßig die Frage nach dem Verhältnis der – vom Wesen her aperiodischen – Ad-hoc-Publizität zu der laufenden (periodischen) Berichterstattung des Unternehmens. Die besondere Bedeutung dieser Frage lässt sich bereits aus der jährlichen Statistik der Bundesanstalt ablesen. So entfällt der Löwenanteil der Mitteilungen seit Inkrafttreten des § 15 WpHG auf Meldeinhalte, die auch Gegenstand der Regelpublizität sind: Der Anteil der Veröffentlichungen über Sachverhalte, die im Rahmen der Regelpublizität darzustellen sind, am gesamten Meldungsaufkommen lag in der Vergangenheit bei 30 bis 50 Prozent. Diese vom Gesetzgeber nicht beabsichtigte Entwicklung kann nur teilweise den Emittenten angelastet werden. Eine Mitverantwortung an der vielfach beklagten und auch von der BaFin mehrfach gerügten Meldepraxis trägt der Gesetzgeber, der durch die Verwendung unbestimmter Rechtsbegriffe bei der Normierung der Ad-hoc-Publizität selbst dazu beigetragen hat, dass die Rechtslage in diesem speziellen Anwendungsbereich lange ungeklärt war.

So wurde anfangs selbst vom damaligen BAWe die Auffassung vertreten, dass Tatsachen, die der Regelpublizität unterliegen, nicht gleichzeitig auch Gegenstand der Ad-hoc-Publizität sein könnten. Gestützt wurde diese – mittlerweile korrigierte – Rechtsauffassung von einer in der Tat missverständlich formulierten Passage in der Begründung der Bundesregierung zum Gesetzesentwurf des Zweiten Finanzmarktförderungsgesetzes. Dort heißt es: »Wie die bisherige Regelung des §§ 44 a BörsG bezieht sich § 15 WpHG nicht auf solche Tatsachen, die bereits im Rahmen der laufenden Veröffentlichung der Jahresabschlüsse und Lageberichte gemäß § 44 Abs. 1 Nr. 3, Abs. 2 BörsG i. V. m. §§ 63 ff. BörsenZulVO oder der regelmäßigen Zwischenberichterstattung nach § 44 b BörsG darzustellen sind.« (Deutscher Bundestag (1994 a), S. 46).

Vorrang der Ad-hoc-Publizität

Nach der heute herrschenden Meinung erstreckt sich die einzelfallbezogene aperiodische Informationspflicht nach § 15 WpHG zwar grundsätzlich nicht auf solche Tatsachen, die bereits Gegenstand der periodischen handelsrechtlichen bzw. kapitalmarktrechtlichen Berichterstattung sind. Allerdings kann für derartige Tatsachen im Einzelfall bereits vor der Offenlegung zum nächsten planmäßigen Veröffentlichungstermin der Regelpublizität eine Ad-hoc-Publizitätspflicht bestehen (vgl. Dreyling, G. M./Schäfer, F. A. (2001), S. 92).

Dieser Auffassung hatte sich das BAWe in der am 9. Juli 1996 veröffentlichten *Bekanntmachung zum Verhältnis von Regelpublizität und Ad-hoc-Publizität* angeschlossen. Zuvor war es nach Auffassung der Aufsichtsbehörde mehrfach zu Verstößen gegen die Vorschriften des § 15 WpHG gekommen. Vor allem im ersten Halbjahr 1996 beobachtete die Aufsichtsbehörde eine zurückhaltende Veröffentlichungspraxis. Dieses Verhalten wurde von dem damals zuständigen BAWe als Versuch gewertet, die befürchteten negativen Auswirkungen einer Veröffentlichung von Verlusten in der relevanten Berichtsperiode durch zeitgleiche Veröffentlichung von Erfolgen der laufenden Periode in derselben Mitteilung zumindest teilweise zu kompensieren (vgl. BaFin/BAWe (1996 a), S. 23 f.).

Begründet wurde der Standpunkt mit Hinweis auf die Gesetzmaterialien zur Börsengesetznovelle aus dem Jahr 1986. Das BAWe nahm in seiner Stellungnahme Bezug auf die Begründung der Bundesregierung zum Entwurf des Zweiten Finanzmarktförderungsgesetzes. Danach sollte § 15 WpHG den Rechtsgedanken des § 44 a BörsG a. F. fortführen (vgl. Deutscher Bundestag (1994 a), S. 48). Weiter wies die Aufsichtsbehörde darauf hin, dass die Ad-hoc-Publizität die Regelpublizität in der Weise ergänzen soll, dass neue, kursbeeinflussende Tatsachen unverzüglich nach ihrem Eintritt und nicht erst zum nächsten planmäßigen Veröffentlichungstermin der Regelpublizität zu veröffentlichen sind. Diese Überlegung gelte auch für § 15 WpHG (vgl. BaFin/BAWe (1996 b)).

Insiderprävention

Diese Position trägt auch der Funktion der Ad-hoc-Publizität als insiderrechtliche Präventivmaßnahme Rechnung. So würde das Zurückhalten potenziell kursbeeinflussender Sachverhalte aus dem Bereich der Regelpublizität bis zur Veröffentlichung des druckfertigen Jahresabschlusses bzw. Jahresfinanzberichts nicht nur den zeitlichen Spielraum für eine missbräuchliche Verwertung dieser Informationen vergrößern, sondern auch eine unkontrollierte Ausweitung des mit den Insiderinformationen vertrauten Personenkreises zur Folge haben. Die Konsequenzen, die sich aus der Zurückhaltung ergeben können, stehen jedoch nicht im Einklang mit dem Ziel des Gesetzes, den ordnungsgemäßen Verlauf des Wertpapier- und Derivatehandels bereits in einem frühen Stadium nach der Verwirklichung einer Insidertatsache zu schützen.

Probleme der Rechtspraxis

Dennoch treten in der Praxis gerade im Zusammenhang mit Meldeinhalten, die Gegenstand der Regelpublizität sind, immer wieder Schwierigkeiten auf. Bei der Beurteilung von Ereignissen der Regelpublizität ergeben sich vor allem bei den folgenden drei Punkten regelmäßig besondere Schwierigkeiten:

- Beurteilung von Sachverhalten der Regelpublizität im Hinblick auf ihre Qualität als Insiderinformationen im Sinne des § 15 WpHG,
- Abschätzung des Kursbeeinflussungspotenzials von Sachverhalten aus dem Bereich der Regelpublizität und
- Bestimmung des Veröffentlichungszeitpunkts für Sachverhalte aus dem Bereich der Regelpublizität.

1.1.3.2 Beurteilung von Sachverhalten der Regelpublizität im Hinblick auf ihre Qualität als Insiderinformationen im Sinne des § 13 WpHG

Vorliegen einer Insiderinformation

Die Pflicht zur Ad-hoc-Publizität setzt nach § 15 Abs. 1 Satz 1 WpHG voraus, dass eine Insiderinformation vorliegt, die den Emittenten *unmittelbar* betrifft. Davon ist nach § 15 Abs. 1 Satz 3 WpHG insbesondere dann auszugehen, wenn sich die Insiderinformation auf Umstände bezieht, die im Tätigkeitsbereich des Emittenten eingetreten sind.

Legaldefinition § 13 WpHG

Bei den Sachverhalten aus dem Bereich der Regelpublizität stellt sich zunächst einmal die Frage, inwieweit diese überhaupt als *Insiderinformation* eingestuft werden können. Nach der Legaldefinition in § 13 WpHG ist eine *Insiderinformation* eine »konkrete Information über nicht öffentlich bekannte Umstände, die sich auf einen oder mehrere Emittenten von Insiderpapieren beziehen und die geeignet sind, im Falle ihres öffentlichen Bekanntwerdens den Börsen- oder Marktpreis der Insiderpapiere erheblich zu beeinflussen.«

Europarechtlich geprägter Begriff der Insiderinformation

Im Unterschied dazu definiert die europäische Marktmissbrauchsrichtlinie den Begriff der *Insiderinformation* in Artikel 1 Abs. 1 als *präzise Information* (vgl. Europäische Kommission 2003 a). Dieser Begriff wird wiederum in Artikel 1 Abs. 1 der Durchführungsrichtlinie 2003/124/EG konkretisiert. Danach sind Informationen dann präzise, wenn damit Umstände bzw. Ereignisse gemeint sind, die entweder bereits eingetreten sind oder bei denen man vernünftigerweise davon ausgehen kann, dass sie in Zukunft existieren bzw. eintreten werden (vgl. Europäische Kommission (2003 b)).

Künftige Ereignisse

Nach den Gesetzesmaterialien zum Anlegerschutzverbesserungsgesetz geht der Begriff des Umstands über den bis dahin geltenden Begriff der *Tatsache* hinaus und umfasst auch Werturteile und Prognosen, soweit diese einer Überprüfung zugänglich sind (vgl. Deutscher Bundestag (2004a), S. 18). § 13 Abs. 1 Satz 3 WpHG macht deutlich, dass eine Insiderinformation auch dann vorliegt, wenn sie sich auf einen in der Zukunft liegenden Umstand oder ein künftiges Ereignis bezieht, sofern der Eintritt dieses Umstands bzw. Ereignisses hinreichend wahrscheinlich ist. Hierzu ist ein Gerücht nicht ausreichend. Vielmehr müssen konkrete Tatsachen vorliegen, die den Eintritt des Umstands oder Ereignisses voraussehbar erscheinen lassen (vgl. Deutscher Bundestag (2004a), S. 18).

Geschäftsprognosen

Bei Prognosen handelt es sich ganz allgemein um zukunftsgerichtete subjektive Aussagen, die sich in der Praxis vor allem auf die Geschäftsentwicklung bzw. Ertragsentwicklung des Unternehmens beziehen. Geschäftsprognosen sind eine wichtige Triebkraft des Kapitalmarktgeschehens. Sie bilden eine Art *Anker* für die Erwartungen der Marktteilnehmer, wobei die Stärke des Erwartungsbildungseffektes von der Glaubwürdigkeit der Prognosen abhängt. Prognosen reichen von sehr allgemein gehaltenen Aussagen (»wir erwarten im laufenden Geschäftsjahr einen befriedigenden Geschäftsverlauf«) bis hin zur Ankündigung konkreter Werte für bestimmte bewertungsrelevante Größen (»wir erwarten für das Jahr 2007 eine Steigerung des EBITDA von 65 Prozent«).

Ad-hoc-Relevanz von Prognosen

Die Beurteilung von Prognosen aus der Perspektive des Insiderrechtes und des Rechts der Ad-hoc-Publizität war in der Vergangenheit nicht unumstritten. Nach den an diesem Punkt überholten Rechtsmaterialien zum Zweiten Finanzmarktförderungsgesetz, wurden Werturteilen wie Meinungsäußerungen, Rechtsauffassungen, Auffassungen persönlicher Art und anderen subjektiven Wertungen die Rechtsqualität einer Tatsache abgesprochen« (vgl. Deutscher Bundestag (1994 a), S. 46). Allerdings verwiesen einige Autoren darauf, dass ein Tatsachenbegriff, der auch subjektive Werturteile umfasst, der Funktion der Ad-hoc-Publizität als insiderrechtlicher Präventivmaßnahme in angemessener Weise Rechnung trage. Dies gelte jedoch nur für solche Werturteile, die aus überlegener Sachkunde abgegeben wurden und damit einen tatsachenähnlichen, dem Beweis zugänglichen Richtigkeitsgehalt besitzen. Daher wurden Prognosen von der herrschenden Meinung jedenfalls dann als *Tatsache* im Sinne des § 15 Abs. 1 Satz 1 WpHG a. F. angesehen, wenn sich die Einschätzungen auf konkretes, einer objektiven Überprüfung zugängliches Zahlenmaterial stützten (vgl. Dreyling, G. M./Schäfer, F. A. (2001), S. 103 f.).

Geschäftsergebnisse

Wie verhält es sich nun mit der Veröffentlichung von Sachverhalten aus dem Bereich der Regelpublizität im Rahmen der Ad-hoc-Publizität? Die Rechtsmaterialien zum Zweiten Finanzmarktförderungsgesetz legen die Vermutung nahe, dass der Gesetzgeber bei der Ausgestaltung der Ad-hoc-Publizitätspflicht ursprünglich nur solche Sachverhalte im Blick hatte, die in einem unmittelbaren Zusammenhang mit dem betrieblichen Wertschöpfungsprozess stehen. So werden in der Regierungsbegründung zu dem Gesetzentwurf als Beispiele für *Tatsachen kursrelevanter Art* explizit nur die Aufkündigung von besonders bedeutsamen Patent-, Liefer- oder Abnahmeverträgen, die Einstellung umsatzwichtiger Produktionszweige nach Unglücksfällen sowie der Abschluss von neuen, für die weitere Entwicklung des Unternehmens besonders bedeutsamen Verträgen genannt (vgl. Deutscher Bundestag (1994 a), S. 48).

Gesondert geregelte Sachverhalte

Im Unterschied dazu handelt es sich bei den Sachverhalten der Regelpublizität um das Spiegelbild derartiger Ereignisse im betrieblichen Rechnungswesen des Unternehmens. Mit anderen Worten: Gegenstand der Betrachtung sind hier nicht die Geschäftsvorfälle selbst, sondern deren bilanzielles Abbild. Eine Ausnahme bilden lediglich die insolvenzrechtliche Zahlungsunfähigkeit nach § 17 Abs. 1 InsO und der aktienrechtlich geregelte Verlust der Häfte des Grundkapitals nach § 92 Abs. 1 des Aktiengesetzes, die der Gesetzgeber als gesondert regelungsbedürftige Sachverhalte ausgestaltet hat.

Summatorische Sachverhalte und Einzelsachverhalte

Ein weiterer Aspekt des Begriffs der Insiderinformation betrifft die Frage, ob die Ad-hoc-Publizitätspflicht jeweils nur an einen einzelnen, klar abgrenzbaren Sachverhalt anknüpft oder ob etwa auch das Ergebnis der Summierung von Verlusten und Erträgen aus verschiedenen Geschäftsbereichen eine Ad-hoc-Publizitätspflicht auszulösen vermag. So kann sich im Rahmen der Regelpublizität eines obligatorischen Zwischenberichtes die Notwendigkeit ergeben, einen *Ertragseinbruch* oder *Ertragssprung* auszuweisen, dessen Wurzeln eben nicht in einem einzelnen Geschäftsvorfall liegen, sondern der auf eine Vielzahl von Verlust- und Ertragsquellen zurückzuführen ist, die bei isolierter Betrachtung keine Ad-hoc-Publizitätspflicht auslösen.

Vor Inkrafttreten des AnSVG war eine Veröffentlichung derartiger Sachverhalte jedenfalls dann geboten, wenn die Summierung der Verluste oder Erträge im Rahmen der Regelpublizität des Jahresabschlusses oder eines obligatorischen Zwischenberichtes zum Ausweis eines Ergebnisses führt, das signifikant (»erheblich«) vom Vergleichswert des entsprechenden Zeitraums der Vorperiode, von der zuletzt abgegebenen Prognose der Gesellschaft oder von den Erwartungen der Marktteilnehmer abweicht.

Dieser zunächst kontrovers diskutierten Rechtsauffassung hatte sich auch das damalige BAWe angeschlossen. So heißt es in der Bekanntmachung der Aufsichtsbehörde vom 9. Juli 1996 zum *Verhältnis von Regelpublizität und Ad-hoc-Publizität*: »Werden Einzelereignisse, denen bei isolierter Betrachtung kein Potential zur erheblichen Beeinflussung des Börsenpreises zuzumessen ist, in Jahresabschlüssen oder unterjährigen Berichten summiert, so stellt das Ergebnis der Summierung eine Tatsache dar, die zur erheblichen Beeinflussung des Börsenpreises geeignet sein kann. In diesem Fall ist das Ergebnis der Summierung als Ad-hoc-Mitteilung zu veröffentlichen.« (vgl. BaFin/BAWe (1996b), S. 1). Soweit der Sachverhalt aus dem Bereich der Regelpublizität die sonstigen Voraussetzungen des § 15 Abs. 1 WpHG erfüllt, ist eine Veröffentlichung im Rahmen der Ad-hoc-Publizität auch für die aktuelle Rechtslage zu bejahen.

Zahlungsunfähigkeit

Verlust der Hälfte des Grundkapitals

In gleicher Weise zu beurteilen ist der Fall, dass mit der Summierung unterschiedlicher Verlustquellen ein neuer eigenständiger Sachverhalt verwirklicht wird. Beispiele dafür finden sich in der Insolvenzordnung (Zahlungsunfähigkeit, § 17 Abs. 1 InsO) und das Aktiengesetz (Verlust der Hälfte des Grundkapitals, § 92 Abs. 1 AktG). Bei diesen vom Gesetzgeber gesondert geregelten Sachverhalten handelt es sich wohl um Insiderinformationen im Sinne des Insiderrechts und der Ad-hoc-Publizität, auch wenn beide Sachverhalte regelmäßig auf eine Vielzahl unterschiedlicher Verlustquellen zurückzuführen sind.

Veröffentlichungspflichtiger Sachverhalt

Unstrittig ist, dass sich die Ad-hoc-Publizitätspflicht bei Ereignissen der Regelberichterstattung nur auf den kursbeeinflussenden Sachverhalt bezieht. Eine Veröffentlichung im vollen Umfang der Regelpublizität ist dagegen nicht zulässig (vgl. BaFin/BAWe/Deutsche Börse (1998), S. 31). Dennoch nahm der Missstand ausufernder Ad-hoc-Meldungen über Sachverhalte aus dem Bereich der Regelpublizität zeitweise Dimensionen an, dass sich die BaFin am 22. März 2002 genötigt sah, in einem Schreiben an die Emittenten selbst noch einmal Stellung zu beziehen: »Zwischenberichte und Jahresabschlüsse können zwar der Ad-hoc-Publizitätspflicht unterliegende Tatsachen enthalten, es sind aber nur diese Tatsachen (z.B. ein signifikantes Gewinnwachstum) ad hoc zu veröffentlichen, nicht jedoch der gesamte, möglicherweise mehrere Seiten umfassende Bericht.« (BaFin/BAWe (2000b)). Seit dem 1. Juli 2001 dürfen Angaben, die die Voraussetzungen des § 15 Abs. 1 WpHG offensichtlich nicht erfüllen, prinzipiell nicht mehr *ad hoc* veröffentlicht werden – auch nicht in Verbindung mit publizitätspflichtigen Informationen.

Die Erklärung dafür liegt darin, dass unangemessen umfangreiche Mitteilungen über Tatsachen der Regelpublizität im Hinblick auf die gesetzgeberische Ziele der Verbesserung der Markttransparenz und der Informationseffizienz als kontraproduktiv einzustufen sind. Denn erstens verhindern derartige Meldungen, dass die Empfänger in angemessener Zeit ein klares Bild von der kursrelevanten Tatsache erhalten. Und zweitens sind sie dazu geeignet, für das Unternehmen ungünstige, potenziell kursmindernde Entwicklungen zum Schaden des Anlegers zu verschleiern.

Eine derartige Meldepraxis verstößt jedoch nicht nur gegen die Vorschriften des § 15 WpHG. Sie geht auch an den spezifischen Informationsbedürfnissen der professionellen Kapitalmarktteilnehmer vorbei. So sehen sich Analysten und Finanzjournalisten, die im Prozess der Kapitalmarktkommunikation eine wichtige Vermittlungsfunktion zwischen den Unternehmen auf der einen Seite und den institutionellen Investoren bzw. Privatanlegern auf der anderen Seite erfüllen, mit der Aufgabe konfrontiert, unter hohem Zeitdruck eine Vielzahl von Kapitalmarktinformationen zu analysieren, zu bewerten und zielgruppengerecht in Form von Anlageempfehlungen oder Kommentaren aufzubereiten.

Kapitalmarktorientierte Umsetzung

Investmentanalysten sind geneigt, im Zweifel eine Herabstufung einer Aktie (*Downgrading*) vorzunehmen, wenn sie eine Meldung beispielsweise als Folge einer unklaren, die Tatsache verschleiernden Darstellung der Sachverhalte nicht interpretieren können. Finanzjournalisten neigen in solchen Fällen zu besonders gründlichen Recherchen, weil sie eine schlagzeilenträchtige *Story* hinter dem *Schleier* wittern. Emittenten sind deshalb – unabhängig von den gesetzlichen Sanktionen – gut beraten, den Vorgaben des Gesetzes zu folgen.

1.1.3.3 Abschätzung des Preisbeeinflussungspotenzials von Sachverhalten aus dem Bereich der Regelpublizität

Nach § 13 Abs. 1 Satz 1 WpHG muss die Insiderinformation geeignet sein, im Falle ihres öffentlichen Bekanntwerdens den Börsen- oder Marktpreis der Insiderpapiere »erheblich zu beeinflussen«. Notwendig ist dabei eine Kausalität zwischen dem Sachverhalt und der Eignung zur Kursbeeinflussung. Im Fall eines Sachverhalts aus dem Bereich der Regelpublizität ergibt sich die vom Gesetz geforderte Kausalität bereits aus der Tatsache, dass Informationen aus dem betrieblichen Rechnungswesen ein Spiegelbild der Vermögens- oder Finanzlage des Emittenten oder des allgemeinen Geschäftsverlaufes sind.

Kausalitätserfordernis Erhebliches Kursbeeinflussungspotenzial

Zudem unterliegen nur Insiderinformationen, denen auf Grund ihrer besonderen Schwere ein erhebliches Kursbeeinflussungspotenzial zu eigen ist, der gesetzlichen Ad-hoc-Publizitätspflicht. Ob sich der Börsenpreis des Finanzinstruments nach Veröffentlichung der Ad-hoc-Mitteilung tatsächlich erheblich verändert, ist dagegen unerheblich. Entscheidend ist vielmehr, ob bei Berücksichtigung aller Umstände des konkreten Einzelfalls im Vorfeld einer Veröffentlichung von einer erheblichen Kursbeeinflussung ausgegangen werden kann.

Subjektiver Ansatz

Bei der Frage, ob eine Eignung zur erheblichen Kursbeeinflussung gegeben ist, ist in Umsetzung von Artikel 1 Abs. 2 der Durchführungsrichtlinie 2003/124/EG zur EU-Marktmissbrauchsrichtlinie darauf abzustellen, ob ein verständiger, d. h. ein mit den Marktgegebenheiten und -gesetzlichkeiten vertrauter (börsenkundiger) Anleger die Information bei seiner Anlageentscheidung berücksichtigen würde. Mit diesem vom europäischen Recht vorgegebenen sub-

Verzicht auf Schwellenwerte

jektiven Ansatz wird – wie schon bei der bis dahin geltenden Rechtslage – wegen der Unvorhersehbarkeit von Marktvolatilitäten auf die Festlegung bestimmter Schwellenwerte zur Festlegung der Kurserheblichkeit verzichtet (vgl. Deutscher Bundestag (2004), S. 18).

Theorie des Handlungsanreizes

Grundsätzlich hat die Überprüfung unter Berücksichtigung aller verfügbaren Informationen unter Zugrundelegung der allgemeinen Lebenserfahrung zu erfolgen. Nach der *Theorie des Handlungsanreizes* ist für die Einstufung einer Insiderinformation als erheblich kursbeeinflussend die Einschätzung, ob ein rational handelnder Anleger bei Bekanntwerden der Insiderinformation in Ansehung der mit der Transaktion verbundenen Kosten und Risiken den Erwerb bzw. die Veräußerung des betreffenden Finanzinstruments vornehmen würde, maßgeblich (vgl. Dreyling, G. M./Schäfer, F. A. (2001), S. 23 f.).

Überschreitung der Toleranzgrenze

Gleichwohl hat das BAWe als damals zuständige Aufsichtsbehörde in seinem Jahresbericht 1995 zur Frage der Kurserheblichkeit ausgeführt, es gehe davon aus, dass Kursbewegungen, die die übliche Volatilität des konkreten Wertes zuzüglich eines geringen Toleranzwertes überschreiten, als erheblich zu gelten haben (vgl. BaFin/BAWe (1995), S. 19).

Überaschungspotenzial

In Ergänzung zu diesen allgemeinen Überlegungen zu dem Kursbeeinflussungspotenzial ist bei Tatsachen aus dem Bereich der Regelpublizität in besonderer Weise der Neuigkeitsgehalt einer Information zu berücksichtigen. Von einer Eignung zur erheblichen Kursbeeinflussung kann vor allem dann ausgegangen werden, wenn das Geschäftsergebnis im Berichtszeitraum in signifikanter Weise (»erheblich«) von dem Vergleichswert der Vorperiode, den von der Gesellschaft zuletzt abgegebenen Prognosen und/oder den Markterwartungen abweicht. Mit anderen Worten: Ergebniszahlen können den Kurs eines Wertpapiers vor allem dann erheblich beeinflussen, wenn sie ein Überraschungspotenzial aufweisen.

Ganz allgemein ist das Überraschungspotenzial einer Information aus dem Bereich der Regelpublizität dabei umso größer,

- je größer der Neuigkeitsgehalt der Information ist, je stärker die Information also von den zuletzt veröffentlichten Mitteilungen des Unternehmens und den zuletzt publizierten Einschätzungen wichtiger meinungsbildender Marktkommentatoren (Analysten und Finanzjournalisten) abweicht,
- je weniger die zuletzt veröffentlichten Mitteilungen des Unternehmens bei den Marktkommentatoren Beachtung und in deren Publikationen Eingang gefunden haben,
- je stärker sich eine Nachricht von dem relevanten Meldungsumfeld abhebt, je stärker sie also von den Mitteilungen aus dem Kreis der wesentlichen Spieler einer Branche bzw. Unternehmen der relevanten *Peer Group* über identische Inhalte abweicht (»entgegen dem allgemeinen Branchentrend konnte der Handelsriese seine Umsatzrendite in den ersten sechs Monaten gegenüber dem ersten Halbjahr des vorausgegangenen Geschäftsjahres um einen Prozentpunkt verbessern«),
- je einheitlicher die verschiedenen Ergebnisgrößen und finanziellen Kennziffern ausfallen. Schwierigkeiten ergeben sich, wenn sich vergangenheitsbezogene Größen, wie etwa die Umsatzrendite in der betreffenden Periode, anders entwickeln als Kennziffern, die – wie etwa der Auftragsbestand zum Ende der Periode – eine Indikatorfunktion für die Ergebnisentwicklung der laufenden Periode besitzen.

Während die ersten beiden für die Bemessung des Kursbeeinflussungspotenzials einer Insiderinformation relevanten Kriterien – die Vergleichswerte der Vorperiode bzw. die seitens der Gesellschaft zuletzt abgegebene Prognose für die Berichtsperiode – insoweit unproblematisch sind, als sie die Qualität einer Tatsache besitzen und mithin einer Überprüfung zugänglich sind, stellt die Analyse der Markterwartungen die Emittenten regelmäßig vor eine große Herausforderung. Für diese Schwierigkeiten lassen sich drei Gründe anführen: **Analyse der Markterwartungen**

Die erste Schwierigkeit ergibt sich aus dem Umstand, dass Markterwartungen nur bedingt einer direkten Beobachtung zugänglich sind. Als Indikator für die Ergebniserwartungen werden daher meist die Konsensschätzungen der Finanzanalysten für den Gewinn bzw. Verlust je Aktie (*Earnings per Share*) herangezogen (vgl. Brammer, R. (2001), S. 614). In diesem Fall beschränkt sich die Transparenz in Bezug auf die Erwartungen aber letztlich auf die meinungsbildenden professionellen Marktteilnehmer. **EPS-Schätzungen als Indikator der Markterwartungen**

Zu berücksichtigen ist hierbei, dass sich die publizierten Erwartungen – etwa aus informationsstrategischen Motiven – nicht zwingend mit den tatsächlichen Erwartungen der professionellen Marktteilnehmer decken müssen. Speziell Unternehmen mit geringer Marktkapitalisierung (*Small Caps*) sehen sich zudem mit dem Problem einer geringen, qualitativ zumeist unbefriedigenden und daher letztlich wenig aussagekräftigen *Coverage* konfrontiert. **Problematik geringer Coverage**

Erschwerend kommt hinzu, dass auch die Geschäftsprognosen des Emittenten und die historischen Finanzdaten nur unter bestimmten Voraussetzungen die Funktion eines Ankers für die Markterwartungen übernehmen können. Ob die Prognosen der Gesellschaft die Markterwartungen zu steuern vermögen, hängt ganz entscheidend von der Kapitalmarktreputation des Managements ab. Diese wird wiederum maßgeblich von der Qualität der Planung (*Planungstreue*) beeinflusst. Ob die historischen Finanzdaten die Markterwartungen zu steuern vermögen, hängt wesentlich von der Stärke des Ertragsmomentums ab. Zurückhaltung ist jedenfalls dann angebracht, wenn innerhalb von zwei Quartalen in Folge ein signifikanter Rückgang des Ertragsmomentums zu beobachten ist. **Planungstreue**

Zweitens lässt sich auch für den Kreis der professionellen Marktteilnehmer immer nur ein mehr oder weniger breites Spektrum an divergierenden Erwartungen beobachten. Tatsächlich betreiben die Research-Abteilungen einen nicht unerheblichen personellen und finanziellen Aufwand, um sich – auf der Grundlage der allgemein zugänglichen Informationen – einen Wissensvorsprung in Form besonders exakter Prognosen zu erarbeiten. Insoweit ist es nur bedingt legitim, von *den Markterwartungen* als Ganzes zu sprechen. **Heterogenität der Markterwartungen**

Es liegt auf der Hand, dass die Heterogenität der Erwartungen die Abschätzung des Kursbeeinflussungspotenzials erschwert. Bei einer extremen Streuung der Erwartungen empfiehlt sich eine tiefergehende Analyse der Aktualität der Schätzungen für den *Gewinn pro Aktie* (berücksichtigt werden sollten nur Analysen, die nicht älter als drei Monate sind), die Stellung des Research-Hauses gegenüber dem Emittenten (Auftragsstudien sollten bei Vorliegen unabhängiger Studien vernachlässigt werden) und die Reputation des Analysten sowie der von ihm vertretenen Institution bzw. Bank. **Analyse der EPS-Schätzungen**

Drittens sind Markterwartungen in Form der Konsensschätzungen nur dann ein geeigneter Maßstab für die Abschätzung des Kursbeeinflussungspotenzials einer Insiderinformation, wenn in den Schätzungen alle öffentlich zugänglichen Informationen angemessen berücksichtigt wurden. Unternehmen mit **Small Company-Effekt** geringer Marktkapitalisierung und Unternehmen aus wenig beachteten Branchen sehen sich aber häufig mit dem Problem einer im Vergleich zum Gesamtmarkt geringeren Informationseffizienz konfrontiert (Small Company-Effekt).

Punktprognose oder Zielkorridor

Schwierigkeiten bereitet in der Rechtspraxis zuweilen auch die Abschätzung des Kursbeeinflussungspotenzials von Prognosen, die im Zusammenhang mit dem Jahresabschluss oder einem Zwischenbericht abgegeben werden. So dürfte etwa im Regelfall keine Ad-hoc-Mitteilungspflicht vorliegen, wenn eine hinreichend genau prognostizierte Ergebnisentwicklung tatsächlich auch eintritt – immer vorausgesetzt die Markterwartungen folgen der Ankündigung. In diesem Fall sind die Einschätzungen des Managements bereits vollständig in den Börsenpreisen der betreffenden Wertpapiere enthalten (eskomtiert). Umgekehrt kann bei der Verfehlung einer abgegebenen Prognose eine Pflicht zur Ad-hoc-Publizität entstehen (vgl. BaFin/BAWe/Deutsche Börse (1998), S. 32). Inwieweit bei der Abweichung einer Geschäftsentwicklung von einer einmal gegebenen Prognose die Notwendigkeit einer Erwartungskorrektur vorliegt, hängt nicht zuletzt auch von der Art der Prognose ab. Die Erfahrung zeigt, dass bei einem *Zielkorridor* eine größere Abweichungstoleranz gegeben ist als bei einer *Punktprognose*.

1.1.3.4 Bestimmung des Veröffentlichungszeitpunkts für Sachverhalte aus dem Bereich der Regelpublizität

Zunehmender Grad an Konkretisierung

Nach § 15 Abs. 1 Satz 1 WpHG muss eine Insiderinformation »unverzüglich« nach der Verwirklichung des ad-hoc-publizitätspflichtigen Sachverhalts offengelegt werden. Über die Frage, zu welchem Zeitpunkt des Abschlussprozesses ein Sachverhalt aus dem Bereich der Regelpublizität eingetreten ist und eine Ad-hoc-Publizitätspflicht auslöst, wird in der juristischen Literatur seit Inkrafttreten des Wertpapierhandelsgesetzes eine zuweilen kontroverse Diskussion geführt.

Zeitlich gestreckter Prozess

Die Schwierigkeit bei der Bestimmung des *richtigen Zeitpunkts* für die Veröffentlichung besteht darin, dass die Mehrzahl der Ereignisse im Unternehmen einen Prozess der schrittweisen Konkretisierung durchlaufen. Auch bei der Aufstellung des Jahresabschlusses oder eines Zwischenberichtes handelt es sich um einen zeitlich gestreckten und vom Gesetzgeber zudem klar strukturierten Prozess. Wesentliche Meilensteine des Abschlussprozesses sind

- die Erstellung des Rohabschlusses durch das betriebliche Rechnungswesen,
- die Aufstellung des Abschlusses durch den Vorstand,
- die abschlussbegleitende Erstellung des Prüfungsberichts durch den Abschlussprüfer,
- die Feststellung des Abschlusses durch den Aufsichtsrat sowie
- die Vorlage des Rechenschaftsberichts des Aufsichtsrats auf der Hauptversammlung.

Gefahr von Informationslecks

Werden die gesetzlichen Fristen auf jeder Stufe des Abschlussprozesses voll ausgeschöpft, so liegen zwischen dem Ende der Berichtsperiode bzw. dem Beginn der Abschlussarbeiten und der ordentlichen Hauptversammlung acht Monate. Würde man mit der Veröffentlichung des Jahresabschlusses warten, bis der entsprechende Bericht in voller Länge und druckfertiger Form im Verfahren der Regelpublizität an die Hinterlegungsstellen bzw. die Aktionäre versandt wäre, so wäre Insideraktivitäten Tür und Tor geöffnet. Zudem würden den Aktionären und den beitrittswilligen Anlegern potenziell kursrelevante, für eine fundierte Anlageentscheidung benötigte Informationen vorenthalten werden.

Bei der Bestimmung des Veröffentlichungszeitpunkts muss somit das gesetzliche Ziel der Insiderprävention berücksichtigt werden. Gleichzeitig muss der Zeitpunkt der Veröffentlichung mit Blick auf das gesetzliche Ziel des Anlegerschutzes aber so gewählt werden, dass die im Zuge der Abschlussarbeiten ermittelten Ergebniswerte einen hinreichenden Grad an Genauigkeit aufweisen. Denn nur dann kann das Publikum darauf vertrauen, dass das im Wege der Ad-hoc-Mitteilung publizierte Geschäftsergebnis – von geringeren Abweichungen abgesehen – mit dem im testierten und vom Aufsichtsrat festgestellten Jahresabschluss ausgewiesenen Ergebnis übereinstimmen wird.

Abwägung notwendig

Nach Auffassung der BaFin ist die vom Gesetzgeber geforderte Unverzüglichkeit beim Geschäftsergebnis nur gegeben, wenn die Veröffentlichung erfolgt, sobald dies dem Vorstand vorliegt. Dies ist jedoch spätestens mit der Aufstellung des Jahresabschlusses oder des Zwischenberichtes der Fall (vgl. BaFin/BAWe (1996a), S. 25). Eine Schwierigkeit besteht darin, den Zeitpunkt zu bestimmen, an dem der Sachverhalt verwirklicht, die Ad-hoc-Publizitätspflicht mithin entsteht. Die Ursache hierfür liegt darin, dass es sich bei der Erstellung des Abschlusses um einen mehrstufigen und – in Bezug auf den zeitlichen Rahmen und das Ergebnis – gestaltbaren Entscheidungsprozess handelt, in dessen Verlauf der Sachverhalt eine zunehmende Konkretisierung erfährt.

Bei einem Periodenergebnis ist die vom Gesetz geforderte Unverzüglichkeit nach Auffassung der BaFin nur sichergestellt, wenn die Veröffentlichung erfolgt, sobald es dem Vorstand zur Verfügung steht. Dies ist spätestens mit der Aufstellung des Jahresabschlusses oder Zwischenberichts der Fall. Die Feststellung des Jahresabschlusses durch den Aufsichtsrat oder die Hauptversammlung darf nicht abgewartet werden, weil sonst der zeitliche Spielraum für die missbräuchliche Verwertung der Informationen in untragbarer Weise verlängert würde.

Hinreichende Konkretisierung

Die Aufstellung des Jahresabschlusses zählt zu den undeligierbaren Pflichten des Vorstands. Zwar hat der Aufsichtsrat das Recht, die Feststellung des Jahresabschlusses zu verweigern, oder die bilanzielle Darstellung des Geschäftsergebnisses zu beeinflussen. Das tatsächlich erwirtschaftete Ergebnis kann er jedoch nicht beeinflussen, dies steht mit der Verwirklichung aller Geschäftsvorfälle bis zum Ende des Geschäftsjahres automatisch fest. Wichtig: Die Veröffentlichung selbst schafft keine irreversiblen Fakten, insbesondere nimmt sie nicht die Entscheidungen des Aufsichtsrats vorweg. Gelangt der Aufsichtsrat bei der Prüfung des vom Vorstand vorgelegten Jahresabschlusses unter Zuhilfenahme des Prüfungsberichts des Abschlussprüfers zu dem Ergebnis, dass der Abschluss nicht den gesetzlichen Anforderungen entspricht, so stellt dies eine neue – möglicherweise ebenfalls publizitätspflichtige – Insiderinformation dar (vgl. BaFin/BAWe (1996a), S. 25). Die Unsicherheit lässt sich durch Verkürzung des zeitlichen Abstands zwischen der Beschlussfassung des Vorstands und der Einbeziehung des Aufsichtsrates in die Entscheidung verringern.

Beschleunigte Beschlussfassung

1.1.4 Die rechtshistorischen Wurzeln der Ad-hoc-Publizität

Der gesetzliche Tatbestand der Ad-hoc-Publizität ist im dritten Abschnitt des Wertpapierhandelsgesetzes geregelt. § 15 WpHG, der in seiner ursprünglichen Fassung mit »Veröffentlichung und Mitteilung kursbeeinflussender Tatsachen«

Börsenzulassungs-Richtlinie

überschrieben war, trat am 1. Januar 1995 in Kraft und ersetzte den bis dahin gültigen § 44 a BörsG a. F. Mit dieser börsengesetzlichen Bestimmung hatte der Gesetzgeber die Börsenzulassungs-Richtlinie der Europäischen Gemeinschaft vom 5. März 1979 in deutsches Recht umgesetzt (vgl. Deutscher Bundestag (1994 a), S. 48). Die Richtlinie umschreibt die Ad-hoc-Publizität wie folgt:

> »Die Gesellschaft muss das Publikum unverzüglich über neue erhebliche Tatsachen in Kenntnis setzen, die in ihrem Tätigkeitsbereich eingetreten sind und die der breiten Öffentlichkeit nicht bekannt sind, die aber wegen ihrer Auswirkung auf ihre Vermögens- und Finanzlage oder auf den allgemeinen Geschäftsverlauf zu einer beträchtlichen Änderung der Kurse ihrer Aktien führen können bzw. die erheblich ihre Fähigkeiten beeinträchtigen können, ihren Verpflichtungen nachzukommen.«

Europäische Initiative

Die Tatsache, dass es für die Schaffung eines deutschen Insiderrechts erst einer Initiative auf europäischer Ebene bedurfte, ist nicht nur unter rechtshistorischen Gesichtspunkten von Interesse. Auch die im Zusammenhang mit dem Vierten Finanzmarktförderungsgesetz umgesetzten Änderungen des Wertpapierhandelsgesetzes vollziehen in erster Linie Änderungen des europäischen Rechtes nach. Gleiches gilt für die Änderungen im Zusammenhang mit dem Anlegerschutzverbesserungsgesetz, das in weiten Teilen die europäische Marktmissbrauchsrichtlinie in deutsches Recht umsetzt. Soweit der deutsche Gesetzgeber über die Vorgaben der EG-Richtlinie hinausgeht, geschieht dies in der Regel mit Rücksicht auf tagesaktuelle Ereignisse und nicht mit der Absicht einer zielgerichteten langfristigen Weiterentwicklung des deutschen Kapitalmarktrechts.

Börsenrechtliche Ad-hoc-Publizität

§ 44 a Abs. 1 BörsG a. F. definierte ausgehend von der EG-Börsenzulassungs-Richtlinie bereits weitreichende Publizitätspflichten. Wie der folgende Auszug aus dem Börsengesetz zeigt, stimmte der Wortlaut der alten börsengesetzlichen Regelung der Ad-hoc-Publizität bereits in weiten Teilen mit der Vorschrift des Wertpapierhandelsgesetzes überein:

> »Der Emittent der zugelassenen Wertpapiere muss unverzüglich alle Tatsachen veröffentlichen, die in seinem Tätigkeitsbereich eingetreten und dem Publikum nicht bekannt sind, wenn sie wegen der Auswirkungen auf die Vermögens- und Finanzlage oder auf den allgemeinen Geschäftsverlauf des Emittenten zu einer erheblichen Kursänderung zugelassener Aktien führen können oder, im Falle zugelassener Schuldverschreibungen, die Fähigkeit des Emittenten, seinen Verpflichtungen nachzukommen beeinträchtigen können.«

Keine praktische Bedeutung

Obwohl § 44 a BörsG a. F. inhaltlich in wesentlichen Punkten der im Wertpapierhandelgesetz verankerten Neuregelung der Ad-hoc-Publizität entsprach, erlangte diese Vorschrift zu keinem Zeitpunkt praktische Bedeutung. Gerade einmal sechs Ad-hoc-Meldungen wurden während der gesamten Geltungsdauer der börsengesetzlichen Ad-hoc-Publizitätspflicht zwischen 1963 und 1994 veröffentlicht (vgl. Pellens, B./Fülbier, R. U. (1994), S. 1381). Zum Vergleich: 1995, dem Jahr, in dem das neue Recht der Ad-hoc-Publizität in Kraft trat, wurden von den börsennotierten Unternehmen mit Sitz im Inland bereits 991 Ad-hoc-Meldungen verbreitet (vgl. BaFin/BAWe (1995), S. 21).

Bedarf an einer Neugestaltung der Ad-hoc-Publizität

Zwar relativiert sich dieser Vergleich, wenn man berücksichtigt, dass bereits während der alten Rechtslage viele Meldungen – wenn diese auch nicht immer als Pflichtmitteilungen nach § 44 a BörsG a. F. gekennzeichnet waren – mit denselben Inhalten veröffentlicht wurden (vgl. Leis, J. /Nowak, E. (2001), S. 3). Dennoch ist der sprunghafte Anstieg bei der Zahl der Veröffentlichungen ein Indiz dafür, dass sich die Informationspolitik der Emittenten mit der Neugestaltung der Ad-hoc-Publizität durch das Wertpapierhandelsgesetz grundlegend verändert hat – wenn auch keineswegs immer in die vom Gesetzgeber an sich gewünschte Richtung.

Die Ursachen für das Scheitern von § 44a BörsG sind vielfältig. An erster Stelle wird das geringe Abschreckungspotenzial der Sanktionen in Verbindung mit dem Fehlen einer effizienten Finanzmarktaufsicht angeführt. Tatsächlich ist das Abschreckungspotenzial der börsengesetzlichen Bußgeldvorschriften wohl als eher gering einzustufen: § 90 Abs. 1 Nr. 2 BörsG a. F. sah für Verstöße gegen die Ad-hoc-Publizitätspflicht nach § 44a a. F. BörsG eine Geldbuße bis zu 100.000 DM vor. Zudem war der Finanzplatz Deutschland zu dieser Zeit von einer institutionalisierten Finanzmarktaufsicht noch weit entfernt. Folglich fehlte es den Emittenten an einem ausgeprägten Bewusstsein für das Risiko der Ad-hoc-Publizität im Hinblick auf zivil- und strafrechtliche Sanktionen.

Unzureichende Sanktionen

Übersehen wird hierbei häufig, dass der Gesetzgeber selbst eine erhebliche Mitverantwortung für die Bedeutungslosigkeit der börsengesetzlichen Ad-hoc-Publizitätspflicht trägt. Denn durch die Verwendung von einer Fülle von unbestimmten Rechtsbegriffen bei der Ausgestaltung der börsengesetzlichen Ad-hoc-Publizität hat der Gesetzgeber selbst einen erheblichen Interpretations- und Missbrauchsspielraum ermöglicht und damit die Verunsicherung über die Reichweite dieser kapitalmarktrechtlichen Publizitätspflicht überhaupt erst ausgelöst. Tatsächlich dürfte die Unsicherheit im Hinblick auf die Reichweite der Informationspflicht und mögliche Haftungsrisiken die Hauptursache für die Zurückhaltung der Emittenten bei der Ad-hoc-Publizität gewesen sein.

Erheblicher Interpretationsspielraum

Dieser Mangel wurde bis zum heutigen Tag nicht vollständig beseitigt. Daher hat die schrittweise vorgenommene Verschärfung von Sanktionen bei Verstößen gegen die Ad-hoc-Publizitätspflicht zwar zu einem deutlichen Anstieg der Meldehäufigkeit geführt. Nach wie vor erfüllt aber bei weitem nicht jede Ad-hoc-Meldung die engen gesetzlichen Voraussetzungen. Offenbar hat die Rechtsunsicherheit über die sachliche Reichweite der Publizitätspflicht die Neigung gefördert oder überhaupt erst ermöglicht, auch in den Fällen, in denen die Voraussetzungen des Gesetzes nicht gegeben sind, eine Ad-hoc-Meldung zu verbreiten und sei es nur, um die gestiegenen Haftungsrisiken zu verringern. Die daraus resultierende, viel zitierte *Flut von Ad-hoc-Meldungen*, die vor allem zwischen 1999 und 2001 zu beobachten war, erwies sich im Hinblick auf das angestrebte Ziel einer hohen Transparenz des Kapitalmarktgeschehens als kontraproduktiv. Auch konnten zeitweise selbst krasse Fehlentwicklungen bei der Umsetzung der Ad-hoc-Publizität nicht vollständig verhindert werden.

Rechtsunsicherheit besteht fort

Die geringe Bedeutung der börsengesetzlichen Ad-hoc-Publizitätspflicht wirft aber auch ein Licht auf die Informationspolitik deutscher Unternehmen. Bis heute sehen sich deutsche Unternehmen der Kritik einer – nicht hinreichend an den Bedürfnissen des Kapitalmarktes ausgerichteten – Informationspolitik ausgesetzt. Geändert hat sich dies erst in neuer Zeit, nicht zuletzt auf Druck institutioneller Anleger aus dem angelsächsischen Raum sowie durch Verschärfung der gesetzlichen Mindestanforderungen an die Kapitalmarktpublizität.

Informationspolitik

Aber auch in Frankfurter Börsen- und Bankenkreisen war die Einführung einer gesetzlichen Regelung des Insiderhandels lange Zeit keineswegs unumstritten. Vielfach wurden freiwillige Verpflichtungserklärungen als ausreichend

Freiwillige Selbstverpflichtung

erachtet. Unter dem Einfluss ihrer Anteilseigner bzw. Kunden plädierten auch Vertreter der deutschen Börsen für *Gentlemen Agreements*, die sie im Hinblick auf die angestrebte Eindämmung von Insideraktivitäten für wirkungsvoller hielten als eine gesetzliche Regelung. Kritik an den Plänen der Bundesregierung wurde auch im politischen Umfeld laut. So wurde die Schaffung einer Finanzmarktaufsichtsbehörde in liberalen Kreisen als kontraproduktiv angesehen, da diese ein – ordnungspolitisch unerwünschtes – Instrument der Regulierung des Finanzplatzes Deutschland sei (vgl. hierzu Leis, J./Nowak, E. (2001), S. 3).

1.1.5 Weiterentwicklung des Rechts der Ad-hoc-Publizität durch das Zweite und Dritte Finanzmarktförderungsgesetz

Primat des Anlegerschutzes

Mit der Schaffung des Wertpapierhandelsgesetzes wurde ein neues Kapitel in der noch jungen Geschichte des deutschen Kapitalmarktrechts geschrieben. Die richtungsweisende Neuerung dieses umfassenden Regelwerks bestand in der Hinwendung zum Primat des Anlegerschutzes. Das Wertpapierhandelsgesetz ergänzte die – unter dem Primat des Gläubigerschutzes stehende – handelsrechtliche Regelpublizität und erfüllt damit eine zentrale Voraussetzung für die Verbesserung der internationalen Wettbewerbsfähigkeit des Finanzplatzes Deutschland: Die Weiterentwicklung des Systems der gesetzlichen Publizitätsnormen unter Berücksichtigung der Informationsbedürfnisse des Kapitalmarkts.

Umfassende Neuregelung der Ad-hoc-Publizität

Mit Inkrafttreten des Wertpapierhandelsgesetzes am 1. Januar 1995 erfuhr auch die Ad-hoc-Publizität eine umfassende Neuregelung. Seither ist der gesetzliche Tatbestand der Ad-hoc-Publizität im dritten Abschnitt des Wertpapierhandelsgesetzes geregelt. In seiner ursprünglichen Fassung enthielt § 15 WpHG übrigens im Wesentlichen den Wortlaut der alten börsengesetzlichen Regelung. § 15 Abs. 1 Satz 1 WpHG a. F. definierte die Ad-hoc-Publizitätspflicht wie folgt:

> »Der Emittent von Wertpapieren, die zum Handel an einer inländischen Börse zugelassen sind, muss unverzüglich eine neue Tatsache veröffentlichen, die in seinem Tätigkeitsbereich eingetreten und nicht öffentlich bekannt ist, wenn sie wegen der Auswirkungen auf die Vermögens- oder Finanzlage oder auf den allgemeinen Geschäftsverlauf des Emittenten geeignet ist, den Börsenpreis der zugelassenen Wertpapiere erheblich zu beeinflussen, oder im Fall zugelassener Schuldverschreibungen die Fähigkeit des Emittenten, seinen Verpflichtungen nachzukommen, beeinträchtigen kann.«

Erweiterung des Bußgeldrahmens

Mit der im Rahmen des Zweiten Finanzmarktförderungsgesetzes in Kraft getretenen Neufassung der Pflicht zur Berichterstattung über kursrelevante Tatsachen unterstrich der deutsche Gesetzgeber seinen Willen, die Ad-hoc-Publizitätspflicht ernsthaft und effektiv umzusetzen. Um zu verhindern, dass § 15 WpHG a. F. dasselbe Schicksal erleidet wie § 44a BörsG a. F., wurde der Bußgeldrahmen erheblich erweitert. § 15 WpHG a. F. sah bei Verstößen gegen die Ad-hoc-Publizitätspflicht Höchststrafen von bis zu 3 Mio. DM vor. Nach der aktuellen Rechtslage beträgt der Bußgeldrahmen für Ordnungswidrigkeiten bis zu einer Million Euro (§ 39 Abs. 4 WpHG).

Schaffung des BAWe

Zudem wurde das damals neu gegründete Bundesaufsichtsamt für den Wertpapierhandel (BAWe) damit beauftragt, die Einhaltung der Ad-hoc-Publizitätspflicht durch die Emittenten zu überwachen und Verstöße zu verfolgen. Ähnlich wie ihr amerikanisches Vorbild wurde die mittlerweile in der Bundesanstalt für Finanzdienstleistungsaufsicht (BaFin) aufgegangene Aufsichtsbehörde mit weit reichenden Handlungsbefugnissen ausgestattet.

Einen weiteren Meilenstein in der Entwicklung des deutschen Kapitalmarktrechtes markiert das Dritte Finanzmarktförderungsgesetz vom 24. März 1998. Im Hinblick auf den Umfang und die Bedeutung der Neuerungen blieb dieses Gesetzeswerk aber weit hinter seinem Vorgänger zurück. Geradezu bescheiden fielen die Veränderungen im Bereich der Ad-hoc-Publizität aus. So wurde lediglich eine Klarstellung in Bezug auf ein Tatbestandsmerkmal vorgenommen. In § 15 Abs. 1 Satz 1 WpHG a. F. wurde die Tatbestandsvoraussetzung der »Auswirkungen auf die Vermögens- und Finanzlage« ersetzt durch die weniger enge Formulierung »Auswirkungen auf die Vermögens- oder Finanzlage«. Damit waren Tatsachen bereits dann ad-hoc-publizitätspflichtig, wenn sich diese entweder auf die Vermögens- *oder* auf die Finanzlage auswirkten. Bis dahin bestand eine Pflicht zur Mitteilung und Veröffentlichung nur dann, wenn sich die Tatsachen sowohl auf die Vermögens- als auch die Finanzlage auswirkten. Die Änderung war zur Verbesserung der Transparenz erforderlich (vgl. BaFin/BAWe (1998a), S. 23), ist aber mit der Novellierung des Wertpapierhandelsgesetzes im Rahmen des Anlegerschutzverbesserungsgesetzes inzwischen weggefallen.

3. FiFöG

Eine in der Anwendungspraxis kaum relevante Neuerung im Rahmen des 3. FiFöG stellte das sogenannte *Auslandsemittentenprivileg*, eine Erleichterungsvorschrift für Emittenten mit Sitz im Ausland dar. Diese im Kern noch heute gültige Vorschrift gestattet ausländischen Emittenten, die nach § 15 Abs. 4 Satz 1 WpHG zwingend vorgeschriebene Vorabmitteilung an die Geschäftsführung der inländischen Börsen, an denen die betreffenden Finanzinstrumente des Emittenten bzw. die darauf bezogenen Derivate zum Handel zugelassen sind sowie an die Bundesanstalt für Finanzdienstleistungsaufsicht zeitgleich mit der Veröffentlichung der Ad-hoc-Mitteilung vorzunehmen, sofern dadurch die Entscheidung der Geschäftsführung über die Aussetzung oder Einstellung der Feststellung des Börsenpreises nicht beeinträchtigt wird (§ 15 Abs. 4 Satz 4 WpHG).

Auslandsemittentenprivileg

1.1.6 Praxisrelevante Änderungen des Rechts der Ad-hoc-Publizität durch das Vierte Finanzmarktförderungsgesetz

1.1.6.1 Gegenstand und Ziele des Vierten Finanzmarktförderungsgesetzes

Am 1. Juli 2002 trat das Gesetz zur weiteren Fortentwicklung des Finanzplatzes Deutschland (Viertes Finanzmarktförderungsgesetz, 4. FMFG) in Kraft. Wie schon bei seinen drei Vorgängern handelte es sich auch hier nicht um ein eigenständiges Einzelgesetz, sondern um ein umfangreiches Artikelgesetz, das eine Vielzahl von Änderungen in unterschiedlichen Bereichen des Kapitalmarktrechts beinhaltete und das in seiner Gesamtheit verabschiedet wurde (vgl. Kadner, C. (2002), S. 6). Wesentliche Bausteine des 4. FMFG waren die Novellierung des Börsengesetzes sowie Änderungen des Wertpapierhandelsgesetzes, des Verkaufsprospektgesetzes, des Gesetzes über Kapitalanlagegesellschaften, des Gesetzes über das Kreditwesen und des Hypothekenbankgesetzes.

4. FMFG

Das 4. FMFG war von der Idee getragen, den Finanzplatz Deutschland als Motor für Wachstum, Strukturwandel und Beschäftigung zu stärken und die

Stärkung des Finanzplatzes Deutschland

Position Deutschlands im internationalen Wettbewerb zu verbessern. Das Gesetz steht damit in engem Zusammenhang mit einer Reihe weiterer Gesetzesinitiativen, die nach dem Bekunden des bei dem Gesetz federführenden Bundesministeriums für Finanzen das Ziel verfolgten, Deutschland zu einem leistungsfähigen und attraktiven Wirtschaftsstandort und Finanzplatz auszubauen.

FinDAG

Im Hinblick auf die Ad-hoc-Publizität sind in diesem Zusammenhang vor allem zwei Gesetze zu nennen: Das Finanzdienstleistungsaufsichtsgesetz (FinDAG), mit dem die Voraussetzungen für eine Zusammenlegung der Bundesaufsichtsämter für das Kreditwesen (BAKred), für das Versicherungswesen (BAV) und für den Wertpapierhandel (BAWe) zu einer zentralen Aufsichtsbehörde, der Bundesanstalt für Finanzdienstleistungsaufsicht (BAFin) geschaffen wurden und die – über die im Rahmen des 4. FMFG in Kraft getretenen Neufassung des § 161 AktG in geltendes Recht umgesetzte – Empfehlung der Regierungskommission *Corporate Governance – Unternehmensführung – Unternehmenskontrolle – Modernisierung des Aktienrechts*.

Reaktion auf Mängel beim Publizitätsverhalten der Unternehmen

Auch wenn die Fortentwicklung des deutschen Kapitalmarktrechts vor dem Hintergrund des langfristigen Strukturwandels der Finanzplätze zu sehen ist (wachsende Bedeutung der Aktie als Finanzierungsinstrument und als Instrument der privaten Altersvorsorge), standen wesentliche Änderungen des Wertpapierhandelsgesetzes doch in unmittelbarem Zusammenhang mit den erst in jüngerer Zeit zu Tage getretenen Mängeln des Publizitätsverhaltens einiger börsennotierter Unternehmen und dem damit verbundenen Vertrauensverlust der Anleger (vgl. Deutscher Bundestag (2002), S. 62 ff.).

Stärkung des Anlegerschutzes

Ein erklärtes Ziel des Vierten Finanzmarktförderungsgesetzes im Hinblick auf die Ad-hoc-Publizität war es in diesem Zusammenhang, »den Anlegerschutz zu stärken, indem die Transparenz auf den Wertpapiermärkten erhöht und die rechtlichen Voraussetzungen dafür geschaffen werden, das Verbot der Kurs- und Marktmanipulation und des Missbrauchs von Ad-hoc-Meldungen wirksam durchzusetzen« (Deutscher Bundestag (2002), S. 62).

1.1.6.2 Änderungen des Wertpapierhandelsgesetzes in Bezug auf die gesetzlichen Publizitätspflichten

Das Wertpapierhandelsgesetz wurde durch das 4. FMFG in wesentlichen Rechtsbereichen geändert und inhaltlich ausgebaut. In Bezug auf die Ad-hoc-Publizität beinhaltete das Gesetz im Einzelnen folgende wichtige Änderungen:
- Konkretisierung der Vorschriften zur Ad-hoc-Publizität,
- Offenlegung der Geschäfte des Managements in Wertpapieren des eigenen Unternehmens (Directors' Dealings) und
- Schaffung einer Anspruchsgrundlage für Schadenersatzansprüche bei der verspäteten, unterlassenen oder unrichtigen Veröffentlichung kursbeeinflussender Tatsachen.

Konkretisierung der Vorschriften zur Ad-hoc-Publizität

Wegen des teilweise von gravierenden Mängeln geprägten Publizitätsverhaltens einiger Unternehmen vor allem des Neuen Marktes wurden die Vorschriften von § 15 WpHG konkretisiert. So wurden nach § 15 Abs. 1 Satz 1 WpHG a. F. drei neue Sätze eingefügt:

»In der Veröffentlichung genutzte Kennzahlen müssen im Geschäftsverkehr üblich sein und einen Vergleich mit den zuletzt genutzten Kennzahlen ermöglichen. Sonstige Angaben, die die Voraussetzungen des Satzes 1 offensichtlich nicht erfüllen, dürfen, auch in Verbindung mit veröffentlichungspflichtigen Tatsachen im Sinne des Satzes 1, nicht veröffentlicht werden. Unwahre Tatsachen, die nach Satz 1 veröffentlicht wurden, sind unverzüglich in einer Veröffentlichung nach Satz 1 zu berichtigen, auch wenn die Voraussetzungen des Satzes 1 nicht vorliegen.«

Der neu eingefügte Satz 2 sollte sicherstellen, dass die Empfänger der Ad-hoc-Meldung ein klares Bild von der ad-hoc-pflichtigen Tatsache erhalten. Danach müssen die in der Ad-hoc-Mitteilung verwendeten wirtschaftlichen Kennzahlen (1) im Geschäftsverkehr üblich sein und (2) einen Vergleich mit den von dem Unternehmen zuletzt genannten Kennzahlen ermöglichen. Mit dieser Änderung sollte verhindert werden, dass die wirtschaftliche Lage der Gesellschaft – insbesondere bei einer hinter den Erwartungen des Marktes bzw. den abgegebenen Prognosen zurückbleibenden Geschäftsentwicklung – durch Verwendung willkürlicher Fantasiekennzahlen oder einen Wechsel der genutzten Kennzahlen verschleiert wird (vgl. Deutscher Bundestag 2002, S. 87). Die Vorschrift des § 15 Abs. 1 Satz 2 WpHG a. F. entspricht exakt der Regelung des heute gültigen § 15 Abs. 1 Satz 6 WpHG (vgl. hierzu Abschnitt 2.2.4.4).

Übliche Kennzahlen

Der neu eingefügte Satz 3 zielte darauf ab, die Veröffentlichung offensichtlich überflüssiger Ad-hoc-Meldungen zu unterbinden. § 15 Abs. 1 Satz 3 WpHG a. F. stimmt exakt mit dem Wortlaut des § 15 Abs. 2 Satz 1 WpHG n. F. überein. Ausgangspunkt für diese Vorschrift war die Neigung einzelner börsennotierter Unternehmen insbesondere des Neuen Marktes, die Ad-hoc-Publizität für andere Zwecke zu instrumentalisieren oder negative Entwicklungen durch Einbettung in eine Fülle von offensichtlich nicht kursrelevanten Informationen zu verschleiern.

Unterbindung offensichtlich überflüssiger Meldungen

Aus der Begründung zum Regierungsentwurf wird deutlich, dass der Gesetzgeber in der Verbreitung derartiger Ad-hoc-Mitteilungen einen Verstoß gegen die Ad-hoc-Publizität sah und noch heute sieht. Nach der Begründung kann das Transparenzziel nicht erreicht werden, wenn ganz oder teilweise unnötige Ad-hoc-Meldungen dazu führen, dass es für den durchschnittlichen Anleger unmöglich wird, die kursrelevanten Informationen zu erkennen und daraufhin eine sachgerechte Anlageentscheidung zu treffen (vgl. Deutscher Bundestag (2002), S. 87).

Verstoß gegen das Transparenzgebot

Gestützt wird diese Vorschrift durch die Überlegung, dass die Verbreitung offensichtlich nicht kursbeeinflussender Sachverhalte über den Weg einer Ad-hoc-Mitteilung dem Ziel des Wertpapierhandelsgesetzes, die Markttransparenz zu verbessern, aus zwei Gründen zuwiderläuft: Erstens bindet die Selektion der verbreiteten Ad-hoc-Mitteilungen unter dem Gesichtspunkt der Kursrelevanz sowie die – im Bereich der professionellen Wertpapieranalyse gebotene – Auswertung von Ad-hoc-Mitteilungen über offensichtlich belanglose Sachverhalte erhebliche Ressourcen. Auch ein Überangebot an Informationen kann sich daher negativ auf die Transparenz des Kapitalmarkts auswirken. Zweitens beschädigt ein derartiges Publizitätsverhalten die Reputation dieses Verbreitungsweges für Kapitalmarktinformationen. Würde daraufhin die Nutzung dieses besonderen Informationskanals eingeschränkt werden, so dürfte dies ebenfalls erhebliche negative Auswirkungen auf die Kapitalmarkttransparenz zur Folge haben.

Mitteilungen mit Mehrfachinhalten

Offen bleibt, wie Ad-hoc-Mitteilungen mit Mehrfachinhalten zu bewerten sind. Nach unserer Auffassung kann ein Verstoß gegen § 15 Abs. 1 Satz 3 WpHG a. F. bzw. § 15 Abs. 2 Satz 1 WpHG n. F. dann vorliegen, wenn die ad-hoc-publizitätspflichtigen Sachverhalte nicht in einem inneren Zusammenhang stehen, der eine gemeinsame Veröffentlichung zwingend notwendig macht und sich die Meldeinhalte mit Blick auf die Kurswirkungen wechselseitig kompensieren.

Berichtigungspflicht

Ergänzt wurde die Neufassung von § 15 Abs. 1 WpHG im Zusammenhang mit dem 4. FMFG durch einen Satz 4, der verlangte, dass unrichtige Inhalte einer Ad-hoc-Mitteilung unverzüglich durch eine Veröffentlichung nach § 15 Abs. 3 WpHG a. F. berichtigt werden. Nach der bis dahin geltenden Rechtslage waren nur solche unwahren Veröffentlichungen zu berichtigen, die selbst als eine kursbeeinflussende Tatsache im Sinne des § 15 Abs. 1 Satz 1 a. F. WpHG einzustufen waren. Seit Inkrafttreten des Vierten Finanzmarktförderungsgesetz gilt die Berichtigungspflicht nunmehr für jeden unrichtigen Meldeinhalt einer Ad-hoc-Mitteilung. Diese Vorschrift wurde mit Inkrafttreten des AnSVG durch § 15 Abs. 2 Satz 2 WpHG fortgeschrieben.

Offenlegung der Geschäfte des Managements in Wertpapieren des eigenen Unternehmens (Directors Dealings)

Kreis der Verpflichteten

Neu in das WpHG eingefügt wurde die Regelung über die Veröffentlichung von bestimmten Wertpapiergeschäften. Die Einführung einer solchen besonderen Mitteilungs- und Veröffentlichungspflicht war nicht zuletzt auch eine Reaktion auf Fehlentwicklungen bei einigen Unternehmen vor allem des Neuen Marktes. § 15 a WpHG a. F. verpflichtete Mitglieder des Vorstands und des Aufsichtsrats oder persönlich haftende Gesellschafter des Emittenten, eigene Geschäfte in Wertpapieren des Unternehmens, dem sie als Mitglied eines Organs angehören oder an dem sie eine wesentliche Beteiligung halten, offenzulegen. Darüber hinaus traf die Mitteilungspflicht auch nahe Angehörige der Organmitglieder.

Meldepflichtige Wertpapiergeschäfte

Ausgelöst wurde eine Mitteilungspflicht der ursprünglichen gesetzlichen Regelung zufolge beim Erwerb oder der Veräußerung von Aktien des Emittenten, Wertpapiere mit Umtauschrecht in Aktien des Emittenten, Erwerbs- und Veräußerungsoptionen auf Aktien des Emittenten sowie Rechte, deren Preis vom Börsenpreis der Aktien des Emittenten abhängt. Im angelsächsischen Sprachraum hat sich für derartige Wertpapiergeschäfte der Begriff *Directors' Dealings* eingebürgert. Ausgenommen von der Mitteilungspflicht waren Transaktionen, bei denen der Erwerb von Wertpapieren des eigenen Unternehmens auf arbeitsvertraglichen Vereinbarungen oder als Bestandteil der Vergütung erfolgte.

Meldepflichtige Personen

Die Mitteilungspflicht traf der ursprünglichen Regelung zufolge die Mitglieder der Organe und deren Angehörigen oder die persönlich haftenden Gesellschafter des Emittenten. Die Ausdehnung der Mitteilungspflicht auf den Ehepartner bzw. eingetragenen Lebenspartner sowie auf Verwandte ersten Grades der Organmitglieder des Emittenten oder eines Mutterunternehmens diente dem Ziel, eine Umgehung der Regelung zu verhindern.

Mitteilung gemäß § 15 a WpHG

Die Mitteilung erfolgte damals wie heute an den Emittenten und die Bundesanstalt. Der Emittent wiederum ist verpflichtet, die Wertpapiergeschäfte unverzüglich bekannt zu machen. Dabei statuierte § 15 a Abs. 3 Nr. 1 WpHG a. F. ein Primat der Veröffentlichung im Internet. Eigengeschäfte der Mitglieder des

Geschäftsführungs- oder Aufsichtsorgans wurden vom Gesetz nicht als ad-hoc-publizitätspflichtige Sachverhalte gewertet; dies gilt noch heute. Daher erfolgt die Veröffentlichung der Transaktionen auch nicht nach dem für Ad-hoc-Mitteilungen vorgesehenen Verfahren.

Angestrebtes Ziel der im Kern noch heute gültigen Vorschrift ist die Verbesserung der Informationseffizienz des Kapitalmarkts. Die Norm sollte dabei die sonstigen Publizitätsvorschriften, insbesondere die Ad-hoc-Publizität gemäß § 15 WpHG, ergänzen. Bei der Schaffung der Vorschrift ging der Gesetzgeber davon aus, dass der betroffene Personenkreis durch seine Mitwirkung an der Verwirklichung von Insiderinformationen oder – wie im Fall der persönlich haftenden Gesellschafter – als Folge einer wesentlichen Beteiligung am Unternehmen regelmäßig einen Informationsvorsprung gegenüber dem breiten Anlegerpublikum hat. Deshalb wird den so genannten *informierten Transaktionen* auch eine gewisse Indikatorfunktion zugesprochen – und das wohl zu Recht, haftet solchen Wertpapiergeschäften beinahe zwangsläufig der *Anschein einer Insidertransaktion* an. Gestützt wird diese Annahme durch die Beobachtung, dass derartigen Transaktionen vom Markt tatsächlich eine gewisse Indikatorwirkung zugesprochen wird. In Deutschland werden diese Daten beispielsweise von dem Internetdienst www.insiderdaten.de aufbereitet.

Verbesserte Informationseffizienz

Vor einer unreflektierten Nutzung dieser Informationen für Anlageentscheidungen muss indessen gewarnt werden. Einerseits können solche Wertpapiergeschäfte auf Motiven basieren, die in keinerlei Zusammenhang mit der wirtschaftlichen Situation des Emittenten stehen. Andererseits kann der Zusammenhang von den Mitgliedern der Organe auch gezielt dazu missbraucht werden, über solche Wertpapiergeschäfte Signale zu setzen, die im Widerspruch zur wirtschaftlichen Situation des Unternehmens stehen.

Begrenzte Aussagekraft

Im Zuge des AnSVG haben die Regelungen des § 15 a WpHG weit reichende Änderungen erfahren. Insbesondere wurde der Kreis der mitteilungspflichtigen Personen erweitert bzw. geändert. Außerdem wurden der Kreis der veröffentlichungspflichtigen Emittenten vergrößert, die Bagatellgrenze abgesenkt und Ausnahmeregelungen gestrichen (vgl. hierzu Abschnitt 1.1.7.5).

Änderungen durch das AnSVG

Schaffung einer Anspruchsgrundlage für Schadenersatzansprüche bei der verspäteten, unterlassenen oder unrichtigen Veröffentlichung kursbeeinflussender Tatsachen

Eine häufig geäußerte Kritik an § 15 Abs. 1 a. F. WpHG, die sich in ihrem Kern auch auf § 15 Abs. 1 WpHG n. F. übertragen lässt, bestand darin, dass diese – die Ad-hoc-Publizitätspflicht begründende – Rechtsnorm kein Schutzgesetz im Sinne des § 823 Abs. 2 BGB (*unerlaubte Handlung*) darstellte und daher keine hinreichende anlegerschützende Wirkung zu entfalten vermochte (vgl. Assmann, H.-D./Schneider, U. H. (2006), S. 511 f.).

Keine anlegerschützende Wirkung

Im Rahmen des neu geschaffenen Abschnitts 7 des Wertpapierhandelsgesetzes wurden nun mit §§ 37 b und 37 c WpHG erstmals zwei selbstständige Anspruchsgrundlagen für Anleger geschaffen, die bei Wertpapiergeschäften, die im Vertrauen auf die Einhaltung der Ad-hoc-Publizitätspflicht vorgenommen werden, durch eine unterlassene oder verspätete Veröffentlichung oder eine unrichtige Behauptung potenziell kurserheblicher Tatsachen durch den Emittenten einen finanziellen Schaden erlitten haben. Aus rechtssystematischer Sicht handelt sich dabei um spezialgesetzliche Anspruchsgrundlagen auf

Selbstständige Anspruchsgrundlagen

Schadenersatz für unterlassene Ad-hoc-Mitteilungen. Insofern hat § 37 b Abs. 5 WpHG, der festlegt, dass weiter gehende Ansprüche nach den Vorschriften des bürgerlichen Rechts auf Grund von Verträgen oder vorsätzlichen unerlaubten Handlungen hiervon nicht betroffen sind, rein deklaratorischen Charakter (vgl. hierzu auch Großmann, K./Nikoleyczik, T. (2002), S. 2035).

Eindämmung von Fehlentwicklungen

Die neu eingefügten Vorschriften waren von der Zielsetzung getragen, die in der Überhitzungsphase der Jahre 2000 und 2001 zu Tage getretenen Mängel beim Publizitätsverhalten einzelner Unternehmen vor allem des Neuen Marktes einzudämmen. Insoweit flankieren die §§ 37 b und 37 c WpHG die Verpflichtung zur Veröffentlichung kursbeeinflussender Tatsachen (alte Rechtslage) bzw. Insiderinformationen (neue Rechtslage) nach § 15 Abs. 1 WpHG im Hinblick auf das Ziel, die Funktionsfähigkeit des Kapitalmarktes – im öffentlichen Interesse – zu schützen.

§ 37 b WpHG erfasst das Unterlassen einer gebotenen unverzüglichen Veröffentlichung erheblich kursbeeinflussender Tatsachen (alte Rechtslage) bzw. Insiderinformationen (neue Rechtslage), dagegen regelt § 37 c WpHG die Veröffentlichung unwahrer Tatsachen in einer Mitteilung über kursbeeinflussende Tatsachen (alte Rechtslage) bzw. Insiderinformationen (neue Rechtslage). Tathandlung ist in beiden Fällen eine Verletzung der Pflicht zur Veröffentlichung erheblich kursbeeinflussender Tatsachen im Sinne des § 15 WpHG.

1.1.7 Harmonisierung des Insiderrechts und des Rechts der Ad-hoc-Publizität auf europäischer Ebene: Die Auswirkungen der EU-Marktmissbrauchsrichtlinie

Financial Services Action Plan

Nur knapp zwei Jahre nach Inkrafttreten des Vierten Finanzmarktförderungsgesetzes standen erneut weitreichende Änderungen beim Insiderrecht und dem Recht der Ad-hoc-Publizität ins Haus. Diesmal ging der Änderungsbedarf von einer europäischen Legislativinitiative aus. Am 28. Januar 2003 trat die »Richtlinie des Europäischen Parlaments und des Rates über Insider-Geschäfte und Marktmanipulationen« in Kraft. Die europäische Marktmissbrauchsrichtlinie war Bestandteil des Aktionsplans der Gemeinschaft für Finanzdienstleistungen, dem »Financial Services Action Plan«, der die Schaffung eines europäischen Binnenmarktes für Finanzdienstleistungen bis zum Jahr 2005 vorsah.

Wahrung der Integrität der Finanzmärkte

Ziel der EU-Marktmissbrauchsrichtlinie war es, die Integrität der europäischen Finanzmärkte zu sichern, einheitliche Regeln für die Bekämpfung von Marktmissbrauch in Europa aufzustellen und deren Einhaltung in allen Mitgliedstaaten der Gemeinschaft verbindlich zu machen, um damit letztlich das Vertrauen der Anleger in die Finanzmärkte zu stärken.

Rechtsangleichung

Der mit der europäischen Marktmissbrauchsrichtlinie begründete Regelungsrahmen verfolgte dabei nicht den Zweck, die auf nationaler Ebene bestehenden Vorschriften durch direkt anwendbare europarechtliche Normen zu ersetzen. Die Richtlinie sollte vielmehr dazu beitragen, dass sich die nationalen Regeln aneinander annähern. Um möglichst flexibel auf den raschen Wandel an den Finanzmärkten reagieren zu können, enthielt die Richtlinie eine sehr allgemeine Definition von Marktmissbrauch (vgl. Europäische Kommission (2001), S. 4 f.).

AnSVG

Die Umsetzung der EU-Marktmissbrauchsrichtlinie hatte in den Mitgliedstaaten bis zum 12. Oktober 2004 zu erfolgen. In Deutschland erfolgte die Umsetzung der Richtlinie durch das Gesetz zur Verbesserung des Anlegerschutzes (Anlegerschutzverbesserungsgesetz – AnSVG). Das Gesetz wurde am 27. Mai 2004 von der rot-grünen Regierungskoalition auf den Weg gebracht und passierte bereits kurz darauf – am 1. Juli 2004 – den Deutschen Bundestag. Am 30. Oktober 2004 trat das AnSVG mit knapp zwei Wochen Verspätung in Kraft.

Das für deutsche Verhältnisse vergleichsweise hohe Tempo des Gesetzgebungsverfahrens erklärte sich zum einen aus dem heilsamen Druck, der von dem engen Zeitplan der Kommission und des Europäischen Rates auf den deutschen Gesetzgeber ausging, zum anderen aus der Tatsache, dass das Anlegerschutzverbesserungsgesetz selbst noch eine ganze Fülle von Regelungslücken enthielt, die erst später durch die zugehörigen Konkretisierungsverordnungen geschlossen wurden.

Konkretisierungsverordnungen

1.1.7.1 Der Kontext der europäischen Marktmissbrauchsrichtlinie: Der Aktionsplan für Finanzdienstleistungen (FSAP)

Bereits seit 1973 arbeitet die Europäische Kommission an der Schaffung eines Binnenmarktes für Finanzdienstleistungen. Der Grund für die Integrationsbemühungen liegt auf der Hand. Dienstleistungen tragen in erheblichem Maße zu Wachstum und Beschäftigung in der Gemeinschaft bei. Angesichts der hohen wirtschaftlichen Bedeutung der Finanzdienstleistungen erstaunt es nicht, dass die Gemeinschaft nach der Vollendung der Zollunion auch den Aufbau eines *Gemeinsamen Marktes* für Finanzdienstleistungen vorantrieb. Einerseits – so die Vorstellung der Kommission – sollen alle Bürger der EU Zugang zum größtmöglichen Angebot an Finanzdienstleistungen erhalten. Andererseits soll jeder in einem Mitgliedstaat der EU zugelassene Anbieter von Finanzdienstleistungen in der ganzen Gemeinschaft entweder über die Niederlassungs- oder die Dienstleistungsfreiheit seinen Geschäften nachgehen können.

Gemeinsamer Markt für Finanzdienstleistungen

Die in den 70er Jahren für den Finanzdienstleistungssektor verabschiedeten Richtlinien blieben indessen Stückwerk. Zwar wurden verschiedene Initiativen zur Schaffung eines einheitlichen aufsichtsrechtlichen Umfeldes gestartet, die Finanzmärkte der Gemeinschaft blieben jedoch weiter segmentiert. Erst mit der Einheitlichen Europäischen Akte von 1986 erfolgte der entscheidende Anstoß für die Schaffung eines Finanzbinnenmarkts.

Einheitliche Europäische Akte 1986

Aber auch nach dem dafür anvisierten Zieldatum, dem 1. Januar 1993, war die Gemeinschaft noch weit von der Vision eines gemeinsamen europäischen Finanzmarktes entfernt. Mit der Errichtung eines einheitlichen Währungsraums durch die Einführung des Euro traten die strukturellen Unterschiede zwischen den Finanzmärkten und der daraus abgeleitete Handlungsbedarf für die nationalen Regulierungs- und Aufsichtsbehörden in den EU-Mitgliedstaaten immer deutlicher zu Tage.

Europäische Währungsunion

Angesichts der durch die Einführung des Euro angestoßenen Umwälzungen in der europäischen Finanzlandschaft forderte der Europäische Rat von Cardiff die Kommission am 15./16. Juni 1998 auf, »einen Rahmen für Maßnahmen zur Verbesserung des Binnenmarktes für Finanzdienste vorzulegen« (Europäischer Rat 1998, Ziff. 17.). Daraufhin veröffentlichte die Kommission am 28. Oktober desselben Jahres eine Mitteilung, in der der Aktionsrahmen für die Schaffung eines »Gemeinsamen Finanzmarktes« innerhalb der Europäischen Union abgesteckt wurde (vgl. Europäische Kommission (1998)).

Rat von Cardiff

Die Kommission sah insbesondere in fünf Bereichen Handlungsbedarf:
- Die EU sollte mit einem Rechtssystem ausgestattet werden, das den neuen regulatorischen Herausforderungen gerecht werden sollte,
- noch verbliebene Fragmentierungen der Finanzmärkte in der Gemeinschaft sollten beseitigt werden, um die Kosten für die Kapitalaufnahme der Unternehmen an den EU-Märkten zu verringern,
- Nutzer und Anbieter von Finanzdienstleistungen sollten die Geschäftsmöglichkeiten, die ein einheitlicher Finanzmarkt bietet, unbeschränkt nutzen können. Die Nutzer sollten gleichzeitig von einem hohen Maß an Verbraucherschutz profitieren sowie
- eine engere Koordinierung der Aufsichtsbehörden sollte gefördert werden;
- als Grundlage für das Privat- und Firmenkundengeschäft sollte eine integrierte EU-Infrastruktur entwickelt werden.

Aktionsplan für Finanzdienstleistungen

Diese Mitteilung wurde von der Kommission am 11. Mai 1999 durch einen Aktionsplan konkretisiert. In der Mitteilung mit dem Titel *Umsetzung des Finanzmarktrahmens: Aktionsplan* wurden die Ziele und Maßnahmen, die in Angriff genommen werden mussten, um alle denkbaren Vorteile aus der Euro-Einführung zu ziehen und den Binnenmarkt für Finanzdienstleistungen zu vollenden, akribisch aufgelistet (vgl. Europäische Kommission (1999)).

Strategische Zielsetzungen des FSAP

Drei *strategische Zielsetzungen* verfolgte der Aktionsplan für Finanzdienstleistungen: (1) Schaffung eines einheitlichen Firmenkundenmarktes, (2) Errichtung eines offenen und transparenten Privatkundenmarktes und (3) Einführung einheitlicher moderner Aufsichtsstrukturen sowie einer einheitlichen Überwachung des Banken- und Versicherungssektors in der Gemeinschaft. Zugleich verfolgt der Aktionsplan das Ziel, die allgemeinen Voraussetzungen für einen effizienten Finanzbinnenmarkt zu schaffen. Dies sollte durch Beseitigung unterschiedlicher Steuerregelungen und Schaffung eines wettbewerbsfähigen und transparenten Rechtssystems für die Unternehmensverfassung geschehen.

Die Marktmissbrauchsrichtlinie wurde von der Kommission als Maßnahme der Prioritätsstufe 2 eingestuft. Gut eineinhalb Jahre lagen zwischen dem ersten Kommissionsvorschlag für eine Richtlinie über Insider-Geschäfte und Marktmanipulation (Marktmissbrauch) und der Annahme der endgültigen Richtlinie durch das Europäische Parlament und den Europäischen Rat: Am 30. Mai 2001 legte die Kommission den ersten Vorschlag für die Marktmissbrauchsrichtlinie vor. Am 24. Oktober 2002 nahm das Europäische Parlament die überarbeitete Richtlinie an. Der Rat schloss sich diesem Votum am 3. Dezember 2002 an.

Lamfalussy-Bericht

Ein Grund für das gemessen an europäischen Maßstäben hohe Reformtempo dürfte in der Reformierung des Rechtsetzungsverfahrens zu suchen sein. Am 15. Februar 2001 legte eine Expertengruppe unter Leitung von Alexandre Lamfalussy eine Empfehlung für die Regulierung der europäischen Finanzmärkte vor. In ihrem Abschlussbericht (*Lamfalussy-Bericht*) gelangten die Experten zu einem sehr kritischen Urteil in Bezug auf die Effizienz der Rechtsetzung. Die Experten bemängelten, dass für die Vollendung des Finanzbinnenmarktes noch grundlegende Bestimmungen fehlten und der Prozess der Rechtsetzung in der EU zu langsam und zu wenig flexibel sei. Eine weitere Integrationsbarriere liege in der unterschiedlichen Umsetzung der Richtlinie in den Mitgliedstaaten und in der hohen Zahl der vielfältigen Regulierungsbehörden in der Gemeinschaft.

Um die Rechtsetzung speziell im Wertpapiersektor zu beschleunigen, enthielt der *Lamfalussy-Bericht* eine Empfehlung für ein vierstufiges Rechtsetzungsverfahren. An diesem Vorschlag entzündete sich eine kontrovers geführte Diskussion zwischen den verschiedenen Institutionen der Europäischen Union, da Rat und Parlament einen Kompetenzverlust befürchteten. Nachdem die Auseinandersetzung aber Anfang Februar 2002 beigelegt wurde, hat sich das neue Rechtsetzungsverfahren inzwischen etabliert. Auch bei der Marktmissbrauchsrichtlinie fanden die neuen Vorschriften bereits Anwendung.

Vierstufiges Rechtsetzungsverfahren

1.1.7.2 Gegenstand und Ziele der EU-Marktmissbrauchsrichtlinie

Am 28. Januar 2003 wurde im Amtsblatt der Europäischen Union die Richtlinie des Europäischen Parlaments und des Rates über Insider-Geschäfte und Marktmanipulationen (Marktmissbrauch) veröffentlicht. Die Umsetzung der EU-Marktmissbrauchsrichtlinie (2003/6/EG) hatte an sich bis zum 12. Oktober 2004 zu erfolgen und ersetzte die bisherigen Rechtsakte der Gemeinschaft zum Insiderrecht, insbesondere die Richtlinie des Rates vom 13. November 1989 zur Koordinierung der Vorschriften betreffend Insider-Geschäfte (89/592/EWG).

Wie bereits oben dargestellt, ist die EU-Marktmissbrauchsrichtlinie im Kontext des Aktionsplans für Finanzdienstleistungen zu sehen. Sie ist eingebettet in ein ganzes Bündel von Legislativinitiativen, die allesamt auf die Vollendung des europäischen Finanzbinnenmarktes gerichtet sind. Besonders hervorzuheben sind in diesem Zusammenhang die folgenden Verordnungen und Richtlinien, die die EU-Marktmissbrauchsrichtlinie auf europäischer Ebene konkretisieren:

Konkretisierende Richtlinien

- Verordnung der Kommission zur Durchführung der Richtlinie 2003/6/EG des Europäischen Parlaments und des Rates vom 22. Dezember 2003 zu Ausnahmeregelungen für Rückkaufprogramme und Kursstabilisierungsmaßnahmen (VO 2273/2003),
- Richtlinie der Kommission zur Durchführung der Richtlinie 2003/6/EG des Europäischen Parlaments und des Rates betreffend die Begriffsbestimmung und die Veröffentlichung von Insiderinformationen und die Begriffsbestimmung der Marktmanipulation vom 22. Dezember 2003 (2003/124/EG) sowie
- Richtlinie der Kommission zur Durchführung der Richtlinie 2003/6/EG des Europäischen Parlaments und des Rates zu zulässigen Marktpraktiken, der Definition von Insiderinformationen in Bezug auf Warenderivate, Erstellung von Insider-Verzeichnissen, Meldung von Eigengeschäften und Meldung verdächtiger Transaktionen vom 29. April 2004 (2004/72/EG).

Übergeordnetes Ziel der EU-Marktmissbrauchsrichtlinie ist es, die Integrität des europäischen Finanzmarktes zu sichern, indem für die gesamte Gemeinschaft einheitliche Regeln für die Bekämpfung von verbotenen Insideraktivitäten und Marktmanipulationen aufgestellt und von allen Mitgliedstaaten nach verbindlichen Vorgaben durchgesetzt werden. Auf diese Weise soll das Vertrauen der Anleger in die Wertpapiermärkte gestärkt und die Wettbewerbsfähigkeit des europäischen Finanzplatzes insgesamt verbessert werden.

Stärkung des europäischen Finanzplatzes

Marktmissbrauch

Marktmissbrauch kann der Richtlinie zufolge vorliegen, wenn Anleger mittelbar oder unmittelbar »in unangemessener Weise benachteiligt worden sind, indem andere Personen Informationen, die nicht öffentlich zugänglich sind, zu ihrem Vorteil oder zum Vorteil Dritter genutzt, verzerrend auf die Bildung des Kurses von Finanzinstrumenten eingewirkt oder falsche oder irreführende Informationen verbreitet haben« (Europäische Kommission (2001), S. 2 f.).

Einheitlicher rechtlicher Rahmen zum Schutz der Marktintegrität

Die Schaffung eines einheitlichen rechtlichen Rahmens zum Schutz der Marktintegrität wurde notwendig, da auf der Ebene der Europäischen Union bis zur Verabschiedung der Richtlinie keine Vorkehrungen gegen Marktmanipulationen getroffen worden waren. Die EG-Insiderrichtlinie (89/592/EWG) beschränkte sich darauf, den Missbrauch privilegierter Informationen zu verhindern. Doch obwohl alle Mitgliedstaaten die Richtlinie in nationales Recht umgesetzt hatten, wiesen die Rechtsvorschriften teilweise noch immer erhebliche Unterschiede auf. Außerdem gab es in einigen Mitgliedstaaten der Gemeinschaft nach wie vor keine Rechtsvorschriften, die sich auf Marktmanipulationen beziehen. Die Unterschiede im Rechtsrahmen wirkten wie Handelsbarrieren und verhinderten die Verschmelzung der nationalen Finanzmärkte zu einem Finanzbinnenmarkt.

Strukturwandel der Finanzmärkte

Schließlich mehrten sich die Stimmen, die die EG-Insiderrichtlinie angesichts der Veränderungen, die sich seit Anfang der 90er Jahre an den Finanzmärkten vollzogen hatten, als nicht mehr zeitgemäß ansahen. Neue Finanzprodukte und Technologien – allen voran das Internet – traten in Erscheinung, die Palette der Finanzderivate erfuhr eine erhebliche Ausweitung, alternative Handelssysteme (ATS) traten verstärkt in Konkurrenz zu den bestehenden Organisationsformen des Wertpapierhandels, neue Akteure nahmen am Kapitalmarktgeschehen teil und grenzüberschreitende Geschäfte gewannen an Bedeutung. All diese Entwicklungen bringen beträchtliche Chancen und Risiken mit sich – nicht zuletzt eben auch Anreize, Mittel und Gelegenheiten zur Marktmanipulation.

Regulierungsbedarf

Immer deutlicher trat der Mangel in der Regulierung der Finanzmärkte zutage. Die EU-Marktmissbrauchsrichtlinie sollte diese Lücke schließen und einen einheitlichen – gleichermaßen effizienten und flexiblen – Rechtsrahmen schaffen. Um mit dem raschen Wandel auf den Finanzmärkten Schritt halten zu können, enthält die Richtlinie eine sehr allgemeine Definition von Marktmissbrauch. Diese sollte auch weit genug gefasst sein, um etwaige neue Missbrauchspraktiken zu erfassen. Gleichzeitig ist sie klar genug, um den Marktteilnehmern die nötige Orientierung für ihr Verhalten zu bieten.

1.1.7.3 Regelungsbereiche der EU-Marktmissbrauchsrichtlinie

Sachlicher Anwendungsbereich

Der sachliche Anwendungsbereich der europäischen Marktmissbrauchsrichtlinie ergibt sich aus den Art. 2 bis 6 – jeweils in Verbindung mit Art. 1 der Richtlinie. In Art. 1 Abs. 1 der Richtlinie ist der Verbotstatbestand des Insiderhandels niedergelegt. Demnach ist es Personen, die über eine Insiderinformation verfügen, untersagt, »unter Nutzung« dieser Information für eigene oder fremde Rechnung direkt oder indirekt Finanzinstrumente, auf die sich die Information bezieht, zu erwerben oder veräußern oder dies auch nur zu versuchen.

Verzicht auf subjektive Tatbestandsmerkmale

Die in der Marktmissbrauchsrichtlinie gewählte Formulierung »unter Nutzung« unterscheidet sich von der Insiderrichtlinie, die das Tatbestandsmerkmal

»unter Ausnutzung« enthielt. Die darin gewählte Formulierung entspricht dem erklärten Willen der Kommission, bei den Verbotsnormen im Zusammenhang mit der Bekämpfung von Marktmissbrauch auf subjektive Tatbestandsmerkmale zu verzichten (vgl. hierzu auch Dier, C./Fürhoff, J. (2002), S. 607).

Das Insiderhandelsverbot gilt gem. Art. 2 Abs. 2 der Richtlinie für Personen, die

a) als Mitglied eines Verwaltungs-, Leitungs- oder Aufsichtsorgans des Emittenten,
b) durch ihre Beteiligung am Kapital des Emittenten oder
c) dadurch, dass sie aufgrund ihrer Arbeit, ihres Berufs oder ihrer Aufgaben Zugang zu der betreffenden Information haben, oder
d) aufgrund ihrer kriminellen Aktivitäten

über eine Insiderinformation verfügen.

Ausdehnung des Insiderhandelsverbots

Durch die Marktmissbrauchsrichtlinie wurde erstmals auch der Versuch des Insiderhandels von der Verbotsnorm erfasst. Dies gilt aber nur für den Erwerb und die Veräußerung eines Finanzinstruments, nicht hingegen für die Weitergabe von Insiderinformationen und das Aussprechen von Empfehlungen. Zudem wurde das in Art. 3 der Richtlinie festgeschriebene Weitergabe- und Empfehlungsverbot im Unterschied zur Insiderrichtlinie auch auf Sekundärinsider ausgedehnt. Nach Art. 4 der Marktmissbrauchsrichtlinie trifft dies zumindest auf jene Personen zu, die zum Zeitpunkt der Informationserlangung bzw. -weitergabe wussten oder aber hätten wissen müssen, dass es sich um Insiderinformationen handelt. Während also bei den Sekundärinsidern das (subjektive) Wissen um die rechtliche Einordnung der in Frage stehenden Information als Insiderinformation eine zwingende Tatbestandsvoraussetzung ist, wird bei den Primärinsidern von Gesetzes wegen unterstellt, dass sich diese des besonderen – vertraulichen – Charakters der Insiderinformationen bewusst sind (vgl. Europäische Kommission (2001), S. 7).

Ausnahmetatbestände

Keine Anwendung findet das Insiderhandelsverbot nach Art. 2 Abs. 3 der Richtlinie auf Geschäfte, die getätigt werden, um einer fällig gewordenen Verpflichtung zum Erwerb oder zur Veräußerung von Finanzinstrumenten nachzukommen, soweit diese Verpflichtung auf einer Vereinbarung beruht, die geschlossen wurde, bevor die betreffende Person die Insiderinformation erhalten hat.

Dier/Fürhoff wenden zu Recht ein, dass diese auf den ersten Blick scheinbar selbstverständliche Regelung aus aufsichtsrechtlicher Sicht nicht unproblematisch ist. So sei nicht nur unklar, welche Art von »Verpflichtungen zum Erwerb oder zur Veräußerung von Finanzinstrumenten« von dieser Vorschrift erfasst werden. Zudem bliebe offen, welche rechtliche Natur eine derartige Vereinbarung aufweisen muss. Tatsächlich liegt es auf der Hand, dass dieser Ausnahmetatbestand im Anschluss an ein verbotenes Insidergeschäft geschaffen werden kann, indem die »befreiende« Vereinbarung nachträglich – zum Schein – mit einem Dritten geschlossen und entsprechend vordatiert wird (vgl. hierzu Dier, C./Fürhoff, J. (2002), S. 607).

Verbot der Marktmanipulation

Das Verbot der Marktmanipulation ist in Art. 5 der Richtlinie niedergelegt. Der Begriff der Marktmanipulation wird in Art. 1 Abs. 2 definiert. Darauf aufbauend untersagt Art. 5 jede Form der Marktmanipulation. Anders als der Richtlinienentwurf der Kommission verzichtet die Marktmissbrauchsrichtlinie auf einen Anhang mit einer ausführlichen Aufstellung von Beispielen für Methoden der Marktmanipulation (vgl. Europäische Kommission (2001), Abschnitt B, S. 26f.).

Falsche oder irreführende Signale

Stattdessen werden in Art. 1 Abs. 2 der Richtlinie drei Erscheinungsformen von Marktmanipulation definiert und durch Beispiele ergänzt. Die erste Form der Marktmanipulation umfasst Geschäfte oder Kauf- bzw. Verkaufsaufträge, die falsche oder irreführende Signale für das Angebot von oder die Nachfrage nach Finanzinstrumenten geben könnten oder den Kurs eines Finanzinstruments oder mehrerer Finanzinstrumente so beeinflussen, dass ein »anormales oder künstliches Kursniveau« erzielt wird. Keine Marktmanipulation liegt dagegen vor, wenn die handelnde Person, die die Geschäfte abgeschlossen oder die Aufträge erteilt hat, legitime Gründe und eine Übereinstimmung mit der zulässigen Marktpraxis auf dem betreffenden Markt nachweisen kann (Art. 1 Abs. 2 a).

Vorspiegelung falscher Tatsachen

Die zweite Form der Marktmanipulation sind Geschäfte oder Kauf- bzw. Verkaufsaufträge unter Vorspiegelung falscher Tatsachen oder unter Verwendung sonstiger Kunstgriffe oder Formen der Täuschung (Art. 1 Abs. 2 b).

Verbreitung von Falschinformationen

Die dritte Form der Marktmanipulation umfasst die Verbreitung von falschen Informationen über die Medien einschließlich des Internet, die falsche oder auch irreführende Signale in Bezug auf Finanzinstrumente geben oder geben könnten, u.a. durch Verbreitung von Gerüchten sowie falscher oder irreführender Nachrichten, soweit die handelnde Person weiß oder hätte wissen müssen, dass die Informationen falsch oder irreführend sind. Für Journalisten, die bei der Verbreitung von Informationen in Ausübung ihres Berufes handeln, gilt, dass eine solche Verbreitung an den für diesen Berufsstand geltenden Regeln zu messen sind, es sei denn, dass diese – direkt oder indirekt – einen Nutzen aus der Verbreitung von falschen oder irreführenden Informationen ziehen oder daraus Gewinne schöpfen (Art. 1 Abs. 2 c).

Drei Beispiele für die genannten Manipulationsformen werden besonders hervorgehoben:

Abusive Squeezes

- Sicherung einer marktbeherrschenden Stellung in Bezug auf das Angebot eines Finanzinstruments oder die Nachfrage danach durch eine oder mehrere, in Absprache handelnde Personen mit der Folge einer direkten oder auch indirekten Festsetzung des Ankaufs- oder Verkaufspreises oder anderer unlauterer Handelsbedingungen. Gemeint ist hier wohl das Szenario des *Abusive Squeezes* aus dem genannten Beispielkatalog des Kommissionsentwurfs. Im Kern geht es hierbei um die Beeinflussung des Kurses durch künstliche Verknappung eines Wertes oder Ausnutzung eines Angebotsstaus auf dem Markt.

Marking the Close

- Kauf oder Verkauf von Finanzinstrumenten bei Börsenschluss mit der Folge, dass Anleger, die aufgrund des Schlusskurses tätig werden, irregeführt werden – eine Form der Marktmanipulation, die im Beispielkatalog des Kommissionsentwurfs als *Marking the Close* bezeichnet wurde.

Scalping

- Ausnutzung eines gelegentlichen oder regelmäßigen Zugangs zu den traditionellen oder elektronischen Medien durch Abgabe einer Stellungnahme zu einem Finanzinstrument oder dem Emittenten dieses Finanzinstruments, wobei zuvor Positionen bei diesem Finanzinstrument eingegangen wurden und anschließend Nutzen aus den Auswirkungen der Stellungnahme auf den Kurs dieses Finanzinstruments gezogen wird, ohne dass der Öffentlichkeit dieser Interessenkonflikt gleichzeitig auf ordnungsgemäße und effiziente Weise mitgeteilt wird. Diese Form der Marktmanipulation bezeichnet das sogenannte *Scalping* – so auch die Bezeichnung im Kommissionsentwurf.

Im Hinblick auf das Recht der Ad-hoc-Publizität sah die Richtlinie in Art. 6 drei zentrale Änderungen gegenüber der alten Rechtslage in Deutschland vor:

- Die wohl wichtigste Neuerung bestand darin, dass die für die bisherige deutsche Rechtslage charakteristische Unterscheidung zwischen Insidertatsache und ad-hoc-publizitätspflichtiger Tatsache aufgegeben wurde. Seither knüpft das Recht der Ad-hoc-Publizität an dem europarechtlich entwickelten Begriff der *Insiderinformation* an. Nach Art. 6 Abs. 1 der Richtlinie müssen die Mitgliedstaaten dafür Sorge tragen, »dass alle Emittenten von Finanzinstrumenten Insiderinformationen, die sie unmittelbar betreffen, so bald als möglich der Öffentlichkeit bekannt geben«. Nicht erforderlich ist dagegen, dass der Sachverhalt im Tätigkeitsbereich des Emittenten eingetreten ist. Zudem entfiel das für die bis dahin geltende Rechtslage charakteristische Kausalitätserfordernis zwischen den Auswirkungen der Tatsache auf die Vermögens- oder Finanzlage oder den allgemeinen Geschäftsverlauf des Emittenten auf der einen Seite und der erheblichen Beeinflussung des Kurses der betreffenden *Wertpapiere* (nach altem Recht) bzw. *Finanzinstrumente* (nach neuem Recht) auf der anderen Seite. Im Ergebnis führte diese europarechtliche Vorgabe dazu, dass der Kreis der meldepflichtigen Sachverhalte erheblich erweitert wurde.

- Die zweite wichtige Änderung gegenüber der bisherigen Rechtslage lag wohl darin, dass die Emittenten die Offenlegung einer Insiderinformation nach Art. 6 Abs. 2 der Richtlinie nunmehr unter bestimmten Voraussetzungen aufschieben können. Eine Aufschiebung der an sich gebotenen Veröffentlichung kommt dann in Frage, wenn die Bekanntgabe den »berechtigten Interessen des Emittenten schaden könnte«, soweit (1) die Öffentlichkeit dadurch nicht irregeführt wird und (2) der Emittent die Vertraulichkeit der Information gewährleisten kann. Entfällt der Grund für die Aufschiebung, so lebt die Verpflichtung zur Offenlegung wieder auf.

- Neu war auch, dass das Ziel der Offenlegung kursrelevanter Sachverhalte nicht mehr die Information der »Bereichsöffentlichkeit« – verstanden als Personenkreis, der regelmäßig berufsbedingt am Kapitalmarktgeschehen teilnimmt – ist, sondern vielmehr die Unterrichtung des Anlegerpublikums. Konsequenterweise verlangt die EU-Marktmissbrauchsrichtlinie in Art. 6 Abs. 1 Satz 2, dass die Mitgliedstaaten dafür sorgen, dass die »Emittenten alle Insiderinformationen, die sie der Öffentlichkeit mitteilen müssen, während eines angemessenen Zeitraums auf ihrer Internet-Site anzeigen«.

Neu war zudem die Einführung einer Meldepflicht für alle Eigengeschäfte der Führungskräfte eines Emittenten auf europäischer Ebene. Art. 6 Abs. 4 der Richtlinie schreibt vor, dass »Personen, die bei einem Emittenten von Finanzinstrumenten Führungsaufgaben wahrnehmen, sowie gegebenenfalls in enger Beziehung zu ihnen stehende Personen« die »zuständige Behörde« über »alle Eigengeschäfte mit Aktien des betreffenden Emittenten und sowie die sich darauf beziehenden Derivate« informieren. Die Mitgliedstaaten sorgen dafür, dass diese Information der Öffentlichkeit »so bald wie möglich auf einfache

Weise zugänglich gemacht werden.« § 15 a WpHG a. F. entsprach diesen Vorgaben bereits weitgehend. Allerdings sah die EG-Richtlinie im Unterschied zur bisherigen deutschen Rechtslage eine Freigrenze bzw. Meldeschwelle nicht vor.

Finanz-Analysen

Bei Analysen und Research-Berichten ist gemäß Art. 6 Abs. 5 der Richtlinie dafür Sorge zu tragen, »dass die Information sachgerecht dargeboten wird und etwaige Interessenkonflikte offengelegt werden. Soweit die zur Veröffentlichung bestimmten Analysen und Research-Berichte von einem Wertpapierdienstleistungsunternehmen oder einem hiermit verbundenen Unternehmen erstellt bzw. veröffentlicht werden, entsprach § 34 b WpHG a. F. im Wesentlichen bereits den Anforderungen von Art. 6 Abs. 5 der Richtlinie.

Räumlicher Anwendungsbereich

Der räumliche Anwendungsbereich der europäischen Marktmissbrauchsrichtlinie erstreckt sich nach Art. 10 der Richtlinie zum einen auf Insideraktivitäten und Marktmanipulationen in den EU-Mitgliedstaaten, die in ihrem Hoheitsgebiet oder im Ausland begangen werden und Finanzinstrumente betreffen, die zum Handel auf einem in ihrem Hoheitsgebiet gelegenen oder betriebenen geregelten Markt zugelassen sind oder für die ein entsprechender Zulassungsantrag gestellt wurde. Zum anderen werden auch Handlungen in den Mitgliedstaaten der Europäischen Union erfasst, die in ihrem Hoheitsgebiet begangen werden und Finanzinstrumente betreffen, die zum Handel auf einem geregelten Markt in einem Mitgliedstaat zugelassen sind oder für die ein Zulassungsantrag gestellt wurde (vgl. Dier, C./Fürhoff, J. (2002), S. 606).

1.1.7.4 Die Novellierung des Wertpapierhandelsgesetzes durch das Anlegerschutzverbesserungsgesetz

10-Punkte-Programm

Am 1. Juli 2004 hat der Deutsche Bundestag das Gesetz zur Verbesserung des Anlegerschutzes (Bundestagsdrucksache 15/3174) verabschiedet. Das Anlegerschutzverbesserungsgesetz (AnSVG), wie das Gesetzeswerk auch heißt, war Teil des 10-Punkte-Programms der rot-grünen Bundesregierung vom Februar 2003 – einem Maßnahmenkatalog, der die Stärkung der Unternehmensintegrität und des Anlegerschutzes zum Ziel hatte. Wie bei den Finanzmarktförderungsgesetzen handelt es sich auch hier nicht um ein eigenständiges Einzelgesetz, sondern um ein Artikelgesetz, das eine Vielzahl von Neuerungen im Bereich des Kapitalmarktrechts mit sich brachte und in seiner Gesamtheit verabschiedet wurde.

Bausteine des AnSVG

Zentrale Bausteine des Anlegerschutzverbesserungsgesetzes waren Änderungen des Wertpapierhandelsgesetzes, des Verkaufsprospektgesetzes und des Börsengesetzes. Die Änderungen des Wertpapierhandelsgesetzes dienten in erster Linie der Umsetzung der EU-Marktmissbrauchsrichtlinie in deutsches Recht. Darüber hinaus führte das Gesetz – allerdings nur auf nationaler Ebene – eine Prospektpflicht für nicht in Wertpapieren verbriefte Anlageformen des sogenannten *Grauen Kapitalmarkts* ein. Damit sollte dem Referentenentwurf zufolge eine Regelungslücke in einem Marktsegment geschlossen werden, »für das sich in der Vergangenheit anhand von hohen Schäden bis hin zum Totalverlust besonderer Handlungsbedarf gezeigt hat«. Zudem wurde die im Börsengesetz festgeschriebene Regelung zur Zusammensetzung des Börsenrates flexibilisiert.

Konkretisierungsverordnungen

Im Hinblick auf die Novellierung des Wertpapierhandelsgesetzes hätte das Gesetzgebungsverfahren bis zum September 2004 abgeschlossen sein müssen, damit die durch die europäische Marktmissbrauchsrichtlinie vorgegebenen Änderungen noch rechtzeitig in Kraft hätten treten können. Dies erforderte im Vorfeld die Verabschiedung einer ganze Reihe von konkretisierenden Rechtsverordnungen, die die WpHG-Novelle vorsah, um das Gesetzgebungsverfahren – wohl mit Blick auf die hohe Dynamik des Kapitalmarktgeschehens – zu beschleunigen.

Das Anlegerschutzverbesserungsgesetz war von der Idee getragen, den Kapitalmarkt und die Wettbewerbsfähigkeit des Finanzplatz Deutschland weiter zu stärken. Eine entscheidende Rolle kommt dabei dem Referentenentwurf zufolge der Stärkung des Anlegervertrauens zu, denn »Unternehmenskrisen und Zusammenbrüche gerade auch wegen Missmanagement haben das Vertrauen der Anleger in den Kapitalmarkt erschüttert. Nachhaltig wiederherstellen lässt sich dieses Vertrauen nur durch mehr Transparenz auf dem Kapitalmarkt, Selbstregulierung der Marktteilnehmer und wo dies nötig ist, verbesserte Kontrolle von Unternehmen, bis hin zur Übernahme persönlicher Verantwortung und angemessener Erweiterung der Haftung für geschädigte Anleger.« Damit griff die Bundesregierung bei der Begründung des Gesetzesvorhabens – wenn auch in sehr allgemeiner Form – auf die Begründung des Europäischen Parlaments und des Rates für die europäische Marktmissbrauchsrichtlinie zurück (vgl. Deutscher Bundestag (2004), S. 26).

Stärkung des Anlegervertrauens

Doch auch wenn das Anlegerschutzverbesserungsgesetz in Bezug auf die Änderungen beim Insiderrecht und dem Recht der Ad-hoc-Publizität in weiten Teilen lediglich europarechtliche Vorgaben nachvollzog, so steht das Gesetz doch auch auf nationaler Ebene in einer gewissen Kontinuität – etwa zu dem Vierten Finanzmarktförderungsgesetz und einer Reihe von Gesetzesinitiativen der damaligen Bundesregierung, die das Ziel verfolgte, den Anlegerschutz zu verbessern und das Vertrauen in den Finanzmarkt zu stärken.

Kontinuität der Gesetzgebung

1.1.7.5 Praxisrelevante Änderungen des Insiderrechts und des Rechts der Ad-hoc-Publizität

Das Anlegerschutzverbesserungsgesetz enthält eine Fülle von Detailregelungen, die das Insiderrecht, das Recht der Ad-hoc-Publizität und die Regelungen über Marktmanipulationen modernisieren und an den von der europäischen Marktmissbrauchsrichtlinie gezogenen Rahmen anpassen. Neben der Einführung einer Prospektpflicht für nicht in Wertpapieren verbriefte Anlageformen des *Grauen Kapitalmarkts* und der Neuregelung der Bestimmungen zur Zusammensetzung des Börsenrates enthält das Gesetz zahlreiche Änderungen des Insiderrechts und der Ad-hoc-Publizität, die für die Praxis weitreichende Folgen haben.

Regelungsbereiche des AnSVG

Speziell im Hinblick auf das Insiderrecht und das Recht der Ad-hoc-Publizität hatte das Gesetz folgende wichtige Änderungen zur Folge:
- Neufassung zentraler Begriffe des Insiderrechts und des Rechts der Ad-hoc-Publizität,
- Ausdehnung des Insiderhandelsverbots,
- Erweiterung des sachlichen Anwendungsbereichs der Ad-hoc-Publizität,
- Verlagerung der Verantwortung über den Zeitpunkt der Veröffentlichung einer Ad-hoc-Mitteilung auf die Emittenten,
- Einführung von Insiderverzeichnissen,
- Verschärfung der Vorschriften zu Directors' Dealings.

Neufassung zentraler Begriffe des Insiderrechts und des Rechts der Ad-hoc-Publizität

Neufassung zentraler Begriffe

Das Anlegerschutzverbesserungsgesetz fasste zentrale Begriffe des Wertpapierhandelsgesetzes neu. So wurde der Handel mit *Finanzinstrumenten* geregelt; bislang war im Wertpapierhandelsgesetz der Handel mit *Wertpapieren* normiert. Gleichzeitig hat der Begriff des *Insiderpapiers* eine Erweiterung erfahren. Die *Insiderinformation* löste die *Insidertatsache* ab und wurde zugleich zum Anknüpfungspunkt für die Ad-hoc-Publizität. An die Stelle der *Wertpapieranalyse* trat der inhaltlich weiter gefasste Begriff der *Finanzanalyse*. Die für das Insiderrecht charakteristische Unterscheidung zwischen *Primärinsidern* und *Sekundärinsidern* hat nunmehr nur noch im Hinblick auf rechtliche Sanktionen Relevanz. Während einige Änderungen eher redaktionellen Charakter hatten, brachten andere für die Praxis weitreichende Konsequenzen mit sich.

Finanzinstrumente

Neu in das Wertpapierhandelsgesetz eingeführt wurde der Begriff der *Finanzinstrumente*. Dieser Begriff umfasst als Oberbegriff Wertpapiere, Geldmarktinstrumente, Derivate und Devisentermingeschäfte. Diese Instrumente waren auch schon zuvor Gegenstand der Regelungen des Wertpapierhandelsgesetzes. Neu hinzu kamen durch das Anlegerschutzverbesserungsgesetz außerbörslich gehandelte Devisentermingeschäfte sowie sonstige Instrumente, die zum Handel an einem organisierten Markt in Deutschland oder einem anderen Mitgliedstaat der Europäischen Union zugelassen sind.

Insiderpapiere

Eine Erweiterung erfuhr auch der Begriff des Insiderpapiers. Nach der aktuellen Rechtslage sind alle Finanzinstrumente Insiderpapiere, wenn sie an einer inländischen Börse gehandelt werden oder in den Freiverkehr einbezogen sind oder in einem anderen Mitgliedstaat der EU oder einem anderen Vertragsstaat des Abkommens über den Europäischen Wirtschaftsraum (EWR) zum Handel an einem organisierten Markt zugelassen sind. Mit dem neu eingefügten Satz 1 Nr. 3 in § 12 WpHG wurde Art. 9 Satz 2 der Marktmissbrauchsrichtlinie umgesetzt, indem vom Insiderhandelsverbot auch bestimmte, nicht auf einem organisierten Markt der EU zugelassene Derivate erfasst werden. Der Zulassung zum Handel an einem organisierten Markt oder der Einbeziehung in den geregelten Markt oder den Freiverkehr steht wie schon zuvor gleich, wenn ein Antrag auf Zulassung oder Einbeziehung gestellt oder öffentlich angekündigt ist.

Freiverkehr

Die in den geregelten Markt und in den Freiverkehr einbezogenen Finanzinstrumente wurden trotz der engeren Mindestanforderungen der europäischen Marktmissbrauchsrichtlinie weiterhin als Insiderpapiere qualifiziert. Der Grund hierfür liegt dem Referentenentwurf der Bundesregierung zum AnSVG zufolge darin, dass zum einen im Handelssegment des Freiverkehrs verhältnismäßig viele Insiderdelikte begangen werden. Zum anderen wäre auch die internationale Zusammenarbeit gefährdet, wenn der Freiverkehr und Teile des geregelten Marktes nicht mehr überwacht würden und zu den dort gehandelten Werten keine Insideruntersuchungen mehr durchgeführt werden könnten (vgl. Deutscher Bundestag (2004), S. 33).

Insiderinformation

Der Begriff der *Insiderinformation* unterscheidet sich nur marginal von dem bis dahin verwendeten Begriff der *Insidertatsache*. Nach der neuen Rechtslage ist eine Insiderinformation »eine konkrete Information über nicht öffentlich bekannte Umstände, die sich auf einen oder mehrere Emittenten von Insiderpapieren oder auf die Insiderpapiere selbst beziehen und die geeignet sind, im

Falle ihres öffentlichen Bekanntwerdens den Börsen- oder Marktpreis der Insiderpapiere erheblich zu beeinflussen«. Eine Eignung zur erheblichen Kursbeeinflussung ist gegeben, wenn ein verständiger, d. h. ein mit den Gegebenheiten und Gesetzlichkeiten des Kapitalmarktes vertrauter und somit börsenkundiger Anleger die Information bei seiner Anlageentscheidung berücksichtigen würde.

Der Begriff der *Insiderinformation* ist europarechtlich geprägt. Art. 1 Abs. 1 der EU-Marktmissbrauchsrichtlinie verwendet diesen Begriff und definiert ihn als »präzise Information«. Dieser Begriff wiederum wird in Art. 1 Abs. 1 der Richtlinie (2003/124/EG) der Kommission zur Durchführung der Richtlinie des Europäischen Parlaments und des Rates betreffend die Begriffsbestimmung und die Veröffentlichung von Insiderinformationen und die Begriffsbestimmung der Marktmanipulation konkretisiert. Danach sind Informationen als präzise anzusehen, »wenn damit eine Reihe von Umständen gemeint ist, die bereits existieren oder bei denen man mit hinreichender Wahrscheinlichkeit davon ausgehen kann, dass sie in Zukunft existieren werden, oder ein Ereignis, das bereits eingetreten ist oder mit hinreichender Wahrscheinlichkeit in Zukunft eintreten wird, und diese Information darüber hinaus spezifisch genug ist, dass sie einen Schluss auf die mögliche Auswirkung dieser Reihe von Umständen oder dieses Ereignisses auf die Kurse von Finanzinstrumenten oder damit verbundenen derivativen Finanzinstrumenten zulässt« (Europäische Kommission (2003)).

Präzise Information

Nicht notwendig ist, dass die Umstände oder die Ereignisse im Tätigkeitsbereich des Emittenten eingetreten sind bzw. mit hinreichender Wahrscheinlichkeit im Tätigkeitsbereich des Emittenten eintreten werden. Aus dem Referentenentwurf der Bundesregierung geht hervor, dass eine Insiderinformation bereits dann gegeben sein soll, wenn der betreffende Emittent mittelbar von dem Umstand bzw. dem Ereignis betroffen ist. Ein mittelbares Betroffensein ist danach beispielsweise dann gegeben, wenn die Information den Prozess der Preisbildung und -entwicklung an einem organisierten Markt, an dem das Finanzinstrument gehandelt wird, beeinflussen kann, obwohl das zugrundeliegende Ereignis nicht im Tätigkeitsbereich des Emittenten eingetreten ist. Die Informationen über die betreffenden Umstände bzw. Ereignisse müssen jedoch konkret genug sein, um Rückschlüsse auf die mögliche Auswirkung der Ereignisse auf die Kurse der Finanzinstrumente ziehen zu können (vgl. Deutscher Bundestag (2004), S. 35).

Mittelbare Betroffenheit

Ausdehnung des Insiderhandelsverbotes

Im Insiderrecht wurden durch die europäische Marktmissbrauchsrichtlinie die folgenden Änderungen im Wertpapierhandelsgesetz erforderlich:

Zunächst einmal wurden die Straftatbestände in sachlicher Hinsicht erweitert. So können nunmehr neben Finanzinstrumenten, die auf einem organisierten Markt in einem der Mitgliedstaaten zugelassen sind oder für die ein Antrag auf Zulassung gestellt wurde, auch solche Finanzinstrumente Insiderpapiere sein, die von einem der erstgenannten Finanzinstrumente abhängen – auch wenn sie selbst nicht an einem organisierten Markt zugelassen sind oder ein Zulassungsantrag gestellt wurde. Der Katalog der Insiderpapiere im Wertpapierhandelsgesetz ist auch weiterhin auf alle Finanzinstrumente zu erstrecken und erfasst nunmehr beispielsweise auch Warenderivate (vgl. Deutscher

Erweiterung der Straftatbestände in sachlicher Hinsicht

Bundestag (2004), S. 26). Wie schon vor Inkrafttreten des AnSVG werden auch solche Finanzinstrumente, die lediglich in den Freiverkehr einbezogen sind, vom Gesetz als Insiderpapiere eingestuft.

Weitergabeverbot für Sekundärinsider

Während nach der bis dato geltenden Rechtslage mit Blick auf die Straftatbestände zwischen Primär- und Sekundärinsidern unterschieden wurde, wurden die Insiderverbote durch das Anlegerschutzverbesserungsgesetz erheblich ausgeweitet. Seither dürfen sich auch Sekundärinsider in Umsetzung von Art. 3 der Marktmissbrauchsrichtlinie nicht mehr sanktionslos als Tipp-Geber betätigen oder Insiderinformationen an Dritte weitergeben. Bis dahin war diesen nur der Erwerb und die Veräußerung von Insiderpapieren verboten, nicht aber die Weitergabe von Insiderinformationen oder die Empfehlung oder das Verleiten zum Erwerb oder zur Veräußerung. Nach § 14 Abs. 1 WpHG ist es nunmehr für jedermann verboten,

1. »unter Verwendung einer Insiderinformation Insiderpapiere für eigene oder fremde Rechnung oder für einen anderen zu erwerben oder zu veräußern,
2. einem anderen eine Insiderinformation unbefugt mitzuteilen oder zugänglich zu machen,
3. einem anderen auf der Grundlage einer Insiderinformation den Erwerb oder die Veräußerung von Insiderpapieren zu empfehlen oder einen anderen auf sonstige Weise dazu zu verleiten«.

Zeitpunkt der Kenntnis

Voraussetzung für das Vorliegen eines Verbotstatbestands ist, dass der Insider zum Zeitpunkt der Ordererteilung Kenntnis von der Insiderinformation hat. Wie schon bei der alten Rechtslage sind Geschäfte, zu denen sich jemand verpflichtet hat, bevor er von einer Insiderinformation Kenntnis erlangt hat, vom Insiderhandelsverbot ausgenommen. Ähnliches gilt für Mitarbeiterbeteiligungsprogramme: Werden dem Mitarbeiter nach Ablauf des Programms planmäßig die Aktienoptionen in sein Depot eingebucht oder die Gewinne aus einem virtuellen Optionsprogramm überwiesen, so liegt selbst dann kein Verstoß gegen das Insiderhandelsverbot vor, wenn der Mitarbeiter zum Zeitpunkt der Orderausführung Kenntnis von einer Insiderinformation hat. Entscheidend ist dabei, dass es in diesem Fall an der Kausalität zwischen der Kenntnis der Insiderinformation und der Ordererteilung fehlt. Ähnlich verhält es sich, wenn der Erwerb oder die Veräußerung von Finanzinstrumenten die bloße Erfüllung einer Verbindlichkeit darstellt, die ein Marktteilnehmer eingegangen ist, bevor er Kenntnis von einer Insiderinformation erlangt hat. Wegen der bereits eingegangenen rechtlichen Verpflichtung ist es für den Marktteilnehmer unschädlich, wenn er *nach* Abschluss des Vertrages, aber *vor* dem Erwerb der Finanzinstrumente zur Erfüllung seiner Verpflichtung Insiderinformationen erhält (vgl. hierzu BaFin (2005), S. 26 f.).

Verzicht auf subjektive Tatbestandsmerkmale

Neu ist, dass nicht mehr darauf abgestellt wird, dass der Insider die Transaktion »unter Ausnutzung seiner Kenntnis von einer Insidertatsache« (§ 14 Abs. 1 Nr. 1 WpHG a. F.) vornimmt. Maßgebend ist jetzt, dass eine Insiderinformation verwendet wird. Der Grund hierfür ist nach den Gesetzesmaterialien darin zu sehen, dass der Begriff *Ausnutzen* teilweise zu erheblichen Schwierigkeiten bei der Beweisführung führte, weil er als zweckgerichtetes Handeln zu verstehen ist. Zudem wurde das *Ausnutzen* als Alleinstellungsmerkmal interpretiert und führte bei Hinzutreten weiterer, oft kaum zu widerlegender Motive des Täters zur Straflosigkeit. Der Begriff *Verwendung* macht deutlich, dass ein solches subjektiv ausgerichtetes Handeln nicht mehr verlangt wird. Der Zweck des Handelns – beispielsweise die Erlangung eines wirtschaftlichen Vorteils – findet damit nicht mehr im Tatbestand Berücksichtigung, sondern nur noch bei der Straf- bzw. Bußgeldzumessung (vgl. Deutscher Bundestag (2004), S. 33).

§ 14 Abs. 1 Nr. 3 WpHG geht auf Art. 3 Buchstabe b) der Marktmissbrauchsrichtlinie zurück. Der Verbotstatbestand wurde um die Handlungsalternative *Verleiten* ergänzt. Damit ist neben der Empfehlung nun auch das Verleiten einer anderen Person, Insiderpapiere zu erwerben oder zu veräußern untersagt. Zum Erwerb oder zur Veräußerung verleitet dabei, wer den Willen des anderen durch beliebige Mittel beeinflusst. Da ein Verleiten auch durch eine Empfehlung erfolgen kann, ist die Empfehlung als ein spezieller Unterfall des Verleitens als Mittel der Willensbeeinflussung einzustufen (vgl. Deutscher Bundestag (2004), S. 34).

Verleiten als Verbotstatbestand

Die Unterscheidung zwischen Primär- und Sekundärinsidern behält ihre Bedeutung für die Sanktionen. So sind zwar nach der neuen Rechtslage Verstöße gegen das Insiderhandelsverbot für jedermann strafbar. Die Weitergabe von Insiderinformationen oder das Verleiten zum Kauf oder Verkauf von Insiderpapieren aufgrund einer Insiderinformation sind hingegen nur für Primärinsider strafbar, für Sekundärinsider stellen sie lediglich eine Ordnungswidrigkeit dar.

Abgestufte Sanktionen

Ebenfalls neu eingeführt wurde durch das AnSVG die Strafbarkeit des Versuchs verschiedener Insiderdelikte. In Umsetzung von Art. 2 Abs. 1 der Marktmissbrauchsrichtlinie wird von § 38 Abs. 3 WpHG nun seither auch der Versuch des Insiderhandels von der Verbotsnorm erfasst. Dies gilt jedoch nur für den (versuchten) Kauf bzw. Verkauf eines Finanzinstruments, nicht hingegen für die Weitergabe von Insiderinformationen oder Empfehlungen. Zudem wurde durch das Anlegerschutzverbesserungsgesetz eine Strafbarkeit für den leichtfertigen, also nicht vorsätzlichen, aber in besonderem Maße sorgfaltswidrigen Handel mit Insiderpapieren eingeführt.

Strafbarkeit des Versuchs

Insiderhandel steht gemäß § 38 Abs. 1 und Absatz 3 bis 5 WpHG unter Strafe. Neben dem Erwerb oder der Veräußerung von Insiderpapieren unter Verwendung einer Insiderinformation, der unbefugten Weitergabe von Insiderinformationen, dem Aussprechen einer Empfehlung zum Erwerb oder der Veräußerung auf der Grundlage einer Insiderinformation und dem Verleiten ist auch der Versuch sowie der leichtfertige Erwerb oder Veräußerung von Insiderpapieren strafbar. Verstöße werden mit einer Freiheitsstrafe bis zu fünf Jahren oder mit einer Geldstrafe bestraft. Der Strafrahmen gilt dabei für alle Insider, unabhängig davon, auf welche Weise sie von der Insiderinformation Kenntnis erlangt haben. Der Bußgeldrahmen findet sich in § 39 WpHG (Bußgeld bis 200.000 Euro).

Strafvorschriften

Erweiterung des sachlichen Anwendungsbereichs der Ad-hoc-Publizität

Die Neuerungen, die das Anlegerschutzverbesserungsgesetz beim Recht der Ad-hoc-Publizität schaffte, lassen sich auf den folgenden Nenner bringen: Der sachliche Anwendungskreis der Ad-hoc-Publizität wurde erheblich erweitert, der Kreis der meldepflichtigen Sachverhalte vergrößert und der Zeitpunkt, an dem eine Offenlegungspflicht eintritt, in der Tendenz nach vorn verlagert.

Erweiterung der Ad-hoc-Publizität

Insiderinformation

Die wohl wichtigste Änderung gegenüber der bis dahin geltenden Rechtslage liegt wohl darin, dass das Recht der Ad-hoc-Publizität nunmehr an dem europarechtlich entwickelten Begriff der »Insiderinformation« anknüpft. Die für das deutsche Recht bis dahin charakteristische Unterscheidung zwischen einer Insidertatsache und einer ad-hoc-publizitätspflichtigen Tatsache wurde somit hinfällig.

Die Änderungen in § 15 Abs. 1 WpHG folgten unmittelbar aus der Anpassung der §§ 13 ff. WpHG an den einheitlichen Begriff der Insiderinformation. In Umsetzung von Art. 6 Abs. 1 der EU-Marktmissbrauchsrichtlinie müssen die Emittenten, nunmehr *Insiderinformationen*, die sie unmittelbar betreffen, unverzüglich veröffentlichen. Von dieser Regelung werden abweichend von der bis dahin geltenden Rechtslage auch Umstände und Ereignisse erfasst, die bei der bisherigen Rechtslage keine Offenlegungspflicht begründet haben.

Unmittelbarkeit

Die Abgrenzung des Kreises der meldepflichtigen Sachverhalte erfolgt mithilfe des Kriteriums der *Unmittelbarkeit*. So sind nach § 15 Abs. 1 Satz 1 WpHG nur solche Insiderinformationen zu veröffentlichen, die den Emittenten tatsächlich auch »unmittelbar betreffen«. Zur Konkretisierung des Tatbestandsmerkmals der Unmittelbarkeit wird in dem durch das AnSVG neu eingefügten Satz 3 (vor Inkrafttreten des TUG Satz 2) die Formulierung des § 15 Abs. 1 WpHG a. F. aufgegriffen (»Umstände, die in seinem Tätigkeitsbereich eingetreten sind«), wobei durch den Zusatz »insbesondere« verdeutlicht wird, dass prinzipiell auch solche Insiderinformationen einen Emittenten unmittelbar betreffen können, die außerhalb seines Tätigkeitsbereichs liegen.

Neu war auch der Wegfall des Kriteriums, das eine Kausalität zwischen den Auswirkungen der Umstände bzw. Ereignisse auf die Vermögens- oder Finanzlage oder dem allgemeinen Geschäftsverlauf des Emittenten auf der einen Seite und deren Eignung zur erheblichen Kursbeeinflussung auf der anderen Seite beinhaltet hat. Auch diese Neuerung erklärt sich aus dem Übergang zum Begriff der Insiderinformation im Recht der Ad-hoc-Publizität: Die Voraussetzungen für das Vorliegen einer Insiderinformation sind bereits in § 13 Abs. 1 WpHG abschließend bestimmt. Eine weitere Spezifizierung ist nicht erforderlich.

Verpflichtung zur Vertraulichkeit

Die Regelungen in § 15 Satz 4 und 5 WpHG (vor Inkrafttreten des TUG Satz 3 und 4) setzen Art. 6 Abs. 3 der Marktmissbrauchsrichtlinie um. Die Vorschriften sollen gewährleisten, dass Dritte von Insiderinformationen nicht zu einem früheren Zeitpunkt erfahren als die Öffentlichkeit. Ausnahmen gelten dann, wenn die Dritten ihrerseits rechtlich zur Vertraulichkeit verpflichtet sind. Dies gilt etwa für Wirtschaftsprüfer, Rechtsanwälte oder auch IR-Berater, die von der Gesellschaft eingeschaltet werden.

Verlagerung der Verantwortung über den Zeitpunkt der Veröffentlichung einer Ad-hoc-Mitteilung auf die Emittenten

Zeitliche Dimension der Ad-hoc-Publizität

Eine in der einschlägigen Fachliteratur kontrovers diskutierte Frage betrifft die zeitliche Dimension der Ad-hoc-Publizität – die Frage also, zu welchem Zeitpunkt die Pflicht zur Offenlegung der Insiderinformation eintritt. Diese Frage wird vor allem im Zusammenhang mit zeitlich gestreckten Sachverhalten, die im Zeitablauf eine zunehmende Konkretisierung erfahren und im Kontext von mehrstufigen Entscheidungen diskutiert. Hinzu kommen Situationen, in denen das Spannungsverhältnis zwischen den berechtigten Interessen der Anleger und dem übergeordneten Ziel der Vermeidung von verbotenen Insideraktivitäten auf der einen Seite und den legitimen Geheimhaltungsinteressen der Emittenten auf der anderen Seite zugunsten der Emittenten aufgelöst werden muss.

So muss etwa – letztlich auch im Interesse der Anleger – sichergestellt sein, dass die Unternehmen nicht jeden selbst erarbeiteten Technologievorsprung schon vor der Realisierung der Konkurrenz preisgeben müssen oder in Krisensituationen nicht um realistische Sanierungschancen gebracht werden. Zudem liegt es nicht im Interesse der Anleger, den Markt durch die Veröffentlichung von Ereignissen, deren Eintritt ungewiss ist, zu verunsichern.

Grenzen der Ad-hoc-Publizität

Bereits die vor Inkrafttreten des AnSVG geltende Rechtslage kannte daher eine Ausnahmeregel, welche die Befreiung von der Ad-hoc-Publizität vorsah. Nach § 15 Abs. 1 S. 5 WpHG a. F. konnte die Bundesanstalt für Finanzdienstleistungsaufsicht einen Emittenten auf Antrag von der Offenlegung einer publizitätspflichtigen Tatsache befreien, soweit die Veröffentlichung dazu geeignet war, »den berechtigten Interessen der Emittenten zu schaden«.

Selbstbefreiung

In Umsetzung von Art. 6 Abs. 2 der europäischen Marktmissbrauchsrichtlinie gibt § 15 Abs. 3 S. 1 WpHG den Emittenten die Möglichkeit, eigenverantwortlich über eine Aufschiebung der Veröffentlichung zu entscheiden. Danach ist der Emittent solange von der Pflicht zur Ad-hoc-Publizität nach § 15 Abs. 1 WpHG befreit, »wie es der Schutz seiner berechtigten Interessen erfordert, keine Irreführung der Öffentlichkeit zu befürchten ist und der Emittent die Vertraulichkeit der Insiderinformation gewährleisten kann«. Der bisherige Befreiungsantrag bei der Bundesanstalt entfiel.

Zulässiger Aufschub der Veröffentlichung

Für die Dauer des rechtlich legitimieren Aufschubs ist der Emittent von den Pflichten des § 15 Abs. 1 WpHG befreit. Mit Wegfall der Gründe, die den Emittenten zur Aktivierung der Aufschiebungsmöglichkeit bewogen haben, lebt die Verpflichtung indessen wieder auf. Nach § 15 Abs. 3 S. 4 WpHG hat der Emittent in diesem Fall der BaFin im Rahmen seiner Vorabmitteilung neben der zu veröffentlichenden Insiderinformation auch den Zeitpunkt der Entscheidung über den zeitweiligen Aufschub die Gründe hierfür mitzuteilen.

Wiederaufleben der Ad-hoc-Publizität

Von der in Art. 6 Abs. 2 S. 2 der EU-Marktmissbrauchsrichtlinie enthaltenen Ermächtigung, von den Emittenten auf gesetzlichem Wege eine unverzügliche Unterrichtung der Aufsichtsbehörden über die Entscheidung, die Bekanntgabe der Insiderinformation aufzuschieben, zu verlangen, hat der deutsche Gesetzgeber bewusst keinen Gebrauch gemacht. Nach den Gesetzesmaterialien hätte eine solche Regelung den Sinn dieser Ausnahmeregelung, der darin besteht, zur Deregulierung beizutragen und den Prüfungsaufwand der Bundesanstalt zu reduzieren, konterkariert. Denn in diesem Fall müsste die Bundesanstalt im Rahmen der gesetzlichen vorgeschriebenen Missstandsaufsicht sämtliche Aufschubentscheidungen der Emittenten überprüfen, was in letzter Konsequenz de facto der bisherigen Rechtspraxis entsprechen würde. Um aber eine prinzipielle Überprüfbarkeit der Entscheidungen über einen Aufschub der Veröffentlichung – etwa im Rahmen der Insiderverfolgung – zu gewährleisten, hat der deutsche Gesetzgeber eine nachträgliche Unterrichtungspflicht im Zusammenhang mit der Vorabmitteilung festgeschrieben (vgl. Deutscher Bundestag (2004), S. 35).

Nachträgliche Unterrichtung

Welche Gründe berechtigen einen Emittenten nun zu einer Verschiebung der Veröffentlichung? Art. 3 Abs. 1 der Kommissionsrichtlinie zur Durchführung

Berechtigte Gründe für eine Aufschiebung

der Marktmissbrauchsrichtlinie 2003/124/EG unterscheidet zwei Fallgruppen, die auch der deutsche Gesetzgeber aufgreift (vgl. Deutscher Bundestag (2004), S. 35):

Laufende Verhandlungen
- Die erste Fallgruppe umfasst laufende Verhandlungen des Emittenten oder damit verbundene Umstände, soweit »das Ergebnis oder der normale Ablauf dieser Verhandlungen von der Veröffentlichung wahrscheinlich beeinträchtigt würden.« Demzufolge kann die Bekanntgabe von Insiderinformationen insbesondere für einen befristeten Zeitraum verzögert werden, wenn die finanzielle Überlebensfähigkeit des Emittenten stark und unmittelbar gefährdet ist, auch wenn der Emittent noch nicht unter das Insolvenzrecht fällt. Voraussetzung dafür ist, dass die Bekanntgabe der sensiblen Informationen die Interessen der vorhandenen und potenziellen Anleger ernsthaft gefährden würde, indem der Abschluss spezifischer Verhandlungen, die eigentlich auf eine langfristige finanzielle Erholung des Emittenten gerichtet sind, vereitelt werden würde. Zu denken ist in diesem Zusammenhang aber auch an Übernahmeverhandlungen.

Zustimmungsvorbehalt des Aufsichtsrats
- Die zweite Fallgruppe betrifft Entscheidungen, die vom Leitungsorgan des Emittenten getroffen wurden sowie abgeschlossene Verträge, die unter einem gesellschaftsrechtlichen Zustimmungsvorbehalt des Aufsichtsorgans stehen, sofern eine Veröffentlichung vor dem Vorliegen der Zustimmung des Aufsichtsorgans das Publikum dazu verleiten würde, sich verfrüht auf derartige Informationen zu verlassen und dadurch die korrekte Bewertung der Information durch das Publikum gefährden würde.

Restriktive Handhabung
Die beiden in der Durchführungsrichtlinie zur europäischen Marktmissbrauchsrichtlinie genannten und vom deutschen Gesetzgeber aufgegriffenen Beispiele sind sicherlich nicht erschöpfend, geben aber doch eine gewisse Orientierung. Grundsätzlich sind die Voraussetzungen für eine zeitweise Befreiung von der Veröffentlichung restriktiv auszulegen. So ist es für eine Befreiung nicht schon ausreichend, dass die Interessen des Emittenten durch eine unverzügliche Veröffentlichung geschädigt werden könnten. Der Gesetzeswortlaut erfordert vielmehr, dass es sich um »berechtigte Interessen« handelt, die schutzwürdig sind.

Interessenabwägung
Ein berechtigtes Interesse der Emittenten, das einen zeitlich befristeten Aufschub der an sich gebotenen Veröffentlichung rechtfertigt, ist ausnahmsweise dann anzunehmen, wenn die Interessenabwägung ergibt, dass das Interesse der Emittenten an der vorübergehenden Geheimhaltung der Insiderinformation das Informationsinteresse der Marktteilnehmer überwiegt.

Unverzüglichkeit
Zur Erinnerung: Das Informationsinteresse der vorhandenen und potenziellen Anleger leitet sich aus der Vorstellung des Gesetzgebers ab, diesen Personenkreis davor zu schützen, Finanzinstrumente zu Marktpreisen zu erwerben oder auch zu veräußern, die bei Würdigung aller kursrelevanten Informationen nicht gerechtfertigt sind. Genau dies geschieht aber, wenn Insiderinformationen nicht unverzüglich offengelegt werden. So kaufen die Anleger das betreffende Finanzinstrument bei Vorliegen einer an sich ad-hoc-publizitätspflichtigen negativen – potenziell kurssenkenden – Nachricht zu teuer, bei einer positiven – potenziell kurssteigernden – Nachricht hingegen zu billig. Die Ad-hoc-Publizität soll aber gerade verhindern, dass es zur Bildung inadäquater Marktpreise kommt.

In der Vergangenheit wurden Befreiungsanträge, wie sie die bisherige Rechtslage vorgesehen hat, vor allem im Zusammenhang mit Sanierungsvorhaben gestellt. Befindet sich ein Unternehmen in einer finanziellen Schieflage und plant zur Abwendung einer drohenden Insolvenz ein Sanierungskonzept, so ist der Fortbestand des Unternehmens in aller Regel durch die Kündigung von Bank- und Lieferantenkrediten, Vollstreckungsversuche der übrigen Gläubiger und durch die Abwerbung von Kunden und Mitarbeitern durch Mitbewerber gefährdet. In diesem Fall haben die Gesellschaft, die Mitarbeiter und die bestehenden Aktionäre sicher ein berechtigtes Interesse Sanierungsmöglichkeiten sondieren zu können, ohne durch sofortige Bekanntgabe der drohenden Zahlungsunfähigkeit die Erfolgsaussichten einer Sanierung zu beeinträchtigen, jedenfalls soweit das Unternehmen ein tragfähiges Sanierungskonzept ausgearbeitet hat und sich und die Hausbank oder sonstige Kapitalgeber auch tatsächlich ernsthaft zur Prüfung des Konzeptes bereit erklären.

Praxis der Administrativbefreiung

Doch auch bei Vorliegen eines *berechtigten Interesses* dürfen die Emittenten eine Insiderinformation nur so lange zurückhalten, wie diese die Vertraulichkeit der Information gewährleisten können. Wurde die Information einer Person mitgeteilt oder zugängig gemacht, die rechtlich nicht zur Vertraulichkeit verpflichtet ist, muss sie unverzüglich veröffentlicht werden. In der Praxis empfiehlt sich deshalb der frühzeitige Abschluss von Vertraulichkeitsvereinbarungen und die Begrenzung des Personenkreises, der Zugang zu Insiderinformationen hat.

Gewährleistung der Vertraulichkeit

Darüber hinaus sollten sämtliche Entscheidungen über eine Verschiebung einer an sich gebotenen Veröffentlichung umfassend dokumentiert werden. Dies gilt insbesondere auch für die Gründe, die zu dieser Entscheidung geführt haben. Mit Blick auf mögliche Haftungsrisiken ist zudem davon abzuraten, dass derartige Entscheidungen von einer Person im Alleingang getroffen werden. Hier empfiehlt sich die Einrichtung eines Ad-hoc-Publizitäts-Gremiums, das ggf. auch externe Rechts- und Kommunikationsberater umfassen sollte.

Umfassende Dokumentation

Einführung von Insiderverzeichnissen

Gänzlich neu in das Wertpapierhandelsgesetz aufgenommen wurde im Zuge des AnSVG eine Vorschrift, die die Führung von sogenannten *Insiderverzeichnissen* vorsieht. So bestimmt § 15 b Abs. 1 WpHG:

Insiderverzeichnisse

> »Emittenten [...] und in ihrem Auftrag oder für ihre Rechnung handelnde Personen haben Verzeichnisse über solche Personen zu führen, die für sie tätig sind und bestimmungsgemäß Zugang zu Insiderinformationen haben. Die nach Satz 1 Verpflichteten müssen diese Verzeichnisse unverzüglich aktualisieren und der Bundesanstalt auf Verlangen übermitteln. Die in den Verzeichnissen geführten Personen sind durch die Emittenten über die rechtlichen Pflichten, die sich aus dem Zugang zu Insiderinformationen ergeben sowie über die Rechtsfolgen von Verstößen aufzuklären [...].«

Die neu in das Gesetz aufgenommene Vorschrift setzt Art. 6 Abs. 3 S. 3 und 4 der EU-Marktmissbrauchsrichtlinie sowie Art. 5 der Durchführungsrichtlinie 2004/72/EG der Kommission zur Marktmissbrauchsrichtlinie in deutsches Recht um. Durch die Führung von Insiderverzeichnissen soll die Überwachung von Insideraktivitäten erleichtert werden, indem der Kreis der Insider in konkreten Verdachtsfällen durch die Bundesanstalt schneller ermittelt werden kann.

Effektive Überwachung

In Ergänzung von Art. 6 Abs. 3 Unterabsatz 3 definiert Art. 5 Abs. 2 der Durchführungsrichtlinie 2004/72/EG zur Marktmissbrauchsrichtlinie auf

Mindestanforderungen

europäischer Ebene die Mindestanforderungen an die Insiderverzeichnisse. Danach müssen die Verzeichnisse mindestens folgende Angaben enthalten:
- die Personalien derjenigen Personen, die Zugang zu Insiderinformationen haben,
- den Grund für die Erfassung dieser Personen,
- das Erstellungs- und Aktualisierungsdatum des Verzeichnisses.

Insideraufklärung

In die Liste aufzunehmen sind die Primärinsider nach § 38 Abs. 1 WpHG, also zumindest solche Personen, die nach § 38 Abs. 1 Nr. 3 WpHG entsprechend der ihnen zugewiesenen professionellen Aufgabe bestimmungsgemäß Zugang zu Insiderinformationen haben (vgl. Deutscher Bundestag (2004), S. 36). Zudem sind die Emittenten nach § 15 b Abs. 1 S. 3 WpHG dazu verpflichtet, die in den Verzeichnissen aufgeführten Personen über die rechtlichen Pflichten, die sich aus dem Zugang zu Insiderinformationen ergeben sowie über die Rechtsfolgen von möglichen Verstößen aufzuklären.

Pflicht zur Aktualisierung

Die Insiderverzeichnisse sind ständig auf dem aktuellsten Stand zu halten. Nach Art. 5 Abs. 2 der Durchführungsrichtlinie 2004/72/EG zur EU-Marktmissbrauchsrichtlinie müssen die Verzeichnisse unverzüglich aktualisiert werden, wenn
- sich der Grund für die Erfassung bereits erfasster Personen ändert,
- neue Personen zum Verzeichnis hinzugefügt werden müssen,
- im Verzeichnis erfasste Personen keinen Zugang zu Insiderinformationen mehr haben (in diesem Fall ist anzugeben, ab welchem Zeitpunkt dies gilt).

Aufzunehmende Daten

Umfang und Form der Verzeichnisse, Art der in den Insiderverzeichnissen aufzunehmenden Daten, die Aktualisierung und die Datenpflege, der Zeitraum, über den die Verzeichnisse von den Emittenten aufbewahrt werden müssen und die Fristen für die Vernichtung der Verzeichnisse sind durch Rechtsverordnung geregelt. Nähere Angaben hierzu finden sich im Unterabschnitt 4 der Wertpapierhandelsanzeige- und Insiderverzeichnisverordnung (WpAIV). § 14 WpAIV bestimmt den Inhalt des Verzeichnisses. Die Vorschriften für die Aktualisierung der Inhalte finden sich in § 15 WpAIV. § 16 WpAIV enthält Regeln für die Aufbewahrung und Vernichtung des Verzeichnisses.

Verschärfung der Vorschriften zu Directors Dealings

Rechtsangleichung

Wenn Vorstände einer börsennotierten Aktiengesellschaft Aktien des eigenen Unternehmens kaufen oder verkaufen, drängt sich unwillkürlich der Verdacht auf, dass sie dabei – bewusst oder unbewusst – Insiderwissen nutzen. Um Insiderdelikten vorzubeugen, bestand auch schon bislang die Pflicht, *Directors's Dealings* dem Emittenten und der Bundesanstalt mitzuteilen. Die Vorgaben von Art. 6 Abs. 4 und Art. 9 S. 1 und 3 der Marktmissbrauchsrichtlinie sowie Art. 6 Abs. 2 der zugehörigen Durchführungsrichtlinie 2004/72/EG machten indessen einige Anpassungen der im WpHG verankerten Regelungen an den vom europäischen Recht gezogenen Rahmen notwendig. So wurde der Kreis der meldepflichtigen Personen erheblich erweitert bzw. geändert und der Kreis der meldepflichtigen Emittenten vergrößert. Außerdem wurde die Geringfügigkeitsgrenze deutlich herabgesetzt. Die bestehenden Ausnahmeregelungen wurden komplett gestrichen.

Emittentenbezug

Nunmehr gehören zum Kreis der Adressaten von § 15 a WpHG alle Emittenten von Aktien, soweit für diese Aktien eines der folgenden Kriterien erfüllt ist (§ 15 a Abs. 1 Satz 3 und 4 WpHG):
- Zulassung zum Handel an einem organisierten Markt im Inland,
- Antrag auf Zulassung zum Handel an einem organisierten Markt im Inland ist gestellt,
- Antrag auf Zulassung zum Handel an einem organisierten Markt im Inland wurde öffentlich angekündigt,
- Zulassung zum Handel an einem organisierten Markt in der EU oder dem EWR und Sitz des Emittenten im Inland,
- Antrag auf Zulassung zum Handel an einem organisierten Markt in der EU oder dem EWR ist gestellt und Sitz des Emittenten im Inland,
- Antrag auf Zulassung zum Handel an einem organisierten Markt in der EU oder dem EWR wurde öffentlich angekündigt und Sitz des Emittenten im Inland.

Soweit der Emittent seinen Sitz außerhalb der EU oder des EWR hat, seine Aktien aber an einem organisierten Markt in der EU oder dem EWR zugelassen sind, besteht eine Meldepflicht gegenüber der BaFin nur dann, wenn bei der BaFin ein Dokument nach Art. 10 der Richtlinie 2003/71/EG hinterlegt wird. Dem gleichgestellt sind der Antrag auf Zulassung sowie die öffentliche Ankündigung der Antragstellung. Die BaFin weist indessen im Emittentenleitfaden darauf hin, dass nicht jede Äußerung über einen künftigen Börsengang zwangsläufig eine Mitteilungs- und Veröffentlichungspflicht gemäß § 15 a WpHG begründet. Vielmehr muss aus der öffentlichen Ankündigung eindeutig hervorgehen, dass der Antrag auf Zulassung zum Handel an einem organisierten Markt in absehbarer Zeit gestellt werden wird (vgl. BaFin (2005), S. 69).

Mitteilungspflichtige Personen

Erheblich erweitert wurde im Zuge des AnSVG der Kreis der mitteilungspflichtigen Personen. Im Unterschied zur bis dahin geltenden Regelung erstreckt sich die Mitteilungspflicht nicht mehr nur auf natürliche Personen, sondern auch auf juristische Personen und sonstige Einrichtungen. Konkret umfasst der Adressatenkreis Personen mit Führungsaufgaben, natürliche Personen, die in enger Beziehung zu den Führungspersonen stehen sowie juristische Personen, treuhänderisch tätige Einrichtungen und – unter bestimmten Voraussetzungen – auch Personengesellschaften.

Personen mit Führungsaufgaben

§ 15 a Abs. 1 WpHG n. F. bestimmt in Umsetzung von Art. 6 Abs. 4 der Marktmissbrauchsrichtlinie, dass Personen, die bei einem Emittenten von Aktien Führungsaufgaben wahrnehmen, eigene Geschäfte mit Aktien des Emittenten oder mit Finanzinstrumenten, insbesondere Derivaten, die sich auf diese Aktien beziehen, dem Emittenten und der Bundesanstalt innerhalb von fünf Werktagen mitzuteilen haben. Nach § 15 a Abs. 2 WpHG n. F. sind unter Personen mit Führungsaufgaben im Sinne des Gesetzes neben den persönlichen haftenden Gesellschaftern sowie den Mitgliedern des Verwaltungs- und Aufsichtsorgans des Emittenten alle Personen zu zählen, die regelmäßig Zugang zu Insiderinformationen haben und zudem zu »wesentlichen unternehmerischen Entscheidungen ermächtigt sind«. Nicht jede Führungsfunktion begründet freilich automatisch eine Mitteilungs- und Veröffentlichungspflicht gemäß § 15 a WpHG. Voraussetzung dafür ist, dass eine Führungsperson strategische Entscheidungen für das Gesamtunternehmen treffen kann. Sobald ein Zustimmungsvorbehalt des Vorstands vorliegt, ist die Person nach Einschätzung der Bundesanstalt als »nicht mitteilungspflichtig« einzustufen (vgl. BaFin (2005), S. 69 f.).

Familienangehörige von Führungspersonen

Auch der Kreis der sonstigen mitteilungspflichtigen natürlichen Personen wurde im Zuge des AnSVG einer Neuregelung unterzogen. Anders als bei der ursprünglichen Regelung unterliegen Verwandte ersten Grades, also Eltern und Kinder, nun nicht mehr automatisch einer Mitteilungspflicht. Mitteilungspflichtig sind nun Ehegatten oder eingetragene Lebenspartner, und zwar unabhängig davon, ob ein gemeinsamer Haushalt geführt wird. Auch für sämtliche Kinder, denen gegenüber eine Führungsperson zum Unterhalt verpflichtet ist, besteht eine Mitteilungspflicht. Nicht von Bedeutung ist dabei, ob tatsächlich Unterhalt geleistet wird. Unabhängig vom Grad der Verwandtschaft besteht eine Mitteilungspflicht darüber hinaus für alle anderen Verwandten, die zum Zeitpunkt des Abschlusses eines meldepflichtigen Geschäftes seit mindestens einem Jahr mit der Führungsperson im selben Haushalt leben. Dazu ist es erforderlich, dass eine Wohn- und Wirtschaftsgemeinschaft besteht.

Mitteilungspflicht bei juristischen Personen und sonstigen Einrichtungen

Eine Mitteilungspflicht besteht zudem nun auch für juristische Personen, bei denen die meldepflichtigen Personen Leitungsaufgaben wahrnehmen. Hierzu zählen auch juristische Personen, Gesellschaften und Einrichtungen, die von den primär meldepflichtigen Personen direkt oder indirekt kontrolliert werden, die zugunsten einer solchen Person gegründet wurden oder deren wirtschaftliche Interessen weitgehend denen der meldepflichtigen Person entsprechen.

Absenkung der Bagatellgrenze

Deutlich herabgesetzt wurde die Bagatellgrenze. Während bislang eine Meldepflicht für solche Geschäfte nicht bestand, deren Wert bezogen auf die Gesamtzahl der vom Meldepflichtigen innerhalb von 30 Tagen getätigten Geschäfte 25.000 Euro nicht überstieg, liegt die Meldegrenze nunmehr bei 5.000 Euro bezogen auf die Gesamtsumme der Geschäfte einer Person mit Führungsaufgaben sowie aller mit dieser Person in einer engen Beziehung stehenden Personen innerhalb eines Kalenderjahres. Im Unterschied zu der bis dahin geltenden Regelung gilt die Grenze nun also kumulativ für alle Personen, die einer Person mit Führungsaufgaben zuzurechnen sind. Damit kann die Meldepflicht nicht länger durch Aufspaltung des Aktienbesitzes auf mehrere Angehörige unterlaufen werden. Die Ausnahmeregel für Geschäfte, bei denen der Erwerb auf arbeitsvertraglicher Grundlage oder als Vergütungsbestandteil erfolgt, wurde ersatzlos gestrichen.

1.1.8 EU-Transparenzrichtlinie und Transparenzrichtlinie-Umsetzungsgesetz (TUG)

Einheitliche Transparenzanforderungen

Die vorerst letzte Novellierung hat das Wertpapierhandelsgesetz und mit ihm das Recht der Ad-hoc-Publizität durch das Transparenzrichtlinie-Umsetzungsgesetz (TUG), das am 20. Januar 2007 in Kraft getreten ist, erfahren. Das TUG hat die Vorgaben der europäischen Transparenzrichtlinie in deutsches Recht umgesetzt. Dabei fand bereits die damals noch als Entwurf der Europäischen Kommission vorliegende Durchführungsrichtlinie Berücksichtigung. Flankiert wird das TUG durch das am 1. Januar 2007 in Kraft getretene Gesetz über elektronische Handelsregister und Genossenschaftsregister sowie das Unternehmensregister (EHUG). Eine Konkretisierung der Vorgaben für die Veröffentlichung und Speicherung von Kapitalmarktinformationen findet sich in der Wertpapierhandelsanzeige- und Insiderverzeichnisverordnung (WpAIV), die –

im Kontext des AnSVG erlassen – durch das TUG ebenfalls einige Änderungen erfahren hat.

Die Richtlinie 2004/109/EG des Europäischen Parlamentes und des Rates vom 15. Dezember 2004 zur Harmonisierung der Transparenzanforderungen in Bezug auf Informationen über Emittenten, deren Wertpapiere zum Handel auf einem geregelten Markt zugelassen sind, und zur Änderung der Richtlinie 2001/34/EG, definiert umfangreiche zusätzliche Publizitätspflichten für kapitalmarktorientierte Unternehmen. Sie soll die Transparenz auf den europäischen Kapitalmärkten verbessern und die bestehenden nationalen Regelungen europaweit harmonisieren.

Harmonisierung der Publizitätspflichten

Die rechtzeitige Veröffentlichung zutreffender und vollständiger Informationen soll den Anlegern eine hinreichende Grundlage für ihre Anlageentscheidungen geben, das Vertrauen der Anleger in die Funktionsfähigkeit des Kapitalmarkts stärken und ihre Investitionsbereitschaft fördern. Die Transparenzrichtlinie dient damit sowohl der Entwicklung eines efffizienten, transparenten und integrierten Wertpapiermarkts als einem Bestandteil des europäischen Binnenmarktes als auch dem Schutz der Anleger in den Staaten der Gemeinschaft. Zugleich soll auf diese Weise ein Beitrag zum volkswirtschaftlichen Wachstum und zur Schaffung von Arbeitsplätzen geleistet werden (vgl. Europäische Kommission (2004)).

Gesicherte Grundlage für Investitionsentscheidungen

Dazu begründet sie ein europaweit einheitliches Regime zur Veröffentlichung und Verbreitung von Kapitalmarktinformationen, das auf zwei Säulen beruht: der aktiven Verbreitung von Kapitalmarktinformationen in der gesamten EU und den EWR-Vertragsstaaten sowie der Übermittlung der Unternehmensinformationen an ein amtlich bestelltes System für die zentrale Speicherung, das zu einem paneuropäischen Datennetzwerk ausgebaut werden soll. In Deutschland fällt die Aufgabe der zentralen Speicherung dem Unternehmensregister zu.

Einheitliches Regime zur Verbreitung von Kapitalmarktinformationen

Am 3. Mai 2006 legte das Bundesfinanzministerium einen Diskussionsentwurf zur Umsetzung der EU-Transparenzrichtlinie in nationales Recht vor. Knapp zwei Monate später, am 28. Juni 2007, passierte der Regierungsentwurf das Kabinett. Eine heftige Kontroverse entzündete sich bei der Anhörung im Finanzausschuss des Deutschen Bundestags an der Frage der Einbeziehung der obligatorischen halbjährigen Finanzberichte in das allgemeine zweistufige Enforcement-Verfahren. Am 30. November 2006 wurde das TUG schließlich in dritter Beratung durch den Deutschen Bundestag beschlossen. Gegenüber dem Regierungsentwurf vom Juni 2006 haben sich etliche Änderungen ergeben. So ist etwa der Bilanzeid lediglich unter Wissensvorbehalt abzugeben. Die prüferische Durchsicht der Halbjahresfinanzberichte ist entgegen den ursprünglichen Plänen der Bundesregierung freiwillig. Eine Prüfung der Halbjahresfinanzberichte wird nur anlassbezogen und auf Verlangen der BaFin und nicht – wie geplant – stichprobenartig durchgeführt, Quartalsfinanzberichte brauchen keinen Bilanzeid zu enthalten.

Regierungsentwurf

Das TUG schafft kein neues Gesetz, sondern ändert bereits bestehende Kapitalmarktgesetze. Dazu gehört auch das Wertpapierhandelsgesetz. Um die davon betroffenen Unternehmen nicht unnötig zu belasten, hat die Bundesregierung die europarechlichen Vorgaben nach dem Grundsatz der »Eins zu Eins«-Umsetzung in deutsches Recht zu implementieren versucht. Dies ist wohl größtenteils auch gelungen. Eine Ausnahme bildet die gegenüber den Anforde-

»Eins zu Eins«-Umsetzung der EU-Vorgaben

rungen des Entwurfs der zwischenzeitlich veröffentlichten Durchführungsrichtlinie 2007/14/EG strengere Veröffentlichungspflicht von Insiderinformationen. Diese Abweichung ergab sich aber – rechtssystematisch zwingend – aus dem Vorrang der bereits geltenden, in vollem Einklang mit den Vorgaben der europäischen Marktmissbrauchsrichtlinie stehenden Regeln des deutschen Kapitalmarktrechts.

Keine materiellen Änderungen bei § 15 WpHG

Ohnehin sind die Auswirkungen der jüngsten Novellierung des Wertpapierhandelsgesetzes auf das Recht der Ad-hoc-Publizität als gering einzustufen. Die Änderungen beschränken sich im Wesentlichen auf die Art und die räumliche Reichweite der Verbreitung von Ad-hoc-Mitteilungen. Außerdem ist der Kreis der Normadressaten durch die Einführung des Herkunftsstaatsprinzips fortan auf *Inlandsemittenten* beschränkt. In materieller Hinsicht wurden die Vorschriften von § 15 WpHG hingegen nicht verändert.

Kernpunkte des TUG

Im Einklang mit den Vorgaben der EU-Transparenzrichtlinie weist das TUG die folgenden fünf Kernpunkte auf:
- *Höhere Beteiligungstransparenz:* Änderung der Mitteilungs- und Veröffentlichungspflichten bei Veränderungen des Stimmrechtsanteils,
- *Verbesserte Rechnungslegungstransparenz:* Erweiterte Publizitätspflichten bei der Rechnungslegung (Jahres-/Halbjahresfinanzbericht sowie Zwischenmitteilung der Geschäftsführung),
- *Bereitstellung von Informationen, die für die Wahrnehmung von Rechten aus dem Besitz von Wertpapieren notwendig sind:* Änderung der bislang im Börsenrecht geregelten Verhaltens-, Informations- und Publikationspflichten (*Börsenzulassungsfolgepflichten*) von Emittenten gegenüber den Aktionären und Inhabern von Schuldtiteln und Verlagerung der entsprechenden Regeln in das Wertpapierhandelsgesetz.
- *Neuregelung der Kommunikationspflichten in Bezug auf wichtige Kapitalmarktinformationen:* Das TUG führt eine Reihe neuer Pflichten zur Veröffentlichung wichtiger Kapitalmarktinformationen ein. Diese Pflichten umfassen Insiderinformationen, Mitteilungen über Geschäfte von Personen mit Führungsaufgaben sowie solchen Personen, die mit diesen in einer engen Beziehung stehen (Directors's Dealings), Informationen zur Rechnungslegung, bestimmte wertpapier- und emittentenbezogene Informationen sowie Angaben über die Wahl des Herkunftsstaates.
- *Einführung des Herkunftsstaatsprinzips:* Der Anwendungsbereich der neuen kapitalmarktrechtlichen Vorschriften knüpft grundsätzlich an den Sitz des Wertpapieremittenten in Deutschland an und nicht wie bislang an die Zulassung der Finanzinstrumente für den Handel an einer Börse in Deutschland.

1.1.8.1 Auswirkungen des Transparenzrichtlinie-Umsetzungsgesetzes auf den Kreis der Normadressaten von § 15 WpHG

Herkunftsstaatsprinzip und Inlandsemittenten

Ein für den Kreis der Normadressaten der Ad-hoc-Publizität wesentlicher Kernpunkt des TUG ist die Einführung des Herkunftsstaatsprinzips im WpHG. Das Prinzip, das vom europäischen Gesetzgeber bereits in anderen europäischen Kapitalmarktgesetzen, wie etwa der Prospektrichtlinie (Umsetzung in Deutschland durch das WpPG) und der Übernahmerichtlinie (Umsetzung in Deutschland durch das WpÜG) verankert wurde, grenzt den Anwendungsbereich der nationalen Gesetze zur Umsetzung der Vorschriften der EU-Transparenzrichtlinie untereinander ab und regelt zugleich die Verteilung der internationalen Zuständigkeit zwischen den nationalen Aufsichtsbehörden. Daneben wurde durch das TUG der Begriff des Inlandsemittenten eingeführt. Dies hat zur Folge, dass nunmehr zwischen *Emittenten mit dem Herkunftsstaat Deutschland* einerseits und *Inlandsemittenten* andererseits unterschieden werden muss (vgl. Hutter, S./Kaulamo, K. (2007), S. 472 f.).

Die Notwendigkeit dieser Regelung ergibt sich aus der Pflicht zur europaweiten Publikation von Kapitalmarktinformationen. Die auf den ersten Blick schwer zu durchblickende Regelung, die jedoch nur die Vorgaben der Transparenzrichtlinie nachvollzieht, soll verhindern, dass die in mehreren Mitgliedstaaten am Kapitalmarkt aktiven Emittenten dieselben Transparenzpflichten gleich mehrfach erfüllen müssen. **Pflicht zur europaweiten Publikation**

Die Definition des Herkunftsstaats folgt dem aus der Prospektrichtlinie und dem Wertpapierprospektgesetz bereits bekannten Prinzip, wonach sich der Herkunftsstaat primär nach dem *satzungsmäßigen Sitz* des Emittenten richtet. Dies gilt insbesondere bei der Emission von Aktien sowie von Schuldverschreibungen, die eine Mindeststückelung von weniger als 1.000 Euro haben (*Retail Debt*). Für diese Emittenten gilt gemäß § 2 Abs. 6 Nr. 1 WpHG die Bundesrepublik Deutschland zwingend als Herkunftsstaat, sofern der Emittent seinen Sitz im Inland hat und die Wertpapiere zum Handel an einem organisierten Markt im Inland oder in einem anderen Mitgliedstaat der EU oder einem anderen Vertragsstaat des EWR zugelassen sind. Für alle anderen Arten von Finanzinstrumenten finden sich in § 2 Abs. 6 Nr. 2 und 3 WpHG weitergehende Regeln zur Bestimmung des Herkunftsstaats, die einerseits an den Sitz des Emittenten, andererseits an den Ort der Zulassung zum Handel an einem organisierten Markt anknüpfen. In einigen Fällen räumt das Gesetz den Emittenten zudem ein Wahlrecht ein. **Bestimmung des Herkunftsstaats**

Neben dem Begriff des Herkunftsstaats ist nunmehr auch der Begriff des Inlandsemittenten von Bedeutung. Auch die Ad-hoc-Publizitätspflicht knüpft an diesem vom TUG neu eingeführten Begriff an. Nach der Legaldefinition von § 2 Abs. 7 WpHG sind Inlandsemittenten im Wesentlichen Emittenten, deren Herkunftsstaat die Bundesrepublik Deutschland ist. Dieses Prinzip wird aber an zwei Stellen durchbrochen: So zählen solche Emittenten nicht zum Kreis der Inlandsemittenten, für die die Bundesrepublik Deutschland zwar der Herkunftsstaat ist, deren Wertpapiere aber nicht im Inland, sondern lediglich im EU-/EWR-Ausland zum Handel an einem organisierten Markt zugelassen sind, soweit sie in diesem Land den Veröffentlichungs- und Mitteilungspflichten, die die EU-Transparenzrichtlinie vorschreibt, nachkommen müssen. Umgekehrt sind solche Emittenten, für die nicht die Bundesrepublik Deutschland, sondern ein anderer EU-/EWR-Staat der Herkunftsstaat ist, deren Wertpapiere aber ausschließlich *im Inland* zum Handel an einem organisierten Markt zugelassen sind, als Inlandsemittenten einzustufen. **Begriff des Inlandsemittenten**

In materieller Hinsicht erfährt das Recht der Ad-hoc-Publizität durch das TUG keine Änderungen. Es ändert sich lediglich der Kreis der Normadressaten, indem § 15 WpHG nunmehr am Begriff des *Inlandsemittenten* anknüpft. Während sich für den Regelfall eines an einer deutschen Börsen notierten Emittenten mit Sitz in Deutschland durch die Neuregelung keine Änderungen ergeben, unterliegt etwa ein Emittent, dessen Sitz nicht das Inland, sondern ein anderer EU-/EWR-Staat ist und der eine Zulassung zum Handel an einem organisierten **Inlandsemittenten als Normadressaten der Ad-hoc-Publizität**

Markt in mehreren Mitgliedstaaten, darunter auch Deutschland, nicht jedoch in seinem Sitzstaat hat, nach neuer Rechtslage nur noch der Ad-hoc-Publizität in seinem Sitzstaat – selbst dann, wenn er für diesen Staat keine Börsenzulassung hat.

Antrag auf Zulassung

Wie bereits bei der alten Rechtslage erstreckt sich die Ad-hoc-Publizitätspflicht weiterhin auch auf solche Emittenten, deren Wertpapiere zwar noch nicht zum Börsenhandel zugelassen sind, für die aber bereits ein Zulassungsantrag gestellt wurde. Neu eingeführt wurde mit Inkrafttreten des TUG eine Regelung, die die Erfüllung der Veröffentlichungspflichten im Falle einer Insolvenz des Emittenten sicherstellt. Damit soll die Informationslage der von der Insolvenz betroffenen und daher ganz besonders schützenswerten Anlegerschaft verbessert werden, nachdem das Bundesverwaltungsgericht in seinem Urteil vom 13. April 2005 (BVerwG 6 C 4.04 VG 9 E 4228/03 [V]) eine Veröffentlichungspflicht nach der bis dahin geltenden Rechtslage abgelehnt hatte.

1.1.8.2 Auswirkungen des Transparenzrichtlinie-Umsetzungsgesetzes auf die Veröffentlichung und Speicherung von Ad-hoc-Mitteilungen

Verbreitung und Speicherung von Ad-hoc-Mitteilungen

Während das Recht der Ad-hoc-Publizität in materieller Hinsicht unverändert bleibt, ergeben sich im Hinblick auf die Verbreitung und Speicherung von Ad-hoc-Mitteilungen gleich in mehrerer Hinsicht Neuerungen. So trat mit Inkrafttreten des TUG neben die besondere Veröffentlichungspflicht, bei der der ad-hoc-publizitätspflichtige Emittent die Veröffentlichung als solche schuldet, eine allgemeine Veröffentlichungspflicht, bei der der Emittent die Ad-hoc-Mitteilung in Medien, die in der Wertpapierhandelsanzeige- und Insiderverzeichnisverordnung näher beschrieben werden, zur Verfügung stellen muss.

Nach § 3 a WpAIV muss der Emittent die Kapitalmarktinformationen, darunter auch die Ad-hoc-Mitteilungen, einem ganzen Bündel aus verschiedenen Medien zuleiten, darunter eben auch solchen Medien, die die Unternehmensinformationen möglichst zeitnah und rasch aktiv in der gesamten Europäischen Union und in den EWR-Vertragsstaaten verbreiten können. Das TUG macht dabei im Einklang mit der EU-Transparenzrichtlinie keine detaillierten Angaben über die bei der Verbreitung zu verwendenden Medien und ermöglicht eine flexible Handhabung.

Angemessenes Medienbündel

Der deutsche Gesetzgeber schränkt die Wahlfreiheit nur insoweit ein, als er vorgibt, dass ein angemessenes Bündel unterschiedlicher Medienarten zu nutzen ist. Ob die Zahl der unterschiedlichen Medienarten und der bei der Verbreitung verwendeten Medien angemessen ist, muss im konkreten Einzelfall bestimmt werden. Aus der Begründung zum Gesetzentwurf geht hervor, dass zu einem angemessenen Medienbündel für die europaweite Verbreitung regelmäßig mindestens die folgenden fünf Medienarten gehören:
- elektronisch betriebene Informationsverbreitungssysteme,
- News Provider,
- Nachrichtenagenturen,
- Printmedien und
- Internetseiten.

Mimimumstandard

Auf eine detaillierte Regelung hat der deutsche Gesetzgeber bewusst verzichtet, da er andernfalls über die europäischen Vorgaben hinausgegangen wäre und damit sich über das Prinzip der *Eins zu Eins*-Umsetzung hinweggesetzt hätte. Auf Seiten der Emittenten und Berater hat dies für Kritik gesorgt. Immerhin, die Bundesanstalt für Finanzdienstleistungsaufsicht gab den Emittenten inzwischen einen Minimumstandard als Orientierungshilfe vor. Nach Auffassung der BaFin muss ein angemessenes Medienbündel alle fünf der in der Gesetzesbegründung genannten Medienarten enthalten, und zwar ein Medium pro Medienart. Dabei muss mindestens ein Medium eine aktive europaweite Verbreitung ermöglichen.

Im konkreten Einzelfall müssen die Emittenten von diesem Minimumstandard nach oben abweichen und weitere Medien pro Medienart oder zusätzlich im Ausland verbreitete Medien einsetzen. Dabei müssen etwa die Aktionärsstruktur sowie Zahl und Ort der Börsenzulassung(en) Berücksichtigung finden. Bei der Erfüllung der gesetzlichen Veröffentlichungspflicht kann sich der Emittent, wie schon zuvor bei der Erfüllung der bis dahin geltenden Ad-hoc-Publizitätspflicht auch eines darauf spezialisierten Informationsdienstleisters (*Service Provider*), der für den Emittenten die Zuleitung an die Medien übernimmt, bedienen.

Abweichung nach oben

Für die Erfüllung der Veröffentlichungspflicht reicht es grundsätzlich aus, wenn die Information den betreffenden Medien zugeleitet wird. Der Emittent muss *nicht* sicherstellen, dass seine Information auch tatsächlich veröffentlicht wird. Der allgemeinen Veröffentlichungspflicht ist Genüge getan, wenn bei der Übersendung der Information an die Medien gewährleistet ist, dass dabei das Ziel, die Information als eine vorgeschriebene Informationen zu verbreiten, erkennbar ist.

Übersendung

Anders verhält es sich bei der Veröffentlichung von Insiderinformationen. Diese müssen – zusätzlich zu dem oben beschriebenen Verfahren – wie schon bislang über ein bei Kreditinstituten, Börsenhandelsteilnehmern und Versicherungen weit verbreitetes, elektronisch betriebenes Informationsverbreitungssystem sowie die eigene Homepage veröffentlicht werden. Bei diesen besonders kapitalmarktrelevanten und kurssensiblen Informationen sind die Emittenten zudem dafür verantwortlich, dass die Veröffentlichung auch tatsächlich erfolgt. Von dieser besonderen Veröffentlichungspflicht ausgenommen sind Emittenten im Sinne des § 2 Abs. 7 Nr. 2 WpHG, Emittenten also, für die nicht die Bundesrepublik Deutschland, sondern ein anderer Mitgliedstaat der Europäischen Union oder ein anderer EWR-Vertragsstaat der Herkunftsstaat ist, deren Wertpapiere aber nur im Inland zum Handel an einem organisierten Markt zugelassen sind.

TUG-konforme Verbreitung von Ad-hoc-Mitteilungen

Geblieben ist die Pflicht des ad-hoc-pflichtigen Emittenten, der BaFin die zu veröffentlichende Information vorab mitzuteilen. Die Pflicht zur vorgängigen Information der Börsen wurde dahingehend eingeschränkt, dass nunmehr nach § 15 Abs. 4 WpHG nur noch die inländischen Börsen, an denen die Finanzinstrumente oder sich darauf beziehende Derivate gehandelt werden, zu informieren sind.

Pflicht zur Vorabmitteilung

Neu hinzugekommen ist mit Inkrafttreten des TUG dagegen die Pflicht, die Ad-hoc-Mitteilung unverzüglich nach ihrer Veröffentlichung zur Speicherung an das Unternehmensregister zu übermitteln. Der BaFin und den inländischen Börsen, an denen die Finanzinstrumente oder sich darauf beziehende Derivate gehandelt werden, sind mit Blick auf die allgemeine und die besondere Veröffentlichungspflicht der Text der Veröffentlichung, die Medien, denen diese Information zugeleitet wurde, sowie der Zeitpunkt der Veröffentlichung mitzuteilen.

Unternehmensregister

Anforderungen an die Sprache

Komplizierter sind auch die Regelungen zur Sprache der Veröffentlichung. Dies ist eine unmittelbare Folge der europaweiten Verbreitung. Für den Normalfall des Emittenten mit Sitz in Deutschland und Börsenzulassung der Finanzinstrumente nur im Inland bleibt aber alles beim Alten: die Veröffentlichungen haben in deutscher Sprache zu erfolgen. Sind die Wertpapiere dagegen nur in einem Mitgliedstaat der Europäischen Union oder einem EWR-Vertragsstaat zum Börsenhandel zugelassen, so hat die Veröffentlichung in der von den zuständigen Behörden des jeweiligen Landes akzeptierten Sprache oder in Englisch zu erfolgen. Zusätzlich ist die Veröffentlichung in deutscher Sprache vorzunehmen.

Sind die Wertpapiere dagegen im Falle des Emittenten mit Sitz in Deutschland im Inland und einem EU-Mitgliedstaat oder EWR-Vertragsstaat zum Handel an einer Börse zugelassen, so muss die Veröffentlichung entweder in deutscher, englischer oder einer anderen von den Behörden im jeweiligen Zulassungsstaat akzeptierten Sprache vorgenommen werden. In allen übrigen Fällen ist eine Veröffentlichung ausschließlich in deutscher oder englischer Sprache ausreichend.

1.2 Beurteilung des Insiderrechts und des Rechts der Ad-hoc-Publizität aus der ökonomischen und rechtspolitischen Perspektive

Unwertgehalt des Insiderhandels

Sowohl das Wertpapierhandelsgesetz als auch die europäische Insiderrichtlinie und die Marktmissbrauchsrichtlinie gehen übereinstimmend vom Unwertgehalt des Insiderhandels aus. Die rechtspolitische Diskussion beschränkt sich hier zu Lande wie auch auf europäischer Ebene weitgehend auf strafrechtlichen Überlegungen zur Strafwürdigkeit und Strafbedürftigkeit des Insiderhandels sowie auf die Erörterung der Vor- und Nachteile verschiedener Sanktionsinstrumente.

Im Unterschied dazu fällt die ökonomische Bewertung von Insideraktivitäten – vor allem ausgelöst durch die Diskussion in den Vereinigten Staaten – durchaus uneinheitlich aus. Kritiker einer intensiven Insiderregulierung stellen nicht nur die Effizienz einer strafrechtlichen Verfolgung von Insiderdelikten in Frage. Sie postulieren auch positive Rückwirkungen einer Freigabe des Insiderhandels auf die Markteffizienz. Zudem führen sie anreiztheoretische Überlegungen gegen eine schrankenlose strafrechtliche Bewehrung von Insiderverboten ins Feld.

Im Folgenden wird daher die ökonomische Bewertung der Insiderregulierung in ihren Grundzügen dargestellt. Anschließend wird die rechtspolitische Diskussion zur Strafwürdigkeit und -bedürftigkeit des Insiderhandels in den wesentlichen Punkten nachvollzogen. Die Beschäftigung mit den ökonomischen Zusammenhängen wie auch mit den rechtspolitischen Überlegungen liefert wertvolle Hinweise für eine kapitalmarktorientierte Ausgestaltung der Ad-hoc-Publizität.

1.2.1 Beurteilung des Insiderrechts und des Rechts der Ad-hoc-Publizität aus der ökonomischen Perspektive

Nutzen-/Kosten-Analyse

Die ökonomische Bewertung des Insiderhandels erfolgt anhand einer nüchternen Nutzen-/Kosten-Betrachtung – ohne Rücksicht auf rechtspolitische oder sozialethische Erwägungen. Im Mittelpunkt der Analyse stehen dabei die vielfältigen Rückwirkungen von Insideraktivitäten auf die Kapitalmarkteffizienz sowie auf die Liquidität des Kapitalmarkts und die Volatilität der Wertpapierkurse.

Die ökonomischen Auswirkungen des Insiderhandels sind keineswegs eindeutig. Dies gilt vor allem für die Folgen von Insideraktivitäten für die Kapitalmarkteffizienz. So erscheint es vordergründig durchaus plausibel, dass Informationen, darunter auch solche, die nie an die Öffentlichkeit gelangen würden, schneller in die Preisbildung einfließen, die Kurse der betreffenden Wertpapiere mithin informativer werden und dem Grundsatz der Preiswahrheit und damit letztlich auch dem Ziel des Anlegerschutzes in höherem Maße Rechnung tragen, wenn Insiderhandel zugelassen wird. Die Befürworter eines Insiderhandelsverbots verweisen dagegen auf die negativen Auswirkungen von unregulierten Insideraktivitäten auf die Volatilität der Kurse und die Liquidität des Gesamtmarktes.

Ambivalente Auswirkungen des Insiderhandels

Bei einer differenzierten Betrachtung müssen die kurzfristigen von den mittel- und langfristigen Auswirkungen des Insiderhandels getrennt werden. Weiter ist zwischen direkten und indirekten Effekten zu unterscheiden. Zudem stellt sich die Frage nach dem Informationsbegriff, der bei einer Analyse zugrunde gelegt wird. Und schließlich sind auch institutionelle Rahmenbedingungen, wie etwa das Design eines Kapitalmarkts, in die Überlegungen einzubeziehen.

1.2.1.1 Der Kapitalmarkt als Informationsverarbeitungssystem

Harte Fakten und nüchterne Analysen aber auch Gerüchte, Hoffnungen und Ängste bilden die Triebkräfte der Kursentwicklung an den Finanzmärkten. Auch Ad-hoc-Mitteilungen enthalten Informationen, die in das Entscheidungskalkül der Anleger einfließen. Wer sich mit praktischen Fragen der Ad-hoc-Publizität auseinandersetzt, kommt deshalb nicht umhin, einen Blick auf die komplexen Zusammenhänge bei der Preisbildung an den Wertpapierbörsen zu werfen.

Preisbildungsprozess

Im Grunde kann man sich den Kapitalmarkt als ein äußerst effizientes, dezentral organisiertes Informationsverarbeitungssystem vorstellen. Träger der Informationen sind zunächst einmal die institutionellen und privaten Anleger. In Bezug auf die Investoren aus dem institutionellen Segment ist von Bedeutung, dass (1) die Informationsverarbeitung sehr stark institutionalisiert ist und (2) Anlageentscheidungen nur in einem engen, von der Investmentpolitik vorgegebenen Korridor von einzelnen Akteuren getroffen werden. In der Regel ist eine Kauf- oder Verkaufentscheidung das Ergebnis eines mehrstufigen bzw. abgestimmten Entscheidungsprozesses. Hinzu kommen die Kursmakler und Wertpapierhändler, die den Handel und die Abwicklung der Wertpapiergeschäfte organisieren, professionelle Kommentatoren des Marktgeschehens sowie die Repräsentanten der Aufsichtsbehörden, die die Ordnungsmäßigkeit des Handels überwachen.

Kapitalmarkt als dezentral organisiertes Informationsverarbeitungssystem

Über die Abgabe von Kauf- und Verkauforders offenbaren die Anleger implizit ihre Einschätzungen über den angemessenen (fairen) Wert eines Finanztitels – heute und in der Zukunft. Die Grundlage dieser Einschätzung bilden das Ergebnis einer systematischen Auswertung der verfügbaren Informationen und die Erfahrungen aus vorausgegangenen Anlageentscheidungen in Gestalt von realisierten Gewinnen oder Verlusten.

Informationsgehalt von Preissignalen

Aus der Orderlage ermitteln die Händler fortlaufend den markträumenden Kurs. Die ermittelten Kurse und die zugrundeliegenden Handelsumsätze sind dabei gleichermaßen Ausdruck vorausgegangener wie auch Ausgangspunkt neuer Anlageentscheidungen, da die Preissignale selbst Informationen transportieren – ein Umstand, der eine Unterscheidung zwischen fundamentalen Informationen auf der einen und Marktstrukturinformationen auf der anderen Seite nahelegt.

Fundamentals

Bei den Fundamentaldaten (*Fundamentals*) handelt es sich um Informationen aus dem Datenkranz eines Unternehmens, eines Industriesektors oder auch eines Währungsraums, die mehr oder weniger valide Rückschlüsse auf die Höhe und die zeitliche Verteilung der von den Unternehmen erwirtschafteten Zahlungsmittelüberschüsse zulassen. Im Unterschied dazu handelt es sich bei den Marktstrukturdaten um Informationen über die Orderlage, d. h. die Zahl der Orders, die durchschnittliche Ordergröße sowie die Preisober- und Preisuntergrenzen.

Orderlage

Besonders deutlich wird der wirtschaftliche Wert von Marktstrukturdaten am Beispiel eines Maklers oder eines Finanzinstitutes, das über eine proprietäre Handelsplattform verfügt: Wer Einblick in einen größeren Ausschnitt des Orderaufkommens hat, kann aus der Orderlage vor der offiziellen Kursfestsetzung eine Preistendenz ablesen und aus diesem Wissensvorsprung – jedenfalls theoretisch – einen finanziellen Sondervorteil ziehen. Auch das Wissen über den Auftraggeber einer Transaktion kann durchaus Gewinn bringend eingesetzt werden.

Signaleffekt von Insidertransaktionen

So geht von den Wertpapiergeschäften der Unternehmensinsider regelmäßig ein Signaleffekt aus. Dabei wird der Kauf von Wertpapieren durch Unternehmensinsider vom Markt häufig als Kaufsignal gewertet. Umgekehrt wird der Verkauf von Finanzinstrumenten des eigenen Unternehmens durch Unternehmensinsider vom Markt als Verkaufssignal gewertet. Vorstände, so die Überlegung, werden kaum freiwillig Aktien des eigenen Unternehmens verkaufen (kaufen), wenn sie mit steigenden (fallenden) Kursen rechnen.

Transaktionsdaten als Basis von Anlageentscheidungen

Praktische Bedeutung erlangen diese Überlegungen bereits dadurch, dass die Transaktionsdaten inzwischen als ergänzendes Entscheidungskriterium in die professionelle Vermögensverwaltung Eingang gefunden haben. In Deutschland werden die meldepflichtigen Wertpapiergeschäfte der Unternehmensinsider in einer Datenbank der Bundesanstalt zusammengeführt. Sehr gut aufbereitet sind die Transaktionsdaten auf der Internetseite www.insiderdaten.de. Inzwischen gibt es sogar einige Investmentfonds, deren Anlagekonzept auf der Analyse der Aktienkäufe und -verkäufe von Vorständen und leitenden Angestellten basiert.

Indes, vor einer undifferenzierten Anwendung der Überlegungen muss gewarnt werden, gibt es doch eine Vielzahl denkbarer Gründe, die einen Vorstand oder Aufsichtsrat dazu veranlassen können, Aktien des eigenen Unternehmens zu kaufen oder verkaufen. Eine Ursache kann in dem legitimen Wunsch, das Risiko des eigenen Vermögensportfolios zu diversifizieren, begründet liegen. Auch Liquiditätsgründe können ursächlich für eine Transaktion sein, etwa um Steuerschulden zu begleichen, die im Zusammenhang mit dem Börsengang des eigenen Unternehmens aufgelaufen sind. Gleichwohl ist nicht auszuschließen, dass die Wahl des Zeitpunkts, zu dem ein Wertpapiergeschäft ausgeführt wird, auch von dem Insiderwissen beeinflusst wird. Hierin offenbart sich ein Dilemma: Wegen des strukturellen Informationsvorsprungs der Unternehmensinsider wird der Markt in jedem Fall die (rechtswidrige) Verwertung von Insiderinformationen unterstellen, wenn Finanzinstrumente des eigenen Unternehmens gehandelt werden.

Informationskosten

Das Kapitalmarktgeschehen wird also von Informationen bestimmt. Die Beschaffung, Auswertung, Aufbereitung und Interpretation von Informationen ist – anders als von den Standard-Lehrbuchmodellen der Ökonomie dargestellt – ein extrem zeitraubender und kostenintensiver Prozess. Getrieben wird dieser Prozess von dem Gewinnstreben der Anleger. Ökonomisch betrachtet, haben die Ausgaben für die Informationsgewinnung und -verarbeitung dabei den Charakter einer Investition. Ein Anleger wird eine Investition wohl nur tätigen, wenn er sich davon eine angemessene Rendite auf das eingesetzte Kapital verspricht.

Beseitigung von Überrenditen

Was geschieht nun, wenn den Kapitalmarkt neue Informationen erreichen? Neu eintreffende Informationen lösen einen Informationsverarbeitungsprozess aus, in dessen Verlauf Überrenditen Schritt für Schritt weggespült werden. Unter den Bedingungen einer auf dem Wettbewerbsprinzip basierenden Wirtschaftsordnung erweist sich dieser Prozess als äußerst effizient, da die Marktakteure, die nicht in der Lage sind, die Durchschnittskosten ihrer Analyseaktivitäten zumindest langfristig zu decken, aus dem Markt ausscheiden. Dieser Prozess der Informationsverarbeitung führt im Ergebnis dazu, dass alle Informationen, die von den Marktteilnehmern als relevant erachtet werden, in die Preisbildung einfließen.

Informationseffizienz

An dieser Stelle kommt der Begriff der *Informationseffizienz* ins Spiel. Ohne Frage zählt dieser Begriff zu den schillerndsten Fachtermini der ökonomischen Theorie. Ein Kapitalmarkt gilt als effizient, wenn die Kurse jederzeit alle verfügbaren Informationen vollständig widerspiegeln (Fama (1970)). In diesem Fall kann kein Marktteilnehmer systematische Überrenditen erzielen. Gewinne und Verluste gleichen sich somit langfristig aus – dies gilt auch für Unternehmensinsider. In einer idealtypischen Welt effizienter Märkte ist daher für Insiderhandel kein Platz – und damit letzten Endes auch nicht für die Ad-hoc-Publizität.

Unterschiedliche Effizienzgrade

Wenngleich Ökonomen darin übereinstimmen, dass Kapitalmärkte zur Effizienz tendieren, ist der Grad der Informationseffizienz realer Kapitalmärkte durchaus umstritten. Nach Fama (1970) lassen sich im Hinblick auf den Grad der Informationseffizienz drei Abstufungen vornehmen, wobei die jeweils höhere Form von Informationseffizienz die niedrigere(n) Form(en) mit einschließt:

- Die *Hypothese der schwachen Informationseffizienz* besagt, dass in den Wertpapierkursen alle relevanten Informationen über vergangene Kursentwicklungen vollständig berücksichtigt sind.
- Die *Hypothese der halbstrengen Informationseffizienz* unterstellt, dass zusätzlich auch alle öffentlich verfügbaren Informationen in den aktuellen Wertpapierkursen eingepreist sind.
- Als *streng informationseffizient* gilt ein Kapitalmarkt, wenn darüber hinaus auch alle nicht öffentlich verfügbaren Informationen in den aktuellen Kursen enthalten sind.

Schwache Informationseffizienz

Welche Konsequenzen ergeben sich aus den unterschiedlichen Abstufungen der Informationseffizienz? Werfen wir zunächst einen Blick auf die schwache Form der Informationseffizienz. Die Anhänger der *Technischen Analyse* vertreten die Ansicht, dass die Kursentwicklung an den Kapitalmärkten eindeutig beobachtbaren, wiederkehrenden Mustern (Trends) folgt. Mit den Instrumenten der Technischen Analyse sollen trendanzeigende Chart-Formationen aufgespürt werden. Bei einem schwach informationseffizienten Markt ist das Kursbild der Vergangenheit aber bereits vollständig in den aktuellen Kursen berücksichtigt.

Random Walk

Mathematisch ausgedrückt, folgen die Kurse einem *Random Walk*. Dabei ergibt sich der zukünftige Wertpapierkurs als Summe aus dem vorangegangenen Kurs und einem Zufallsterm. Mit anderen Worten: zeitlich aufeinanderfolgende Kurse sind voneinander unabhängig. Durch die Analyse historischer Kursbilder lassen sich daher keine Überrenditen erzielen. Eine oberhalb der risikoadäquaten Gleichgewichtsrendite liegende Kapitalverzinsung lässt sich in diesem Fall nur durch Kenntnis weitergehender – fundamentaler – Informationen erzielen.

Halbstrenge Informationseffizienz

Im Fall der halbstrengen Informationseffizienz schlagen sich Informationen mit ihrer Veröffentlichung im Wertpapierkurs nieder. In diesem Fall erweist sich die Analyse von Fundamentalinformationen, wie z. B. des Jahresabschlusses, des Emissionsprospektes bei einer Anleiheemission oder eben einer Ad-hoc-Mitteilung letztlich als nutzlos, da sich auf diese Weise keine systematische Überrendite erzielen lässt. Dies führt aber zu dem paradoxen Ergebnis, dass letzten Endes kein Anleger eine fundamentale Informationsanalyse betreibt.

Strenge Informationseffizienz

Die weitreichendsten Folgen bringt ein streng effizienter Kapitalmarkt mit sich. Bei Vorliegen der strengen Informationseffizienz können selbst nicht öffentlich bekannte Insiderinformationen nicht Gewinn bringend genutzt werden, da diese bereits vollständig in den aktuellen Wertpapierkursen eingepreist sind. Unter diesen Bedingungen lassen sich weder mit den Instrumenten der *Technischen Analyse* bzw. der *Fundamental-Analyse* noch mit der Kenntnis von Insiderinformationen systematische Überrenditen erzielen. Mit anderen Worten: Wenn der Markt in einem Börsenjahr 20 Prozent zulegt und ein Anleger 25 Prozent Gewinnzuwachs verzeichnen kann, dann ist die Outperformance des Anlegers nichts weiter als pures Glück, ein schlichter Zufall. Bei strenger Informationseffizienz erweist sich eine professionelle Wertpapieranalyse als nutzlos, sinnvoll ist nur ein passives Management von Kapitalanlagen.

First Hand Information

Wenn man davon ausgeht, dass kein Anleger über seherische Fähigkeiten – sprich Zukunftswissen – verfügt und somit im Grunde keine Aussage über Richtung oder gar Stärke einer künftigen Kursänderung möglich ist, so gibt es nur einen Weg, den Markt zu schlagen: den Zugang zu nicht öffentlichen Informationen. Unternehmensinsider verfügen über solche *First Hand Information*. Zeichnen sich etwa finanzielle Schwierigkeiten ab oder drohen Prozessrisiken, so können die Unternehmensinsider die Aktien verkaufen, bevor die Nachricht den Markt erreicht und auf diese Weise Verluste vermeiden. Steht umgekehrt das eigene Unternehmen vor dem Abschluss weitreichender Kooperationsvereinbarungen, so lohnt es sich für die Insider, vor der Veröffentlichung der kurssteigernden positiven Nachricht Aktien des eigenen Unternehmens zu kaufen.

Wegen ihrer weitreichenden Implikationen für die Finanzanalyse und die professionelle Vermögensverwaltung war die These der Informationseffizienz bereits mehrfach Gegenstand empirischer Untersuchungen. So unterschiedlich die Ergebnisse dieser Studien im Detail ausfielen, in einem Punkt waren sich die Autoren einig: Strenge Informationseffizienz liegt auf Wertpapiermärkten nicht vor. Gestützt wird diese Beobachtung durch die nicht unerhebliche Zahl an Insideruntersuchungen der Bundesanstalt für Finanzdienstleistungsaufsicht. Etwa 100 Untersuchungen führt die Aufsichtsbehörde Jahr für Jahr durch. Dies zeigt: Insiderwissen kann Gewinn bringend ausgenutzt werden.

Missbrauch von Insiderwissen

Aus diesen Überlegungen wird deutlich, dass es zur Beurteilung der Kapitalmarkteffizienz eines differenzierten Vorgehens bedarf. Kapitalmärkte weisen keineswegs einheitliche Effizienzgrade auf. Der Grad der Informationseffizienz ist vielmehr von dem rechtlich-institutionellen Rahmen, dem Design der Börse sowie der verwendeten Kommunikations- und Handelstechnologie abhängig. Überdies legen die Ergebnisse der verhaltensorientierten Kapitalmarkttheorie (*Behavioral Finance*) den Schluss nahe, dass Wertpapierkurse nicht ausschließlich auf einer streng rationalen Analyse fundamentaler Informationen basieren.

Bestimmungsfaktoren der Kapitalmarkteffizienz

Die Standard-Lehrbuchökonomie unterstellt einen Zustand, der durch einen identischen Informationsstand sämtlicher Marktteilnehmer gekennzeichnet ist. Die Annahme eines gleichmäßigen Informationsstandes aller Anleger ist indes wirklichkeitsfremd. Da die Beschaffung und Auswertung von Informationen erstens Zeit beansprucht und zweitens Kosten verursacht und darüber hinaus ein allgemein akzeptiertes Modell der Fundamentalanalyse von kapitalmarktrelevanten Informationen ohnehin nicht existiert, jeder Marktakteur mithin über sein eigenes Interpretationsmodell verfügt, muss man davon ausgehen, dass der Informationsstand der Anleger – der Grad der Informiertheit – doch sehr unterschiedlich ist. Nicht ohne Grund betreiben Investmentgesellschaften einen nicht unerheblichen personellen und finanziellen Aufwand, um sich durch die systematische Analyse von Fundamentaldaten einen Wissensvorsprung zu erarbeiten und diesen bei Anlageentscheidungen zu nutzen.

Informationsasymmetrien

Neben dem unterschiedlichen Kenntnisstand, der seine Wurzeln in der Existenz von spezifischen Kosten der Informationsgewinnung hat, existieren aber auch noch strukturbedingte Unterschiede im Informationsstand der Marktteilnehmer. Diese hängen damit zusammen, dass die Marktakteure einen unterschiedlichen Zugang zu neuen Informationen aus der Sphäre der Unternehmen haben. Denn während die Unternehmensinsider, allen voran die Mitglieder der Gesellschaftsorgane, über ihre Entscheidungen unmittelbar an der Verwirklichung von neuen Informationen mitwirken, haben die übrigen Marktakteure zu diesen Informationen nur Zugang, soweit diese vom Unternehmen offengelegt werden.

Unternehmensinsider

Neben den Unternehmensinsidern existieren sogenannte *Marktinsider*. Dies sind Personen, die – wie etwa Investmentanalysten, Finanzjournalisten oder Asset Manager – in der Lage sind, die öffentlich zugänglichen Informationen einer intensiven Analyse zu unterziehen. Die Marktinsider stehen in Bezug auf den Grad der Informiertheit somit zwischen den Unternehmensinsidern und den uninformierten Outsidern, die sich bei ihren Investitionsentscheidungen zwangsläufig auf Veröffentlichungen der Unternehmen, vorgefertigte Wert-

Marktinsider

papieranalysen der Banken sowie Anlageempfehlungen der Wirtschaftspresse verlassen.

Freigabe von Insiderhandel

Die unbestrittene Existenz strukturbedingter Informationsasymmetrien hat nun einige Autoren zu der Einschätzung verleitet, eine Freigabe des Insiderhandels führe zu einer Verbesserung der Kapitalmarkteffizienz. Dahinter steht schlicht die Überlegung, dass Insidertransaktionen, die im Wissen um nicht öffentliche Sachverhalte und damit in Aussicht auf einen sicheren Gewinn vorgenommen werden, letztlich dazu führen, dass sich diese Informationen vollständig in den aktuellen Kursen widerspiegeln.

Adverse Selektion

Doch so plausibel diese Überlegung auf den ersten Blick erscheint, so brüchig wird die Argumentation, wenn man sich die mittel- und langfristigen Folgen eines unregulierten Insiderhandels vor Augen führt. Denn Insiderhandel verstößt gegen die Regeln eines fairen Spiels. Die Marktinsider – weit mehr noch aber die Outsider – müssen befürchten, dass sie wegen des Informationsvorsprungs der Unternehmensinsider in diesem Spiel im besten Fall zweite Sieger werden können. Deshalb werden sie sich in solchen Märkten tendenziell zurückhalten oder gar vollständig aus dem Marktgeschehen zurückziehen – mit entsprechend negativen Rückwirkungen auf die Liquidität des Marktes und die Volatilität der Kurse. Das Phänomen einer Marktabwanderung infolge einer asymmetrischen Verteilung von Informationen bezeichnet man als auch *adverse Selektion*.

1.2.1.2 Asymmetrische Information und adverse Selektion: Insiderhandel als Funktionsproblem des Kapitalmarktes

Strukturelle Informationsasymmetrie

Die *adverse Selektion* ist eine Form des Marktversagens, die ihre Wurzeln in der Ungleichverteilung von Informationen hat – ein Problemfeld, das in der ökonomischen Theorie unter dem Stichwort *asymmetrische Information* diskutiert wird. *Asymmetrische Information* bezeichnet eine Situation, die dadurch gekennzeichnet ist, dass eine Marktseite über Informationen verfügt, die der anderen Marktseite entweder überhaupt nicht oder nicht in derselben Qualität (Aktualität, Vollständigkeit und Genauigkeit) vorliegen. Informationsasymmetrien können mit Blick auf den Kapitalmarkt in Bezug auf die Qualität eines Finanzinstruments oder in Bezug auf die Handlungen der verschiedenen Kapitalmarktteilnehmer vorliegen.

Informationsasymmetrien sind in vielen Märkten zu beobachten. Es liegt auf der Hand, dass Arbeitnehmer, die sich für einen neuen Job bewerben, ein besseres Bild von ihren Fähigkeiten haben als ihr potenzieller Arbeitgeber. Ebenso wissen Versicherungsnehmer, die einen Vertrag mit einer Krankenversicherung abschließen möchten, besser über ihren Gesundheitszustand Bescheid, als die Versicherung. Und die Vorstände sind besser über die wirtschaftliche Lage des von ihnen geleiteten Unternehmens informiert als die Anteilseigner.

Preisbildung auf Märkten mit unvollkommener Information

Auf Märkten mit asymmetrischer Information können Phänomene auftreten, die nicht mit den Modellen der traditionellen Lehrbuchökonomie erklärt werden können. Als erster Ökonom beschäftigte sich George Akerlof mit einem durch Informationsasymmetrien gekennzeichneten Markt. In seinem bahnbrechenden Aufsatz mit dem Titel »The Market for *Lemons*: Quality Uncertainty and the Market Mechanism«, aus dem Jahr 1970, der inzwischen zu den am meisten zitierten Aufsätzen der Profession zählt, analysierte er den Preisbildungsprozess auf einem Gebrauchtwagenmarkt (vgl. Akerlof, G. (1970), S. 488 ff.).

In seinem Markt für Gebrauchtwagen kennen die Verkäufer die Qualität ihres Wagens genau, da sie diesen bis zuletzt gefahren haben. Die potenziellen Käufer hingegen können die Qualität eines spezifischen Fahrzeuges nicht ohne größeren Aufwand (Inspektion, Probefahrt) beurteilen. Sie haben wohl nur ein recht grobes Bild von der durchschnittlichen Qualität dieses Fahrzeugtyps, das sie beispielsweise durch Lektüre von Fachzeitschriften gewonnen haben. Als Folge dieser Informationsasymmetrie werden alle Fahrzeuge desselben Fahrzeugtyps und Baujahres zu einem annähernd gleichen Preis gehandelt, welcher der durchschnittlichen Qualität eines derartigen Fahrzeuges entspricht.

Strukturelle Unsicherheit

Dieser Preis erscheint jedoch den Verkäufern der Fahrzeuge mit überdurchschnittlicher Qualität, den sogenannten *Pfirsichen* (Peaches) zu gering, sodass diese ihren Wagen nicht mehr zum Verkauf anbieten. Daher werden nur Gebrauchtwagen geringer Qualität, sogenannte *Zitronen* (Lemons) zum Kauf angeboten. Die Folge: Die guten Wagen werden aus dem Markt gedrängt, es kommt zu einer für alle Marktteilnehmer gleichermaßen nachteiligen Auslese – ein Phänomen, das Ökonomen als *adverse Selektion* bezeichnen.

Adverse Selektion

Werden sich nun die Käufer der Qualitätsverschlechterung der angebotenen Fahrzeuge bewusst, werden diese ihre Qualitätserwartung entsprechend nach unten korrigieren. Damit sinkt aber auch die Zahlungsbereitschaft der potenziellen Gebrauchtwagenkäufer, was wiederum weitere Gebrauchtwagenhändler zum Marktaustritt bewegt. Auf diese Weise wird ein kumulativer Prozess in Gang gesetzt, der damit endet, dass entweder nur noch qualitativ schlechte Fahrzeuge angeboten werden oder aber sich sämtliche Gebrauchtwagenhändler aus dem Markt zurückziehen, der Markt mithin vollkommen zusammenbricht.

Korrektur der Qualitätserwartungen

Auch auf dem Kapitalmarkt gehören Informationsasymmetrien zum gewohnten Bild. Die Rede ist dabei nicht von den selbst erarbeiteten Wissensvorsprüngen, sondern ausschließlich von den strukturell bedingten Informationsasymmetrien zwischen den Insidern und Outsidern: Vorstände aber auch Personen, die – wie etwa das Reinigungspersonal zufällig ein wichtiges Telefonat mithören und auf diese Weise Kenntnis von einer Insiderinformation erlangen – sind in der einzigartigen Situation, valide Aussagen darüber zu treffen, ob eine Aktie richtig bewertet ist. Viel spricht daher dafür, dass Insiderhandel einen zirkulären, sich selbst verstärkenden Prozess der Liquiditätssenkung in Gang setzen kann, der zu einem Austrocknen des Marktes führen und damit in letzter Konsequenz die Allokationsfunktion des Kapitalmarktes beeinträchtigen kann.

Wie muss man sich diesen zirkulären Prozess der Liquiditätssenkung vorstellen? Die Liquidität eines Kapitalmarktes steht – wie auch die Informationseffizienz – in engem Zusammenhang mit dem Preisbildungsprozess. Dabei versteht man unter *Liquidität* die Möglichkeit, ein Wertpapier jederzeit sofort in beliebigen Mengen zu einem fairen Kurs kaufen oder verkaufen zu können. Die Liquidität eines Wertpapiers oder des Kapitalmarkts insgesamt besitzt eine zeitliche und eine preisliche Dimension. Die zeitliche Dimension bezieht sich auf die allgemeine Aufnahmebereitschaft des Marktes und die Möglichkeit, Transaktionen sofort, und zwar ohne unerwünschte Haltekosten – etwa in Form von entgangenen Gewinnen – vornehmen zu können. Die preisliche

Zirkulärer Prozess der Liquiditätssenkung

Liquiditätsdimension bezieht sich auf die Auswirkungen von Orders auf den Preisbildungsprozess.

Bestimmungsfaktoren der Liquidität

Ein Markt wird dann als liquide bezeichnet, wenn weder von Mindestschlussorders noch von Blockorders ein nennenswerter Preiseinfluss ausgeht. Das Ausmaß der Liquidität eines Kapitalmarktes hängt von einer Vielzahl von Faktoren ab, etwa von der Zahl der emittierten Wertpapiere, dem Anteil der frei handelbaren Wertpapiere an der Gesamtzahl der Wertpapiere (*Freefloat*), der Fungibilität der Wertpapiere sowie von der Zahl der Marktteilnehmer und dem Grad der Heterogenität der Akteure in Bezug auf das Anlagevolumen, den zeitlichen Anlagehorizont, die Anlagemotive, die Anlageerfahrung und die Freiheitsgrade bei der Anlageentscheidung. Offensichtlich ist die Liquidität eines Marktes umso größer, je breiter die Wertpapiere gestreut sind und je heterogener der Kreis der aktuellen und potenziellen Anteilseigner ist.

Explizite und implizite Informationskosten

Die Verbindung zwischen der Wertpapier- bzw. Marktliquidität auf der einen Seite und der Informationseffizienz bzw. Transparenz auf der anderen Seite wird über die expliziten und impliziten Informationskosten hergestellt. In einem Markt, in dem Insiderhandel zu beobachten ist, verfügen die Anleger – gleichgültig, ob Insideraktivitäten einem gesetzlichen Verbot unterliegen oder nicht – grundsätzlich über zwei Optionen. Zunächst einmal können sich die Anleger vollständig aus dem betreffenden Wertpapier bzw. dem Kapitalmarkt insgesamt zurückziehen. Alternativ können die Anleger ihre Investitionen in die Beschaffung und die Analyse von Informationen erhöhen. Da sie aber den Wissensvorsprung der Unternehmensinsider letztlich nicht beseitigen können, erscheint ein solches Verhalten wenig Erfolg versprechend. Stattdessen werden die verbliebenen Anleger als Ausgleich für den zu erwartenden systematischen finanziellen Verlust durch Insideraktivitäten eine Risikoprämie fordern. Hinzu kommt ein Ausgleich für den durch eine – als Folge einer verringerten Wertpapier- bzw. Marktliquidität – unfreiwillig verlängerte Haltefrist erlittenen Verlust.

Spread als Indikator für den Grad der Unsicherheit

Beide Faktoren zusammengenommen – die Risikoprämie und die Kompensation für erlittene Opportunitätskosten führen zu einem Anstieg der Transaktionskosten und wirken ökonomisch betrachtet wie eine Steuer auf Wertpapiergeschäfte. Besonders deutlich tritt der Anstieg dieser impliziten Transaktionskosten auf Märkten zu Tage, die nach dem Marketmaker-Prinzip organisiert sind. Er zeigt sich dort in einem Anstieg der Geld/Brief-Spanne (*Spread*).

Negativ kumulativer Prozess

Der Anstieg der impliziten Transaktionskosten führt dazu, dass ein Teil des Marktangebotes und der Marktnachfrage, die unter den Bedingungen eines von Insideraktivitäten freien Marktes lohnenswert gewesen wären, ausfällt. Damit wird dem Markt Liquidität entzogen. Die Liquiditätssenkung führt nun ihrerseits zu einem Anstieg der handelsinduzierten Preissignale. Die Aufnahmefähigkeit des Marktes (vor allem für größere Orders) sinkt, die Volatilität der Kurse nimmt zu. Dies führt zu einem weiteren Anstieg der Risikoprämie bzw. der Transaktionskosten und zu einem weiteren Liquiditätsrückgang. An dieser Stelle wird deutlich, dass Zweifel an der Integrität des Kapitalmarktes einen kumulativ adversen Selektionsprozess in Gang setzen können, der theoretisch in einen vollständigen Zusammenbruch des Marktes münden kann.

Akerlof-Problem

Eine gesetzliche Regulierungsabsicht lässt sich damit rechtfertigen, dass die beschriebenen adversen Effekte nicht auf das von Insideraktivitäten betroffene

Unternehmen beschränkt bleiben. Vielmehr wird der Gesamtmarkt durch die Existenz von Insideraktivitäten in Mitleidenschaft gezogen. Die Existenz von Informationsasymmetrien verursacht einen fundamentalen Konflikt. Während die informierte Marktseite der Unternehmensinsider die Intransparenz sucht, um einen finanziellen Vorteil aus ihrem Wissensvorsprung zu ziehen, sucht die nicht informierte Marktseite der Outsider die Transparenz, um finanzielle Nachteile als Folge einer Ausbeutung des geringeren Informationsstandes zu vermeiden. Das Verbindende zwischen beiden Marktseiten ist der Wunsch nach einem liquiden Markt, der jedoch angesichts der inhärenten Informationsasymmetrie nicht zu verwirklichen ist (Akerlof-Problem).

1.2.1.3 Abschließende Beurteilung des Insiderrechts und des Rechts der Ad-hoc-Publizität aus ökonomischer Perspektive

Die Überlegungen zeigen, dass die ökonomischen Auswirkungen des Insiderhandels in Bezug auf die Informationseffizienz und die Liquidität des Kapitalmarktes und die Volatilität der Kurse nicht ohne weiteres zu bestimmen sind. Während Marktmanipulationen den Kapitalmarkt in jedem Fall schädigen, sind die ökonomischen Konsequenzen von Insideraktivitäten weniger klar.

Zumindest kurzfristig können Insidergeschäfte wohl durchaus dazu beitragen, die Informationseffizienz des Marktes zu verbessern, indem Informationen in die Preisbildung eingespeist werden, die dem Markt sonst nicht zugänglich wären. An diesem Punkt widerspricht die ökonomische Theorie der menschlichen Intuition, die pauschal eine Schädigung des Marktes durch Insiderhandel nahelegt. Zum anderen fallen die Insidergewinne langfristig betrachtet wohl weitaus geringer aus, als gemeinhin angenommen – wenn man die besonders spektakulären Insiderfälle, die wohl allerdings die öffentliche Wahrnehmung der Insiderproblematik entscheidend beeinflussen, einmal außer Acht lässt.

Kontra-intuitive Effekte

Aus diesen eher theoretischen Überlegungen einen Verzicht auf jegliche Form der Insiderregulierung abzuleiten, geht wohl aber doch zu weit. Denn ohne Frage kann ein ungezügelter Insiderhandel dem Kapitalmarkt schaden, indem ein kumulativ negativer Prozess in Gang gesetzt wird, der letztlich zu einem Austrocknen des Marktes führt und damit einen deutlichen negativen Einfluss auf die Liquidität des Marktes sowie auf die Volatilität der Kurse ausübt.

Aus ökonomischer Sicht kann die Frage nach der optimalen Insiderregulierung somit nicht pauschal beantwortet werden. Vielmehr müssen Kosten und Nutzen des Insiderhandels den Kosten und Nutzen einer Insiderregulierung gegenübergestellt werden. In der Praxis dürfte es sich dabei als schwierig erweisen, Kosten und Nutzen des Insiderhandels und der Insiderregulierung zu quantifizieren. Bei der ökonomischen Bewertung der Insiderregulierung kommt es letztlich nur darauf an, welchen Beitrag diese zur Verbesserung der Allokationseffizienz und damit der Funktionsfähigkeit des Kapitalmarktes leistet.

Optimale Insiderregulierung

Nutzen und Kosten des Insiderhandels wurden bereits ausführlich dargestellt: der volkswirtschaftliche Nutzen des Insiderhandels liegt in einer tendenziellen Verbesserung der Informationseffizienz, die volkswirtschaftlichen Kosten in der Verringerung der Liquidität und der Steigerung der Volatilität. Der Anstieg der Volatilität zeigt sich in einer höheren Spreizung des Geld/

Implizite Kosten von Insideraktivitäten

Brief-Kurses, die man ökonomisch als Anstieg der impliziten Transaktionskosten interpretieren kann. Mit anderen Worten: Die Verbesserung der Kapitalmarkteffizienz wird bei einem völligen Verzicht auf jede Form von Insiderregulierung um den Preis einer geringeren Allokationseffizienz des Kapitalmarktes erkauft.

Kosten der Insiderregulierung

Dies darf jedoch nicht darüber hinwegtäuschen, dass auch die Regulierung von Insideraktivitäten mit volkswirtschaftlichen Kosten verbunden ist. Diese liegen zum einen in dem administrativen Bereich, denn natürlich fallen auch bei der Regulierung Kosten an, die letztlich den Marktteilnehmern aufgebürdet werden und damit wie eine Besteuerung der Kapitalmarkttransaktionen wirken. Zum anderen führen Kritiker einer Insiderregulierung die negativen Auswirkungen auf die Anreizstruktur in den Unternehmen an. Zudem wird die Effektivität der Insiderregulierung in einigen Fällen grundlegend in Frage gestellt.

Schwer abgrenzbarer Personenkreis

Zunächst zu den Kosten der Insiderregulierung: Hier besteht das Problem, dass der Kreis der Personen, die als Insider einzustufen sind, sehr groß und zugleich unübersichtlich ist. Neben den Personen, die in einem börsennotierten Unternehmen – wie Vorstände und Aufsichtsräte – Leitungs- und Kontrollfunktionen wahrnehmen und den Personen, die diesen Personen »nahe stehen«, sind dies unter Umständen auch leitende Mitarbeiter aus dem Rechnungswesen, Investor Relations Manager, Rechtsanwälte, Wirtschaftsprüfer, Unternehmensberater, IR-Berater sowie die Mitarbeiter der verschiedenen Aufsichtsbehörden.

Compliance Management

Die im Zusammenhang mit dem Anlegerschutzverbesserungsgesetz eingeführte Pflicht zur Führung von Insiderverzeichnissen dürfte in den Unternehmen mit einem erheblichen organisatorischen Aufwand verbunden sein, wenn man sich vor Augen führt, das der Kreis der Insider bei einem Dax-Unternehmen schnell die Zahl von hundert Personen und mehr erreicht. Selbst Unternehmen mit mittelständischem Charakter kommen deshalb kaum umhin,

Compliance Officer

die Position eines *Compliance Officers*, der für die Einhaltung der Vorgaben des Insiderrechts und des Rechts der Ad-hoc-Publizität sorgt, zu schaffen. Dies zeigt, dass die Insiderregulierung in den Firmen ganz unmittelbar Kosten verursacht. Hinzu kommt, dass durch die staatliche Überwachung der Insideraktivitäten ebenfalls Kosten entstehen, die letztlich von den Marktteilnehmern getragen werden.

Principal-Agent-Problem

Wohl eher theoretischen Charakter hat dagegen das aus dem *Principal-Agent-Ansatz* abgeleitete Argument, wonach der Insiderhandel für Unternehmensinsider einen Anreiz schaffe, positive Nachrichten zu produzieren und diese – in der sicheren Aussicht auf Insidergewinne – als Erste im Markt unterbringen. Aus dieser Perspektive betrachtet, schafft der Insiderhandel Anreize für unternehmerische Leistungen. Eine Insiderregulierung würde sich dementsprechend negativ auf die Intensität der unternehmerischen Aktivität auswirken.

Grenzen der Insiderregulierung

Wesentlich stärker fällt das Argument ins Gewicht, das auf die strukturellen Grenzen der Insiderregulierung verweist. Die Ursache für diese Grenzen sind in der Tatsache begründet, dass Unternehmensinsider aus ihrem priviligierten Zugang zu Informationen auch Vorteile ziehen können, wenn sie nicht mit den Finanzinstrumenten des eigenen Unternehmens handeln – etwa wenn ein leitender Angestellter bei einem internen Meeting Kenntnis von nicht öffentlichen Übernahmeplänen erlangt und den an sich geplanten Verkauf seiner

Aktien des eigenen Unternehmens aufschiebt, um von der zu erwartenden Kurssteigerung zu profitieren. Ohne Zweifel ist auch der Verzicht auf ein Wertpapiergeschäft, der im Wissen um einen kursrelevanten Sachverhalt erfolgt, eine Form des Insiderhandels. Doch wie soll eine Handlung, die in einem Nichttätigwerden besteht, reguliert bzw. verhindert werden? Wirkungslos ist ein Insiderhandelsverbot auch in den Fällen, in denen Insider im Wissen um einen kursrelevanten Sachverhalt ein Geschäft aufschieben – in der Absicht, Gewinne zu maximieren bzw. Verluste zu minimieren. Offenbar kann eine Insiderregulierung deshalb auch im besten Fall nur einen Teil der Insideraktivitäten unterbinden.

Schwierigkeiten bereitet bei der Insiderregulierung aber auch die Abgrenzung von Insiderinformationen gegenüber ganz gewöhnlichen Informationen. Nicht immer werden Insideraktivitäten im Wissen um eine bevorstehende Übernahme oder bedeutende Lizenzabkommen ausgelöst. Wie steht es mit dem Wissen um die Effizienz interner Organisationsabläufe oder den Fähigkeiten eines neuen Vorstandsvorsitzenden und dessen Akzeptanz im Unternehmen? Niemand wird ernsthaft abstreiten, dass diese Informationen für einen Anleger wertvoll sein können. Doch handelt es sich hierbei um Insiderinformationen?

Abgrenzung von Insiderinformationen

Unternehmensinsider verfügen über eine Fülle von Informationen, die sie bei Geschäften mit Finanzinstrumenten des eigenen Unternehmens nutzen können, um Gewinne zu maximieren und Verluste zu minimieren. Wollte man dies verhindern, so müsste man Unternehmensinsidern den Handel mit Finanzinstrumenten des eigenen Unternehmens gänzlich verbieten. Dies wäre jedoch ein sehr weitreichender Eingriff in die Eigentumssphäre der Betroffenen, der mit dem rechtsstaatlichen Grundsatz der Verhältnismäßigkeit wohl nicht vereinbar wäre.

Diese Überlegungen zeigen, dass es im Grunde nicht oder doch nur mit einem unverhältnismäßig hohen Aufwand möglich ist, Insideraktivitäten gänzlich zu unterbinden. An diesem Punkt kommen die Ad-hoc-Publizität und die Offenlegung der Insidertransaktionen ins Spiel. Letztlich ist es der *regulatorische Dreiklang des Insiderrechts* aus Insiderhandelsverbot, Ad-hoc-Publizität und Veröffentlichung der Director's Dealings, der die Integrität des Handels und damit die Funktionsfähigkeit des Kapitalmarktes sicherstellt.

Regulatorischer Dreiklang

Es ist vor allem die Ad-hoc-Publizität, die sowohl auf europäischer Ebene als auch auf nationaler Ebene als Korrelat des Insiderhandelsverbotes ausgestaltet wurde. Denn wenn Insiderinformationen von dem Unternehmen offengelegt werden, entzieht dies dem verbotenen Insiderhandel die ökonomische Grundlage – eine Vorabverwertung der Insiderinformationen durch Insider ist somit nicht mehr möglich. Auf diese Weise wirkt die Ad-hoc-Publizität kriminalitätsvermeidend. Dies führt noch einmal die enge Verknüpfung von Insiderhandelsverbot und Ad-hoc-Publizität vor Augen.

Insiderprävention

1.2.2 Beurteilung des Insiderrechts und des Rechts der Ad-hoc-Publizität aus der rechtspolitischen Perspektive

Gesetzliche Regelungen gegen Insidergeschäfte wurden erstmals im Jahr 1934 in den Vereinigten Staaten erlassen. Viele europäische Länder taten sich mit der Insiderregulierung schwer. Obgleich viele Länder seit den sechziger Jahren über gesetzliche Insiderregelungen verfügten, wiesen diese jedoch in Bezug auf

Sozialethisches Unwerturteil

Inhalt und Reichweite erhebliche Unterschiede auf. Anfang der siebziger Jahre wurde daher erstmals der Ruf nach einem europäischen Insiderrecht laut. Doch es dauerte bis 1989, bis die EG-Insiderrichtlinie erstmals in der Geschichte der Europäischen Gemeinschaft einheitliche Mindeststandards in allen Mitgliedsstaaten verbindlich festschrieb. In Deutschland gilt erst seit dem Jahr 1994 ein allgemeines, auf den Vorgaben der europäischen Insiderrichtlinie beruhendes Verbot von Insidergeschäften.

1.2.2.1 Strafwürdigkeit von Insiderhandel

Sozialethisches Unwerturteil

Damit ein Rechtsgut strafrechtlich geschützt werden kann, muss seine Verletzung sowohl strafwürdig als auch strafbedürftig sein (vgl. Fürhoff, J. (2003), S. 81). Die Einstufung einer Handlung als strafwürdig setzt ein sozialethisches Unwerturteil voraus. Ganz allgemein ist ein Verhalten aus sozialethischen Erwägungen zu missbilligen und deshalb als strafwürdig einzustufen, wenn es dazu geeignet ist, die sozialen Beziehungen innerhalb einer Gemeinschaft erheblich zu gefährden oder zu schädigen. Ein solches Verhalten ist von lästigen oder unerwünschten Verhaltensweisen abzugrenzen.

Aus rechtspolitischer Sicht stellt sich damit die Frage, ob Insiderhandel dazu geeignet ist, die sozialen Beziehungen innerhalb einer Rechtsgemeinschaft erheblich zu gefährden oder zu schädigen. Die Beantwortung dieser Frage ist ohne eine Auseinandersetzung mit den ökonomischen Wirkungen des Insiderhandels kaum möglich. Wie bereits dargestellt, sind diese aber sowohl in Bezug auf die Richtung als auch in Bezug auf die Stärke nur schwer abzuschätzen. Wohl aus diesem Grund konnten die Argumente aus den Reihen der Ökonomen die in Kreisen der Juristen noch immer vorherrschende Ansicht, Insiderhandel sei staatlich zu sanktionieren, bis heute nicht erschüttern.

Grundsätzlich sind Schädigungen auf drei Ebenen denkbar: auf der Ebene des einzelnen aktuellen oder potenziellen Anlegers, auf der Ebene der betroffenen Gesellschaft und auf der Ebene der ökonomischen Institutionen, d.h. der Börse, des Kapitalmarktes insgesamt und der Wirtschaft als Ganzes.

Victimless Crime

Die weit verbreitete Vorstellung, einzelne Anleger würden durch Insiderhandel in ihrer Vermögensposition geschädigt, ist umstritten. Dabei wird argumentiert, die Anleger hätten in jedem Fall gekauft oder verkauft, dass ihr Handelspartner Insider war, sei zufällig. Insiderhandel ist deshalb auch als *Verbrechen ohne Opfer* (*Victimless Crime*) bezeichnet worden (vgl. hierzu auch Hopt, K. (1995), S. 355).

Risikoprämie

Weiter wird angeführt, dass die Anleger sich selbst hinreichend schützen könnten, indem sie für das höhere Risiko, dass von Insideraktivitäten ausgeht, eine entsprechende Risikoprämie verlangen. Anlegerschützende Insiderregeln seien deshalb nicht nur entbehrlich, sondern aus ordnungspolitischer Sicht sogar eher kontraproduktiv (vgl. Hopt, K. (1995), S. 355).

Imageschaden

Prinzipiell sind auch Schädigungen auf der Ebene des Unternehmens, dessen Finanzinstrumente Gegenstand von Insideraktivitäten sind, denkbar. Dabei ist zum einen an Imageschäden zu denken, die die Gesellschaft treffen können und sich auf den Absatz der Produkte und die Finanzierungsmöglichkeiten negativ auswirken können. Zu denken ist aber auch an eine Verletzung von Eigentumsrechten, soweit sich Insider unrechtmäßig Informationen, die die Verhältnisse des Unternehmens betreffen, aneignen, um diese zu kapitalisieren.

Schon für das US-amerikanische Insiderrecht von 1934 wurde die Erhaltung des Vertrauens der Anleger in Integrität der Märkte vom Gesetzgeber als einer der wichtigsten Gründe für eine Insiderhandelsverbot angesehen. Auch das europäische und deutsche Insiderrecht ist von dieser marktfunktionsbezogenen Regelungsperspektive gekennzeichnet. So betont schon die EG-Insiderrichtlinie von 1989 in ihrer Präambel als wesentliche Voraussetzung eines reibungslos funktionierenden Marktes das Vertrauen der Anleger, welches unter anderem auf der Zusicherung beruhe, dass alle Anleger gleichgestellt sind und gegen die unrechtmäßige Vorabverwertung von Insiderinformationen geschützt werden. Auch die Begründung der Bundesregierung zur Einführung der Insiderregeln stellt auf das Vertrauen der Anleger als Voraussetzung für die Funktionsfähigkeit der Finanzmärkte ab (vgl. Deutscher Bundestag (1994a), S. 33).

Schutz der Integrität des Marktes

Sowohl das deutsche als auch das europäische Insiderrecht dienen somit dem Schutz der institutionellen Funktionsfähigkeit des Kapitalmarktes. Dabei handelt es sich um ein überindividuelles Rechtsgut. Der Regulierungsbedarf lässt sich mit den negativen Auswirkungen des Insiderhandels auf die Marktliquidität und die Kursvolatilität begründen. Ein funktionsfähiger Kapitalmarkt ist ohne Zweifel für die Entwicklung einer Volkswirtschaft von zentraler Bedeutung.

Institutionelle Funktionsfähigkeit

1.2.2.2 Strafbedürftigkeit von Insiderhandel

Neben der Strafwürdigkeit eines Verhaltens erfordert der Schutz eines Rechtsgutes gerade mit den Mitteln des Strafrechts, dass ein Strafbedürfnis besteht. Während die Strafwürdigkeit auf der Wertung der Sozialschädlichkeit aufbaut, wird die Strafbedürftigkeit vom Zweckmoment staatlicher Strafe, der strafrechtlichen Sanktion, bestimmt (vgl. Fürhoff, J. (2003), S. 82).

Ökonomische Vorbehalte gegenüber einem generellen Insiderhandelsverbot

Neben den grundsätzlichen ökonomischen Vorbehalten an einem generellen Insiderhandelsverbot lebte in den vergangenen Jahren auch die Kritik an der strafrechtlichen Sanktionierung von Insiderhandelsverboten wieder auf. Teils richtet sich diese Kritik gegen die als bedenklich empfundenen Tendenzen zur Ausweitung des Schutzes überindividueller und damit schwer bestimmbarer Rechtsgüter durch das Strafrecht, teils wird mit Aufklärungsproblemen argumentiert, die zu einer Selektivität der strafrechtlichen Sanktion führen.

Grundsätzlich steht die strafrechtliche Sanktionierung des Insiderhandelsverbotes unter dem Vorbehalt des rechtsstaatlichen Prinzips der Verhältnismäßigkeit. Dieses Prinzip verpflichtet den Gesetzgeber dazu, von dem Strafrecht nur sehr behutsam und zurückhaltend Gebrauch zu machen. Die Strafrechtsnorm stellt also gewissermaßen die *ultima ratio* dar, die nur dann gerechtfertigt ist, wenn kein anderes Mittel zur Verfügung steht, das mindestens ebenso wirksam ist, aber zugleich die Grundrechte nicht oder doch weniger fühlbar begrenzt.

Ansatzpunkte für die Insiderregulierung

Zu denken ist dabei an das Ordnungswidrigkeits-, Zivil- und Verwaltungsrecht. Die Möglichkeit einer zivilrechtlichen Insidergesetzgebung nach dem Vorbild der USA wurde auch auf europäischer Ebene wiederholt diskutiert. Wegen der nicht unerheblichen Schwierigkeiten beim Nachweis eines Vermögensschadens bei den einzelnen Anlegern ist eine zivilrechtliche Insiderregulierung indessen nicht unproblematisch. So stünde bei der Einführung einer zivilrechtlichen Schadenersatznorm nicht die Restitution, sondern viel-

Zivilrechtliche Sanktionen

mehr die Sanktion im Vordergrund. Hierfür ist aber das Straf- bzw. Ordnungswidrigkeitengesetz das geeignetere Instrument (vgl. hierzu Fürhoff, J. (2003), S. 82).

In den Vereinigten Staaten sind zivilrechtliche Sanktionen vor allem aus zwei Gründen erfolgreich: Zum einen gelten geringere Beweisanforderungen als im Strafverfahren, zum anderen erleichtert die Popularklage in Verbindung mit dem anwaltlichen Erfolgshonorar die Durchsetzung der Ansprüche erheblich. Dagegen wäre es für den deutschen Anleger im Regelfall wohl nicht attraktiv, auf eigene Kosten einen Anspruch gegen Insider geltend zu machen. In diesem Fall wäre es rational, mit der Durchsetzung der Ansprüche zu warten, bis sich die Erfolgsaussichten durch ein vorweggenommenes Strafverfahren abschätzen lassen. Das Strafrecht ergänzende zivilrechtliche Ansprüche sind indessen für eine wirksame Insiderprävention nicht erforderlich.

Auch erweiterte zivilrechtliche Ansprüche des Unternehmens gegen Insider erscheinen wenig überzeugend. Abgesehen von jenen Fällen, in denen dem Unternehmen ein konkreter Schaden entsteht und auch bereits Schadenersatzansprüche denkbar sind, gibt es keinen Grund, den Insidergewinn ausgerechnet dem Unternehmen zuzuweisen. Eine solche Regelung würde wohl kaum zur Stärkung des Anlegervertrauens beitragen. Insgesamt betrachtet sind deshalb zivilrechtliche Sanktionen wohl kein geeignetes Instrument zur Durchsetzung des Insiderhandelsverbotes.

Verwaltungsrechtliche Sanktionen

Ähnlich verhält es sich mit verwaltungsrechtlichen Sanktionen. So erscheint eine ausschließliche ordnungswidrigkeitenrechtliche Sanktionierung angesichts der Bedeutung des zu schützenden Rechtsgutes für eine wirksame Bekämpfung von Insideraktivitäten kaum ausreichend. Denkbar sind daher allenfalls verwaltungsrechtliche Maßnahmen, die wie etwa die Aussetzung der Börsennotierung der Aktien einer Gesellschaft, die strafrechtlichen Normen ergänzen. So sieht auch die europäische Marktmissbrauchsrichtlinie in Art. 14 Abs. 1 Satz 1 vor, dass die Mitgliedstaaten bei Verstößen gegen das Insiderhandelsverbot gegen die verantwortlichen Personen »geeignete Verwaltungsmaßnahmen« oder »im Verwaltungsverfahren zu erlassende Sanktionen« verhängen. Diese Vorschrift lässt das Recht der Mitgliedstaaten zu strafrechtlichen Sanktionen ausdrücklich unberührt.

1.2.3 Möglichkeiten und Grenzen der Insiderregulierung

Freiwillige Selbstregulierung

Straf- oder zivilrechtlich sanktionierte Insiderhandelsverbote sind keineswegs die einzige Möglichkeit der Insiderprävention. Denkbar ist auch eine freiwillige Selbstregulierung der Wirtschaft und ein Insiderhandelsverbot mit Derogationsvorhalt. Zudem ist auch an eine Besteuerung von Insiderhandelsgewinnen zu denken. Die Tatsache, dass sowohl auf europäischer als auch auf nationaler Ebene der Weg einer strafrechtlichen Sanktionierung eingeschlagen wurde, ist durchaus ein Zeichen dafür, dass diese Formen der Insiderregulierung als nicht hinreichend effektiv erachtet werden.

Rechtsökonomische Aspekte der Insiderregulierung

Bei der Entscheidung über die konkrete Ausgestaltung der Insiderregulierung sind – neben dem rechtsstaatlichen Grundsatz der Verhältnismäßigkeit – auch rechtsökonomische Aspekte zu berücksichtigen. Dabei sind den Vorteilen einer Regulierung mögliche Nachteile in Form von fiskalischen Kosten der Finanzmarktaufsicht, die letztlich von den Marktteilnehmern zu tragen sind, sowie in Form einer geringeren Aussagekraft der Wertpapierkurse gegenüberzustellen.

Doch ganz gleich, wie die Insiderregulierung letztlich ausgestaltet wird: Zu einer Stärkung der Funktionsfähigkeit der Kapitalmärkte vermag sie nur dann beizutragen, wenn die Anleger von der Wirksamkeit der Vorschriften überzeugt sind. Denn im Kern geht es um das Vertrauen der Anleger in die Integrität des Kapitalmarktes und dieses hängt ganz entscheidend von der Effektivität der zur Bekämpfung von Insideraktivitäten ergriffenen Maßnahmen ab. **Effektivität der Vorschriften**

Der Versuch, die Insiderproblematik über eine freiwillige Selbstregulierung der Wirtschaft in den Griff zu bekommen, ist in Deutschland – wie übrigens auch in anderen europäischen Ländern – gescheitert. Die freiwilligen Insiderhandelsrichtlinien, konnten die in sie gesetzten Erwartungen nicht erfüllen. Sie galten von vornherein als eine Club-Lösung, die gerade einmal so weit ging, dass eine gesetzliche Regelung abgewendet werden konnte. Der freiwillige Charakter der Richtlinien brachte es mit sich, dass ein erheblicher Teil der Betroffenen sich diesen ohne jede Sanktion entziehen konnte.

Einer der bekanntesten Fälle von Insiderhandel fand in Deutschland 1993 statt. Der damalige Gewerkschaftsvorsitzende der IG-Metall, Franz Steinkühler, der als Vertreter der Arbeitnehmerseite im Aufsichtsrat der Daimler-Benz AG saß, kaufte zwischen dem 18. März 1993 und dem 1. April 1993 2.100 Aktien der Mercedes Aktiengesellschaft Holding (MAH). Das Investitionsvolumen betrug 976.000 DM. Am 2. April 1993 wurde in der Aufsichtsratssitzung von Daimler-Benz die Fusion von MAH und Daimler-Benz AG beschlossen, was zu einem starken Kursanstieg der MAH-Aktien an der Börse führte. Daraufhin verkaufte Steinkühler sein Aktienpaket nach eigenen Angaben mit einem Gewinn von etwa 64.000 DM. Er bestritt zwar, von der Fusionsentscheidung gewusst zu haben, legte allerdings bald darauf sein Amt nieder, was von der Öffentlichkeit als Schuldeingeständnis gewertet wurde. In Ermangelung eines gesetzlichen Insiderhandelsverbotes ging Steinkühler jedoch straflos aus. **Fall Steinkühler**

Eine weniger weitreichende Variante der Selbstregulierung der Wirtschaft sind Insiderhandelsverbote mit Derogationsvorbehalt (*Opting Out*). Diese Form der Insiderregulierung sieht ein grundsätzliches Verbot von Insidergeschäften durch das Gesetz vor, eröffnet aber den betroffenen Unternehmen bzw. ihren Aktionären die Möglichkeit, Insidergeschäfte zu gestatten. Für diese Form der Insiderregulierung werden vor allem anreiztheoretische Überlegungen ins Feld geführt. Dahinter steht die Überlegung, dass die Zulässigkeit von Insiderhandel dazu führt, dass die Mitglieder der Geschäftsführungsorgane einer börsennotierten Gesellschaft im Wissen um die sichere Vorabverwertung von Insiderinformationen ein besonderes Interesse daran haben, von positiven Nachrichten zu profitieren und diese über Insidergeschäfte in Markt zu bringen. Dies – so die Überlegung – führe über Nachzieheffekte zu einem Kursanstieg. **Opting Out**

Das Opting Out-Modell vermag jedoch allein schon aus anreiztheoretischen Überlegungen nicht zu überzeugen. So ist es unter Ökonomen umstritten, ob es wie von dem Ansatz postuliert zu einem Rückgang der Kontrollkosten (*Agency Cost*) auf der Ebene der Eigentümer des Unternehmens kommt. Andernfalls würde aber ein zentrales Argument für den Derogationsvorbehalt wegfallen. **Agency Cost**

Außerdem birgt die Möglichkeit von Insidergeschäften die Gefahr des *Moral Hazard* in sich. So kann das Management nicht nur gute, sondern eben auch schlechte Nachrichten ausnutzen. Auch kann ein solches Modell dazu führen, dass die Vorstände einer börsennotierten Aktiengesellschaft verstärkt riskante Investitionen tätigen, die – wegen der Aussicht auf lukrative Insidergewinne – **Moral Hazard** zwar in ihrem eigenen Interesse liegen, nicht aber unbedingt im Interesse der Aktionäre. In besonderen Fällen mag das Management sogar einen Anreiz haben, sich mehr um die Steigerung der eigenen Insidergewinne zu kümmern, als um die Führung des Unternehmens und etwa bei negativen Entwicklungen noch möglichst viel für sich selbst zu retten – ein Szenario, das in der Ökonomie als *Perverse Incentive* bezeichnet wird.

Perverse Incentive Derogationsvorbehalt

Doch nicht nur ökonomische Argumente sprechen gegen ein Insiderhandelsverbot mit Derogationsvorbehalt. Auch praktische Erwägungen stellen dieses Modell in Frage. So käme es zu einer unübersichtlichen Segmentierung der am Markt umlaufenden Aktien mit und ohne Insiderregelung. Weiter stellt sich die Frage, wer über die Derogation entscheiden soll. Diese Überlegungen zeigen, dass der unsichere ökonomische Vorteil des Derogationsvorbehaltes in keinem angemessenen Verhältnis zu den Nachteilen, Unsicherheiten und Anwendungsproblemen, die die Einführung dieses Modell mit sich bringen würde, steht.

Gesetzliche Sanktionierung

Bleibt also letztlich nur die gesetzliche Sanktionierung des Insiderhandels. Aus ökonomischer Sicht wird dabei im Hinblick auf die Effektivität der Insiderregulierung sehr häufig die geringe Eindeutigkeit der gesetzlichen Vorschriften kritisiert. Diese ergibt sich speziell mit Blick auf das deutsche Recht aus der Verwendung einer Vielzahl von unbestimmten Rechtsbegriffen. In der Tat ergeben sich daraus in der Praxis eine Fülle von Anwendungsproblemen. Allerdings läuft die Kritik doch insoweit ins Leere, als die fehlende Exaktheit der rechtlichen Regelung kein spezifisches Problem des Insiderrechts ist, sondern ein allgemeines Problem der rechtlichen Regelung wirtschaftlicher Vorgänge. Dies gilt umso mehr für das Kapitalmarktrecht, einer Rechtsmaterie, die sich in besonderem Maße einer hohen Dynamik des Regelungsbereiches gegenübersieht. Nicht jeder Sonderfall lässt sich deshalb vom Gesetzgeber im Vorfeld rechtlich normieren.

Abschreckungspotenzial

Schließlich weisen Kritiker aus dem Kreis der Ökonomen auf den Aufwand für die Durchsetzung des Insiderrechts und die Ineffizienz des Insiderhandelsverbotes hin. Dabei wird auf die vergleichsweise geringe Zahl an Verurteilungen hingewiesen. Indes, für eine differenzierte Beurteilung der Effizienz der gesetzlichen Vorschriften wie auch der Aufsichtsaktivitäten und der Rechtsprechung müsste man auch den Abschreckungseffekt, der von den Regelungen ausgeht, berücksichtigen. Dieser dürfte aber angesichts der hohen Strafen beträchtlich sein. Die Ad-hoc-Publizität und die Veröffentlichung der Directors' Dealings tragen dazu bei, bestehende Regulierungslücken zu schließen und Ausweichhandlungen der Insider zu verhindern.

1.3 Praktische Erfahrungen bei der Umsetzung der Ad-hoc-Publizität in Deutschland

Ad-hoc-Publizität fristet Schattendasein

Die Ad-hoc-Publizität führte in Deutschland lange Zeit ein Schattendasein. Zwar sah auch der seit dem Jahr 1987 gültige § 44a BörsenG a.F. eine Ad-hoc-Publizitätspflicht vor. Aufgrund der damals noch fehlenden Überwachungs- und Sanktionsmöglichkeiten und der nur unzureichend entwickelten Informationskultur der Unternehmen erlangte diese börsengesetzliche Publizitätsnorm aber zu keinem Zeitpunkt praktische Bedeutung: In den sechs Jahren, in denen diese Vorschrift Gültigkeit hatte, wurden gerade einmal sechs Ad-hoc-Meldungen veröffentlicht (vgl. Pellens, B./Füllbier, U. (1994), S. 1381).

Dies sollte sich mit dem Inkrafttreten des Wertpapierhandelsgesetzes dramatisch ändern. Das Meldeaufkommen stieg von zunächst 1.001 Ad-hoc-Mitteilungen im Jahr 1995 auf den Rekordwert von 5.693 Meldungen im Jahr 2000 an. Ursächlich für diesen starken Anstieg war ohne Zweifel die steigende Zahl an Emittenten im Zusammenhang mit dem *Neuen Markt*. Gleichzeitig ist diese Zahl aber auch Ausdruck gravierender Fehlentwicklungen bei der Umsetzung der Ad-hoc-Publizitätspflicht durch die Unternehmen. Zwischen 2001 und 2003 war die Zahl der verbreiteten Pflichtmitteilungen rückläufig. Im darauffolgenden Jahr 2005, das erste volle Kalenderjahr nach Inkrafttreten des AnSVG, ließ sich ein neuerlicher Anstieg des Meldevolumens beobachten. Dieser fiel jedoch – gemessen jedenfalls an den Veränderungen für die Emittenten im Bereich der Ad-hoc-Publizität – vergleichsweise moderat aus. 2006 war die Zahl der verbreiteten Ad-hoc-Mitteilungen leicht rückläufig.

Wendepunkt

Die Ursachen für den Anstieg wie auch für den Rückgang des Meldungsaufkommens sind vielfältig. In Teilen spiegeln sie sicherlich die konjunkturelle Situation und das *Auf und Ab* an den Börsen wieder. Ohne Zweifel hat der Gesetzgeber aber auch selbst zu den Fehlentwicklungen bei der Umsetzung der Ad-hoc-Publizität, vor allem dem zeitweiligen sprunghaften Anstieg des Meldungsaufkommens, beigetragen, da durch die Verwendung einer Vielzahl von unbestimmten Rechtsbegriffen bei der Regelung der Ad-hoc-Publizitätspflicht Regelungslücken und Auslegungsprobleme entstanden sind. Die zuletzt tendenziell rückläufige Entwicklung beim Meldungsaufkommen ist wohl in Teilen auch als Ausdruck eines Reifeprozesses der Marktteilnehmer zu werten, wenngleich die Zahl der verbreiteten Ad-hoc-Mitteilungen nur bedingt als Indikator für die Publizitätskultur eines Finanzplatzes herangezogen werden kann.

Konjunkturelle Einflüsse auf das Meldeverhalten

	Emittenten mit Sitz im Inland		Emittenten mit Sitz im Ausland		Summe Emittenten (In- und Ausland)	
	Zahl	Anteil	Zahl	Anteil	Zahl	Änderung gg. Vorj.
1995	991	99,0 %	10	1,0 %	1.001	k.A.
1996	1.024	96,8 %	34	3,2 %	1.058	+ 5,7 %
1997	1.272	99,5 %	7	0,5 %	1.279	+ 20,9 %
1998	1.805	97,3 %	51	2,7 %	1.856	+ 45,1 %
1999	3.219	94,2 %	198	5,8 %	3.417	+ 84,1 %
2000	5.057	88,8 %	636	11,2 %	5.693	+ 66,1 %
2001	4.605	84,9 %	816	15,1 %	5.421	– 4,8 %
2002	3.781	84,2 %	710	15,8 %	4.491	– 17,2 %
2003	2.689	81,5 %	612	18,5 %	3.301	– 26,5 %
2004	2.772	85,0 %	488	15,0 %	3.260	– 1,0 %
2005	3.204	86,5 %	500	13,5 %	3.704	+ 13,6 %
2006	3.051	87,0 %	465	13,0 %	3.516	– 5,0 %

Abb. 1.1: Anzahl der verbreiteten Ad-hoc-Mitteilungen (nach Sitz des Emittenten)
Quelle: BaFin/BAWe, Jahresbericht, versch. Jahrgänge; eigene Berechnungen

Nachlassende Kritik an der Meldepraxis

Auch wenn die BaFin noch immer Verstöße gegen die Ad-hoc-Publizitätspflicht ahnden muss, so lässt sich doch in neuerer Zeit eine Zunahme der Qualität beobachten. Während die Ad-hoc-Publizitätspraxis von einigen Unternehmen insbesondere des Neuen Marktes bei Aktionärsvertretern, Analysten und Finanzjournalisten teils vehemente Kritik auslöste, spielt die Ad-hoc-Publizität deshalb in der aktuellen öffentlichen Diskussion derzeit eine eher untergeordnete Rolle.

1.3.1 Entwicklung der Zahl und der Qualität der Ad-hoc-Mitteilungen

Veränderte Informationskultur

Im Jahr 1995 gingen der BaFin 1.001 Ad-hoc-Mitteilungen zu, davon 991 von inländischen und 10 von ausländischen Emittenten. Das Amt wertete den Anstieg des Meldungsaufkommens als Beleg für eine verbesserte Informationskultur der Unternehmen und sah darin zugleich ein Indiz für eine verbesserte Transparenz des Kapitalmarktgeschehens am Finanzplatz Deutschland. Positiv stellte sich aus der Perspektive des Amtes auch die Qualität der Meldungen dar. So heißt es im Jahresbericht von 1995: »Während in der Anfangsphase offenbar aus Vorsichtsüberlegungen der Emittenten häufig Sachverhalte ohne erkennbare Kursrelevanz gemeldet wurden, ist das Gros der mittlerweile eingehenden Meldungen tatsächlich als kursrelevant zu betrachten« (BaFin/BAWe (1995), S. 21).

Professionalisierung

1996 bewegte sich das Meldevolumen mit 1.058 Ad-hoc-Mitteilungen auf dem Niveau des Vorjahres. Im Jahresbericht von 1996 zieht die Aufsichtsbehörde ein durchweg positives Fazit mit Blick auf die Ad-hoc-Publizitätspraxis am Finanzplatz Deutschland. So habe sich die Transparenz des Kapitalmarktgeschehens seit Inkrafttreten des Wertpapierhandelsgesetzes deutlich verbessert, die Ad-hoc-Publizität stoße bei den börsennotierten Unternehmen auf die erforderliche Akzeptanz. Maßgeblich dafür seien neben der Aufsichtstätigkeit des damals zuständigen BAWe und der deutlichen Sanktionsandrohung bei Verstößen auch die gewachsene Einsicht der Emittenten in die Notwendigkeit der Umsetzung der kapitalmarktrechtlichen Vorgaben (vgl. BaFin/BAWe (1996a), S. 21).

Nutzung elektronischer Verbreitungswege

Der bereits im Vorjahr zu erkennende Trend zur Nutzung elektronischer Übermittlungswege setzte sich weiter fort. Nur noch eine von 20 Pflichtmitteilungen wurde in einem überregionalen Börsenpflichtblatt veröffentlicht, das Gros der Meldungen wurde über elektronisch betriebene Informationsverbreitungssysteme publiziert. Dazu beigetragen hatte sicher auch der Zusammenschluss der drei Servicegesellschaften Info 15, Reuters direct und vwd public zur Deutschen Gesellschaft für Ad hoc-Publizität mbH (DGAP) im Sommer 1996. Als erster Komplettdienstleister in diesem Umfeld unterstützte die DGAP die Emittenten bei der Verbreitung von Ad-hoc-Mitteilungen über mehrere elektronische Informationskanäle. Seit Ende 1996 veröffentlichten zudem mehrere Anbieter, darunter auch die news aktuell GmbH, ein Tochterunternehmen der Deutschen Presse-Agentur (dpa) die verbreiteten Meldungen auf ihrer Internetseite. Damit konnten nun auch Privatanleger deutlich schneller als in der Vergangenheit auf die Börsenpflichtmitteilungen zugreifen (vgl. BaFin/BAWe (1996a), S. 22).

Aufklärungsbedarf

Erstmals zeigt sich indessen auch wachsender Aufklärungsbedarf bezüglich der gesetzlichen Regelungen zur Ad-hoc-Publizität. Im Mittelpunkt stehen dabei strittige Auslegungsfragen, die den Zeitpunkt der Veröffentlichung und die Kursrelevanz von meldepflichtigen Informationen betreffen. Auch das Verhältnis der Ad-hoc-Publizität zur Regelpublizität gab wiederholt Anlass zur Verunsicherung der Emittenten. Am 9. Juli 1996 sah sich das BAWe dazu veranlasst, diese Frage in einer Bekanntmachung näher zu erörtern.

Im Jahr 1997 verzeichnete das BAWe erstmals seit Inkrafttreten des Wertpapierhandelsgesetzes einen deutlichen Anstieg des Meldungsaufkommens. Insgesamt gingen 1.279 Meldungen bei dem Amt ein – ein Zuwachs von rund 21 Prozent gegenüber dem Vorjahr. Der Schwerpunkt lag wie schon in den beiden Vorjahren bei den Vorab-Informationen zu Jahres- und Zwischenabschlüssen. Die zweite Hauptgruppe bildeten strategische Unternehmensentscheidungen wie Strukturveränderungen, Beteiligungen und Übernahmen sowie Fusionen. Die überwiegende Nutzung elektronisch betriebener Informationsverbreitungswege setzte sich fort. Erneut erfolgten mehr als 95 Prozent der Veröffentlichungen über die elektronischen Systeme (vgl. BaFin/BAWe (1997), S. 25f.). **[Deutlicher Anstieg des Meldungsvolumens]**

Erstmals profitierten die Emittenten von einer Vereinfachung des Veröffentlichungsverfahrens. Bis Oktober 1997 sah das Wertpapierhandelsgesetz vor, im Bundesanzeiger einen Hinweis auf eine bereits publizierte Ad-hoc-Meldung zu veröffentlichen. Diese Pflicht ist mit der am 29. Oktober 1997 in Kraft getretenen Änderung des Wertpapierhandelsgesetzes entfallen. Die von den Emittenten zu tragenden Kosten für die Ad-hoc-Publizität sind in der Folge leicht gefallen. **[Vereinfachtes Veröffentlichungsverfahren]**

Auch Auslegungsfragen beschäftigten in verstärktem Maße die Mitarbeiter der Aufsichtsbehörde. So wurde mehrfach die Frage an das BAWe herangetragen, welche Zeitspanne generell als »noch unverzüglich« angesehen werden könne (vgl. BaFin/BAWe (1997), S. 27). Auch das Verhältnis von Ad-hoc-Publizität und Regelpublizität war erneut mit Aufklärungsbedarf verbunden. **[Klärung von Auslegungsfragen]**

Im Berichtszeitraum 1998 verzeichnete das BAWe einen sprunghaften Anstieg des Meldungsaufkommens. Die Zahl der insgesamt verbreiteten Mitteilungen kletterte auf 1.856 – gegenüber dem Vorjahr ein Anstieg von rund 45 Prozent. Diese Entwicklung beruhte auf verschiedenen Ursachen. Zum einen machte sich die Ausdehnung der sachlichen Publizitätspflicht bemerkbar: Seit dem 1. April 1998 waren auch solche Sachverhalte publizitätspflichtig, die sich auf die Vermögenslage *oder* auf die Finanzlage der Emittenten auswirken. Vor der Gesetzesänderung bestand eine Pflicht zur Mitteilung und Veröffentlichung lediglich, sobald sich die Tatsachen sowohl auf die Vermögens- als auch auf die Finanzlage auswirkten. Zum anderen wurde der Zuwachs des Meldevolumens durch die im Berichtsjahr erstmals im Neuen Markt gehandelten Unternehmen verursacht. Diese Gesellschaften erwiesen sich als besonders publizitätsfreudig. **[Erneuter Anstieg]**

Andere Unternehmen veröffentlichten Mitteilungen vorsorglich – vor allem zur Vermeidung von Insiderproblemen. Darüber hinaus war zu beobachten, dass auch Emittenten aus dem Freiverkehr Veröffentlichungen herausgaben, die als *Ad-hoc-Mitteilung* gekennzeichnet waren. Verstärkt wurde diese Entwicklung durch einen zunehmenden Missbrauch der Ad-hoc-Publizität als Instrument der Öffentlichkeitsarbeit. **[Auffällige Häufung von Fehlentwicklungen]**

Erstmals seit Inkrafttreten des Wertpapierhandelsgesetzes zeigten sich verstärkt Fehlentwicklungen bei der Umsetzung der Ad-hoc-Publizität. Im Jahresbericht 1998 gelangt das BAWe zu einer kritischen Einschätzung dieser Ent- **[Missbrauch der Ad-hoc-Publizität]** wicklung: »Die gestiegene Anzahl der Ad-hoc-Meldungen ist [...] nicht in allen Fällen gleichbedeutend mit einem Gewinn an Transparenz.« Den Missbrauch der Ad-hoc-Publizität kommentierte das Amt mit den Worten: »Damit erschwerten sie (die Unternehmen, Anmerkungen der Verfasser) es der Öffentlichkeit, aus der Vielzahl der Veröffentlichungen die wirklich wichtigen Informationen herauszufiltern. Darunter leidet nicht nur das Instrument der Ad-hoc-Publizität; es leidet vor allem die Markttransparenz« (BaFin/BAWe (1998 a), S. 24 f.).

Überflüssige Mitteilungen — Die Transparenz der Märkte litt indessen nicht nur unter überflüssigen Ad-hoc-Meldungen. Die überflüssigen wie auch viele zu Recht verbreiteten Meldungen waren in vielen Fällen einfach zu umfangreich, da sich die Emittenten vielfach nicht auf die Darstellung des meldepflichtigen Sachverhaltes beschränkten. Die Pflichtmitteilungen enthielten zudem häufig Informationen, die der Regelpublizität oder der Öffentlichkeitsarbeit vorbehalten sein sollten. Teilweise wurden auch komplette Quartals- und Halbjahresberichte veröffentlicht.

Geschäftsergebnisse — Der inhaltliche Schwerpunkt der Meldungen lag 1998 noch stärker als im Vorjahr bei den Informationen zu den Jahresabschlüssen und Zwischenberichten. Strategische Unternehmensentscheidungen bildeten – wie schon im Börsenjahr 1997 – die zweitgrößte Mitteilungsgruppe.

Verdopplung des Meldungsaufkommens — 1999 kam es beinahe zu einer Verdopplung des Meldungsaufkommens. Die Zahl der bei dem BAWe eingegangenen Ad-hoc-Meldungen stieg um rund 84 Prozent auf nunmehr 3.417 an. Zwar spiegelte dieser Zuwachs teilweise auch den durch den Boom des Neuen Marktes ausgelösten Anstieg bei der Zahl der börsennotierten Unternehmen wider. Zudem gingen in diesem Jahr einige Regionalbörsen dazu über, mit den Freiverkehrsemittenten zivilrechtliche Vereinbarungen über die Verbreitung von Ad-hoc-Mitteilungen abzuschließen – offenbar in der trügerischen Vorstellung, die Attraktivität der Freiverkehrswerte für potenzielle Investoren zu verbessern (vgl. BaFin/BAWe (1999), S. 29).

Wachsender Missbrauch — Vor allem beruhte die gestiegene Zahl der verbreiteten Pflichtmitteilungen aber auf dem wachsenden Missbrauch der Ad-hoc-Publizität für Werbezwecke. Die Veröffentlichungen enthielten zudem oft mehrere Seiten umfassende Quartals- und Halbjahresberichte, aus denen sich die Anleger die entscheidenden Informationen selbst herausfiltern mussten. Das BAWe wertete diese Praxis als Missstand im Sinne des Wertpapierhandelsgesetzes und sah sich dazu veranlasst, verstärkt dagegen vorzugehen (vgl. BaFin/BAWe (1999), S. 29). Der inhaltliche Schwerpunkt der Meldungen lag erneut bei den Informationen zu den Jahresabschlüssen und Zwischenberichten. Strategische Unternehmensentscheidungen bildeten eine zweite wichtige Mitteilungsgruppe.

Ausufernde Publizitätsfreude — Im Jahr 2000 erhielt das BAWe insgesamt 5.693 Ad-hoc-Mitteilungen, wovon 5.057 von inländischen und 636 von ausländischen Emittenten stammten. Die erneute deutliche Zunahme des Meldungsaufkommens war – wie schon in den beiden Vorjahren – sowohl auf die gestiegene Zahl der börsennotierten Unternehmen als auch auf die gesteigerte Publizitätsfreude vieler Gesellschaften zurückzuführen. Nachdem sich die Appelle des Aufsichtsamtes als weitgehend wirkungslos erwiesen hatten, wandte sich das BAWe im März 2000 mit einem Rundschreiben an die Emittenten und forderte sie dazu auf, sich beim Abfassen einer Ad-hoc-Mitteilung auf die notwendigen Inhalte zu beschränken. Das Amt ermahnte die Emittenten noch einmal, auf wörtliche Zitate, auf die

Darstellung von bereits veröffentlichten oder nicht meldepflichtigen Tatsachen sowie auf die Kommentierung von Äußerungen aus dem Kreis der Wettbewerber zu verzichten. Zudem forderte das BAWe die Emittenten dazu auf, den Umfang von 20 Schreibmaschinenzeilen nach Möglichkeit nicht zu überschreiten (vgl. BaFin/BAWe (2000b), S. 27).

Tatsächlich ging die Zahl der gänzlich oder teilweise überflüssigen Ad-hoc-Mitteilungen in der zweiten Jahreshälfte zurück. Auch die Zahl der Meldungen mit seitenlangen Quartals- und Halbjahresberichten verringerte sich spürbar. Zudem reduzierten die Emittenten den Umfang ihrer Meldungen. Von einer befriedigenden Situation mochte das Amt in seinem Bericht für das Jahr 2000 gleichwohl nicht sprechen, zu offenkundig hatte der in dem Rundschreiben vom März 2000 an die Unternehmen gerichtete Appell, die Informationspraxis grundlegend zu verbessern, seine Wirkung verfehlt. So ist es auch zu erklären, dass das BAWe entsprechende Änderungen des Wertpapierhandelsgesetzes im Rahmen des Vierten Finanzmarktförderungsgesetzes angeregt hat.

Reaktion des Gesetzgebers auf Fehlentwicklungen

Den inhaltlichen Schwerpunkt der Meldungen bildeten im Jahr 2000 erstmals seit Inkrafttreten des Wertpapierhandelsgesetzes strategische Unternehmensentscheidungen, wie Strukturveränderungen, der Erwerb oder die Veräußerung von Beteiligungen sowie Fusionen. An zweiter Stelle folgten Meldungen mit Informationen zu Jahresabschlüssen und Zwischenberichten. Die Zahl der in überregionalen Börsenpflichtblättern veröffentlichten Ad-hoc-Mitteilungen sank erstmals unter die Grenze von einem Prozent. Neben der DGAP bot seit Herbst 2000 auch die XiQU AG Dienstleistungen im Zusammenhang mit der technischen Erfüllung der Ad-hoc-Publizität an.

Im Jahr 2001 war die Zahl der verbreiteten Ad-hoc-Mitteilungen erstmals leicht rückläufig. Insgesamt 5.421 gingen in diesem Jahr bei dem BAWe ein; davon entfielen 4.605 Meldungen auf inländische und 816 auf ausländische Emittenten. Der moderate Rückgang dürfte wohl darauf zurückzuführen sein, dass die Anzahl der überflüssigen Meldungen abgenommen hat. Zudem hatte sich die Zahl der börsennotierten Unternehmen angesichts der abflauenden Dynamik bei den Neuemissionen stabilisiert. Der Schwerpunkt der Ad-hoc-Mitteilungen lag wie schon im Jahr 2000 auf strategischen Unternehmensentscheidungen. Viele Meldungen betrafen zudem erneut Informationen zu Jahresabschlüssen und Zwischenberichten. Außerdem erhielt das BAWe vermehrt Ad-hoc-Mitteilungen über personelle Veränderungen im Vorstand oder Aufsichtsrat eines Emittenten.

Leichter Rückgang des Meldungsaufkommens

Zu einem deutlichen Anstieg kam es bei der Zahl der Anträge auf Befreiung von der Veröffentlichungspflicht. Lag die Zahl der Befreiungsanträge in den Vorjahren meist im einstelligen Bereich, so stieg sie im Jahr 2001 auf 36. Nach der alten Rechtslage konnte das BAWe bzw. später die BaFin einen Emittenten auf Antrag vorübergehend von der Veröffentlichungspflicht befreien, wenn die ad-hoc-publizitätspflichtige Tatsache dazu geeignet war, den berechtigten Interessen des Emittenten zu schaden – eine Vorschrift, die mit der Novellierung des Wertpapierhandelsgesetzes im Rahmen des Anlegerschutzverbesserungsgesetzes durch die Möglichkeit der eigenverantwortlichen Aufschiebung der Veröffentlichung ersetzt wird. Der Anstieg bei der Zahl der Befreiungsanträge spiegelte die verschlechterte Wirtschaftslage wider: Hintergrund der meisten Anträge waren akut eingetretene Liquiditätsprobleme oder Sanierungspläne.

Steigende Zahl von Anträgen auf Befreiung

	Anträge auf Befreiung von der Ad-hoc-Publizitätspflicht gemäß § 15 Abs. 1 Satz 3 WpHG a. F.			
	gestellt	stattgegeben	abgelehnt	vom Emittenten zurückgenommen
1995	18	15	2	1
1996	18	15	1	2
1997	4	2	0	2
1998	4	0	0	4
1999	8	6	0	2
2000	2	1	1	0
2001	36	32	2	2
2002	26	18	1	7
2003	16	7	7	2

Abb. 1.2: Anträge auf Befreiung von der Ad-hoc-Publizitätspflicht
Quelle: BaFin/BAWe, Jahresbericht, verschiedene Jahrgänge

DGAP erhält Konkurrenz

Wie schon in den Vorjahren waren auch 2001 die elektronisch betriebenen Informationsverbreitungssysteme weiter auf dem Vormarsch. Nur noch 32 von insgesamt 5.421 Ad-hoc-Mitteilungen wurden im Jahr 2001 in überregionalen Börsenpflichtblättern veröffentlicht. Dies entspricht gerade einmal einem Anteil von 0,6 Prozent der Ad-hoc-Meldungen. Die überwiegende Zahl der Ad-hoc-Meldungen wurde dagegen über die elektronischen Systeme verbreitet. Im Jahr 2001 nahmen zwei weitere Unternehmen, die Dienstleistungen im Zusammenhang mit der Erfüllung der Ad-hoc-Publizität anbieten, ihre Tätigkeit auf. Neben der DGAP und der zwischenzeitlich in boerse-stuttgart.de AG Gesellschaft für Finanzkommunikation umbenannten XiQu boten nun auch die Hugin IR Services Deutschland GmbH sowie seit Oktober 2001 auch die news aktuell GmbH mit ihrem *European Adhoc and Disclosure Service euro adhoc* einen Ad-hoc-Publizitätsservice für die Emittenten an.

Rückgang des Meldevolumens setzt sich fort

Der rückläufige Trend beim Meldungsaufkommen setzte sich 2002 weiter fort. Im Jahr 2002 erhielt die Bundesanstalt für Finanzdienstleistungsaufsicht, die am 1. Mai des Jahres die Aufgaben des BAWe übernommen hatte, 4.491 Ad-hoc-Mitteilungen. Davon stammten 3.781 Meldungen von inländischen und 710 von ausländischen Emittenten. Die Ursachen für den erneuten Rückgang dürften – neben der ohne Frage gestiegenen Sensibilität – wohl nicht zuletzt in dem verschlechterten Börsenumfeld sowie in dem wirtschaftlichen Umfeld zu suchen sein. So liegt der Schluss nahe, dass die Meldungsintensität bei Vorliegen negativer Nachrichten tendenziell zurückgeht. Dieser Eindruck wird durch die Erfahrungen in unserer Beratungspraxis bestätigt. Auch dürfte sich der zunehmende Zwang zur Senkung der Kosten auf breiter Front positiv auf das Meldungsaufkommen ausgewirkt haben.

	Elektronisch betriebene Informationsverbreitungswege		Überregionale Börsenpflichtblätter	
	Zahl	Anteil	Zahl	Anteil
1995	k.A.	k.A.	k.A.	k.A.
1996	1.020	96,4 %	38	3,6 %
1997	1.229	96,1 %	50	3,9 %
1998	1.798	96,9 %	58	3,1 %
1999	3.358	98,3 %	59	1,7 %
2000	5.651	99,3 %	42	0,7 %
2001	5.389	99,4 %	32	0,6 %
2002	4.467	99,5 %	24	0,5 %
2003	3.283	99,5 %	18	0,5 %

Abb. 1.3: Anzahl der verbreiteten Ad-hoc-Mitteilungen (nach Verbreitungswegen)
Quelle: BaFin/BAWe, Jahresbericht, versch. Jahrgänge; eigene Berechnungen

Die Mehrzahl der Ad-hoc-Meldungen (4.467) – insgesamt 99,5 Prozent – wurde über elektronisch betriebene Informationsverbreitungssysteme veröffentlicht, nur 0,5 Prozent der Meldungen (24) wurden in überregionalen Börsenpflichtblättern publiziert. Bei den Inhalten dominierten im Unterschied zu den beiden vorangegangenen Jahren nun wieder Meldungen zu den Periodenergebnissen. An zweiter Stelle folgten Ad-hoc-Meldungen zu strategischen Unternehmensentscheidungen. Dabei ging es häufig um die Aufgabe von Geschäftsbereichen oder eingeleitete Restrukturierungsmaßnahmen. Auch die Zahl der Meldungen über drohende oder auch bereits eingetretene Insolvenzen schnellte angesichts der angespannten Wirtschaftslage in die Höhe (vgl. BaFin (2002), S. 160).

Diese Entwicklung spiegelte sich auch in der Zahl der Befreiungsanträge wider. Insgesamt wurden 26 Anträge auf Befreiung von der Ad-hoc-Publizitätspflicht gestellt. Zumeist wollten die Emittenten mit dem Befreiungsantrag die Veröffentlichung einer drohenden Zahlungsunfähigkeit oder Überschuldung wegen laufender Sanierungsverhandlungen aufschieben (vgl. BaFin (2002), S. 162).

Auch im Jahr 2003 ging die Zahl der verbreiteten Ad-hoc-Mitteilungen noch einmal zurück. Insgesamt erhielt die BaFin 3.301 Ad-hoc-Meldungen, wovon 2.689 von inländischen und 612 von ausländischen Emittenten stammten. Damit bewegt sich das Meldungsaufkommen in etwa auf dem Niveau von 1999. Dabei dürfte sich die Neugestaltung der Ad-hoc-Publizitätspflicht durch das 4. FMFG positiv auf die Meldepraxis ausgewirkt haben. So sind die Emittenten seit Inkrafttreten des 4. FMFG dazu verpflichtet, beim Abfassen einer Mitteilung nur gängige Kennzahlen zu verwenden. Außerdem gilt seither ein Verbot für die Verbreitung von offensichtlich überflüssigen Ad-hoc-Mitteilungen.

Die mit Abstand meisten Ad-hoc-Mitteilungen hatten Periodenergebnisse zum Inhalt. Ein weiteres wichtiges Feld waren erneut strategische Unternehmensentscheidungen. Die überwiegende Zahl der Ad-hoc-Meldungen – insgesamt 3.283 oder 99,5 Prozent – wurde über die elektronischen Informationssysteme verbreitet. Gerade einmal 18 Meldungen wurden in überregionalen

Dominanz elektronischer Verbreitungsmedien

Markt für Publizitäts-Services im Umbruch

Börsenpflichtblättern veröffentlicht (vgl. BaFin (2003), S. 194). Die boerse-stuttgart.de AG (ehemals XiQU) stellte ihren Ad-hoc-Publizitätsservice zwischenzeitlich ein. Mit der Deutschen Gesellschaft für Ad-hoc-Publizität, news aktuell/euro adhoc und Hugin IR Services Deutschland haben die Emittenten die Wahl zwischen drei Dienstleistern. Neu auf den Markt kam die EquityStory AG, die im Mai 2004 einen entsprechenden Service gestartet hat. Mit Wirkung zum 9. Dezember 2005 hat die EquityStory AG von der Deutschen Börse, Reuters und vwd Vereinigte Wirtschaftsdienste sämtliche Ateile an der DGAP übernommen. Seit dem 1. Juni 2005 bietet zudem auch Business Wire einen Ad-hoc-Service an.

Erfahrung mit Selbstbefreiung

Im Jahr 2004 sank die Zahl der verbreiteten Ad-hoc-Mitteilungen noch einmal auf 3.260 Meldungen. Die Mehrzahl der Pflichtmitteilungen betraf auch in diesem Jahr wieder Periodenergebnisse. Aussagen über die Auswirkungen der veränderten Rechtslage auf die Meldepraxis lassen sich für 2004 noch nicht treffen. Die Folgen der am 30. Oktober 2004 in Kraft getretenen Änderungen zeigten sich erstmals in vollem Umfang im darauffolgenden Jahr. 2005 erhöhte sich die Zahl der Ad-hoc-Mitteilungen gegenüber dem Vorjahr indessen nur leicht. Insgesamt veröffentlichen die Emittenten 3.704 Ad-hoc-Mitteilungen. Mit einem Anstieg von nicht einmal 14 Prozent blieb der Anstieg weit hinter den Erwartungen der meisten Marktbeobachter zurück. So war im Vorfeld erwartet worden, dass die Emittenten aus Gründen der Rechtssicherheit im Zweifel zu einer großzügigeren Handhabung des Instruments der Ad-hoc-Mitteilung tendieren könnten.

Umstellung der Rechnungslegung auf IFRS

Neben den vielfältigen Neuerungen im Bereich der Ad-hoc-Publizität dürfte indessen auch die in vielen Unternehmen vollzogene Umstellung der Rechnungslegung auf IFRS dazu geführt haben, dass Periodenergebnisse verstärkt *ad hoc* gemeldet wurden. Erstmals konnten 2005 auch Erfahrungen der Unternehmen im Umgang mit der Selbstbefreiung gesammelt werden. Insgesamt befreiten sich 2005 die Emittenten in 168 Fällen von der Ad-hoc-Pflicht.

Moderater Rückgang des Meldungsaufkommens

2006 verzeichnete die Bundesanstalt einen moderaten Rückgang des Meldungsaufkommens. Insgesamt veröffentlichen die Unternehmen 3.516 Ad-hoc-Mitteilungen. Davon gingen 3.051 Pflichtmitteilungen auf das Konto von inländischen Unternehmen, 465 entfielen auf ausländische Unternehmen. Damit ist die Zahl der verbreiteten Ad-hoc-Meldungen gegenüber dem Vorjahr um rund 5 Prozent gesunken. Die BaFin führt diese Entwicklung auf zwei Faktoren zurück: Zum einen sind die Emittenten nach Beobachtung der Aufsichtsbehörde zunehmend mit den gesetzlichen Anforderungen vertraut und geben folglich weniger überflüssige Meldungen ab. Zum anderen haben die Unternehmen ihre Bilanzierung inzwischen mehrheitlich auf IFRS umgestellt. Diese Umstellung hatte 2005 noch zu einem Anstieg des Meldungsaufkommens geführt, da die unterschiedlichen Bilanzierungsstandards abweichende Geschäftszahlen verursacht hatten (vgl. BaFin (2007), S. 175).

Befreiung sorgt für Verunsicherung

Insgesamt registrierte die Bundesanstalt eine zunehmende Kapitalmarktreife der Unternehmen. So stand 2006 die vertiefte Diskussion von Spezialfragen im Vordergrund, während die BaFin im Jahr zuvor vor allem noch grundsätzliche Fragen klärte. Unsicher zeigten sich die Unternehmen nach Beobachtung der Bundesanstalt dagegen nach wie vor bei der Entscheidung über eine Befreiung. Insgesamt befreiten sich die Emittenten im Jahr 2006 in 180 Fällen (Vorjahr: 168). Das entspricht pro Monat durchschnittlich 15 Befreiungen. Den Schwerpunkt für einen Aufschub der Veröffentlichung bildeten dabei mehrstufige Entscheidungen (vgl. Abb. 1.4).

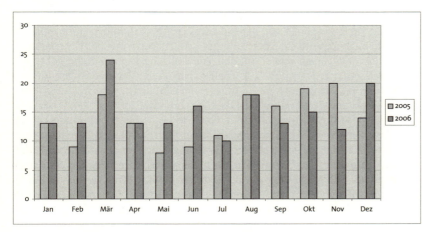

Abb. 1.4.: Entwicklung der Befreiungen (2005 und 2006)
Quelle: BaFin (2007), S. 177; eigene Darstellung

1.3.2 Inhalte der verbreiteten Ad-hoc-Mitteilungen

Wie schon ihre Vorgängerbehörde erfasste anfangs auch die BaFin die Inhalte der Ad-hoc-Mitteilungen. Eine systematische Erfassung der Meldungen erfolgte seit Inkrafttreten des Wertpapierhandelsgesetzes. Allerdings wurde das Schema, nach dem die Meldungen klassifiziert werden, mehrfach gewechselt, sodass die Ergebnisse nur bedingt miteinander verglichen werden können. Schwierigkeiten bereitet zudem auch das Vorliegen von Mehrfachinhalten, vor allem dann, wenn von den in einer Meldung enthaltenen Informationen eine gegenläufige Wirkung auf den Kurs der betreffenden Finanzinstrumente ausgeht.

Zu den zahlenmäßig bedeutsamsten Fallgruppe zählen Ad-hoc-Mitteilungen, die Periodenergebnisse zum Gegenstand haben. Diese Kategorie umfasst zum einen Meldungen über Jahresabschlüsse und Quartals- und Halbjahresberichte, zum anderen die Veröffentlichung von Abweichungen der Periodenergebnisse von dem Vergleichswert der Vorperiode oder auch von den Erwartungen bzw. den veröffentlichten Prognosen für die betreffende Berichtsperiode. Dies ist insoweit bemerkenswert, als Sachverhalte, die Gegenstand der Regelpublizität sind, keineswegs automatisch eine Ad-hoc-Publizitätspflicht auslösen.

Hoher Anteil von Meldungen über Geschäftsergebnisse

Einen zweiten thematischen Schwerpunkt bilden Meldungen zu strategischen Unternehmensentscheidungen. Hierbei handelt es sich um Meldungen, die den Einstieg in neue Geschäftsfelder oder Absatzmärkte zum Gegenstand haben sowie Restrukturierungs- und Reorganisationsmaßnahmen. Daran sieht man bereits, dass es sich bei dieser Gruppe um sehr heterogene Sachverhalte handelt – bis hin zur Ankündigung von neuen Produkten und anderen Trivialitäten, die kaum dazu geeignet sind, den Kurs bzw. Börsenpreis eines Finanzinstrumentes zu beeinflussen. Es kann daher auch kaum überraschen, dass diese Hauptgruppe gerade zu den Hochzeiten des Neuen Marktes – in den Jahren 2000 und 2001 – die offizielle Meldestatistik angeführt hat.

Strategische Unternehmensentscheidungen

Änderungen bei Schlüsselpositionen des Unternehmens

Stetig zugenommen hat die Zahl der Mitteilungen, die personelle Änderungen im Vorstand und Aufsichtsrat der Unternehmen zum Gegenstand hat. Wurden 1995 gerade einmal 57 Personalmeldungen *ad hoc* verbreitet, kletterte die Zahl der Pflichtmitteilungen über Personaländerungen im Jahr 2003 auf das bisherige Rekordhoch von 403 Ad-hoc-Veröffentlichungen. Daran spiegelt sich wohl auch die wirtschaftlich bedingte Umstrukturierung der Unternehmen wider, die vielfach mit einer Rotation von Führungskräften einhergeht (vgl. Leis, J./ Nowak, E. (2001), S. 100). Indes, personelle Veränderungen im Vorstand oder im Aufsichtsrat des Unternehmens stellen zumeist nur im Ausnahmefall eine ad-hoc-publizitätspflichtige Information dar, dann nämlich, wenn diese Person für das Unternehmen von besonderer Bedeutung ist. Bei der Bewertung der Personalveränderungen sind neben der Bedeutung der Position und der Person selbst auch die Gründe für den personellen Wechsel und die Situation des Unternehmens zu berücksichtigen (vgl. hierzu auch BaFin/BAWe (2001), S. 32).

Liquiditätsprobleme

Ähnlich wie die Personalveränderungen sind auch Meldungen über Liquiditätsschwierigkeiten und eine drohende Überschuldung Spiegelbild der allgemeinen angespannten Wirtschaftslage. Im Jahr 2003 wurden hierzu beispielsweise 240 Mitteilungen verbreitet, im Jahr zuvor waren es nur 123 Meldungen.

M & A

In der Tendenz zugenommen hat auch die Zahl der Ad-hoc-Meldungen, die sich auf Fusionen und Übernahmen (Mergers & Acquisitions) beziehen. Im Jahr 2003 lag die Zahl der *ad hoc* veröffentlichten M & A-Transaktionen bei 271, im Jahr zuvor lag die Zahl der Meldungen bei 249. Ein langfristiger Vergleich wird indessen dadurch erschwert, dass dieser Sachverhalt von dem BAWe zeitweilig in der Kategorie *strategische Unternehmensentscheidungen* erfasst wurde.

Auffällig ist schließlich auch die Häufung von Meldungen über Veränderungen des Grundkapitals (*Kapitaleinnahmen*). Dabei spielt auch eine Rolle, dass Erhöhungen des Grundkapitals häufig mehr als einmal *ad hoc* publiziert werden – im Falle des *Genehmigten Kapitals* z. B. erstens nach dem entsprechenden Beschluss der Hauptversammlung, zweitens nach dem Beschluss des Vorstands über die Ausnutzung und drittens, wenn die Konditionen der Kapitalerhöhung endgültig feststehen (vgl. Leis, J./Nowak, E. (2001), S. 100)

1.3.3 Zeitpunkt der Veröffentlichung der Ad-hoc-Mitteilungen

Unverzüglichkeit der Veröffentlichung

Eine große Zahl der von der BaFin eingeleiteten Untersuchungen werden wegen des Verdachts der nicht rechtzeitig vorgenommenen Veröffentlichung vorgenommen. Laut Gesetz ist der ad-hoc-publizitätspflichtige Sachverhalt – die Insiderinformation – unverzüglich, also ohne schuldhaftes Verzögern, zu veröffentlichen. Für die Beurteilung der Unverzüglichkeit kommt es dabei allein auf den Zeitpunkt des Eintritts des meldepflichtigen Sachverhaltes an. Bei mehrstufigen Entscheidungen, die unter einem gesellschaftsrechtlichen Zustimmungsvorbehalt des Aufsichtsrates stehen, bedeutet dies in aller Regel, dass der Sachverhalt erst offenzulegen ist, wenn die Zustimmung des Aufsichtsrates vorliegt. Im Zweifel ist die Vorstandsentscheidung zu veröffentlichen, wobei in der Ad-hoc-Mitteilung darauf hinzuweisen ist, dass diese unter dem Zustimmungsvorbehalt des Aufsichtsrates steht. Um die Gefahr einer Korrekturmeldung für den Fall des Ausbleibens der Zustimmung auszuschließen, empfiehlt es sich in der Praxis, den Entscheidungsprozess so zu organisieren, dass eine zeitnahe Entscheidung der beiden Gesellschaftsorgane gewährleistet ist.

In jedem Fall darf der Emittent mit der Veröffentlichung nur so lange warten, wie dies durch die besonderen Umstände des Einzelfalls gerechtfertigt ist. So bleibt dem Emittenten zwar die Zeit für eine sorgfältige Überprüfung des Sachverhaltes im Hinblick auf eine Ad-hoc-Publizitätspflicht. Die Zeit, die der Gesetzgeber dem Emittenten zur Prüfung gewährt, darf jedoch nicht dazu genutzt werden, die Veröffentlichung zu verschleppen – tritt ein potenziell meldepflichtiger Sachverhalt ein, so ist ein beschleunigtes Verhalten geboten. Die Emittenten haben Vorkehrungen zu treffen, die ein solches beschleunigtes Vorgehen auch ermöglichen. Keineswegs darf der Zeitpunkt der Veröffentlichung unter dem Gesichtspunkt der Öffentlichkeitsarbeit gewählt werden.

Aufschub der Veröffentlichung

Auch die Börsenhandelszeiten spielen für die Beurteilung der Unverzüglichkeit keine Rolle. Da heute ein nicht unerheblicher Teil des Handels außerbörslich stattfindet, liefe jedes Zuwarten bei der Veröffentlichung den Intentionen der Ad-hoc-Publizität zuwider. Es reicht daher nicht aus, wenn ein nach Börsenschluss eingetretener Sachverhalt erst am darauffolgenden Tag vor Aufnahme des Börsenhandels veröffentlicht wird (vgl. BaFin (2002 b)).

Börsenhandelszeiten

Eine Auswertung der BaFin für das Jahr 2001 zeigte indessen, dass weit mehr als die Hälfte aller Mitteilungen an Werktagen morgens zwischen sieben und neun Uhr veröffentlicht wurden. In einem Schreiben vom 8. Februar 2002 an die Emittenten wies die Bundesanstalt nochmals ausdrücklich auf die Pflicht zur unverzüglichen Veröffentlichung von ad-hoc-publizitätspflichtigen Tatsachen hin – ein Hinweis, der auch unter der neuen Rechtslage weiter Bestand hat.

Vielleicht lässt sich das Verhalten dadurch erklären, dass die Emittenten eine Kursaussetzung vermeiden wollen (vgl. hierzu Leis, J./Nowak, E. (2001), S. 108). Denkbar ist aber auch, dass einige Emittenten die Wahl des Zeitpunkts für die Veröffentlichung von der erwarteten Aufmerksamkeit abhängig machen. Vielleicht ist aber auch nur Unwissenheit über die tatsächliche Rechtslage im Spiel. Seit dem Schreiben vom 8. Februar 2002 beobachtet die Bundesanstalt jedenfalls eine positive Veränderung des Publizitätsverhaltens. So hat wohl zeitweise die Zahl der im Laufe des Tages oder am späten Abend veröffentlichten Ad-hoc-Meldungen spürbar zugenommen (vgl. BaFin (2002), S. 161).

Kursaussetzung

Doch nicht nur die zeitliche Verteilung der Ad-hoc-Mitteilungen im Hinblick auf den Zeitpunkt der Veröffentlichung weist eine bestimmte Struktur auf. Es lässt sich über das Jahr betrachtet auch ein saisonales Muster erkennen, das in erster Linie die Struktur der Meldeinhalte widerspiegelt. So ist ein überdurchschnittlich hohes Meldungsaufkommen in den Quartalsberichtsmonaten Mai, August und November sowie zur Jahresabschluss-Saison im Monat März zu beobachten (vgl. hierzu auch Leis, J./Nowak, E. (2001), S. 107 f.).

Saisonale Muster

1.3.4 Ad-hoc-Publizitätspraxis in den verschiedenen Börsensegmenten

Seit Inkrafttreten des Wertpapierhandelsgesetzes am 1. Januar 1995 wurde die Ad-hoc-Publizität von den Unternehmen sehr unterschiedlich umgesetzt. In der Tendenz zeigt sich aber, dass der Anteil der Unternehmen, die von diesem Instrument der Kapitalmarktinformation Gebrauch macht, beständig angestiegen ist (vgl. hierzu auch Leis, J./Nowak, E. (2001), S. 102 f.).

Anstieg der Meldehäufigkeit

Auch lässt sich ein Anstieg der Meldehäufigkeit beobachten. Haben die Emittenten im Jahr 1996 durchschnittlich je 2,8 Meldungen publiziert, betrug die Zahl der im Durchschnitt pro Unternehmen verbreiteten Pflichtmitteilungen im Jahr 1998 bereits 3,7. Im Jahr darauf kletterte dieser Wert – bedingt durch die Publizitätsfreude der Unternehmen des Neuen Marktes – auf 5,2 (vgl. Leis, J./ Nowak, E. (2001), S. 102f.). Im Jahr 2002, dem ersten Jahr nach Einführung der neuen Indexstruktur der Deutsche Börse AG, veröffentlichten die publizitätspflichtigen Unternehmen im Schnitt 4,7 Ad-hoc-Meldungen (vgl. Gutzy, J./ Märzheuser, M. (2003), S. 15). Nach wie vor gibt es aber Unternehmen, die im gesamten Jahresverlauf keine einzige Ad-hoc-Mitteilung veröffentlichen.

Brancheneinflüsse

Soweit sich branchen- oder segmentspezifische Unterschiede bei der Meldehäufigkeit beobachten lassen, dürften diese weniger auf die Informationskultur als vielmehr auf bestimmte Branchenzyklen zurückzuführen sein. So war im Jahr 2002 eine auffällige Häufung von Ad-hoc-Meldungen bei den deutschen Unternehmen der Finanzdienstleistungsbranche zu beobachten. Bei Betrachtung der Meldeinhalte drängt sich aber der Schluss auf, dass diese Häufung wohl mit den besonderen Strukturproblemen des deutschen Bankensektors und den damit verbundenen Restrukturierungsprozessen in den betroffenen Unternehmen zusammenhängt (vgl. Gutzy, J./Märzheuser, M. (2003), S. 16).

Einflüsse der Betriebsgröße

Denkbar, aber empirisch bislang nicht hinreichend überprüft ist auch, dass die Meldeintensität in einem engeren Zusammenhang mit der Betriebsgrößenstruktur einer Branche oder eines Börsensegmentes steht: Es liegt auf der Hand, dass die Informationseffizienz des Kapitalmarktes auch von der Unternehmensgröße abhängt. Die Ursache hierfür liegt zum einen in der Informationsversorgung des Marktes: So ist die Aufmerksamkeit, die ein Unternehmen bei Finanzanalysten und der Wirtschaftspresse findet, nicht zuletzt von der Marktkapitalisierung des Unternehmens abhängig. Zudem ist auch die Zahl der Marktkontakte von der Größe eines Unternehmens und der Branche abhängig: Ein europäischer Mobilfunknetzbetreiber mit mehreren Millionen Kunden hat nun einmal naturgemäß eine höhere Bekanntheit als ein Medizintechnikunternehmen, das Geschäftsbeziehungen zu einer überschaubaren Zahl von gewerblichen Kunden unterhält.

Es liegt nahe, dass bei kleinen Unternehmen mit geringer Börsenkapitalisierung eine einzelne Kooperation oder Fusion oder etwa auch der Einstieg in ein neues Geschäftsfeld stärker ins Gewicht fällt als bei global operierenden, stark diversifizierten Konglomeraten. So darf es eigentlich auch nicht weiter verwundern, dass die Unternehmen des Neuen Marktes – unabhängig von der übersteigerten Publizitätsfreude einzelner Emittenten – eine höhere Meldeintensität aufwiesen als etwa die Blue-Chip-Unternehmen aus dem Dax.

Systematisches Risiko einer Branche

Aus dieser Perspektive betrachtet spiegelt die Ad-hoc-Publizitätspraxis auch das systematische Risiko einer Branche wider: »Grundsätzlich ist davon auszugehen, dass Wachstumsunternehmen mehr kursrelevante Tatsachen zu veröffentlichen haben als andere Emittenten« (Leis, J./Nowak, E. (2001), S. 106). Neben der geringen Informationsversorgung des Marktes spielen speziell bei Unternehmen aus Wachstumsbranchen vermutlich auch die begrenzte Historie und der häufig noch fehlende *Financial Track Record*, der eine Abschätzung künftiger Periodenergebnisse erschwert, eine Rolle für die Meldeintensität.

Gestützt werden diese Überlegungen auch durch die empirische Kapitalmarktforschung. So finden sich in einigen Studien tatsächlich Hinweise auf einen positiven Zusammenhang zwischen dem Umfang der Analysten-Coverage und der Kursperformance. Der *Neglected Firm Effect* weist beispielsweise eine bessere Performance für Aktien aus, die von Finanzanalysten weniger intensiv beobachtet werden. Das auch als *Size Effect* bezeichnete Phänomen besagt, dass Unternehmen mit geringer Marktkapitalisierung (*Small Caps*) langfristig eine höhere risikoadjustierte Rendite aufweisen als der Gesamtmarkt. **Neglected Firm Effect**

Size Effect

Letzten Endes sagt aber die Zahl der verbreiteten Ad-hoc-Meldungen an sich nichts über die Informationskultur eines Unternehmens aus. Die Tatsache, dass ein Unternehmen keine einzige Ad-hoc-Mitteilung veröffentlicht, kann gleichermaßen Ausdruck von Verschlossenheit wie auch von einer besonders offenen Informationspolitik sein. Letzteres ist dann der Fall, wenn den potenziell ad-hoc-pflichtigen Sachverhalten die Eignung zur erheblichen Kursbeeinflussung fehlt, weil die Börse diesen Sachverhalt und seine Bewertung durch den Emittenten durch eine hohe Transparenz bereits in den aktuellen Kursen vorweggenommen hat. Es bleibt die Erkenntnis, dass sich die Zahl der Mitteilungen durch eine kapitalmarktfreundliche Informationspolitik weitgehend auf unvorhersehbare Sondereinflüsse beschränken lässt (vgl. auch Wölk, A. (1997), S. 79). **Informationskultur der Firmen**

2 Tatbestandsmerkmale und Rechtsfolgen der Ad-hoc-Publizität

Mit dem Anlegerschutzverbesserungsgesetz hat der deutsche Gesetzgeber das Recht der Ad-hoc-Publizität an den europarechtlichen Rahmen, der von der EU-Marktmissbrauchsrichtlinie gezogen wird, angepasst und einer umfassenden Neuregelung unterzogen. Durch das AnSVG wurde die Ad-hoc-Publizität inhaltlich in verschiedenen Richtungen ausgebaut. So wurde der Kreis der publizitätspflichtigen Sachverhalte auf unternehmensexterne Umstände ausgedehnt. Zudem wurde der Zeitpunkt, zu dem eine Ad-hoc-Publizitätspflicht entsteht, nach vorne verlagert. Seither sind auch solche Ereignisse zu veröffentlichen, bei denen mit hinreichender Wahrscheinlichkeit davon ausgegangen werden kann, dass sie erst in Zukunft eintreten werden. Damit können jetzt auch Pläne, Absichten und Prognosen eine Ad-hoc-Publizitätspflicht auslösen. Auch wurde der Anwendungsbereich der Ad-hoc-Publizität auf Finanzinstrumente ausgedehnt, für die die Zulassung zum Handel an einer inländischen Börse zwar beantragt, aber noch nicht erteilt wurde. Eine umfassende Neuregelung hat auch der Themenkomplex der Befreiung erfahren: An die Stelle der Administrativbefreiung ist die Möglichkeit der Selbstbefreiung getreten. Die Richtung, die das AnSVG vorgibt, ist damit klar: Weniger Handlungsspielräume, mehr Eigenverantwortung aber auch erhöhte Anforderungen an die Compliance-Organisation der Emittenten und verschärfte Haftungsrisiken. Dagegen hat das Transparenzrichtlinie-Umsetzungsgesetz (TUG), das die EU-Transparenzrichtlinie in deutsches Recht überführt hat, keine materiellen Änderungen im Bereich der Ad-hoc-Publizität mit sich gebracht.

2.1 Das neue Recht der Ad-hoc-Publizität

Die Ad-hoc-Publizität ist eine Rechtsmaterie, die über die Zeit eine Vielzahl von Änderungen erfahren hat. Die meisten Änderungen waren dabei redaktioneller Art oder nur von begrenzter Tragweite. Soweit materielle inhaltliche Änderungen vorgenommen wurden, waren diese zumeist von dem Bestreben nach Rechtsangleichung auf europäischer Ebene getragen. Wenn der deutsche Gesetzgeber über die europarechtlichen Vorgaben hinausging, dann in der Regel um aktuelle Fehlentwicklungen, die sich in der Anwendungspraxis zeigten, zu korrigieren. Zweifellos hat die hohe Dynamik beim Prozess der Rechtssetzung den Emittenten die Anwendung der gesetzlichen Publizitätspflichten nicht gerade erleichtert.

Dynamik der Rechtssetzung

Hinzu kommt, dass die Vorschriften im Bereich der Ad-hoc-Publizität mit Blick auf die Komplexität und Vielfältigkeit des wirtschaftlichen Geschehens sehr allgemein gehalten sind und mithin einen weiten Interpretationsspielraum eröffnen – einen Spielraum, der den Emittenten nicht unerhebliche rechtliche Risiken aufbürdet und der zugleich immer wieder auch Fehlentwicklungen begünstigt hat. Verschärft wurde und wird diese Situation durch

Weiter Interpretationsspielraum

die Verwendung unbestimmter Rechtsbegriffe und sprachliche Ungenauigkeiten im Gesetz. Der Bundesanstalt für Finanzdienstleistungsaufsicht und ihrer Vorgängerbehörde, dem Bundesaufsichtsamt für den Wertpapierhandel kommt das Verdienst zu, durch eine Vielzahl von Veröffentlichungen, insbesondere den Rundschreiben, Jahresberichten und dem Emittentenleitfaden, zu einer Klärung strittiger Auslegungsfragen beigetragen und praktische Hilfestellung bei der Umsetzung der Vorschriften geleistet zu haben.

Rechtshistorische Wurzeln der Ad-hoc-Publizität

Die rechtshistorischen Wurzeln der Ad-hoc-Publizitätspflicht liegen in der EG-Börsenzulassungsrichtlinie vom 17. April 1979 (vgl. BaFin/BAWe 1998 b, S. 26). Davon ausgehend wurde die Ad-hoc-Publizität zunächst in § 44 a BörsG a. F. geregelt. Eine erste grundlegende Neuregelung erfuhr die Ad-hoc-Publizität mit Inkrafttreten des Wertpapierhandelsgesetzes am 1. Januar 1995. Seither ist der gesetzliche Tatbestand der Ad-hoc-Publizität im dritten Abschnitt des Wertpapierhandelsgesetzes (WpHG) geregelt. Doch zwischenzeitlich war diese Rechtsnorm selbst wiederholt Gegenstand von Änderungen.

AnSVG

Eine echte Zäsur markiert dabei das Anlegerschutzverbesserungsgesetz (AnSVG) vom 28. Oktober 2004. Durch das AnSVG wurde die Ad-hoc-Publizität inhaltlich gleich in mehrere Richtungen ausgebaut. Insbesondere wurde der Kreis der ad-hoc-publizitätspflichtigen Sachverhalte auf unternehmensexterne Umstände ausgedehnt. Zudem wurde der Zeitpunkt, zu dem eine Ad-hoc-Publizitätspflicht entsteht, nach vorne verlagert. Seither unterliegen prinzipiell auch solche Ereignisse der Ad-hoc-Publizität, bei denen mit hinreichender Wahrscheinlichkeit davon ausgegangen werden kann, dass sie erst in Zukunft eintreten werden. So können nunmehr auch Pläne, Absichten und Prognosen eine Ad-hoc-Publizitätspflicht auslösen. Darüber hinaus wurde der Anwendungsbereich der Ad-hoc-Publizität auf Finanzinstrumente ausgedehnt, für die die Zulassung zum Handel an einer inländischen Börse zwar beantragt, aber noch nicht erteilt wurde. Eine umfassende Neuregelung hat auch der Bereich der Befreiung erfahren: An die Stelle der Administrativbefreiung ist die Möglichkeit der Selbstbefreiung getreten.

TUG

Die vorerst letzte Novellierung hat das Wertpapierhandelsgesetz und mit ihm das Recht der Ad-hoc-Publizität durch das Transparenzrichtlinie-Umsetzungsgesetz (TUG), das am 20. Januar 2007 in Kraft getreten ist, erfahren. Das TUG hat die Vorgaben der europäischen Transparenzrichtlinie in deutsches Recht umgesetzt. Die Folgen für das Recht der Ad-hoc-Publizität sind indessen eher gering. So wurden die Vorschriften von § 15 WpHG in materieller Hinsicht nicht verändert.

Für eine nachhaltig erfolgreiche Arbeit von Investor Relations ist die Kenntnis dieser Rechtsmaterie unabdingbar. Der Bereich der Ad-hoc-Publizität steht dabei sinnbildlich für die zunehmende *Verrechtlichung* der Finanzkommunikation. Das veränderte regulatorische Umfeld erzwingt eine starke Formalisierung des Prozesses der Kommunikation und erfordert eine fortwährende Überprüfung der Kommunikationsinhalte unter juristischen Gesichtspunkten.

2.1.1 Überblick über die Regelungen von § 15 WpHG

Kernbereich von § 15 WpHG

Mit der Novellierung des Wertpapierhandelsgesetzes durch das AnSVG und der Auslagerung einiger Regelungsbereiche in die Wertpapierhandelsanzeige- und Insiderverzeichnisverordnung (WpAIV) ist die Regelung der Ad-hoc-Publizität differenzierter und komplexer geworden. Den Kernbereich dieser Rechtsmaterie bildet indessen nach wie vor § 15 WpHG. Bei den zentralen Begriffen des *Finanzinstruments* und der *Insiderinformation* knüpft diese Norm an die Legaldefinitionen der §§ 2 b und 13 Abs. 1 WpHG an.

Den Ausgangspunkt der Betrachtung bildet § 15 Abs. 1 Satz 1 WpHG. Hier wird mit den *Inlandsemittenten von Finanzinstrumenten* der Kreis der in erster Linie Publizitätspflichtigen und mit der einen Emittenten unmittelbar betreffenden *Insiderinformation* der Gegenstand einer Ad-hoc-Mitteilung benannt. Der dann folgende, im Rahmen der letzten Novellierung neu eingefügte zweite Halbsatz erweitert die eigentliche Ad-hoc-Veröffentlichungspflicht um die Verpflichtung zur Übermittlung der Insiderinformation an das Unternehmensregister. § 15 Abs. 1 Satz 2 WpHG baut den Kreis der Normadressaten dahingehend aus, dass diese Verpflichtungen auch diejenigen Inlandsemittenten treffen, für deren Finanzinstrumente erst ein Antrag auf Zulassung zum Handel gestellt ist.

§ 15 Abs. 1 Satz 3 WpHG erläutert, unter welchen Voraussetzungen ein Emittent von einer Insiderinformation unmittelbar betroffen ist. Diese missverständliche Formulierung soll zum Ausdruck bringen, dass all jene Sachverhalte, die bereits vor Inkrafttreten des AnSVG eine Ad-hoc-Publizitätspflicht ausgelöst haben, auch nach der Novellierung des § 15 WpHG grundsätzlich ad-hoc-pflichtig sind. § 15 Abs. 1 Satz 4 und 5 WpHG erweitern den personellen und sachlichen Anwendungsbereich der Ad-hoc-Publizität für den Fall, dass der Emittent oder eine von ihm beauftragte Person eine Insiderinformation – wissentlich oder unwissentlich – im Rahmen seiner bzw. ihrer Befugnis an einen anderen weitergibt. Der den ersten Absatz abschließende § 15 Abs. 1 Satz 6 WpHG präzisiert die inhaltlichen Anforderungen an die Ad-hoc-Publizität dahingehend, dass die in einer Veröffentlichung genutzten Kennzahlen im Geschäftsverkehr üblich sein und einen Vergleich mit den zuletzt genutzten Kennzahlen ermöglichen müssen.

§ 15 Abs. 2 Satz 1 WpHG verbietet die Veröffentlichung von Angaben, die offensichtlich keine Insiderinformationen darstellen, auch in Verbindung mit ad-hoc-relevanten Informationen. Ergänzend enthalten §§ 3 b, 4 WpAIV Vorgaben bezüglich Sprache und Inhalt der Ad-hoc-Veröffentlichung. § 15 Abs. 2 Satz 2 WpHG enthält eine Verpflichtung zur Berichtigung unwahrer Informationen, die gemäß § 15 Abs. 1 WpHG veröffentlicht wurden – auch wenn die Voraussetzungen des § 15 Abs. 1 WpHG in diesem Fall nicht vorliegen.

Die Voraussetzungen für die an die Stelle der Administrativbefreiung getretene Selbstbefreiung sind in § 15 Abs. 3 WpHG geregelt. Demzufolge ist ein Emittent solange von der Pflicht zur Veröffentlichung von Insiderinformationen befreit, wie es der Schutz seiner berechtigten Interessen erfordert, keine Irreführung der Öffentlichkeit zu befürchten ist und der Emittent die Vertraulichkeit der Insiderinformationen gewährleisten kann. Wann berechtigte Interessen vorliegen und welche Anforderungen erfüllt werden müssen, um die Vertraulichkeit während der Selbstbefeiung von der Pflicht zur Ad-hoc-Publizität zu gewährleisten, ergibt sich ergänzend zu § 15 Abs. 3 WpHG aus den §§ 6 und 7 WpAIV.

Die Vorschriften für das Verfahren und die Art der Veröffentlichung wurden mit der Novellierung des Wertpapierhandelsgesetzes durch das AnSVG weitgehend aus § 15 WpHG herausgenommen und in § 5 WpAIV überführt. In § 15 WpHG verblieben und nunmehr teils in § 15 Abs. 3, teils in § 15 Abs. 5 Satz 2 WpHG geregelt, sind die Pflichten im Zusammenhang mit den vor und nach

Sachlicher Anwendungsbereich

Unmittelbare Betroffenheit

Übliche Kennzahlen

Überflüssige Angaben

Selbstbefreiung

Art und Form der Veröffentlichung

einer Ad-hoc-Veröffentlichung vorzunehmenden Mitteilungen gegenüber der BaFin und den betroffenen börslichen Stellen. Ergänzt werden diese Regelungen aber durch die §§ 8 und 9 WpAIV. § 15 Abs. 5 Satz 1 WpHG enthält das Verbot einer anderweitigen vorausgehenden Veröffentlichung und statuiert somit den Vorrang des vom Gesetzgeber vorgeschriebenen Ad-hoc-Veröffentlichungsverfahrens vor allen anderen Formen der Offenlegung von Insiderinformationen.

WpAIV

Eine Einschränkung der zivilrechtlichen Haftung der Emittenten für unterlassene oder fehlerhafte Ad-hoc-Veröffentlichungen statuiert § 15 Abs. 6 WpHG. § 15 Abs. 7 WpHG verweist auf die WpAIV, die zum einen Inhalt und Art der Ad-hoc-Veröffentlichungen sowie Inhalt und Form der Mitteilungen an die Bundesanstalt und die Geschäftsführung der inländischen organisierten Märkte näher regelt, zum anderen ergänzende Bestimmungen für den Fall einer Selbstbefreiung von der Pflicht zur Ad-hoc-Publizität enthält.

Anwendungsprobleme

Mit den Bestimmungen des Wertpapierhandelsgesetzes und der zugehörigen Wertpapierhandelsanzeige- und Insiderverzeichnisverordnung ist die Ad-hoc-Publizität an sich abschließend geregelt. Schwierigkeiten bei der Anwendung der rechtlichen Normen ergeben sich aber aus dem Umstand, dass die Regelungen mit Blick auf die Vielschichtigkeit und Komplexität des Wirtschaftsgeschehens sehr allgemein gehalten sind. Hinzu kommen sprachliche Ungenauigkeiten, die dem juristischen Laien den Zugang zu dieser Rechtsmaterie erschweren. Daraus erwächst in der Praxis der Wunsch nach einem vereinfachten, allgemein anzuwendenden Prüfungsraster – ein Wunsch, der indessen den Anforderungen des Gestzes nicht gerecht werden kann. Denn notwendig ist eine einzelfallbezogene Auslegung der rechtlichen Normen. Hilfreich dafür ist die Kenntnis der europarechtlichen Vorgaben, insbesondere der EU-Marktmissbrauchsrichtlinie.

2.1.2 Die europarechtlichen Vorgaben der Marktmissbrauchsrichtlinie

Am 30. Mai 2001 stellte die Europäische Kommission ihren *Vorschlag für eine Richtlinie des Europäischen Parlaments und des Rates über Insider-Geschäfte und Marktmanipulation (Marktmissbrauch)* vor. Mit dieser Richtlinie sollte eine einheitliche europäische Regelung des Marktmissbrauchs im weitesten Sinne geschaffen werden. Ziel der Richtlinie war es nach den Vorstellungen der EU-Kommission, die Integrität der europäischen Finanzmärkte zu sichern, Regeln für die Bekämpfung von Marktmissbrauch in Europa aufzustellen und verbindlich zu machen und das Vertrauen der Anleger in die europäischen Finanzmärkte zu stärken (vgl. Europäische Kommission (2001), S. 2).

Offenlegung von Insiderinformationen

Die Verpflichtung zur Offenlegung von Insiderinformationen wird in Artikel 6 der EU-Marktmissbrauchsrichtlinie geregelt. In Art. 6 Abs. 1 Satz 1 der Richtlinie 2003/6/EG haben sich die Mitgliedstaaten dazu verpflichtet, dafür zu sorgen, dass die Emittenten von Finanzinstrumenten Insiderinformationen, die sie unmittelbar betreffen, »so bald als möglich« der Öffentlichkeit bekannt geben. Nach Art. 6 Abs. 1 Satz 2 der europäischen Marktmissbrauchsrichtlinie sind die Mitgliedstaaten darüber hinaus dazu verpflichtet, dafür zu sorgen, dass die Emittenten diese »während eines angemessenen Zeitraums« auf ihrer Internetseite veröffentlichen. Daraus kann man eine Verlagerung der gesetzgeberischen Intention von der Herstellung der Bereichsöffentlichkeit hin zur Information des breiten Anlegerpublikums ablesen.

Die Publizitätspflicht, wie sie in der EU-Marktmissbrauchsrichtlinie verankert ist, soll die Möglichkeit eindämmen, unter Ausnutzung von Insiderinformationen zu handeln. Nach Auffassung der EU-Kommission sollen bei einer selektiven Weitergabe von Insiderinformationen im Rahmen der normalen Geschäftstätigkeit, also etwa auf einer Analystenkonferenz, dieselben Informationen zeitgleich – »vollständig und tatsächlich« – auch dem Publikum mitgeteilt werden. Erfolgt die selektive Weitergabe ohne Absicht, so muss die Veröffentlichung der Richtlinie zufolge »so bald als möglich« nachgeholt werden (vgl. Europäische Kommission 2001, S. 8). Die Formulierung »so bald als möglich« ist dabei sehr eng auszulegen (vgl. Möllers, T. M./Rotter, K. (2003), S. 77).

Unverzüglichkeit der Veröffentlichung

Die Ad-hoc-Publizitätspflicht knüpft an dem europarechtlich entwickelten Begriff der *Insider-Information* an. Die Legaldefinition dieses Begriffs findet sich in Art. 1 Ziffer 1 der Marktmissbrauchsrichtlinie. Danach ist eine *Insider-Information* eine »nicht öffentlich bekannte präzise Information, die direkt oder indirekt einen oder mehrere Emittenten von Finanzinstrumenten oder ein oder mehrere Finanzinstrumente betrifft und die, wenn sie öffentlich bekannt würde, geeignet wäre, den Kurs dieser Finanzinstrumente oder den Kurs sich darauf beziehender derivativer Finanzinstrumente erheblich zu beeinflussen«.

Insiderinformation

Diese Definition entspricht weitgehend dem Begriffsverständnis, das schon Art. 1 Nr. 1 der Insiderrichtlinie 89/592/EWG zugrunde lag. Im Gegensatz dazu hat der Wertpapierpierbegriff eine Erweiterung erfahren. So wurde der Geltungsbereich von Wertpapieren auf Finanzinstrumente im Sinne der europäischen Wertpapierdienstleistungsrichtlinie 93/22/EWG ausgedehnt, um der wachsenden Verbreitung von Finanzinnovationen Rechnung zu tragen.

Erweiterter Wertpapierbegriff

Schwierigkeiten wirft in der Rechtspraxis die Frage auf, unter welchen Voraussetzungen eine Information als *präzise* anzusehen ist. Nach Art. 1 Abs. 1 der Durchführungsrichtlinie 2003/124/EG der Europäischen Kommission vom 22. Dezember 2003 gilt eine Information dann als *präzise,* »wenn damit eine Reihe von Umständen gemeint ist, die bereits existieren oder bei denen man mit hinreichender Wahrscheinlichkeit davon ausgehen kann, dass sie in Zukunft existieren werden, oder ein Ereignis, das bereits eingetreten ist oder mit hinreichender Wahrscheinlichkeit in Zukunft eintreten wird, und diese Information darüber hinaus spezifisch genug ist, dass sie einen Schluss auf die mögliche Auswirkung dieser Reihe von Umständen oder dieses Ereignisses auf die Kurse von Finanzinstrumenten oder damit verbundenen derivativen Finanzinstrumenten zulässt«. Dies bedeutete eine Abkehr von der bis dahin geltenden Rechtslage. Denn während nach altem Recht nur Sachverhalte zu veröffentlichen waren, die bereits sinnlich wahrnehmbar in Erscheinung getreten sind, können nunmehr auch zukünftige Ereignisse eine Publizitätspflicht auslösen. In jedem Fall wurde der Zeitpunkt, zu dem eine Meldepflicht besteht, deutlich nach vorn verlagert.

Präzise Information

Neu war auch die Möglichkeit der Selbstbefreiung von der Publizitätspflicht, die die EU-Marktmissbrauchsrichtlinie vorsah. Nach Art. 6 Abs. 2 der Richtlinie 2003/6/EWG darf ein Emittent die Bekanntgabe von Insiderinformationen aufschieben, »wenn diese Bekanntgabe seinen berechtigten Interessen schaden könnte, sofern diese Unterlassung nicht geeignet ist, die Öffentlichkeit irrezuführen und der Emittent in der Lage ist, die Vertraulichkeit der Information zu

Selbstbefreiung

gewährleisten«. Die Mitgliedstaaten können eine Regelung treffen, die den Emittenten vorschreibt, die nationale Aufsichtsbehörde unverzüglich von der Aktivierung der Möglichkeit der Selbstbefreiung zu unterrichten – eine Option, von der der deutsche Gesetzgeber jedoch keinen Gebrauch gemacht hat.

AnSVG

In Deutschland erfolgte die Umsetzung der EU-Richtlinie 2003/6/EG durch das Gesetz zur Verbesserung des Anlegerschutzes (AnSVG) und die zugehörigen Konkretisierungsverordnungen. Das Anlegerschutzverbesserungsgesetz ist ein Artikelgesetz, das eine Vielzahl von Änderungen in insgesamt drei Bereichen des Kapitalmarktrechts umfasst und in seiner Gesamtheit verabschiedet wurde. Das Gesetz trat am 30. Oktober 2004 in Kraft. Am 13. Dezember 2004 wurde dann mit knapp sechs Wochen Verspätung schließlich auch die Verordnung zur Konkretisierung von Anzeige-, Mitteilungs- und Veröffentlichungspflichten sowie der Pflicht zur Führung von Insiderverzeichnissen nach dem Wertpapierhandelsgesetz (Wertpapierhandelsanzeige- und Insiderverzeichnisverordnung, kurz: WpAIV) im Bundesanzeiger veröffentlicht. Damit war das Rechtssetzungsverfahren, was die Ad-hoc-Publizität betrifft, abgeschlossen (vgl. hierzu Abschnitt 1.1.7).

2.2 Die Tatbestandsmerkmale der Ad-hoc-Publizität

Tatbestände der Ad-hoc-Publizität

In seiner neuen, durch das Anlegerschutzverbesserungsgesetz und das Transparenzrichtlinie-Umsetzungsgesetz novellierten Fassung kennt § 15 WpHG streng genommen nicht mehr nur einen, sondern drei Tatbestände einer Publizitätspflicht (vgl. Assmann, H.-D./Schneider, U.H. (2006), S. 518): § 15 Abs. 1 Satz 1 enthält den Grundtatbestand der Ad-hoc-Publizität und verpflichtet den (Inlands-)Emittenten bestimmter Finanzinstrumente Insiderinformationen, die ihn unmittelbar betreffen, unverzüglich zu veröffentlichen. Nach § 15 Abs. 1 Satz 4 WpHG muss derjenige, der – als Emittent oder als eine Person, die in dessen Auftrag oder auf dessen Rechnung handelt – einem anderen im Rahmen seiner Befugnis Insiderinformationen mitteilt oder zugänglich macht, die Informationen zeitgleich veröffentlichen, es sei denn der andere ist rechtlich zur Vertraulichkeit verpflichtet. Und schließlich verpflichtet § 15 Abs. 1 Satz 5 WpHG den Emittenten oder die Person, die einem anderen – befugtermaßen aber unwissentlich – eine Insiderinformationen mitteilt oder zugänglich gemacht hat, die Veröffentlichung unverzüglich nachzuholen.

Tatbestandsmerkmale

Das Vorliegen einer Ad-hoc-Publizitätspflicht ist an bestimmte Voraussetzungen, sogenannte *Tatbestandsmerkmale*, geknüpft. Entgegen einem weit verbreiteten Vorurteil stellt der Gesetzgeber recht hohe Anforderungen an die Veröffentlichung einer Ad-hoc-Mitteilung. Nur wenn alle Voraussetzungen uneingeschränkt erfüllt sind, liegt eine Ad-hoc-Publizitätspflicht vor. Gegebenenfalls kann der Emittent nach § 15 Abs. 3 WpHG die Veröffentlichung der Insiderinformation eigenverantwortlich aufschieben, sofern erstens der Schutz seiner berechtigten Interessen das Interesse des Kapitalmarktes an einer vollständigen und zeitnahen Veröffentlichung überwiegt, zweitens keine Irreführung der Öffentlichkeit zu befürchten ist und drittens der Emittent die Vertraulichkeit der Insiderinformation in dieser Phase der Selbstbefreiung gewährleisten kann.

2.2.1 Wer muss veröffentlichen?
Die Normadressaten der Ad-hoc-Publizitätspflicht

Der Kreis der Normadressaten, die der Ad-hoc-Publizität unterworfen sind, geht aus § 15 Abs. 1 Satz 1 WpHG hervor. Durch die letzten beiden Novellierungen des Wertpapierhandelsgesetzes haben sich hier nicht unerhebliche Veränderungen gegenüber der bis dahin geltenden Rechtslage ergeben: Durch das TUG wurde das *Herkunftsstaatsprinzip*, das eine Unterscheidung zwischen *Emittenten mit Herkunftsstaat Bundesrepublik Deutschland* und *Inlandsemittenten* notwendig macht, eingeführt. Mit Inkrafttreten des AnSVG wurde der Kreis der Normadressaten zuvor bereits dahingehend erweitert, dass die Ad-hoc-Publizitätspflicht auf Emittenten, die lediglich eine Zulassung ihrer Finanzinstrumente zum Handel beantragt haben sowie auf Personen, die im Auftrag oder auf Rechnung des Emittenten handeln und die im Rahmen ihrer Befugnis einem Dritten Insiderinformationen mitteilen oder zugänglich machen, ausgedehnt wurde.

Herkunftsstaatsprinzip

Die primären Normadressaten der Ad-hoc-Publizitätspflicht sind seit Inkrafttreten des TUG am 20. Januar 2007 die *Inlandsemittenten von Finanzinstrumenten*. Nach § 15 Abs. 1 Satz 1 WpHG muss ein Inlandsemittent von Finanzinstrumenten Insiderinformationen, die ihn unmittelbar betreffen, unverzüglich veröffentlichen. Das *Herkunftsstaatsprinzip* wurde im Zusammenhang mit der letzten WpHG-Novelle in § 2 Abs. 7 WpHG verankert. Zum Kreis der *Inlandsemittenten* sind demzufolge grundsätzlich alle jene Emittenten zu rechnen, für die die Bundesrepublik Deutschland der Herkunftsstaat ist. Zu beachten ist, dass dieser Grundsatz zahlreiche Erweiterungen wie auch Einschränkungen erfährt.

Inlandsemittenten

Die Notwendigkeit dieser Regelung ergab sich aus der Pflicht zur europaweiten Publikation von Kapitalmarktinformationen. Die auf den ersten Blick nicht leicht zu durchschauende Regelung, die letztlich nur die Vorgaben der Transparenzrichtlinie nachvollzieht, soll verhindern, dass die an mehreren Mitgliedstaaten am Kapitalmarkt aktiven Emittenten dieselben Transparenzpflichten gleich mehrfach erfüllen müssen. Für den Regelfall eines an einer deutschen Börse notierten Emittenten mit Sitz in Deutschland ergeben sich indessen durch die Neuregelung gegenüber der bis dahin geltenden Rechtslage in der Sache keine Änderungen.

Europaweite Verbreitung von Kapitalmarktinformationen

Der Ad-hoc-Publizitätspflicht gemäß § 15 WpHG unterliegen somit Emittenten von Finanzinstrumenten (vgl. hierzu Hasche/Sigle 2007, S. 2),

- deren Sitz in Deutschland liegt und deren Wertpapiere zum Handel an einer deutschen Börse zugelassen sind (Beispiel: Aktiengesellschaft mit Sitz in Deutschland, deren Aktien zum Handel an der Frankfurter Wertpapierbörse zugelassen sind),
- die ihren Sitz zwar in Deutschland haben, deren Wertpapiere aber nur in einem anderen EU-Mitgliedstaat oder EWR-Vertragsstaat zum Börsenhandel zugelassen sind, sofern diese nicht bereits in diesem Staat Publzitätspflichten nach Maßgabe der Transparenzrichtlinie unterliegen (Beispiel: Aktiengesellschaft mit Sitz in Deutschland, deren Aktien lediglich zum Handel an der Londoner Börse zugelassen sind und die nicht bereits der englischen Ad-hoc-Publizität unterliegt),
- deren Sitz in einem Drittstaat liegt, deren Wertpapiere aber zum Handel an einer deutschen Börse zugelassen sind und die das jährliche Dokument nach

§ 10 WpPG bei der Bundesanstalt für Finanzdienstleistungsaufsicht hinterlegen (Beispiel: Aktiengesellschaft mit Sitz in der Schweiz, deren Aktien zum Handel an der Frankfurter Wertpapierbörse zugelassen sind),
- die ihren Sitz zwar in einem Drittstaat haben, deren Wertpapiere aber in einem EU-Mitgliedstaat oder EWR-Vertragsstaat zum Börsenhandel zugelassen sind, die das jährliche Dokument nach § 10 WpPG bei der Bundesanstalt für Finanzdienstleistungsaufsicht hinterlegen und die nicht bereits in einem anderen Staat Veröffentlichungspflichten nach Maßgabe der Transparenzrichtlinie unterliegen,
- für die zwar ein anderer EU-Mitgliedstaat oder EWR-Vertragsstaat Herkunftsstaat ist, deren Wertpapiere aber nur zum Handel an einer deutschen Börse zugelassen sind (Beispiel: eine niederländische NV, deren Aktien nur zum Handel an der Frankfurter Wertpapierbörse zugelassen sind).

Antrag auf Zulassung

Wie schon vor Inkrafttreten des TUG erstreckt sich die Ad-hoc-Publizitätspflicht weiterhin auch auf solche Emittenten, deren Finanzinstrumente zwar noch nicht zum Handel zugelassen sind, für die aber bereits ein Zulassungsantrag gestellt wurde. So bestimmt § 15 Abs. 1 Satz 2 WpHG in Umsetzung von Art. 9 Abs. 3 der EU-Marktmissbrauchsrichtlinie, dass auch Emittenten, die einen Antrag auf Zulassung der Finanzinstrumente gestellt haben, der Ad-hoc-Publizitätspflicht unterliegen. Daraus ergeben sich im Einzelfall Besonderheiten. Dies gilt etwa für die Bewertung des erheblichen Preisbeeinflussungspotenzials. Eine öffentliche Ankündigung des Antrags löst dagegen noch keine Ad-hoc-Publizitätspflicht aus, wenngleich diese nach § 12 WpHG ausreicht, um ein Insiderhandelsverbot zu begründen.

Finanzinstrumente

Der Begriff des Finanzinstruments wird in § 2 Abs. 2 b WpHG definiert. Die BaFin stellt in ihrem Emittentenleitfaden klar, dass die Verpflichtung zur Ad-hoc-Publizität für Emittenten aller Arten von Finanzinstrumenten gilt. Hierzu gehören neben Aktien, Aktienzertifikaten, Schuldverschreibungen, Genuss- und Optionsscheinen sowie anderen mit Aktien und Schuldverschreibungen vergleichbaren Wertpapieren auch Derivate und sonstige Finanzinstrumente (vgl. BaFin 2005, S. 39). An sich selbstverständlich ist der im Leitfaden enthaltene Hinweis, dass Emittenten von Derivaten nur im Hinblick auf die sie selbst betreffenden Informationen der Ad-hoc-Publizität unterliegen, nicht aber im Hinblick auf den Basiswert, es sei denn, sie sind zugleich auch Emittent des dem Derivat zugrunde liegenden Basiswertes.

Freiverkehr

Finanzinstrumente, die ausschließlich in den Freiverkehr einbezogen werden, unterliegen nicht der gesetzlichen Pflicht zur Ad-hoc-Publizität. Daran ändert auch der Umstand nichts, dass der Gesetzgeber diese Finanzinstrumente in § 12 WpHG als Insiderpapiere einstuft. Auch eine freiwillige – sinngemäße – Anwendung der Vorschriften des § 15 WpHG steht für die Emittenten, deren Finanzinstrumente in den Freiverkehr einbezogen werden, außer Frage. Die Freistellung der in den Freiverkehr einbezogenen Finanzinstrumente ist im Einklang mit europarechtlichen Vorschriften mit Rücksicht auf übergeordnete Marktbedürfnisse erfolgt.

Im Gegensatz zum Amtlichen und Geregelten Markt ist der Freiverkehr ein nicht amtliches, privatrechtliches Segment. Neben deutschen Aktien werden hier überwiegend ausländische Aktien, Renten deutscher und ausländischer Emittenten, Zertifikate und Optionsscheine gehandelt. Die Einbeziehung von Wertpapieren in den Börsenhandel im Freiverkehr gehört zu den einfachsten und schnellsten Wegen an die Börse. Den Antrag für die Einbeziehung in den Börsenhandel kann ein an der jeweiligen Börse registrierter Handelsteilnehmer stellen, die Zustimmung der Emittenten ist hierfür nicht notwendig. Meist erfolgt die Einbeziehung in den Freiverkehr im Interesse einer erleichterten Handelsmöglichkeit

Neu eingeführt wurde mit Inkrafttreten des TUG eine Regelung, die die Erfüllung der Veröffentlichungspflichten im Falle einer Insolvenz des Emittenten sicherstellt. Damit soll die Informationslage der von der Insolvenz betroffenen und daher ganz besonders schützenswerten Anlegerschaft verbessert werden, nachdem das Bundesverwaltungsgericht in seinem Urteil vom 13. April 2005 (BVerwG 6 C 4.04 VG 9 E 4228/03 [V]) eine Veröffentlichungspflicht nach der bis dahin geltenden Rechtslage abgelehnt hatte.

Insolvenz des Emittenten

Neben den Inlandsemittenten von Finanzinstrumenten als den primären Normadressaten unterliegen auch jene Personen, die im Auftrag oder auf Rechnung eines Emittenten handeln und die einem Dritten im Rahmen ihrer Befugnis Insiderinformationen mitteilen oder zugänglich machen, der Ad-hoc-Publizitätspflicht. Wenn eine im Auftrag oder auf Rechnung des Emittenten handelnde Person einem anderen eine Insiderinformation mitteilt oder zugänglich macht, hat sie diese gemäß § 15 Abs. 1 Satz 4 WpHG gleichzeitig zu veröffentlichen. Erfolgte die Mitteilung unwissentlich, so ist die Veröffentlichung unverzüglich nachzuholen. Nach § 15 Abs. 1 Satz 4 WpHG i. V. mit § 8 Abs. 3 WpAIV sind in diesem Fall die Personalien der Person, an die die Information weitergegeben wurde, sowie die Umstände der Informationspreisgabe, sofern diese unwissentlich erfolgte, der BaFin mitzuteilen.

Weitere Normadressanten der Ad-hoc-Publizität

Diese Pflichten treffen nicht nur den Emittenten, sondern auch Personen, die in seinem Auftrag oder auf seine Rechnung handeln. Auch Nicht-Emittenten, wie etwa IR-Berater, können auf diese Weise ad-hoc-publizitätspflichtig werden. Ist nach § 15 Abs. 1 Satz 4 und 5 WpHG eine Person, die im Auftrag oder auf Rechnung des Emittenten handelt, publizitätspflichtig, so hat sie den Emittenten hierüber unverzüglich, d. h. ohne schuldhaftes Verzögern zu informieren. In der Ad-hoc-Meldung muss sie durch Nennung ihres Namens und ihrer Anschrift ihre Urheberschaft kenntlich machen (vgl. BaFin (2005), S. 59).

Der in § 15 Abs. 1 Satz 4 WpHG verankerte Gleichbehandlungsgrundsatz zwingt nur dann nicht zur unverzüglichen Veröffentlichung, wenn der Dritte rechtlich zur Vertraulichkeit verpflichtet ist. Rechtlich ist in diesem Fall als Oberbegriff für gesetzlich und vertraglich zu interpretieren (vgl. Koch, S. (2005), S. 267 ff.). Für die Bewertung einer Situation hinsichtlich einer Ad-hoc-Publizitätspflicht ist es also unerheblich, ob der Informationsempfänger – etwa ein Rechtsanwalt oder IR-Berater – durch die Pflicht zur Berufsverschwiegenheit oder nur durch eine im Innenverhältnis mit dem Emittenten getroffene privatrechtliche Vertraulichkeitsvereinbarung gebunden ist.

Verpflichtung zur Vertraulichkeit

2.2.2 Was muss veröffentlicht werden? Die Insiderinformation als Ausgangspunkt der Ad-hoc-Publizitätspflicht

Die Ad-hoc-Publizitätspflicht wurde durch das AnSVG inhaltlich in mehrere Richtungen ausgebaut. Insbesondere wurde die in § 15 WpHG a. F. enthaltene eigenständige Definition der ad-hoc-publizitätspflichtigen Tatsachen aufgegeben. Seither sind alle Insiderinformationen, die den Emittenten unmittelbar betreffen, ad-hoc-pflichtig. Insoweit knüpfen Insiderhandelsverbot und Ad-

Erweiterung der Ad-hoc-Publizität

hoc-Publizitätspflicht an demselben Grundtatbestand an. Der Gesetzgeber hat also die Ad-hoc-Veröffentlichungspflicht als das Spiegelbild des Insiderhandelsverbots angelegt.

2.2.2.1 Allgemeine Voraussetzungen für das Vorliegen einer Ad-hoc-Publizitätspflicht

Sachlicher Anwendungsbereich

Der sachliche Anwendungsbereich der Ad-hoc-Publizität ergibt sich aus § 15 Abs. 1 Satz 1 und 3 WpHG. Ausgangspunkt der Ad-hoc-Publizitätspflicht ist das Vorliegen einer Insiderinformation. Nach § 15 Abs. 1 Satz 1 und 3 WpHG muss ein (Inlands-)Emittent von Finanzinstrumenten, die zum Handel zugelassen sind oder für die der Emittent eine Zulassung zum Handel beantragt hat, Insiderinformationen, die ihn unmittelbar betreffen, unverzüglich veröffentlichen. An diese Formulierung schließen sich zwei Fragen an: Was versteht der Gesetzgeber unter einer *Insiderinformation*? Und unter welchen Voraussetzungen ist von einer *unmittelbaren Betroffenheit* des Emittenten auszugehen?

Die Antwort auf die erste Frage findet sich in § 13 Abs. 1 Satz 1 bis 3 WpHG. Dort wird der Begriff in der Insiderinformation in nahezu wörtlicher Wiederholung von Art. 1 Ziffer 1 der Marktmissbrauchsrichtlinie wie folgt definiert:

> »Eine Insiderinformation ist eine konkrete Information über nicht öffentlich bekannte Umstände, die sich auf einen oder mehrere Emittenten von Insiderpapieren oder auf die Insiderpapiere selbst beziehen und die geeignet sind, im Falle ihres öffentlichen Bekanntwerdens den Börsen- oder Marktpreis der Insiderpapiere erheblich zu beeinflussen. Eine solche Eignung ist gegeben, wenn ein verständiger Anleger die Information bei seiner Anlageentscheidung berücksichtigen würde. Als Umstände im Sinne des Satzes 1 gelten auch solche, bei denen mit hinreichender Wahrscheinlichkeit davon ausgegangen werden kann, dass sie in Zukunft eintreten werden.«

§ 13 Abs. 1 Satz 4 Nr. 1 WpHG macht deutlich, dass auch eine Information über nicht öffentlich bekannte Umstände, die sich auf Aufträge von anderen Personen über den Kauf oder Verkauf von Finanzinstrumenten bezieht, als Insiderinformation zu werten ist. Dies gilt nach § 13 Abs. 1 Satz 4 Nr. 2 WpHG auch für eine Information über nicht öffentlich bekannte Umstände, die sich auf Derivate nach § 2 Abs. 2 Nr. 4 WpHG bezieht und bei der Marktteilnehmer erwarten würden, dass sie diese Information im Einklang mit der zulässigen Praxis an den betreffenden Märkten erhalten würden. § 13 Abs. 2 WpHG macht deutlich, dass eine Bewertung, die ausschließlich auf der Grundlage öffentlich bekannter Umstände erstellt wird, selbst dann nicht als Insiderinformation zu werten ist, wenn sie den Kurs von Insiderpapieren erheblich beeinflussen kann.

Unmittelbarkeit

Die Antwort auf die Frage nach der Unmittelbarkeit ergibt sich ebenfalls direkt aus dem Gesetz. Zur Konkretisierung des Tatbestandsmerkmals der Unmittelbarkeit greift das Gesetz in § 15 Abs. 1 Satz 3 WpHG eine Formulierung des vor Inkrafttreten des AnSVG gültigen § 15 Abs. 1 Satz 1 WpHG a. F. auf. Danach betrifft eine Insiderinformation den Emittenten insbesondere dann unmittelbar, wenn sie sich auf Umstände bezieht, die in seinem Tätigkeitsbereich eingetreten sind. Durch das Wort »insbesondere« wird verdeutlicht, dass – im Unterschied zur alten Rechtslage – auch Informationen über Umstände, die außerhalb des eigenen Tätigkeitsbereichs liegen, den Emittenten unmittelbar betreffen können.

Legaldefinition

Halten wir also fest: Eine Insiderinformation ist
- eine *konkrete Information*
- über *nicht öffentlich bekannte Umstände*,

- die sich auf *einen oder mehrere Emittenten von Insiderpapieren* oder *auf die Insiderpapiere selbst beziehen* und
- die *geeignet* sind, *im Falle ihres öffentlichen Bekanntwerdens den Börsen- oder Marktpreis der Insiderpapiere erheblich zu beeinflussen.*

Nach der neuen Rechtslage können also gegenwärtige und zukünftige interne wie auch externe *Umstände* eine Ad-hoc-Publizitätspflicht begründen – immer vorausgesetzt, sie sind dazu geeignet, den Börsen- oder Marktpreis der betreffenden Finanzinstrumente erheblich zu beeinflussen. Dabei können im Unterschied zu der vor Inkrafttreten des AnSVG geltenden Rechtslage auch solche Sachverhalte ad-hoc-publizitätspflichtig sein, die keinerlei Auswirkungen auf die Vermögens- oder Finanzlage oder den allgemeinen Geschäftsverlauf des Emittenten haben.

Kreis der ad-hoc-publizitätspflichtigen Sachverhalte

Der Gesetzeswortlaut ist darauf angelegt, möglichst alle denkbaren Sachverhalte, die den Ausgangspunkt für Insiderhandel bilden könnten, zu erfassen und einer Veröffentlichungspflicht zu unterwerfen, soweit sie den Emittenten unmittelbar betreffen. Angesichts der unbestimmten Rechtsbegriffe, die sich im Gesetzestext finden, besteht die größte Schwierigkeit in der Praxis wohl in der Beantwortung der Frage, ob ein Sachverhalt rechtlich überhaupt als *Insiderinformation* zu bewerten ist. Grundsätzlich ist bei der Überprüfung jedem Tatbestandsmerkmal dasselbe Gewicht beizumessen.

Unbestimmte Rechtsbegriffe

Aus unserer Beratungspraxis wissen wir, dass die Überprüfung der fraglichen Umstände auf einen hinreichenden Konkretisierungsgrad und infolgedessen auch ein hinreichendes Preisbeeinflussungspotenzial zuweilen erhebliche Schwierigkeiten bereitet. Als besonders schwierig erweist sich hierbei immer wieder die Beurteilung von zeitlich gestreckten und mehrstufigen Ereignissen sowie in der Zukunft liegenden Ereignissen, Prognosen und Gerüchten. Zudem stellt sich in der Praxis die Frage nach der Abgrenzung ad-hoc-publizitätspflichtiger Insiderinformationen von allgemeinen Marktinformationen.

Anwendungsprobleme

2.2.2.2 Hinreichende Konkretisierung einer Information als Voraussetzung für das Vorliegen einer Ad-hoc-Publizitätspflicht

Da die Ad-hoc-Publizitätspflicht nach neuem Recht an dem sehr weit gefassten Begriff der *Insiderinformation* anknüpft, unterliegen prinzipiell auch bloße Planungen und Konzepte sowie vorbereitende Maßnahmen der Ad-hoc-Publizitätspflicht – jedenfalls solange kein Befreiungstatbestand greift. Dies hat vor allem Bedeutung für sogenannte *mehrstufige Entscheidungsprozesse*, die nach herrschender Meinung bislang erst veröffentlicht werden mussten, nachdem die Zustimmung des Letztentscheidungsträgers vorlag. Hierdurch war es möglich, den Zeitpunkt der Ad-hoc-Mitteilung in einem gewissen Rahmen zu gestalten.

Mehrstufige Entscheidungen

In diesem Zusammenhang stellt sich die Frage nach dem für eine Ad-hoc-Mitteilung notwendigen Konkretisierungsgrad eines Sachverhaltes: Wie sind Prognosen, wie sie etwa im Rahmen der gesetzlich vorgeschriebenen Prognosepublizität (§ 289 Abs. 1 HGB) abgegeben werden müssen, im Hinblick auf eine Ad-hoc-Publizitätspflicht zu beurteilen? Was ist mit Meinungen, Ansichten und Werturteilen? Wann ist bei mehrstufigen Entscheidungen, die die Mitwirkung des Aufsichtsrats erfordern, eine Veröffentlichung vorzunehmen? Die praktische Relevanz dieser Fragen wird deutlich, wenn man sich vor Augen führt, dass eine verspätete Mitteilung genauso dazu geeignet ist, das Publikum

Hinreichende Konkretisierung

irrezuführen, wie eine verfrühte Mitteilung, die im Zweifel wieder korrigiert werden muss.

Wahrheitsgehalt einer Information

Neben dem Konkretisierungsgrad stellt sich in der Praxis zuweilen auch die Frage nach der Bedeutung des Wahrheitsgehalts einer Information für die Ad-hoc-Publizitätspflicht. Dies gilt insbesondere für den Umgang mit Gerüchten, denen eine Eignung zur erheblichen Kursbeeinflussungen nicht abgesprochen werden kann. Auch diese Frage besitzt einen zeitlichen Bezug, der besonders deutlich zutage tritt, wenn das Gerücht einen *Tatsachenkern* besitzt und der Emittent sich zu dem Zeitpunkt, an dem das Gerücht aufkommt, von der Pflicht zur Veröffentlichung befreit hat.

Zeitlich gestreckte Sachverhalte

Aus unserer Beratungspraxis wissen wir, dass die Bewertung einer Information im Hinblick auf eine mögliche Ad-hoc-Publizitätspflicht viele Fragen aufwirft. Schwierigkeiten bereitet vor allem die Beurteilung zeitlich gestreckter Sachverhalte und die Beurteilung von Umständen, die in der Zukunft liegen. Denn nur selten tritt ein Sachverhalt als plötzliches Ereignis sinnlich wahrnehmbar in Erscheinung. Ganz gleich, ob sich um die Entwicklung von neuen Technologien, den Eintritt in neue Geschäftsfelder oder eine Übernahme handelt: Der Zeitaspekt ist ein Charakteristikum unternehmerischer Aktivitäten.

2.2.2.2.1 Mehrstufige Entscheidungen

Two Tire Board

Eine Neuordnung hat der Komplex der mehrstufigen Entscheidungen durch das AnSVG erfahren. Solche Entscheidungen, die das Zusammenwirken von Vorstand und Aufsichtsrat erfordern, haben ihre Wurzeln im *Two Tire Board*, wie es etwa in Deutschland und den Niederlanden zu finden ist. Die Schwierigkeit dieses Regelungskomplexes liegt darin, dass der Gesetzgeber – und in letzter Konsequenz auch die BaFin bei der Rechtsaufsicht – einen Ausgleich zwischen den gesellschaftsrechtlichen Vorgaben auf der einen Seite und den europarechtlich geprägten Vorgaben des AnSVG auf der anderen Seite vornehmen mussten. Besondere Relevanz erlangen mehrstufige Entscheidungsprozesse in der Praxis regelmäßig bei Zustimmungsvorbehalten des Aufsichtsrats.

Zustimmungsvorbehalt des Aufsichtsrats

Bislang galt hier die Regel, dass eine Ad-hoc-Publizitätspflicht erst zum Zeitpunkt der endgültigen Entscheidung, also mit Zustimmung des Aufsichtsrates, entsteht. Dagegen lösten Vorstandsbeschlüsse nach Auffassung des damaligen Bundesaufsichtsamtes für den Wertpapierhandel noch keine Mitteilungspflicht aus. Begründet hatte das Bundesaufsichtsamt seinen Standpunkt damit, dass sich die Auswirkungen einer *Tatsache* auf die Vermögens- oder Finanzlage oder den allgemeinen Geschäftsverlauf bei mehrstufigen Entscheidungsprozessen erst auf der letzten Entscheidungsebene, also im Zeitpunkt der Zustimmung durch den Aufsichtsrat, hinreichend konkretisieren. Ausnahmsweise wurde eine Ad-hoc-Publizitätspflicht bei Vorliegen eines Vorstandsbeschlusses dann bejaht, wenn zum Zeitpunkt der Beschlussfassung durch den Vorstand kein eigener Ermessensspielraum des Aufsichtsrats mehr vorhanden war. In diesem Fall waren die Emittenten dazu verpflichtet, in der entsprechenden Ad-hoc-Mitteilung darauf hinzuweisen, dass die Entscheidung des Vorstands unter dem Vorbehalt der Zustimmung des Aufsichtsrats steht (vgl. BaFin/BAWe (1998 a), S. 32).

Formaler Vorstandsbeschluss

Aus der neuen Regelung zu den Befreiungstatbeständen in § 15 Abs. 3 WpHG i. V. m. § 6 Nr. 2 WpAIV folgt, dass eine Insiderinformation bei mehrstufigen Entscheidungen *spätestens* dann vorliegt, mithin also eine Veröffentlichung zu erfolgen hat, wenn das Geschäftsführungsorgan des Emittenten einen *formalen* Beschluss gefasst hat. Mit Blick auf die gesellschaftsrechtliche Kontrollfunktion des Aufsichtsrats, die in den vergangenen Jahren eine deutliche Aufwertung erfahren hat, verweist die BaFin auf die Option der Selbstbefreiung. Nachdem die Veröffentlichung eines Vorstandsbeschlusses, der unter dem Vorbehalt der Zustimmung des Letztentscheidungsträgers steht, die Position des Aufsichtsrates ohne Zweifel schwächen würde, eine generelle Schwächung des Aufsichtsrates aber nicht im Interesse der Anleger liegen kann, greift in diesem Fall die neu eingeführte Selbstbefreiungsregel. Nach Einschätzung der BaFin liegt der Aufschub der Veröffentlichung *in der Regel* sowohl im berechtigten Interesse des Emittenten als auch im berechtigten Interesse der Anleger und ist deshalb aufsichtsrechtlich *grundsätzlich* nicht zu beanstanden (vgl. BaFin (2005), S. 46).

Freilich muss auch in diesem Fall die Vertraulichkeit der Insiderinformationen gewährleistet sein. Entfällt der Grund für die Befreiung, weil der Aufsichtsrat der Entscheidung des Vorstands zustimmt, so ist die Veröffentlichung der Insiderinformation unverzüglich nachzuholen, soweit die sonstigen Voraussetzungen von § 15 Abs. 1 WpHG erfüllt sind. Für die Praxis empfiehlt es sich, den Zeitraum zwischen Vorstandsbeschluss und Zustimmung des Aufsichtsrates so weit wie möglich zu verkürzen, gegebenenfalls auch durch telefonische Beschlussfassung oder Beschlussfassungen im schriftlichen Verfahren. **Beschleunigte Beschlussfassung**

Grundsätzlich ist bei mehrstufigen Entscheidungsprozessen die Frage, ob es sich bei dem zu prüfenden Sachverhalt um eine hinreichend konkrete Information handelt, bei jeder einzelnen Zwischenstufe zu überprüfen. Davon zu unterscheiden ist die Frage, ob der Entscheidungsprozess bereits soweit vorangeschritten ist und der vom Emittenten angestrebte Endzustand mithin also mit hinreichender Wahrscheinlichkeit eintreten wird, dass der fragliche Umstand dazu geeignet ist, den Preis der entsprechenden Finanzinstrumente erheblich zu beeinflussen. **Zweistufige Prüfung**

Besonders deutlich wird diese Unterscheidung bei einem Übernahmeprozess. So ist etwa bereits die erklärte Absicht des Vorstandes einer Aktiengesellschaft, eine andere Gesellschaft zu übernehmen, eine hinreichende konkrete Information. Wann der Übernahmeprozess soweit vorangeschritten ist, dass dem Umstand die Eignung zur erheblichen Kursbeeinflussung zukommt, ist allein vom Standpunkt des verständigen Anlegers im Rahmen der Eignungsprüfung zu entscheiden. **Übernahmeprozess**

Diese Eignungsprüfung hat dabei immer durch eine Gesamtschau aller bisherigen Entscheidungsstufen zu erfolgen. Grundsätzlich wird die Eignung zur erheblichen Kursbeeinflussung umso größer sein, je weiter der Entscheidungsprozess – in diesem Falle der Übernahmeprozess – vorangeschritten ist. Eine rechtlich nicht weiter bindende Absichtserklärung (*Letter of Intent*), Sondierungsgespräche über eine mögliche Übernahme zu führen, weist zwar einen hinreichenden Konkretisierungsgrad auf, dürfte aber im Allgemeinen kein hinreichendes Preisbeeinflussungspotenzial besitzen. Anders verhält es sich nach Einschätzung der BaFin, wenn bereits eine *Due Diligence* erfolgt ist, die zu einem für alle Seiten befriedigenden Ergebnis geführt hat. An eine *Due Diligence* können sich etwa Verhandlungen mit Großaktionären der Zielgesell- **Eignungsprüfung**

Letter of Intent

Due Diligence

schaft anschließen. Wird jetzt ein *Letter of Intent* unterzeichnet, der den Rahmen für das weitere Vorgehen der Beteiligten absteckt, so wird der *verständige Anleger* bei Kenntnis aller Informationen wohl zu Recht von der Eignung zur erheblichen Preisbeeinflussung ausgehen können (vgl. BaFin (2005), S. 19 f.).

2.2.2.2.2 Prognosen und zukünftig eintretende Umstände

Künftige Ereignisse

Ein hohes Maß an Verunsicherung beobachten wir in unserer Beratungspraxis beim Umgang mit Prognosen, Werturteilen und Meinungen sowie mit in der Zukunft liegenden Ereignissen. Speziell mit Blick auf Prognosen und zukünftig eintretende Umstände hat diese Verunsicherung ihre Wurzel in einer objektiv missverständlichen Formulierung der Regierungsbegründung zum Entwurf des AnSVG. Danach geht der neu eingeführte Begriff des *Umstands* über den bis dahin gültigen Begriff der *Tatsache* hinaus und erfasst insbesondere auch überprüfbare Werturteile und Prognosen (vgl. Deutscher Bundestag (2004), S. 33).

Anforderungen an Prognosen

Tatsächlich erstreckte sich die Ad-hoc-Publizitätspflicht aber auch schon vor der Novellierung des Wertpapierhandelsgesetzes auf Prognosen sowie Meinungen und Werturteile. Private Meinungsäußerungen und Werturteile galten dann als – potenziell ad-hoc-relevante – *Tatsachen*, wenn sie aus überlegener Sachkunde abgegeben wurden und damit einen tatsachenähnlichen, dem Beweis zugänglichen Richtigkeitsgehalt aufwiesen. Prognosen wurden als Sonderfall einer Meinungsäußerung oder eines Werturteils betrachtet und galten als publizitätspflichtig, soweit sie sich auf konkretes Zahlenmaterial stützten (vgl. Dreyling, G.M./Schäfer, F.A. (2001), S. 104). Anders verhält es sich dagegen mit Ereignissen, die in der Zukunft liegen. Hier hat der Anwendungsbereich der Ad-hoc-Publizitätspflicht durch das AnSVG tatsächlich eine Ausdehnung erfahren. So sind nach der Regierungsbegründung auch solche Informationen als präzise einzustufen, »bei denen man vernünftigerweise davon ausgehen kann, dass sie in Zukunft existieren bzw. eintreten werden.« (Deutscher Bundestag (2004), S. 33).

Hinreichendes Preisbeeinflussungspotenzial

Dieser Rechtsauffassung folgend geht die BaFin im Leitfaden davon aus, dass Prognosen grundsätzlich der Ad-hoc-Publizität unterliegen und damit im Einzelfall durchaus veröffentlichungspflichtig sein *können*. Voraussetzung hierfür ist aber, dass der Eintritt des prognostizierten Ereignisses *hinreichend* wahrscheinlich ist und die Prognose zudem ein *hinreichendes* (erhebliches) Preisbeeinflussungspotenzial besitzt. Davon ist insbesondere dann auszugehen, wenn der Emittent seine Prognosen auf Grund konkreter Anhaltspunkte für den weiteren Geschäftsverlauf erstellt. Allgemein formulierte Erwartungen oder langfristige Planungen des Emittenten lassen nach Einschätzung der BaFin in vielen Fällen noch keine hinreichend konkreten Rückschlüsse auf die Unternehmensentwicklung zu und fallen demzufolge auch nicht unter die Veröffentlichungspflicht. Als Beispiele nennt die Bundesanstalt Planungen mit einem Zeithorizont von drei oder mehr Jahren oder interne Planungen im Sinne von Zielvorgaben. Ein hinreichendes Preisbeeinflussungspotenzial unterstellt die BaFin insbesondere in den Fällen, in denen die Prognose von den zurückliegenden Geschäftsergebnissen oder der Markterwartung abweicht sowie bei Anpassungen und Veränderungen von einmal abgegebenen Prognosen (vgl. BaFin (2005), S. 48).

Um Missverständnissen vorzubeugen: Es gibt nach wie vor *keine Rechtspflicht*, Prognosen zu erstellen. Die Emittenten haben aber das *Recht*, Prognosen zu veröffentlichen, etwa um Analystenwünschen zu entsprechen (vgl. Claussen, C. P./Florian, U. (2005), S. 756). Wenn aber Prognosen abgegeben werden, *kann* nach Auffassung der BaFin eine Veröffentlichungspflicht bestehen. Der Eintritt des prognostizierten Ereignisses muss in diesem Fall aber eben nur *hinreichend wahrscheinlich* sein. Tritt die einmal prognostizierte Entwicklung dann tatsächlich auch ein, ist eine Ad-hoc-Mitteilung nicht mehr erforderlich.

<small>Keine Rechtspflicht zur Abgabe von Prognosen</small>

Auf eine Besonderheit, die sich beim Zusammenspiel von Prognosen und den Markterwartungen ergeben kann, weist die BaFin im Emittentenleitfaden hin. So besteht grundsätzlich keine Verpflichtung, Markterwartungen im Wege der Ad-hoc-Publizität zu korrigieren, wenn diese auf Grund von Faktoren, die von Dritten abgegeben wurden, erheblich von einer einmal abgegebenen Prognose abweichen – vorausgesetzt, der Emittent hält an seiner veröffentlichten Prognose weiter fest. Gleiches gilt für Markterwartungen, die durch unzutreffende Presseveröffentlichungen oder Analystenschätzungen in Bezug auf die Geschäftsergebnisse hervorgerufen werden. Die BaFin rät in diesen Fällen dazu, unzutreffenden Markterwartungen durch andere Kommunikationsmaßnahmen, wie etwa eine Pressemitteilung, entgegenzutreten (vgl. hierzu BaFin (2005), S. 48).

<small>Korrektur von Markterwartungen</small>

2.2.2.2.3 Gerüchte

Erhebliches Kopfzerbrechen bereitet nach unserer Beobachtung der Umgang mit Gerüchten und Spekulationen. Immer wieder entzündet sich die Phantasie der Anleger an Übernahmegerüchten oder belasten Gerüchte über einen bevorstehenden Kapitalschritt den Kurs einer Aktie. Genährt werden Gerüchte nicht nur von Berichten der Finanzpresse (»wie aus unternehmensnahen Kreisen verlautet«), sondern allzu häufig auch von missverständlichen Formulierungen in einem Quartalsbericht oder widersprüchlichen Äußerungen des Vorstands. Kapitalmärkte gleichen in dieser Beziehung einem kollektiven Gedächtnis. Die Korrektur von Aussagen zur Ertragssituation oder zur strategischen Ausrichtung des Unternehmens wird von den Finanzmärkten mit nervöser Anspannung verfolgt und führt regelmäßig zu seismografischen Kursausschlägen.

<small>Umgang mit Gerüchten und Spekulationen</small>

Eine besondere Herausforderung für die Investor Relations folgt in diesem Zusammenhang aus dem in § 20a Abs. 6 WpHG verankerten Journalistenprivileg. So ist es in Deutschland nahezu unmöglich, gegen *irreführende Angaben* (unzutreffende Tatsachenbehauptungen) oder *sonstige Täuschungshandlungen* (einfache Gerüchte) vorzugehen, die von den Medien verbreitet werden, es sei denn handelt sich um den Fall einer persönlichen Bereicherung eines Journalisten.

<small>Journalistenprivileg</small>

Die Instrumente, die das Presserecht für den Fall einer fehlerhaften Berichterstattung vorsieht, lassen in den meisten Fällen eine effektive Disziplinierung nicht erwarten (vgl. hierzu auch Wolfram, J. (2005), S. 84 f.). Dies erweist sich in der Praxis insoweit immer wieder als Problem, als sich – nicht zuletzt als Folge des gestiegenen Wettbewerbs im Mediensektor – in jüngster Vergangenheit verstärkt spekulative Elemente in der Börsenberichterstattung beobachten lassen. Und ohne Zweifel gehört es zu den Aufgaben eines Finanzjournalisten, Börsengerüchten nachzugehen und auf ihren Wahrheitsgehalt zu überprüfen.

<small>Fehlerhafte Berichterstattung</small>

Gestiegene Haftungsrisiken

Vor Inkrafttreten des AnSVG konnten die Unternehmen mit einiger Gelassenheit auf Börsengerüchte reagieren, selbst wenn an den Spekulationen etwas dran war und man dies später per Ad-hoc-Mitteilung kleinlaut einräumen musste. Anders verhält es sich doch mit der neuen Rechtslage – jedenfalls dann, wenn sich ein Unternehmen selbst von der Veröffentlichung befreit hat und das Gerücht einen *wahren Kern* besitzt. Denn in diesem Fall setzt sich der Emittent – spätestens dann wenn die Veröffentlichung nachgeholt wird – dem Verdacht aus, die Vertraulichkeit der Insiderinformation nicht gewährleistet zu haben. Zudem macht sich der Emittent unter Umständen schadenersatzpflichtig, weil er sich hier dem Verdacht aussetzt, eine unverzügliche Veröffentlichung der Insiderinformation pflichtwidrig unterlassen zu haben (§ 37b Abs. 1 WpHG).

Tatsachenqualität von Gerüchten

Was bedeutet dies nun für den Umgang mit Gerüchten? Entgegen einer auch in der juristischen Literatur weit verbreiteten Auffassung sind Gerüchte nicht dem Bereich der Meinungen zuzuordnen. Es steht nach allgemeiner Erfahrung außer Frage, dass Gerüchte vom Publikum – unabhängig von ihrem objektiven Wahrheitsgehalt – zuweilen als Tatsache behandelt werden und ihnen ein erhebliches Preisbeeinflussungspotenzial zu eigen ist. Außer Frage steht auch, dass Gerüchte zuweilen durchaus einen Tatsachenkern aufweisen, der die Qualität einer Insiderinformation haben kann. Uneinigkeit herrscht in der juristischen Fachliteratur aber darüber, ob Gerüchte selbst eine Insiderinformation darstellen können, mithin also eine Ad-hoc-Publizitätspflicht auszulösen vermögen.

Legt man das Verständnis des Gesetzgebers zugrunde, so werden Gerüchte erst dann zu Insiderinformationen, wenn es sich hierbei um eine »konkrete Information über nicht öffentlich bekannte Umstände« handelt, die sich »auf einen oder mehrere Emittenten von Insiderpapieren oder auf die Insiderpapiere selbst beziehen« und dazu »geeignet sind, im Falle ihres öffentlichen Bekanntwerdens den Börsen- oder Marktpreis der Insiderpapiere erheblich zu beeinflussen«.

Tatsachenkern

Der Emittentenleitfaden führt zu diesem Themenkomplex aus, dass zunächst zu fragen ist, ob das Gerücht einen *Tatsachenkern* enthält. Dies genügt, um ein Gerücht als *konkrete Information* im Sinne des § 12 WpHG einzustufen. Dagegen kommt es nach Auffassung der BaFin nicht auf den Wahrheitsgehalt an. Erst bei der Frage, ob der Information die Eignung zur erheblichen Preisbeeinflussung zuzubilligen ist, ist demzufolge zu klären, ob ein *verständiger Anleger* auf Grundlage dieses Gerüchts – in Ansehung der damit verbundenen Kosten und Risiken – eine Transaktion tätigen oder eine an sich geplante Transaktion unterlassen würde. Die BaFin nennt im Emittentenleitfaden fünf Kriterien, die dafür maßgeblich sind (vgl. BaFin (2005), S. 20):
1. die *Quelle des Gerüchts*,
2. die ihm zugrunde liegenden nachprüfbaren *Fakten*,
3. die *Verfassung der Märkte* im Allgemeinen,
4. die *Verfassung des Segments* der betroffenen Firma im Besonderen sowie
5. die *wirtschaftliche Situation des betroffenen Unternehmens* selbst.

Kritisiert wird an dieser Auslegung zuweilen, dass die BaFin den Versuch unternimmt, das Tatbestandsmerkmal der *Insiderinformation* im Hinblick auf Gerüchte mit dem unbestimmten Tatbestandsmerkmal des *Preisbeeinflussungspotenzials* gemäß § 13 Abs. 1 Satz 2 WpHG zu präzisieren. Bedenken werden hierbei vor allem unter dem Aspekt des strafrechtlichen Bestimmtheitsgrundsatzes angemeldet (vgl. Clausen, C. P./Florian, U. (2005), S. 749).

Bei den typischen Börsengerüchten (»die X-Bank steht vor einer feindlichen Übernahme durch einen inländischen Konkurrenten«) wird es sich im allgemeinen schon allein deshalb nicht um Insiderinformationen handeln, weil sie nicht die Voraussetzung der *konkreten Information* erfüllen. Anders verhält es sich freilich, wenn sich das Gerücht auf klar umrissene Umstände konkretisiert und verdichtet (»Vorstände der Unternehmen X und Y haben sich gestern Abend auf den Zeitplan für eine Fusion geeinigt«). Soweit ein Gerücht also der Wahrheit entspricht und hinreichend konkret ist, kann eine Pflicht zur Veröffentlichung einer Ad-hoc-Meldung nicht von vornherein ausgeschlossen werden. In einem weiteren Schritt ist zu prüfen, ob die gerüchteweise Information nach den vom Gesetzgeber vorgegebenen Maßstäben als öffentlich bekannt einzustufen ist.

Öffentlich bekannte Gerüchte

Und genau an dieser Stelle beginnt in der Praxis die Schwierigkeit. Denn in den meisten Fällen wird man sehr schnell zu dem Ergebnis gelangen, dass die Insiderinformation, die Gegenstand des Gerüchts ist, nicht in dem vom Gesetzgeber zwingend vorgeschriebenen Verfahren veröffentlicht wurde. Gleichwohl kommt man schwerlich umhin, Börsengerüchten, die auf dem Parkett die Runde machen, einen gewissen Grad an Öffentlichkeit zuzusprechen, zumal derartige Gerüchte regelmäßig auch Eingang in die Berichterstattung der Medien finden.

Börsengerüchte

Die Emittenten bewegen sich hier in einer rechtlichen Grauzone. Um mögliche Haftungsansprüche abzuwehren, sollten die Emittenten die Veröffentlichung einer Ad-hoc-Mitteilung beim Aufkommen von Gerüchten deshalb jedenfalls nicht kategorisch ablehnen. Grundsätzlich ist dabei zwischen drei Fällen zu differenzieren, die auf die Ursachen für das Aufkommen der Gerüchte abstellen.

Rechtliche Grauzone

(1) **Verstoß gegen das Verbot einer vorherigen anderweitigen Veröffentlichung:** Denkbar ist, dass der Emittent gegen das Verbot einer vorherigen anderweitigen Veröffentlichung verstoßen hat (§ 15 Abs. 5 Satz 1 WpHG). Zu denken ist etwa an die Weitergabe von Insiderinformationen im Rahmen von Hintergrundgesprächen mit Journalisten. In diesem Fall muss die Veröffentlichung der Insiderinformation unverzüglich auf dem gesetzlichen vorgeschriebenen Weg nachgeholt werden.

Verbot einer anderweitigen vorherigen Veröffentlichung

(2) **Verletzung der Vertraulichkeit der Information während der Zeit der Selbstbefreiung:** Weitaus problematischer ist es, wenn der Emittent von der Möglichkeit der zeitweiligen Selbstbefreiung Gebrauch gemacht hat und eine Indiskretion im Umfeld des Unternehmens Ausgangspunkt für das Gerücht ist. Denn in diesem Fall setzt sich der Emittent dem Vorwurf aus, keine ausreichenden Vorkehrungen für den Schutz der Vertraulichkeit der Insiderinformation, die Gegenstand des Gerüchts ist, getroffen zu haben. In diesem Fall entfiele aber die Voraussetzung für die Selbstbefreiung. Die BaFin schreibt für diesen Fall vor, dass die Veröffentlichung der Insiderinformation unverzüglich nach dem dafür vorgeschriebenen Verfahren nachzuholen ist. Zudem muss der Emittent in diesem speziellen Fall der Bundesanstalt zeitgleich mit der Mitteilung über die Insiderinformation die Gründe für die Befreiung und den Zeitpunkt der Entscheidung über den Aufschub der Veröffentlichung mitteilen (§ 15 Abs. 3 Satz 3 WpHG). Anders verhält es sich hingegen, wenn der

Vertraulichkeit während der Selbstbefreiung

Emittent sicherstellen kann, dass es im Unternehmen keine *undichte Stelle* gibt, das Gerücht mithin nicht auf eine dem Emittenten zuzurechnende Vertraulichkeitslücke zurückzuführen ist. In diesem Fall kann der Emittent die Veröffentlichung im Prinzip weiter aufschieben, und zwar selbst dann, wenn Details der Insiderinformation zugrunde liegenden Umstände bekannt werden – immer vorausgesetzt freilich, dass der Emittent ausschließen kann, dass diese Informationen aus seiner Sphäre stammen. Allerdings darf der Emittent in diesem Fall aktiv keine gegenläufigen Dementis abgeben, da sonst die Voraussetzungen für eine Irreführung der Öffentlichkeit gegeben sein könnten. Emittenten sind gut beraten, die Empfehlung der BaFin zu beherzigen und sich in diesen Fällen auf eine *No Comment Policy* zu beschränken (vgl. BaFin (2005), S. 56).

(3) **Spekulationen:** Die Börse lebt von Gerüchten. Und nicht immer sind die Ursachen für aufkommende Gerüchte beim Unternehmen selbst zu suchen. Denkbar ist auch, dass Spekulationen der Medien die Phantasie der Anleger anheizen. Was also tun, wenn ein versierter Börsenjournalist eins und eins zusammenzählt und mit seiner Spekulation – etwa über eine bevorstehende Übernahme – richtig liegt? Die Schwierigkeit für den Emittenten liegt darin, im Zweifel den Nachweis antreten zu müssen, dass das Unternehmen selbst nicht Ausgangspunkt für spekulative Beiträge der Wirtschaftspresse ist. Es sind deshalb durchaus Fälle denkbar, in denen ein Emittent allein aus Haftungsgründen gut beraten ist, eine Insiderinformation zu veröffentlichen.

Die bisherigen Empfehlungen haben sich auf Gerüchte bezogen, die einen der Faktenlage entsprechenden wahren Tatsachenkern besitzen. Was ist nun aber mit solchen Gerüchten, die nicht der Wahrheit entsprechen? Unproblematisch sind sicherlich all jene Fälle, in denen objektive Zweifel an dem Wahrheitsgehalt eines Gerüchts angebracht sind. Das gilt insbesondere für jene Fälle, die sich auf Umstände beziehen, die nach allgemeiner Lebenserfahrung nicht wahr sein können. Eine Pflicht zur Veröffentlichung einer Ad-hoc-Mitteilung besteht nicht. Anders kann es sich aber bei Gerüchten verhalten, die zwar auf Falschinformationen basieren, die aber vom Publikum als Tatsache behandelt werden.

Hier stellt sich in der Praxis die Frage, ob nicht die Emittenten zur Richtigstellung von Gerüchten verpflichtet sind, insbesondere dann, wenn diese etwa durch missverständliche Äußerungen eines Vorstands in Gang gesetzt oder genährt werden. Während bei der Veröffentlichung unwahrer Informationen durch den Emittenten selbst § 15 Abs. 2 Satz 2 WpHG greift, lässt sich eine generelle Verpflichtung der Emittenten zur Richtigstellung von Gerüchten nicht aus dem Gesetz ableiten. Andererseits steht das in § 15 Abs. 2 Satz 1 WpHG enthaltene Verbot einer Veröffentlichung von Informationen, die die Voraussetzungen für eine Ad-hoc-Publizitätspflicht offensichtlich nicht erfüllen, einer Richtigstellung jedenfalls wohl dann nicht entgegen, wenn das Stillschweigen des Emittenten dazu geeignet wäre, das Publikum über den Wahrheitsgehalt des Gerüchts irrezuführen.

2.2.2.3 Fehlende Öffentlichkeit der Umstände als Voraussetzung der Ad-hoc-Publizitätspflicht

Kaum Schwierigkeiten bereitet dagegen das Tatbestandsmerkmal der fehlenden Öffentlichkeit. So ist eine Information nur dann als Insiderinformation zu werten, wenn sie sich auf Umstände bezieht, die nicht bereits öffentlich bekannt sind. Mit ihrer Veröffentlichung verliert eine Information ihre Eigenschaft als Insiderinformation. Darauf zielt die Ad-hoc-Publizitätspflicht gemäß § 15 Abs. 1 WpHG im Sinne einer insiderrechtlichen Präventivmaßnahme ja letztlich auch ab.

So trivial der Aspekt der Öffentlichkeit zu sein scheint, so kontrovers wurde die Frage, wann eine Information öffentlich bekannt ist, in der juristischen Literatur diskutiert. Seit dem Inkrafttreten des Wertpapierhandelsgesetzes folgt die Mehrzahl der Autoren und auch die BaFin dem Konzept der *Bereichsöffentlichkeit*. Dieses Konzept geht auf die Regierungsbegründung zum Zweiten Finanzmarktförderungsgesetz zurück. In der Begründung zu § 13 Abs. 1 WpHG a. F. heißt es, eine Tatsache sei dann als öffentlich bekannt anzusehen, wenn es einer unbestimmten Anzahl von Personen möglich sei, von dieser Tatsache Kenntnis zu nehmen (vgl. Deutscher Bundestag (1994a), S. 46). Der Adressatenkreis ist demzufolge nicht bei der breiten Öffentlichkeit zu suchen, sondern bei den Marktteilnehmern, die regelmäßig berufsbedingt am Wertpapierhandel teilnehmen.

Diese Einschätzung ist nicht unwidersprochen geblieben. Dieser Widerspruch wurde überwiegend damit begründet, dass die Herstellung der bloßen Bereichsöffentlichkeit nicht im Einklang mit der EG-Börsenzulassungsrichtlinie stehe, die eine Information der breiten Öffentlichkeit verlange (vgl. dazu Dreyling, G.M./Schäfer, F.A. (2001), S. 111). Zudem wurde gegen das Konzept der Bereichsöffentlichkeit vorgebracht, dass bei Anwendung dieses Öffentlichkeitskonzepts Gewinne aus Insidergeschäften lediglich von Unternehmensinsidern auf Marktinsider verlagert würden (vgl. Schneider, D. (1993), S. 1432).

Konzept der Bereichsöffentlichkeit

In der Tat ist die Herstellung der *Bereichsöffentlichkeit* bei näherer Betrachtung kaum mit der Vorstellung eines gleichberechtigten Zugangs der professionellen und privaten Kapitalmarktteilnehmer zu kursrelevanten Unternehmensinformationen (*Fair Disclosure*) zu vereinbaren – einer Vorstellung, von der sich zuletzt auch die Europäische Union wieder leiten ließ. So heißt es in Artikel 6 der europäischen Marktmissbrauchsrichtlinie:

Fair Disclosure

> »Die Mitgliedstaaten sorgen dafür, dass alle Emittenten von Finanzinstrumenten Insider-Informationen, die sie unmittelbar betreffen, so bald als möglich der *Öffentlichkeit* bekannt geben. Unbeschadet der Maßnahmen, die getroffen werden können, um den Bestimmungen des Unterabsatzes *1* Folge zu leisten, sorgen die Mitgliedstaaten dafür, dass Emittenten alle Insider-Informationen, die sie der Öffentlichkeit mitteilen müssen, während eines angemessenen Zeitraums auf ihrer Internet-Site anzeigen.«

Auch die Tatsache, dass sowohl die EU-Marktmissbrauchsrichtlinie als auch die EU-Transparenz-Richtlinie verstärkt auf elektronische Publikationsmedien setzen, spricht an sich für einen erweiterten Begriff der Öffentlichkeit, der auf die Information des breiten Anlegerpublikums abzielt (anders Assmann, H.-D./ Schneider, U.H. (2006), S. 363). Letztlich hat sich aber das Konzept der Bereichsöffentlichkeit durchgesetzt. Nach herrschender Meinung ist dieses Konzept auch nach der Ersetzung des Begriffs der *Tatsache* durch den europarechtlich geprägten Begriff der *Insiderinformation* maßgebend für die Beurteilung der Frage, unter welchen Voraussetzungen eine Information als öffentlich bekannt einzustufen ist. Dieser Auffassung hat sich auch die BaFin angeschlossen, auch wenn im Emittentenleitfaden entgegen dem Grundgedanken des Konzeptes auf das *breite Anlegerpublikum* abgestellt wird.

Erweiterter Begriff der Öffentlichkeit

Negative Abgrenzung

Sobald das Tatbestandsmerkmal nicht öffentlich bekannt ist somit negativ abzugrenzen: Öffentlich bekannt ist eine Insiderinformation, wenn sie einer unbestimmten Zahl von Personen zugänglich gemacht wurde. Unerheblich ist dabei, ob der Emittent selbst die der Insiderinformation zugrunde liegenden Umstände – etwa im Rahmen einer Ad-hoc-Mitteilung – bekannt gibt oder diese auf sonstige Weise der Öffentlichkeit bekannt werden. In jedem Fall ist eine Insiderinformation also dann öffentlich bekannt, wenn sie nach dem in § 15 Abs. 7 Nr. 1 WpHG i. V. m. §§ 3 a, 3 b und 5 WpAIV normierten Verfahren veröffentlicht wurde.

Herstellung der Öffentlichkeit

Demzufolge ist die Öffentlichkeit hergestellt, wenn die Insiderinformation über ein elektronisch betriebenes Informationsverbreitungssystem, das bei den Kreditinstituten, den nach § 53 Abs. 1 Satz 1 KWG tätigen Unternehmen, anderen Unternehmen, die ihren Sitz im Inland haben und an einer inländischen Börse zur Teilnahme am Handel zugelassen sind, und Versicherungsunternehmen weit verbreitet ist, an die Öffentlichkeit gelangt. Eine Veröffentlichung in den Medien ist hingegen nicht erforderlich. Es genügt, dass die Information einem breiten Anlegerpublikum zeitgleich zugänglich ist.

Gerichtsöffentlichkeit

Dies ist etwa dann nicht der Fall, wenn ein für ein Unternehmen bedeutsames Gerichtsurteil öffentlich verkündet wird. Gleiches gilt für den Fall, dass der Vorstand eines Emittenten auf einer Hauptversammlung eine Insiderinformation mitteilt, selbst wenn dies in Erfüllung eines Auskunftsersuchens eines Aktionärs und in Erfüllung seiner Auskunftspflicht nach § 131 Abs. 1 AktG geschieht und die Hauptversammlung *live* im Internet übertragen wird. Denn weder bei der *Gerichtsöffentlichkeit* noch bei der Hauptversammlung handelt es sich um eine unbestimmte Anzahl von Personen (vgl. Dreyling, G. M./Schäfer, F. A. (2001), S. 111). Auch die Veröffentlichung der Insiderinformation in einem nur in einschlägigen Kreisen verbreiteten Börseninformationsdienst oder Newsboard genügt dem Erfordernis der Information einer unbestimmten Zahl von Personen nicht.

Geschlossener Personenkreis

Ebenso wenig ist es ausreichend, die der Insiderinformation zugrunde liegenden Umstände im Rahmen von Pressekonferenzen, Hintergrundgesprächen (*One on Ones*) mit Investoren, Analysten und Finanzjournalisten bekannt zu geben. Hier greift im Übrigen auch das in § 15 Abs. 5 Satz 1 WpHG normierte Verbot einer anderweitigen vorherigen Veröffentlichung von Insiderinformationen. Was für Investorengespräche, Analysten-Meetings und Pressekonferenzen gilt, gilt selbstverständlich erst recht für Kundenpräsentationen, Festvorträge oder Vorträge auf Konferenzen und Symposien. Diese Veranstaltungen richten sich gerade nicht an eine unbestimmte Zahl von Personen. Deshalb ist auch in keinem der genannten Fälle gewährleistet, dass die *Bereichsöffentlichkeit* hergestellt ist.

2.2.2.4 Unmittelbare Betroffenheit des Emittenten als Voraussetzung für das Vorliegen einer Ad-hoc-Publizitätspflicht

Unmittelbarkeit

Das Tatbestandsmerkmal der unmittelbaren Betroffenheit des Emittenten (*Unmittelbarkeit*) soll nach der Gesetzesbegründung zu § 15 Abs. 1 WpHG den Kreis der ad-hoc-publizitätspflichtigen Insiderinformationen eingrenzen (vgl. Deutscher Bundestag (2004), S. 35). Zur Konkretisierung des Begriffs der *Unmittelbarkeit* wird in § 15 Abs. 1 Satz 3 WpHG eine Formulierung des vor Inkrafttreten des AnSVG gültigen § 15 Abs. 1 Satz 1 WpHG a. F. aufgegriffen:

»Der Emittent von Finanzinstrumenten [...] muss Insiderinformationen, die ihn unmittelbar betreffen, unverzüglich veröffentlichen. Eine Insiderinformation betrifft den Emittenten insbesondere dann unmittelbar, wenn sie sich auf Umstände bezieht, die in seinem Tätigkeitsbereich eingetreten sind.«

Durch den zugegebenermaßen missverständlichen Zusatz insbesondere wollte der Gesetzgeber lediglich zum Ausdruck bringen, dass neben den Sachverhalten, die bereits nach der bis dahin geltenden Rechtslage der Ad-hoc-Publizitätspflicht unterlagen, zusätzlich auch solche Sachverhalte einer Veröffentlichungspflicht unterliegen können, die außerhalb der Einflusssphäre des Emittenten eintreten.

Einflusssphäre des Emittenten

Das Erfordernis der *Unmittelbarkeit* soll klarstellen, dass der Emittent nicht dazu verpflichtet ist, im Rahmen der Ad-hoc-Publizität allgemeine Informationen zu veröffentlichen. Die BaFin weist zudem in ihrem Emittentenleitfaden darauf hin, dass die in Frage stehende Information außerdem den Emittenten selbst und nicht nur die von ihm emittierten Finanzinstrumente betreffen muss (vgl. BaFin (2005), S. 41).

Dieser Grundsatz erfährt im Emittentenleitfaden eine Konkretisierung durch den folgenden Ausnahmekatalog des Komitees der europäischen Aufsichtsbehörden (CESR), der beispielhaft einige Insiderinformationen benennt, die den Emittenten lediglich mittelbar betreffen (vgl. hierzu BaFin (2005), S. 41):

- allgemeine Marktstatistiken,
- zukünftig zu veröffentlichende Ratingergebnisse, Research-Studien, Empfehlungen oder Vorschläge, die den Wert der börsennotierten Finanzinstrumente betreffen,
- allgemeine Zinssatzentwicklungen sowie Zinssatzentscheidungen,
- Entscheidungen der Regierungsbehörden bezüglich der Besteuerung, der Regulierung und des Schuldenmanagements,
- Entscheidungen über Regeln zur Marktaufsicht,
- wichtige Verfügungen durch Behörden oder andere öffentliche Institutionen (z. B. löst die Information darüber, dass die Finanzaufsicht Untersuchungen in Aktien des Emittenten wegen des Verdachts der Verletzung wertpapierhandelsrechtlicher Vorschriften aufgenommen hat, keine Ad-hoc-Publizitätspflicht aus),
- Entscheidungen über die Regeln der Indexzusammensetzung und -berechnung,
- Entscheidungen der Börsen, der Betreiber außerbörslicher Handelsplattformen und von Behörden zur jeweiligen Marktregulierung,
- Kauf- und Verkaufsaufträge in den Finanzinstrumenten des Emittenten,
- Veränderungen in den Handelsbedingungen (u. a. Wechsel des Zulassungs- oder Handelssegments, Wechsel des Handelsmodells, z. B. vom fortlaufenden Handel in das Einzelauktionsmodell; Wechsel des Market Makers).

Darüber hinaus geht die BaFin in folgenden Fällen grundsätzlich von einer lediglich mittelbaren Betroffenheit der Emittenten aus:

- Informationen über allgemeine Wirtschaftsdaten, politische Ereignisse, Arbeitslosenzahlen, Naturereignisse oder auch die Ölpreisentwicklung,
- Information über eine für den Emittenten relevante Veränderung der Situation des Konkurrenten (*z. B. bevorstehende Insolvenz eines Konkurrenten*),

- Informationen, die nur das Finanzinstrument selbst betreffen (z. B. Erwerb oder Veräußerung eines größeren Aktienpaketes durch eine Investmentgesellschaft aus Anlagegesichtspunkten),
- Aktiensplits.

Bezug zu den Finanzinstrumenten

Beide Kataloge sind nicht abschließend zu verstehen. Gemeinsam ist den dort beispielhaft aufgeführten Insiderinformationen, dass sie sich entweder auf Umstände aus dem Marktumfeld oder dem volkswirtschaftlichen Umfeld beziehen, die alle Unternehmen (jedenfalls einer bestimmten Branche) in gleicher Weise betreffen, oder aber auf Umstände, die zwar die emittierten Finanzinstrumente eines Emittenten betreffen, nicht hingegen den Emittenten selbst.

Mittelbare Betroffenheit

Zwei Dinge gibt es bei der Bewertung dieser Beispielkataloge nicht ad-hoc-publizitätspflichtiger Sachverhalte zu bedenken: Erstens können Umstände, die der Natur nach dem allgemeinen Marktumfeld zuzuordnen sind, sehr wohl eine Ad-hoc-Publizitätspflicht auslösen. Dies ist dann der Fall, wenn sich diese Umstände bei einem Emittenten in spezifischer Weise wirtschaftlich auswirken. Zu denken ist hierbei etwa an die Entscheidung einer Behörde, welche die Bildung von Rückstellungen oder eine kurserhebliche Prognosekorrektur zur Folge hat (vgl. BaFin (2005), S. 42). Zweitens gilt es zu bedenken, dass auch Insiderinformationen, die einen Emittenten nur mittelbar betreffen, ein Insiderhandelsverbot auslösen, selbst wenn sie nicht ad-hoc-publizitätspflichtig sind.

Externe Umstände

Erste Erfahrungen in der Anwendung dieser Vorschrift zeigen nach Auffassung der BaFin, dass nur wenige von außen kommende Umstände den Emittenten unmittelbar betreffen. Somit scheint der sachliche Anwendungsbereich der Ad-hoc-Publizität durch die Ausweitung auf externe Sachverhalte entgegen ersten Erwartungen der Kommentatoren nicht wesentlich ausgedehnt worden zu sein. Beispiele für von außen kommende – potenziell ad-hoc-publizitätspflichtige – Sachverhalte sind die Mitteilung der Abgabe eines Angebots zur Übernahme gegenüber der Zielgesellschaft im Rahmen einer Unternehmenstransaktion oder die Mitteilung des Großaktionärs über die Durchführung eines *Squeeze Out*-Verfahrens gegenüber dem Emittenten (vgl. BaFin (2005), S. 40).

2.2.2.5 Eignung der Umstände zur erheblichen Preisbeeinflussung als Voraussetzung für das Vorliegen einer Ad-hoc-Publizitätspflicht

Eignungspotenzial

Eine Insiderinformation löst gemäß § 15 Abs. 1 Satz 1 WpHG i. V. m. § 13 Abs. 1 Satz 1 WpHG nur dann eine Ad-hoc-Publizitätspflicht aus, wenn sie dazu geeignet ist, im Falle ihres öffentlichen Bekanntwerdens den Börsen- oder Marktpreis der Insiderpapiere *erheblich* zu beeinflussen. Die vor Inkrafttreten des Anlegerschutzverbesserungsgesetzes noch geforderte Kausalität zwischen den Auswirkungen des ad-hoc-publizitätspflichtigen Sachverhaltes (*Tatsache*) auf die Vermögens- oder Finanzlage oder den allgemeinen Geschäftsverlauf des Emittenten auf der einen Seite und seiner Eignung zur erheblichen Kursbeeinflussung auf der anderen Seite ist mit Inkrafttreten des AnSVG dagegen entfallen. Damit kommt es seither ausschließlich auf die Beurteilung des Kursbeeinflussungspotenzials, das einer Insiderinformation zu eigen ist, an. Das Merkmal der Erheblichkeit soll in erster Linie verhindern, dass jede Information, die im Falle ihres öffentlichen Bekanntwerdens noch so geringfügige Kursbewegungen auslösen könnte, automatisch auch eine Ad-hoc-Publizitätspflicht auslöst. Dahinter steht die Überlegung, dass eine schrankenlose Ausdehnung der Ad-hoc-Publizität auf alle kursbeeinflussenden Insiderinformationen eine dem gesetzlichen Transparenzgebot zuwider laufende Aufblähung des Meldungsaufkommens zur Folge hätte. Kursbewegungen unterhalb der Erheblichkeitsschwelle lösen deshalb keine Ad-hoc-Publizitätspflicht aus.

Das Kriterium der *Eignung zur erheblichen Preisbeeinflussung* verlangt von den Emittenten eine einzelfallbezogene Einschätzung, wie der Börsen- oder Marktpreis der Insiderpapiere auf die Veröffentlichung der potenziell ad-hoc-publizitätspflichtigen Umstände reagieren würde. Die Beurteilung ist *ex ante* anhand von objektiven – nachvollziehbaren – Maßstäben vorzunehmen. Dabei ist allein auf die mögliche *Eignung* zur erheblichen Kursbeeinflussung abzustellen. Unerheblich ist dagegen, ob sich der Kurs des Insiderpapiers nach dem öffentlichen Bekanntwerden der Insiderinformation auch tatsächlich erheblich verändert hat oder nicht. Allerdings kann die dann eingetretene Kursbewegung als Indiz für das Preisbeeinflussungspotenzial der zu bewertenden Information herangezogen werden (vgl. BaFin (2005), S. 22). Dieser im Emittentenleitfaden enthaltene Hinweis ist insoweit von Bedeutung, als eine Auswertung der Kursreaktionen auf die Veröffentlichung von Ad-hoc-Mitteilungen dazu beitragen kann, eine unternehmensspezifische Kasuistik zu entwickeln, anhand derer sich künftige Einschätzungen des Ad-hoc-Publizitäts-Gremiums hinsichtlich des Preisbeeinflussungspotenzials einer Insiderinformation zusätzlich absichern lassen.

Einzelfallbezogene Prüfung

Der Beurteilungsmaßstab, der bei der Bestimmung des Preisbeeinflussungspotenzials anzulegen ist, ergibt sich aus § 13 Abs. 1 Satz 2 WpHG, der eine Vorgabe der Durchführungsrichtlinie 2003/124/EG zur EU-Marktmissbrauchsrichtlinie umsetzt. Entscheidend ist danach, ob ein *verständiger Anleger* die Information bei seiner Anlageentscheidung berücksichtigen würde oder – wie es die EG-Richtlinie formuliert – ob ein verständiger Anleger die Information »als *Teil der Grundlage seiner Anlageentscheidungen* nutzen würde«. Mit dieser Vorgabe hat der Gesetzgeber zwar einerseits die bis dahin in der juristischen Literatur geführte Kontroverse über den bei der Bemessung des Kursbeeinflussungspotenzials anzuwendenden Beurteilungsmaßstab zugunsten des subjektiven Ansatzes beendet, zugleich aber neue Rechtsunsicherheit geschaffen, indem die Bewertungsprobleme auf eine abstrakte Ebene verlagert werden.

Verständiger Anleger

Wer es – sei es als IR-Manager, Fondsmanager oder Journalist – gewohnt ist, Einschätzungen über die Kursentwicklung eines Wertpapiers abzugeben, weiß, dass eine fehlerfreie Prognose so gut wie unmöglich ist – zu vielfältig sind die Einflüsse, die auf die Wertentwicklung einwirken. Wolfram weist in diesem Zusammenhang zu Recht auf die Erkenntnisse der verhaltensorientierten Kapitalmarktforschung (*Financial Behaviour*) hin. Demzufolge richten die Marktakteure ihre Anlageentscheidungen keineswegs nur an streng rationalen Gesichtspunkten aus. Der *verständige Anleger* handelt also mithin nicht zu 100 Prozent *mit Verstand* (vgl. Wolfram, J. (2005), S. 74).

Begrenzte Rationalität von Anlageentscheidungen

Dieser Einwand trägt umso mehr, als ein allgemein akzeptiertes Modell zur Erklärung und Prognose der Preisentwicklung an Kapitalmärkten nicht existiert und vermutlich auch nie existieren wird. Je nach Marktlage und -sentiment hat etwa die *Technische Analyse* genau dieselbe Existenzberechtigung wie die *Fundamentalanalyse*. Kapitalmarkttheoretisch betrachtet ist die Nutzung unterschiedlicher Prognosemodelle, die mitunter bei identischer Informations-

Mangel an allgemein akzeptiertem Prognosemodell

Theorie des Handlungsanreizes

lage zu einander entgegengesetzten Handlungsempfehlungen gelangen, sogar eine zwingende Existenzbedingung für ein stabiles Gleichgewicht an den Börsen.

Indes, jenseits aller theoretischen Betrachtungen zählt die Erkenntnis, dass sich mit Insiderinformationen wirtschaftliche Sondervorteile erzielen lassen, zum Alltagswissen. Und genau diese Erkenntnis sollte den Ausgangspunkt bei der Beurteilung des Preisbeeinflussungspotenzials einer Information bilden. Wenn wir zu der Einschätzung gelangen, dass unter Berücksichtigung der mit einer Transaktion verbundenen Kosten und Risiken ein Kauf- oder Verkaufsanreiz gegeben ist, mithin das gesetzliche Insiderhandelsverbot greifen würde, ist dies ein Indiz dafür, dass die in Frage stehende Information – jedenfalls dem Grundsatz nach – *ad hoc* offenzulegen ist. Damit besitzen jene Umstände keine hinreichende Ad-hoc-Relevanz, in denen die Verwertung der nicht öffentlich bekannten Information von vornherein keinen nennenswerten wirtschaftlichen Vorteil verspricht oder ein Anreiz, diese Information zu verwerten, angesichts des inhärenten Risikos von Kursschwankungen nicht besteht. Eine Ad-hoc-Publizitätspflicht ist aus dieser Perspektive betrachtet nur dann anzunehmen, wenn die betreffende Insiderinformation zumindest so schwer wiegt, dass mit der missbräuchlichen Verwertung ihrer Kenntnis ein halbwegs sicherer Sondervorteil erzielt werden kann (vgl. BaFin (2005), S. 22).

Typische Fallgruppen

Eine Orientierungshilfe bietet der Katalog ad-hoc-publizitätspflichtiger Insiderinformationen aus dem Emittentenleitfaden (vgl. hierzu BaFin (2005), S. 43 f.) und die alljährliche Meldestatistik der Bundesanstalt für Finanzdienstleistungsaufsicht. Danach lassen sich folgende typische Fallgruppen unterscheiden:

- Veräußerung von Kerngeschäftsfeldern, Rückzug aus bestehenden oder Aufnahme von neuen Kerngeschäftsfeldern,
- Verschmelzungsverträge, Ein-/Ausgliederungen, Umwandlungen, Spaltungen sowie andere wesentliche Strukturmaßnahmen,
- Beherrschungs- und/oder Gewinnabführungsverträge,
- Erwerb oder Veräußerung von wesentlichen Beteiligungen,
- Übernahme- und Abfindungs-/Kaufangebote,
- Kapitalmaßnahmen *(inkl. Kapitalberichtigung)*,
- wesentliche Änderung der Ergebnisse der Jahresabschlüsse oder Zwischenberichte gegenüber früheren Ergebnissen oder Marktprognosen,
- Änderung des Dividendensatzes,
- bevorstehende Zahlungseinstellung/Überschuldung, Verlustanzeige nach § 92 AktG, kurzfristige Kündigung wesentlicher Kreditlinien,
- Verdacht auf Bilanzmanipulation, Ankündigung der Verweigerung des Jahresabschlusstestats durch den Wirtschaftsprüfer,
- Erhebliche außerordentliche Aufwendungen *(z. B. nach Großschäden oder Aufdeckung krimineller Machenschaften)* oder erhebliche außerordentliche Erträge,
- Ausfall wesentlicher Schuldner,
- Abschluss, Änderung oder Kündigung besonders bedeutender Vertragsverhältnisse (einschließlich Kooperationsabkommen),
- Restrukturierungsmaßnahmen mit erheblichen Auswirkungen auf die künftige Geschäftstätigkeit,

- Bedeutende Erfindungen, Erteilung bedeutender Patente und Gewährung wichtiger (aktiver/passiver) Lizenzen,
- maßgebliche Produkthaftungs- oder Umweltschadensfälle,
- Rechtsstreitigkeiten von besonderer Bedeutung,
- überraschende Veränderungen in Schlüsselpositionen des Unternehmens (z. B. Vorstandsvorsitzender, Aufsichtsratsvorsitzender, überraschender Ausstieg des Unternehmensgründers),
- überraschender Wechsel des Wirtschaftsprüfers,
- Antrag des Emittenten auf Widerruf der Zulassung zum Amtlichen Handel oder Geregelten Markt, wenn nicht noch an einem anderen inländischen organisierten Markt eine Zulassung aufrechterhalten wird,
- Lohnsenkungen oder Lohnerhöhungen,
- Beschlussfassung des Vorstands, von der Ermächtigung der Hauptversammlung zur Durchführung eines Rückkaufprogramms Gebrauch zu machen.

Die Aussagekraft derartiger Kataloge ist jedoch zwangsläufig beschränkt. Denn bei der Beurteilung eines Sachverhaltes auf seine Ad-hoc-Relevanz kommt es stets auf die jeweiligen Umstände des konkreten Einzelfalls an. Die hier aufgeführten Beispiele können deshalb nur als Empfehlung verstanden werden, bei Vorliegen der genannten Sachverhalte eine Überprüfung der Umstände im konkreten Einzelfall hinsichtlich einer Ad-hoc-Publizitätspflicht vorzunehmen.

Begrenzte Aussagekraft von Beispielkatalogen

Kontrovers wird in der juristischen Literatur diskutiert, unter welchen Voraussetzungen eine Kursbeeinflussung als erheblich bezeichnet werden kann. Ein Teil der Literatur, die vor Inkrafttreten des AnSVG veröffentlicht wurde, hatte – getragen von einer missverständlichen Formulierung in der Begründung zum Zweiten Finanzmarktförderungsgesetz – das Vorliegen der Voraussetzungen für eine sogenannte *einfache Plus-/Minus-Ankündigung* als Anhaltspunkt für eine erhebliche Kursbewegung betrachtet. So hatte sich bald nach Inkrafttreten des Wertpapierhandelsgesetzes die Auffassung herausgebildet, wonach eine zu erwartende Kursänderung von mindestens 5 Prozent bei Aktien, 1,5 Prozent bei Rentenpapieren und 10 Prozent bei Optionsscheinen als *erheblich* zu gelten habe. Die Idee einer objektiven Erheblichkeitsschwelle ist aber nicht unwidersprochen geblieben und konnte sich letzten Endes nicht durchsetzen.

Erheblichkeitsschwelle

Als alternativer Kurserheblichkeitsmaßstab wurde frühzeitig das Ergebnis je Aktie nach dem Berechnungsschema der DVFA und der Schmalenbach-Gesellschaft vorgeschlagen. Nach dem vor allem von Loistl ausgearbeiteten Konzept ist von der Kurserheblichkeit eines Sachverhalts dann auszugehen, wenn dieser dazu geeignet ist, eine Veränderung des Ergebnisses je Aktie – ermittelt nach DVFA – im jeweils laufenden Jahr oder im Folgejahr um über 5 Prozent gegenüber dem Vorjahr, in den darauf folgenden fünf Jahren zusammen um über 10 Prozent, basierend auf dem Ergebnis des laufenden Jahres, herbeizuführen (vgl. Loistl, O. (1997), S. 94). Dieses Konzept konnte sich jedoch ebenfalls nicht durchsetzen. Kritik wurde vor allem an der für die Beurteilung der Kurserheblichkeit notwendigen Quantifizierung der wirtschaftlichen Auswirkungen geübt. Letztlich wurde das Bemessungsproblem durch dieses Konzept nur auf eine andere Ebene verlagert, nicht aber abschließend gelöst. Zudem wurde vorgebracht, dass das von Loistl entwickelte Kurserheblichkeitskonzept keine Sachverhalte erfasst, die keinen unmittelbaren Einfluss auf das

DVFA/SG-Ergebnis

DVFA/SG-Ergebnis haben (vgl. hierzu Dreyling, G.M./Schäfer, F.A. (2001), S. 121).

Konkretisierungsgrad und Überraschungspotenzial

So sehr aus Sicht der Emittenten zur Konkretisierung des Merkmals der Erheblichkeit eine eindeutige größenmäßige Begriffsbestimmung wünschenswert ist, steht dem jedoch die Vielzahl der Einflussfaktoren auf die Kursentwicklung an den Börsen und die unterschiedliche Kurssensibilität der verschiedenen Finanzinstrumente entgegen. Entscheidend ist auch hier die Betrachtung des konkreten Einzelfalls. Bei der Bewertung der Umstände im konkreten Einzelfall muss der unternehmensinterne Kontext ebenso Berücksichtigung finden wie Bezüge aus dem Kapitalmarktumfeld, die einen Kurseffekt gleichermaßen verstärken oder abschwächen können. Es liegt auf der Hand, dass neben der Schwere des Ereignisses der Konkretisierungsgrad der Information und das Überraschungspotenzial zentrale Bestimmungsgrößen des Preisbeeinflussungspotenzials sind. Speziell bei Prognosen und Gerüchten spielt zudem die Glaubwürdigkeit und Vertrauenswürdigkeit der Informationsquelle eine zentrale Rolle für die Stärke einer Kursreaktion.

Aktive Informationspolitik

Wolfram weist in diesem Zusammenhang zu Recht auf die Bedeutung einer aktiven Informationspolitik für die Kursrelevanz potenziell ad-hoc-publizitätspflichtiger Informationen hin (vgl. Wolfram, J. (2005), S. 75 f.). Wenngleich dem (vermeintlichen) Ideal einer Informationspolitik, die ohne jede Ad-hoc-Mitteilung auskommt, die unvorhersehbaren Wechselfälle des Wirtschaftslebens entgegenstehen, so trägt doch eine zeitnahe Offenlegung von kapitalmarktrelevanten Informationen ohne Frage dazu bei, extreme Kursausschläge weitgehend zu verhindern. Nicht ohne Grund rückt das Management der Erwartungen seit einigen Jahren immer stärker in den Fokus der Investor Relations. Ein wichtiger Indikator für die Markterwartungen sind die Gewinnschätzungen der Analysten. Je näher die *EPS*-Schätzungen beieinander liegen, desto geringer ist etwa mit Blick auf die Periodenergebnisse das Überraschungspotenzial. Kleine und mittlere Unternehmen stehen dabei vor der Schwierigkeit, dass vielfach keine qualifizierte *Coverage* mehr gewährleistet ist, ähnlich verhält es sich mit der Medienpräsenz. Das bedeutet in letzter Konsequenz, dass ein Umstand, wie etwa der Abschluss oder die Kündigung eines bedeutenden Vertrages, bei *Small* und *Mid Caps* in der Regel stärker auf den Kurs durchschlägt als bei *Big Caps*.

Financial Forecasts

Ein weiterer Maßstab für die Bemessung des Preisbeeinflussungspotenzials sind die im Rahmen der Prognosepublizität veröffentlichten Planzahlen, die einen Anker für die Erwartungen der Kapitalmarktteilnehmer bilden – vorausgesetzt, das Management kann einen positiven *Financial Track Record* vorweisen und den Prognosen wird das nötige Vertrauen entgegengebracht. Ebenso wichtig sind die sonstigen Veröffentlichungen des Emittenten.

Schwere des Ereignisses

Grundsätzlich muss bei der Beurteilung des Kursbeeinflussungspotenzials also sowohl die *Schwere des Ereignisses*, d. h. das Gewicht der in Frage stehenden Umstände, als auch die Liquidität der Finanzinstrumente berücksichtigt werden. Die Umstände, auf die sich die Insiderinformationen beziehen, müssen für sich betrachtet nach allgemeiner Erfahrung ein hinreichendes Kursbeeinflussungspotenzial besitzen. Dabei spielen unternehmensspezifische Faktoren wie Größe, Struktur, Diversifikationsgrad und Marktanteil des Unternehmens eine ebenso wichtige Rolle wie marktbezogene Faktoren, wie etwa Wettbewerbssituation und Konzentrationsgrad der Branche. Bei Umständen, die mehrere Emittenten betreffen, wie etwa Kooperationen, wechselseitige Beteiligungen oder Fusionen, kann deshalb ein und derselbe Umstand ein in seiner Stärke und Richtung vollkommen unterschiedliches Kursbeeinflussungspotenzial entfalten.

Die sonstigen Marktverhältnisse, die Verfassung der Märkte sowie die übrigen außerhalb des Unternehmens liegenden Umstände, wie etwa die Nachrichtenlage bei den Unternehmen der *Peer Group* oder auch dem Investitionsverhalten der institutionellen Anleger, spielen bei der Beurteilung allenfalls insoweit eine Rolle, als diese Faktoren die Stärke der zu erwartenden Kursreaktion beeinflussen können. Soweit diese Umstände hinreichend konkret sind und das Kursbeeinflussungspotenzial nach allgemeiner Erfahrung erhöhen oder auch vermindern können, müssen diese ebenfalls berücksichtigt werden.

Marktverfassung

Was Kursschwankungen betrifft, so ist zu berücksichtigen, dass nicht jede Kursbewegung ihre Ursache im Unternehmen haben muss. Vielmehr kann der Kurs eines Finanzinstruments auch von der Verfassung des Gesamtmarktes oder der Branche oder anderen externen Faktoren beeinflusst werden. Deshalb kann bei der Beurteilung der Kurserheblichkeit die übliche Schwankungsbreite des Finanzinstruments (Volatilität) nicht außer Acht bleiben. Das Kursbeeinflussungspotenzial ist vielmehr stets in Relation zu der normalen Schwankungsbreite des betreffenden Finanzinstruments zu sehen. Nach Einschätzung des damaligen Bundesaufsichtsamtes für den Wertpapierhandel war von einer erheblichen Kursrelevanz auszugehen, wenn eine das übliche Maß der Schwankungen deutlich übersteigende Kursänderung zu erwarten ist (vgl. BaFin/BAWe (1998 a), S. 38).

Normale Schwankungsbreite des Finanzinstruments

Bei dieser Betrachtung sind rein marktbedingte Kursbewegungen zu eliminieren. Die Ergeblichkeitsschwelle wird danach bei Finanzinstrumenten, die eine stetige Kursentwicklung aufweisen, eher erreicht sein als bei Finanzinstrumenten, deren Kurs eine höhere Schwankungsbreite aufweist. In einem engen Zusammenhang mit der Volatilität steht die Liquidität eines Finanzinstruments. Mit zunehmender Liquidität sinkt das Kursbeeinflussungspotenzial eines Ereignisses. Aufgrund der vielfältigen Einflussfaktoren stellt die BaFin bei ihrer Aufsichtspraxis nicht auf die absoluten Kursänderungen ab, sondern auf die relative Änderung zu vergleichbaren Wertpapieren oder einen Marktindex.

Marktbedingte Kursbewegung

Die BaFin empfiehlt zunächst einmal zu überprüfen, ob der Umstand für sich allein betrachtet zum Zeitpunkt der Prüfung nach allgemeiner Erfahrung ein erhebliches Kursbeeinflussungspotenzial haben kann. In einem zweiten Schritt sollten die vorliegenden oder absehbaren konkreten Umstände des Einzelfalls dahingehend überprüft werden, ob sie geeignet sind, das Preisbeeinflussungspotenzial zu erhöhen oder zu vermindern (vgl. BaFin (2005), S. 23).

Zweistufige Eignungsprüfung

2.2.3 Wann muss veröffentlicht werden? Vorabmitteilung und Veröffentlichung der Insiderinformationen

Das richtige *Timing* ist in der Praxis der Ad-hoc-Publizität für die Emittenten von zentraler Bedeutung. Dies ergibt sich allein schon aus dem Umstand, dass eine vor Herstellung der Öffentlichkeit erfolgte anderweitige Weitergabe von Insiderinformationen ebenso verboten ist wie eine verzögerte Veröffentlichung oder die Veröffentlichung irreführender und unwahrer Informationen. Daraus

Timing der Ad-hoc-Publizität

folgt, dass die Emittenten gut beraten sind, die gesetzlichen Vorgaben in Bezug auf den Zeitpunkt der Veröffentlichung genau zu beachten. Dennoch legen die Ergebnisse von Studien zum Timing der Ad-hoc-Mitteilungen die Vermutung nahe, dass einzelne Emittenten in der Vergangenheit die Veröffentlichung von Pflichtmitteilungen wiederholt verzögert haben. Auffällig ist etwa die teilweise zu beobachtende Häufung von Mitteilungen außerhalb der Handelszeiten (vgl. Leis, J./Nowak, E. (2001) S. 107 ff.). Hierzu beigetragen haben könnte eine missverständliche Formulierung in dem mittlerweile außer Kraft gesetzten Emittentenleitfaden aus dem Jahr 1998. Mit Blick auf das Risiko einer Kursaussetzung bei Veröffentlichung einer Ad-hoc-Mitteilung während der Handelszeiten riet das Bundesaufsichtsamt für den Wertpapierhandel, die für den Tatsacheneintritt maßgeblichen Umstände so zu terminieren, dass die Mitteilung einer preisbeeinflussenden Tatsache außerhalb der täglichen Handelsperiode erfolgen kann, sofern dies mit der Pflicht zur unverzüglichen Mitteilung und Veröffentlichung vereinbar ist (vgl. BaFin/BAWe/Deutsche Börse (1998), S. 45).

2.2.3.1 Unverzüglichkeit der Veröffentlichung

Angemessener Prüfungszeitraum

Sowohl die Vorabmitteilung als auch die Veröffentlichung haben unverzüglich zu erfolgen. Nach der allgemeinen bürgerlich-rechtlichen Regel des § 121 Abs. 1 Satz 1 BGB bedeutet dies, dass der Emittent seiner Verpflichtung zur Offenlegung *ohne schuldhaftes Verzögern* nachkommen muss. Dabei wird dem Emittenten jedoch ein gewisser Prüfungszeitraum zugestanden, in dem er mögliche Auswirkungen eines Ereignisses sorgfältig daraufhin überprüfen kann, ob ein veröffentlichungspflichtiger Umstand vorliegt. Auch kann der Emittent bei der Beurteilung externen Sachverstand hinzuziehen, etwa um eine Markt- oder Rechtseinschätzung einzuholen oder auch um zu prüfen, ob die Voraussetzungen für eine Selbstbefreiung gegeben sind. Die Prüfung darf allerdings nicht in rechtsmissbräuchlicher Weise ausgedehnt oder hinausgezögert werden.

Kein zeitlicher Gestaltungsspielraum

Mit anderen Worten: Ist ein Umstand als ad-hoc-publizitätspflichtig einzustufen, dann haben sowohl die Vorabmitteilung als auch die Veröffentlichung sofort zu erfolgen, und zwar unabhängig von den Börsenhandelszeiten. Eine Aktivierung der Selbstbefreiung scheidet aus, wenn die dafür notwendigen Voraussetzungen nicht erfüllt sind. Eine Terminierung der Veröffentlichung unter Opportunitätsgesichtspunkten ist von § 15 Abs. 3 Satz 1 WpHG ausdrücklich nicht gedeckt.

Compliance Management

Um dieser Verpflichtung jederzeit nachkommen zu können, sind die Emittenten dazu verpflichtet, die hierfür notwendigen organisatorischen Vorkehrungen zu treffen. Dazu gehört auch, dass bei vorhersehbaren Ereignissen die für eine Veröffentlichung notwendigen Vorarbeiten geleistet werden. Zudem ist sicherzustellen, dass bei der internen Kommunikation keine vermeidbaren Verzögerungen auftreten. Wenn die Insiderinformation an einer Stelle des Unternehmens entsteht, die selbst nicht berechtigt ist, über die Veröffentlichung zu entscheiden, so muss durch die unternehmensinterne Organisation sichergestellt sein, dass die Information unverzüglich einer entscheidungsberechtigten Person oder dem Ad-hoc-Publizitäts-Gremium zugeleitet wird (vgl. BaFin (2005), S. 66).

2.2.3.2 Veröffentlichungsweg

Seit der letzten WpHG-Novelle ist das bei der Veröffentlichung von Insiderinformationen anzuwendende Verfahren merklich komplizierter geworden. So trat mit Inkrafttreten des TUG neben die besondere Veröffentlichungspflicht, bei der der ad-hoc-publizitätspflichtige Emittent die Veröffentlichung als solche schuldet, eine allgemeine Veröffentlichungspflicht, bei der der Emittent die Ad-hoc-Mitteilung zusätzlich in bestimmten Medien mit dem Ziel einer europaweiten Verbreitung zur Verfügung stellen muss. Neu hinzugekommen ist zudem die Pflicht, die Ad-hoc-Mitteilung unverzüglich nach ihrer Veröffentlichung zur Speicherung an das Unternehmensregister zu übermitteln. Die für den Veröffentlichungsweg einschlägigen Bestimmungen finden sich in §§ 3a und 5 WpAIV.

Allgemeine Veröffentlichungspflicht

§ 5 WpAIV sieht für die Veröffentlichung einer Insiderinformation zwei zulässige Verbreitungswege vor, die kumulativ – nicht hingegen alternativ – einzuhalten sind. Danach ist der Emittent dazu verpflichtet, die Öffentlichkeit zunächst über ein elektronisch betriebenes Informationsverbreitungssystem, das bei Kreditinstituten, nach § 53 Abs. 1 Satz 1 KWG tätigen Unternehmen, inlandsansässigen und an einer inländischen Börse zur Teilnahme am Börsenhandel zugelassenen Unternehmen sowie Versicherungsunternehmen weit verbreitet ist, herzustellen. Von dieser Veröffentlichungspflicht ausgenommen sind Emittenten im Sinne des § 2 Abs. 7 Nr. 2 WpHG, Emittenten also, für die nicht die Bundesrepublik Deutschland, sondern ein anderer Mitgliedstaat der Europäischen Union oder ein anderer EWR-Vertragsstaat der Herkunftsstaat ist, deren Wertpapiere aber nur im Inland zum Handel an einem organisierten Markt zugelassen sind.

Zulässige Verbreitungswege

Sofern der Emittent über eine eigene Webseite verfügt, ist die Ad-hoc-Meldung zudem zusätzlich auch für die Dauer von mindestens einem Monat auf dieser Webseite einzustellen, und zwar unter einer Seite, die von der Hauptseite aus leicht auffindbar ist und unter einer aussagekräftigen, inhaltlich einschlägigen Rubrik eingeordnet ist. Die Verpflichtung besteht aber auch bereits dann, wenn der Emittent lediglich über eine Hauptseite verfügt. In diesem Fall empfiehlt die BaFin eine entsprechende Unterseite einzurichten (vgl. BaFin (2005), S. 65). Die Veröffentlichung auf der Webseite darf jedoch nicht vor der Veröffentlichung über ein elektronisch betriebenes Informationsverbreitungssystem erfolgen.

Internetseite des Emittenten

Zeitgleich mit der Veröffentlichung ist den Geschäftsführungen der inländischen organisierten Märkte, an denen die Finanzinstrumente oder Derivate auf diese Finanzinstrumente gehandelt werden, sowie der BaFin unverzüglich ein Beleg der Veröffentlichung zu übersenden. Ein Beleg über die Veröffentlichung in einem elektronisch betriebenen Informationsverbreitungssystem reicht hierbei aus, nicht erforderlich ist ein Beleg über die Veröffentlichung auf der Webseite des Emittenten. Aus dem Beleg muss sich der Zeitpunkt der Veröffentlichung ergeben. Die Übersendung kann schriftlich oder elektronisch erfolgen. In der Praxis wird dies von den Ad-hoc-Dienstleistern übernommen. Nach der im Einklang mit den Bestimmungen des § 5 WpAIV erfolgten Veröffentlichung sind die Emittenten zudem dazu verpflichtet, die Insiderinformationen unverzüglich zur Speicherung an das Unternehmensregister zu übermitteln.

Nachweis über die Veröffentlichung

Europaweite Verbreitung Daneben muss der Emittent die Ad-hoc-Meldungen im Einklang mit § 3 a WpAIV einem Bündel aus verschiedenen Medien zuleiten, darunter auch solchen Medien, die die Informationen möglichst zeitnah und rasch aktiv in der gesamten Europäischen Union und in den EWR-Vertragsstaaten verbreiten können. Für die Erfüllung der Veröffentlichungspflicht aus § 3 a WpAIV reicht es dabei aus, wenn die Information den betreffenden Medien zugeleitet wird. Der Emittent muss nicht sicherstellen, dass seine Information auch tatsächlich veröffentlicht wird. Der allgemeinen Veröffentlichungspflicht ist Genüge getan, wenn bei der Übersendung der Information an die Medien gewährleistet ist, dass dabei das Ziel, die Information als eine vorgeschriebene Information zu verbreiten, erkennbar ist. Bei der Erfüllung der Veröffentlichungspflichten können sich die Emittenten eines darauf spezialisierten Informationsdienstleisters (*Service Provider*) bedienen (siehe hierzu auch Kapitel 1.1.8.2).

Vorabinformation Geblieben ist auch nach Inkrafttreten des TUG die Pflicht des ad-hoc-pflichtigen Emittenten, der BaFin die zu veröffentlichende Information vorab mitzuteilen. Die Pflicht zur vorgängigen Information der Börsen wurde jedoch dahingehend eingeschränkt, dass nunmehr nur noch die inländischen organisierten Märkte, an denen die Finanzinstrumente oder die sich darauf beziehenden Derivate gehandelt werden, informiert werden müssen.

2.2.3.3 Selbstbefreiung von der Ad-hoc-Publizität

Eigenverantwortliche Entscheidung Die Befreiungsregelung hat durch das Anlegerschutzverbesserungsgesetz eine grundlegende Neuregelung erfahren. An die Stelle der Administrativbefreiung ist mit Inkrafttreten des AnSVG die Möglichkeit einer Selbstbefreiung getreten, die Entscheidung über eine Suspendierung von der Ad-hoc-Publizitätspflicht ist mithin in die Verantwortung der Emittenten übergegangen. Diese können nach der neuen Rechtslage den Aufschub der Veröffentlichung eigenverantwortlich vornehmen, wenn bestimmte Voraussetzungen erfüllt sind. Die Selbstbefreiung von der Ad-hoc-Publizität wurde dabei vom Gesetzgeber als Ausnahme konzipiert, die jedoch mit substanziellen Auflagen verbunden ist.

Berechtige Interessen Grundvoraussetzung für einen legalen Aufschub der Veröffentlichung ist, dass der Emittent *berechtigte Interessen* geltend machen kann, die durch eine Veröffentlichung der Insiderinformation verletzt würden. Um zu verhindern, dass die Emittenten die Ad-hoc-Publizitätspflicht durch eine schrankenlose Aktivierung der Selbstbefreiung aushebeln, sind die Emittenten dazu verpflichtet, die Interessen des Unternehmens an einer Geheimhaltung in jedem konkreten Einzelfall mit den Interessen der Anleger an einer Veröffentlichung abzuwägen.

Voraussetzung für eine Selbstbefreiung Nach § 15 Abs. 3 WpHG kann der Emittent von der Selbstbefreiung solange Gebrauch machen, wie es der Schutz seiner berechtigten Interessen erfordert – vorausgesetzt, es ist keine Irreführung der Öffentlichkeit zu befürchten und der Emittent kann die Vertraulichkeit der Insiderinformation gewährleisten.

Wiederaufleben der Ad-hoc-Publizitätspflicht Entfällt der Grund für die Befreiung, so ist die Veröffentlichung unverzüglich nachzuholen, sofern dann noch eine publizitätspflichtige Insiderinformation vorliegt. So sind in der Praxis durchaus Konstellationen denkbar, bei denen im Befreiungszeitraum die Umstände, die eine Ad-hoc-Publizitätspflicht begründen, entfallen, etwa wenn Verhandlungen über die Beibehaltung einer gekündigten Kreditlinie zu einem positiven Ergebnis gelangen und die Bank die ursprünglich ausgesprochene Kündigung der Kreditlinie ohne substanzielle

Auflagen zurücknimmt. Aus Gründen der Transparenz und der administrativrechtlichen Effizienz hat der Gesetzgeber bewusst in Kauf genommen, dass in diesen Fällen weder eine Mitteilung an die BaFin erfolgt, noch eine Veröffentlichung vorgenommen wird.

Anders verhält es sich dagegen, wenn die Voraussetzungen für eine Aktivierung der Selbstbefreiung entfallen sind und die Insiderinformation nach Ablauf des Befreiungszeitraums als publizitätspflichtig einzustufen ist. Dies wäre in dem oben genannten Beispiel der Fall, wenn die Verhandlungen über die Aufrechterhaltung der Kreditlinie scheiterten und der durch die Kündigung der Kreditlinie entstandene Liquiditätsengpass zwischenzeitlich auch nicht durch andere Maßnahmen beseitigt werden konnte. In diesem Fall wäre die Veröffentlichung der Insiderinformation unverzüglich nachzuholen. Dabei ist der Emittent dazu verpflichtet, der BaFin zusammen mit der obligatorischen Vorabmitteilung auch

Nachträgliche Unterrichtung der BaFin

- die Gründe für die Befreiung,
- den Zeitpunkt der Entscheidung über den Aufschub der Veröffentlichung,
- die Zeitpunkte der späteren Überprüfungstermine,
- den Zeitpunkt der Entscheidung über die nunmehr vorzunehmende Mitteilung und Veröffentlichung sowie
- die Daten, die eine Identifizierung aller an der Entscheidung beteiligten Personen ermöglichen,

mitzuteilen. Der Umfang der Begründung hängt vom konkreten Einzelfall ab. Die Begründung sollte jedoch so aussagekräftig sein, dass die BaFin die Rechtmäßigkeit der Selbstbefreiung anhand der Ausführungen bewerten kann. Ein besonderes Augenmerk sollten die Emittenten dabei auf die Interessenabwägung und die Gründe für die Annahme des berechtigten Interesses legen. So weist die BaFin im Leitfaden darauf hin, dass pauschale Begründungen nicht ausreichen (vgl. BaFin (2005), S. 54).

Aussagekräftige Begründung

Aus der Tatsache, dass sich die Emittenten bei jeder Aktivierung der Selbstbefreiung dem Vorwurf einer verzögerten oder unterlassenen Veröffentlichung ausgesetzt sehen könnten, folgt, dass der gesamte Entscheidungsprozess umfassend dokumentiert werden sollte. Dies verlangt im Übrigen auch die BaFin. Für die Dokumentationspflichten macht es dabei keinen Unterschied, ob die Veröffentlichung zu einem späteren Zeitpunkt nachgeholt wird oder nicht. Denn in späteren Ermittlungsverfahren muss der Emittent die Selbstbefreiung mit einer schriftlichen *ex ante*-Begründung darstellen (vgl. Wolfram, J. (2005). S. 93).

Umfangreiche Dokumentation

Dies setzt voraus, dass im Unternehmen auch die organisatorischen Voraussetzungen für die Einhaltung der Ad-hoc-Publizitätspflicht geschaffen werden. Selbst kleinere Unternehmen sind deshalb wohl gut beraten, die Position eines *Compliance Officers* einzurichten, bei dem alle Fäden zusammenlaufen. Auch die Schaffung von Vertraulichkeitsbereichen und die Einrichtung eines Ad-hoc-Gremiums erweist sich vor diesem Hintergrund als nahezu unabdingbar.

Compliance Management

2.2.3.3.1 Vorliegen berechtigter Interessen

Grundvoraussetzung für die Aktivierung der Selbstbefreiung ist das Vorliegen (übergeordneter) berechtigter Interessen, die durch eine Veröffentlichung der in Frage stehenden Insiderinformation verletzt würden. Das Vorhandensein

Positive Feststellung der Freistellung

dieser Interessenlage ist während der gesamten Befreiungsphase ständig positiv festzustellen und entsprechend zu dokumentieren (vgl. Wolfram, J. (2005), S. 89). Bislang hatten die juristischen Kommentare dieses Kriterium sehr eng ausgelegt. Die BaFin vertritt im Emittentenleitfaden nunmehr die Auffassung, dass diese restriktive Auslegung mit Blick auf die inhaltliche Ausdehnung und die zeitliche Vorverlagerung der Ad-hoc-Pflicht nicht mehr aufrechterhalten werden kann. Der Anwendungsbereich der Befreiungsnorm ist deshalb gegenüber der vor dem Inkrafttreten des Anlegerschutzverbesserungsgesetzes geltenden Vorschrift ganz erheblich erweitert worden (vgl. BaFin (2005), S. 55). Im Ergebnis wurde das bisherige Regel-Ausnahme-Verhältnis der regelmäßigen Nicht-Befreiung damit ins Gegenteil verkehrt (vgl. Clausen, C. P./Florian, U. (2005), S. 757).

Interessenabwägung

In jedem Fall muss der Emittent eine Abwägung zwischen seinen wirtschaftlich motivierten Interessen an einer Geheimhaltung mit den Interessen der Anleger an einer umfassenden und zeitnahen Information vornehmen. Dabei sind ausschließlich die berechtigten Interessen des Emittenten selbst zu bedenken, nicht hingegen die Interessen von Dritten. Daraus folgt auch, dass privatrechtliche Vertraulichkeitsvereinbarungen, die mit einem Geschäftspartner getroffen wurden, im Verhältnis zur gesetzlichen Ad-hoc-Publizitätspflicht nachrangig zu behandeln sind. Eine unzulässige Befreiung kann zur Folge haben, dass eine Insiderinformation zu spät veröffentlicht wird. Eine fehlerhafte Abwägung kann den Emittenten deshalb teuer zu stehen kommen.

Typische Fallgruppen

Eine inhaltliche Präzisierung des Kriteriums findet sich in § 6 WpAIV. Danach liegen berechtigte Interessen, die von der Pflicht zur sofortigen Veröffentlichung befreien können, grundsätzlich dann vor, wenn die Interessen des Emittenten an der Geheimhaltung der Information die Interessen des Kapitalmarktes an einer vollständigen und zeitnahen Veröffentlichung überwiegen. Zur Orientierung gibt der Gesetzgeber in der WpAIV beispielhaft zwei Fallgruppen vor, die jedoch bei weitem nicht alle denkbaren Konstellationen abdecken (vgl. § 6 WpAIV).

Danach ist von berechtigten Interessen insbesondere dann auszugehen, wenn

- das Ergebnis oder der Gang laufender Verhandlungen über Geschäftsinhalte, die geeignet wären, im Falle ihres öffentlichen Bekanntwerdens den Börsen- oder Marktpreis erheblich zu beeinflussen, von der Veröffentlichung wahrscheinlich *erheblich* beeinträchtigt würden und eine Veröffentlichung die Interessen der Anleger ernsthaft gefährden würde, oder
- durch das Geschäftsführungsorgan des Emittenten abgeschlossene Verträge oder andere getroffene Entscheidungen zusammen mit der Ankündigung bekannt gegeben werden müssten, dass die für die Wirksamkeit der Maßnahme erforderliche Zustimmung eines anderen Organs des Emittenten noch aussteht, und dies die sachgerechte Bewertung der Information durch das Publikum gefährden würde.

Zustimmungsvorbehalt des Aufsichtsrats

Weitere Beispiele nennt die Bundesanstalt im Emittentenleitfaden: So kann etwa nach Auffassung der BaFin ein berechtigtes Interesse des Emittenten auch dann vorliegen, wenn die Veröffentlichung einer bereits vom Geschäftsführungsorgan des Emittenten getroffenen Maßnahme die noch ausstehende Zustimmung des Aufsichtsrates oder die Durchführung der Maßnahme gefährden würde. Darüber hinaus kann ein berechtigtes Interesse nach Einschätzung der

BaFin auch dann gegeben sein, wenn es um den Schutz geistigen Eigentums mit erheblichem Preisbeeinflussungspotenzial geht. Hier besteht nach Auffassung der BaFin ein schutzwürdiges Interesse, eine an sich gebotene Veröffentlichung solange aufzuschieben, bis der Emittent die für eine Absicherung seiner Eigentumsrechte notwendigen Schritte ergriffen hat – immer vorausgesetzt, der Emittent kann auch die Vertraulichkeit der Insiderinformation gewährleisten und es ist keine Irreführung der Öffentlichkeit zu befürchten.

Schutz geistigen Eigentums

Aus diesen Beispielen lässt sich der Schluss ziehen, dass eine Aktivierung der Selbstbefreiung *der Tendenz nach* dann zulässig ist, wenn die Veröffentlichung der Insiderinformation sich in einer Weise auf die ihr zugrunde liegenden Umstände auswirkt, dass hiervon auch die Interessen der Anleger negativ berührt werden könnten – sei es, dass ohne Veröffentlichung mit hinreichender Wahrscheinlichkeit eintretende erhebliche materielle Vorteile nicht realisiert werden können oder ein ohne Veröffentlichung mit hinreichender Wahrscheinlichkeit zu erwartender materieller Nachteil nicht verhindert werden kann. In beiden Fällen liegt der Aufschub der Veröffentlichung auch im Interesse der Anleger.

Interessenkongruenz

Darüber hinaus ist das Vorliegen von berechtigten Interessen auch dann anzunehmen, wenn die Veröffentlichung einer unter Zustimmungsvorbehalt stehenden Entscheidung eine sachgerechte Bewertung der Umstände erschweren würde. Dies trifft insbesondere für den Fall mehrstufiger Entscheidungen zu, bei denen die BaFin mit Blick auf die aktienrechtlich definierten Aufgaben des Aufsichtsrates regelmäßig von der Zulässigkeit einer Befreiung ausgeht.

Sachgerechte Bewertung

2.2.3.3.2 Keine Irreführung der Öffentlichkeit und Gewährleistung der Vertraulichkeit als Voraussetzungen für eine Selbstbefreiung

Neben den berechtigten Interessen des Emittenten nennt § 6 WpAIV zwei weitere Voraussetzungen für die Zulässigkeit einer Selbstbefreiung. Danach ist der Aufschub der Veröffentlichung nur zulässig, sofern dadurch keine Irreführung der Öffentlichkeit zu befürchten ist und der Emittent die Vertraulichkeit der Insiderinformation gewährleisten kann. Mit Blick auf das Kriterium der Irreführung stellt die BaFin dabei im Emittentenleitfaden klar, dass allein der Umstand, dass während der Befreiungsphase ein Informationsungleichgewicht vorliegt, noch nicht als Irreführung zu werten ist. Eine Selbstverständlichkeit sollte an sich der Hinweis sein, dass Emittenten, die von der Selbstbefreiung Gebrauch machen, während des Befreiungszeitraumes aktiv keine Signale setzen dürfen, die zu der noch nicht veröffentlichten Insiderinformation im Widerspruch stehen (vgl. BaFin (2005), S. 56). In besonderer Weise stellt sich das Problem einer möglichen Irreführung beim Aufkommen von Gerüchten während der Phase der Selbstbefreiung. An dieser Stelle sei nochmals an den Rat der BaFin zur Verfolgung einer *No Comment Policy* erinnert.

No Comment Policy

Größere Herausforderungen an die *Compliance Organisation* stellt regelmäßig die Verpflichtung, die Vertraulichkeit einer Insiderinformation in einer Phase der Selbstbefreiung zu gewährleisten. Nach § 7 WpAIV ist der Emittent dazu verpflichtet, während der Befreiungsphase den Zugang zur Insiderinformation zu kontrollieren, indem er erstens wirksame Vorkehrungen dafür trifft, dass tatsächlich auch nur diejenigen Personen Zugang zu der Insiderinformation haben, für die diese Information zur Wahrnehmung der ihnen übertragenen Aufgaben unerlässlich ist, und indem er zweitens die organisatorischen

Vertraulichkeit während der Selbstbefreiung

Voraussetzungen dafür schafft, dass eine Veröffentlichung unverzüglich vorgenommen werden kann, wenn die Vertraulichkeit nicht mehr gewährleistet werden kann.

Vertraulichkeitsbereiche

Aus der Verwendung der Formulierung unerlässlich wird deutlich, dass der Kreis der Personen, denen ein ungehinderter Zugang zu der Insiderinformation zugebilligt wird, sehr eng zu fassen ist. Gerade bei Großunternehmen kann der Kreis der Insider jedoch schnell auf mehrere Dutzend Personen anschnellen. Eine Belastungsprobe stellen in dieser Hinsicht regelmäßig M & A-Transaktionen dar, bei denen neben den unternehmensinternen Insidern auf Seiten der Bieter- und Zielgesellschaft sowie möglichen Großaktionären zahlreiche externe Berater an der Verwirklichung der potenziell ad-hoc-publizitätspflichtigen Umstände mitwirken.

Aufkommen von Gerüchten

Falls in dem Zeitraum, in dem der Emittent entschieden hat, die Veröffentlichung aufzuschieben, Teile der der Insiderinformation zugrundeliegenden Umstände als Gerücht kolportiert oder sogar Details oder die gesamte Information öffentlich bekannt werden, ist die Vertraulichkeit der Information dann nicht mehr gewährleistet, wenn der Emittent Grund zur Annahme hat oder mit Sicherheit weiß, dass das Aufkommen der Gerüchte oder das Bekanntwerden der Umstände auf eine Vertraulichkeitslücke in seinem Herrschaftsbereich zurückzuführen ist. In diesem Fall ist die Veröffentlichung unverzüglich nachzuholen. Anders verhält es sich, wenn das Aufkommen der Gerüchte nicht auf eine Vertraulichkeitslücke zurückzuführen ist, die dem Emittenten zuzurechnen ist. In diesem Fall kann der Emittent den Aufschub der Veröffentlichung fortsetzen. Das gilt auch dann, wenn Details der Umstände, die der Insiderinformation zugrunde liegen, bekannt werden, sofern der Emittent ausschließen kann, dass diese aus seiner Sphäre stammen.

Belastungstests

Aus diesen Überlegungen wird deutlich, wie wichtig es ist, mit der Schaffung der notwendigen organisatorischen Voraussetzungen nicht bis zum Eintritt des Ernstfalls zu warten. Für Emittenten, die über ein fest institutionalisiertes Ad-hoc-Publizitäts-Gremium, einen aktiv aufklärenden *Compliance Officer* und klar definierte Vertraulichkeitsbereiche für potenzielle Insiderinformationen verfügen, sollte die Gewährleistung der Vertraulichkeit kein Problem darstellen. Nach unserer Erfahrung sind jedoch gerade kleine und mittlere Unternehmen vielfach nur unzureichend auf den Ernstfall vorbereitet. In diesem Fall empfiehlt es sich, die *Compliance Organisation* von Zeit zu Zeit einem Belastungstest zu unterziehen, um mögliche Schwachstellen ausfindig zu machen. Dabei sollten durchaus auch die Bemühungen um den Schutz der Vertraulichkeit dokumentiert werden.

2.2.3.4 Vorabmitteilung

Form und Inhalt der Vorabmitteilung

Vor der eigentlichen Veröffentlichung sind die Emittenten nach § 15 Abs. 4 Satz 1 WpHG verpflichtet, der Bundesanstalt und den Geschäftsführungen der inländischen organisierten Märkte, an denen die vom Emittenten ausgegebenen Finanzinstrumente zum Handel zugelassen sind oder an denen Derivate gehandelt werden, die sich auf diese Finanzinstrumente beziehen, eine Vorabmitteilung zu übermitteln. Die Details regelt § 8 WpAIV in Ergänzung von § 15 Abs. 4 WpHG. Demzufolge sind in der Mitteilung an die BaFin der Wortlaut der vorgesehenen Veröffentlichung, der für die Veröffentlichung vorgesehene Zeitpunkt sowie der Name und die Telefonnummer des Ansprechpartners des Emittenten anzugeben. Die BaFin weist im Emittentenleitfaden darauf hin, dass es zwingend erforderlich ist, dass der in der Vorabmitteilung genannte Ansprechpartner für Rückfragen dann auch tatsächlich unter der angegebenen Telefonnummer erreichbar ist – eine Kleinigkeit, die aber im Eifer des Gefechts schon einmal übersehen wird.

Die Vorabmitteilung soll der BaFin und den Geschäftsführungen der inländischen organisierten Märkte 30 Minuten vor der Veröffentlichung vorliegen. Dieser Zeitraum muss unbedingt eingehalten werden, damit die Geschäftsführungen der Börsen im Falle einer Kursaussetzung die dafür erforderliche Zustimmung aller Beteiligten herbeiführen können. In der Praxis ist die Einhaltung des vorgesehenen Zeitraums durch die Systeme der Ad-hoc-Dienstleister gewährleistet. **Zeitlicher Vorlauf**

Bei Ad-hoc-Berichtigungen, einer unwissentlichen bzw. unbefugten Weitergabe von publizitätspflichtigen Insiderinformationen sowie bei einer Veröffentlichung nach einer vom Emittenten vorgenommenen Befreiung sind weitere Angaben zu machen, die jedoch nur der BaFin zu übermitteln sind. **Zusätzliche Angaben**

So sind bei einer Berichtigungsmitteilung gemäß § 8 Abs. 2 WpAIV die Gründe darzulegen, die zu der unwahren Meldung geführt haben. Den Emittenten sollte dabei an einer aussagekräftigen Darstellung gelegen sein, um der BaFin eine Bewertung des Sachverhaltes zu ermöglichen. Die Begründung kann entweder zusammen mit der Vorabmitteilung erfolgen oder aber gemäß § 8 Abs. 4 i. V. m. § 8 Abs. 2 WpAIV innerhalb von 14 Tagen nach Veröffentlichung der Berichtigung nachgereicht werden, um nicht die Unverzüglichkeit der Ad-hoc-Meldung zu gefährden. Die Übermittlung der Begründung an die BaFin sollte per Telefax oder auf dem Postweg erfolgen und einen Hinweis auf die betroffene Ad-hoc-Mitteilung enthalten. **Berichtigungsmitteilung**

Nach § 15 Abs. 1 Satz 4 und 5 WpHG muss eine Insiderinformation, die befugt an eine Person weitergegeben wird, die rechtlich nicht zur Verschwiegenheit verpflichtet ist oder die einem Dritten unwissentlich zugänglich gemacht wurde, zeitgleich mit der Weitergabe oder im Falle der unwissentlichen Weitergabe unverzüglich veröffentlicht werden. Im Falle einer unwissentlichen oder unbefugten Informationsweitergabe sind in der Vorabmitteilung gemäß § 8 Abs. 3 WpAIV folgende zusätzliche Angaben zu machen: **Weitergabe von Insiderinformationen**
- der *vollständige Name der Person(en)* der die Insiderinformation mitgeteilt oder zugänglich gemacht wurde(n),
- die *geschäftliche Adresse dieser Person(en)* oder – soweit nicht vorhanden – die Privatanschrift und
- der *Zeitpunkt der Informationsweitergabe*.

Bei einer unwissentlichen Informationsweitergabe sollten zudem die Umstände der Weitergabe dargestellt werden, und zwar in einer Weise, dass der BaFin eine Bewertung des Sachverhaltes möglich ist. Um die Unverzüglichkeit der Veröffentlichung nicht zu gefährden, hat der Emittent auch hier die Möglichkeit, die Begründung innerhalb von 14 Tagen nach der Veröffentlichung nachzureichen. Die Begründung sollte in diesen Fällen per Telefax oder postalisch an die BaFin übermittelt werden und einen Hinweis auf die betroffene Ad-hoc-Mitteilung enthalten. Ein Recht auf Verweigerung der von § 8 Abs. 3 WpAIV geforderten Angaben wird dem Mitteilungspflichtigen ausnahmsweise dann eingeräumt, wenn dieser sich selbst oder einen der in § 383 Abs. 1 Nr. 1 bis 3 ZPO bezeichneten Angehörigen mit diesen Angaben der Gefahr einer straf- **Unwissentliche Weitergabe von Insiderinformationen** rechtlichen Verfolgung oder eines Verfahrens nach dem Gesetz über Ordnungswidrigkeiten aussetzen würde.

Notwendige Angaben

Bei einer Mitteilung nach Befreiung ist der Emittent nach § 8 Abs. 5 WpAIV i. V. m. § 15 Abs. 3 Satz 4 WpHG dazu verpflichtet, der BaFin in der Vorabmitteilung die Gründe für die Befreiung von der Ad-hoc-Publizitätspflicht mitzuteilen. Danach muss die Vorabmitteilung folgende Angaben enthalten:
- die *Gründe für die Befreiung*,
- den *Zeitpunkt der Entscheidung* über den Aufschub der Veröffentlichung,
- die *späteren Termine*, an denen die Entscheidung im Hinblick auf einen Fortbestand der Befreiungsgründe überprüft wurde sowie
- die *Vor- und Familiennamen, Geschäftsanschriften und Telefonnummern* sämtlicher Personen, die an der Entscheidung über eine Befreiung *beteiligt* waren. Die Personen, die diese Entscheidung lediglich *vorbereitet* oder *begleitet* haben, sind an dieser Stelle nicht aufzuführen, gleichwohl aber im Insiderverzeichnis zu benennen.

Begründung

Die zur Begründung erforderlichen Informationen sind in diesem Fall zeitgleich mit der Vorabmitteilung an die BaFin zu übermitteln. Da die Unverzüglichkeit hierdurch nicht gefährdet werden darf, setzt dies voraus, dass die erforderlichen Informationen dem Entscheidungsstand entsprechend jederzeit abrufbar vorgehalten werden. Daraus folgt, dass der gesamte Prozess umfassend dokumentiert werden sollte.

2.2.4 In welcher Form muss veröffentlicht werden und was muss bei der Veröffentlichung beachtet werden?

Formale Anforderungen an Ad-hoc-Meldungen

Neben den inhaltlichen Anforderungen, die das Gesetz an die Ad-hoc-Publizität stellt, existieren auch eine ganze Reihe formaler Anforderungen. Diese betreffen in erster Linie die Vorgaben zur Sprache, in der die Veröffentlichung zu erfolgen hat, sowie zum Umfang der Veröffentlichung. Darüber hinaus enthält die Wertpapierhandelsanzeige- und Insiderverzeichnisverordnung Vorgaben, die sich auf die Angaben zum Emittenten und dessen Finanzinstrumenten sowie zur Insiderinformation selbst beziehen. Geregelt ist auch der Umgang mit Finanzkennzahlen in Ad-hoc-Mitteilungen. Zudem ist die Vorgabe des Gesetzes zu beachten, offensichtlich nicht ad-hoc-publizitätspflichtige Informationen eben auch nicht *ad hoc* zu veröffentlichen. Und schließlich stellt sich die Frage, wie im Falle einer Aktualisierung oder Berichtigung einer Ad-hoc-Meldung zu verfahren ist.

2.2.4.1 Sprache und Umfang der Veröffentlichung

Mehrsprachigkeit

Die Regelungen zur Sprache der Veröffentlichung sind seit Inkrafttreten des TUG ohne Frage komplizierter geworden. Das ist jedoch die logische Konsequenz der europaweiten Verbreitung von Unternehmensinformationen. Für den Normalfall des Emittenten – mit Sitz in Deutschland und Börsenzulassung der Wertpapiere nur im Inland – bleibt alles beim Alten: die Veröffentlichung muss in deutscher Sprache vorgenommen werden. Eine zeitgleiche Veröffentlichung in englischer Sprache ist möglich. Allerdings darf dadurch die Unverzüglichkeit der Veröffentlichung nicht gefährdet werden. Mit anderen Worten: Mit der Veröffentlichung der deutschen Version darf also nicht gewartet werden, bis die Übersetzung der Mitteilung vorliegt. Lässt sich eine Übersetzung nicht zeitnah organisieren, so muss die englische Version innerhalb von 24

Stunden nach Veröffentlichung der deutschen Mitteilung verbreitet werden. Etwaige Vorschriften der Börsenordnungen der Wertpapierbörsen bezüglich einer zeitgleichen Veröffentlichung von Ad-hoc-Meldungen in deutscher und englischer Sprache sind gegenüber dem Unverzüglichkeitserfordernis des § 15 WpHG nachrangig zu behandeln und rechtfertigen insoweit ebenfalls keine Verzögerung (vgl. BaFin (2005), S. 66). *(Nachrangigkeit der Börsenordnungen)*

Sind die Wertpapiere des Inlandsemittenten dagegen nur in einem Mitgliedsstaat der EU oder einem EWR-Vertragsstaat zum Handel an einem organisierten Markt zugelassen, so hat die Veröffentlichung in der von den zuständigen Behörden des jeweiligen Landes akzeptierten Sprache oder in Englisch zu erfolgen. Zusätzlich ist die Veröffentlichung in deutscher Sprache vorzunehmen.

Sind die Wertpapiere dagegen im Falle des Emittenten mit Sitz in Deutschland im Inland und einem EU-Mitgliedstaat oder EWR-Vertragsstaat zum Handel an einer Börse zugelassen, so muss die Veröffentlichung entweder in deutscher, englischer oder einer anderen von den Behörden im jeweiligen Zulassungsstaat akzeptierten Sprache vorgenommen werden. In allen übrigen Fällen ist eine Veröffentlichung ausschließlich in deutscher oder englischer Sprache ausreichend.

Die Veröffentlichung soll nach § 4 Abs. 1 WpAIV »kurz gefasst« sein. Nach Auffassung der Bundesanstalt sollte die Veröffentlichung nach Möglichkeit nicht mehr als 10 bis 20 Zeilen umfassen. Eine Unsitte, die die BaFin als Missbrauch der Ad-hoc-Publizität einstuft und entsprechend ahndet, ist es, Quartalsberichte in vollem Umfang *ad hoc* zu veröffentlichen.

Neben den Vorgaben in Bezug auf Sprache und Umfang der Meldung ergeben sich aus der WpAIV und dem Emittentenleitfaden weitere Anforderungen an Form und Aufbau von Ad-hoc-Mitteilungen. Die Vorgaben beziehen sich dabei vor allem auf Angaben zum Emittenten selbst und zu seinen Finanzinstrumenten. Im Hinblick auf die obligatorischen Angaben tragen die Systeme der Ad-hoc-Dienstleister diesen Anforderungen in Form von fest hinterlegten Stammdaten Rechnung. Emittenten können das Augenmerk deshalb verstärkt auf die Strukturierung und sprachliche Aufbereitung der Meldeinhalte richten. Hier besteht nach unserer Beobachtung nach wie vor noch erheblicher Verbesserungsbedarf. *(Zulässiger Umfang der Ad-hoc-Mitteilungen)*

2.2.4.2 Angaben zum Emittenten und dessen Finanzinstrumenten

Die Wertpapierhandelsanzeige- und Insiderverzeichnisverordnung schreibt die Angabe bestimmter Informationen zum Emittenten und den Finanzinstrumenten in der Veröffentlichung vor. Dabei konkretisieren die in § 4 WpAIV normierten Vorgaben aber im Wesentlichen die vor Inkrafttreten des AnSVG bestehende Praxis. Folgende Angaben müssen in der Ad-hoc-Mitteilung enthalten sein: *(Obligatorische Angaben)*

1. In der Kopfzeile eine deutlich hervorgehobene *Überschrift* »Ad-hoc-Meldung nach § 15 WpHG«.
2. In der Kopfzeile ein als Betreff erkennbares *Schlagwort*, das den wesentlichen Inhalt der Veröffentlichung zusammenfasst. Sollten in einer Ad-hoc-Meldung mehrere Insiderinformationen gemeinsam veröffentlicht werden, so sind mehrere Schlagworte anzugeben. Solche Schlagworte können sein:
   – Liquiditätsprobleme,
   – Überschuldung,

- Geschäftszahlen,
- Ausschüttungen,
- Kooperation/Zusammenarbeit,
- Kapitalmaßnahmen,
- Strategische Unternehmensentscheidungen,
- Personal,
- Recht/Prozesse sowie
- Sonstiges.

3. Vollständiger *Name (Firma)* und *Anschrift des Emittenten*.
4. Die *internationalen Wertpapierkennnummern (ISIN)* der vom Emittenten ausgegebenen Finanzinstrumente, soweit sie zum Handel an einem inländischen organisierten Markt zugelassen sind oder eine Zulassung beantragt wurde sowie die *Börse* und das *Handelssegment*, für das die Zulassung besteht oder beantragt wurde. Hierbei gilt: Grundsätzlich muss der Emittent die internationalen Wertpapierkennnummern aller von ihm ausgegebenen Finanzinstrumente, die zum Handel an einem inländischen organisierten Markt zugelassen sind oder für die er eine solche Zulassung beantragt hat, angeben. Entsprechend sind auch für alle Finanzinstrumente die Angaben zu den Börsenplätzen und Segmenten notwendig. Allerdings erstreckt sich diese Verpflichtung nur auf die vom Emittenten ausgegebenen Aktien, Options- und Wandelanleihen sowie Genussscheine mit Ausstattungsmerkmalen, die mit Aktien vergleichbar sind. Für alle übrigen vom Emittenten ausgegebenen Finanzinstrumente, für die eine Zulassung besteht oder beantragt wurde, reicht ein Hinweis in der Veröffentlichung auf einer Internetseite aus, in der die entsprechenden Angaben zu finden sind. Allerdings muss diese Internetseite von der Hauptseite des Emittenten aus leicht auffindbar sein und die entsprechende Datei muss in einer aussagekräftigen, inhaltlich einschlägigen Rubrik eingeordnet sein. Zudem muss die Datei stets aktuell, vollständig und zutreffend sein (vgl. BaFin (2005), S. 57f.).

2.2.4.3 Angaben zur Insiderinformation

Vollständigkeit der Angaben

Die Ziffern 4 bis 7 von § 4 Abs. 1 WpAIV konkretisieren die Anforderungen an vollständige Ad-hoc-Meldungen. Danach sind in einer Veröffentlichung folgende Angaben zur Insiderinformation zu machen:

1. Das *Datum des Eintritts der Umstände*, die der Insiderinformation zugrunde liegen. Maßgeblich ist dabei allein der Zeitpunkt, zu dem die Umstände eingetreten sind, nicht hingegen der Zeitpunkt, zu dem sich der Emittent entscheidet, die Insiderinformation zu veröffentlichen oder eine möglicherweise bestehende Befreiung von der Ad-hoc-Publizitätspflicht zu beenden. Die Insiderinformation muss mit dem zum Zeitpunkt der Veröffentlichung aktuellen Inhalt veröffentlicht werden. Bei Beendigung einer Befreiung ist es nicht erforderlich, die Entwicklung der Umstände, die der Insiderinformation zugrunde liegen, in der Veröffentlichung nachzuzeichnen.
2. Eine kurze *Erklärung*, inwieweit die Insiderinformation den Emittenten *unmittelbar betrifft*, soweit sich dies nicht bereits aus der in Frage stehenden Information ergibt.
3. Eine *Erklärung*, aus welchen Gründen die *Information geeignet* ist, im Falle ihres öffentlichen Bekanntwerdens, den *Börsen- oder Marktpreis* der Finanzinstrumente des Emittenten *erheblich zu beeinflussen*, soweit sich dies nicht

bereits aus der zu veröffentlichenden Information ergibt. Dies erfordert der bisherigen Aufsichtspraxis der BaFin folgend, dass etwa bei Unternehmenskäufen oder -verkäufen auch die ungefähre Größenordnung des Kaufpreises oder bei einem bedeutenden Vertrag die Größenordnung des Geschäftsvolumens und die Vertragslaufzeit angegeben werden müssen, jedenfalls soweit gerade diese Daten das erhebliche Preisbeeinflussungspotenzial der Insiderinformation begründen. Die BaFin weist in diesem Zusammenhang im Emittentenleitfaden explizit darauf hin, dass die genannten Faktoren in den beispielhaft aufgeführten Fällen für die Bewertung der Information durch die Anleger wesentlich sind. Selbst eine zwischen den Vertragspartnern getroffene Vertraulichkeitsvereinbarung entbindet den Emittenten demzufolge nicht von der Pflicht zur Offenlegung der näheren Umstände, die einer Insiderinformation zugrunde liegen. Die Verpflichtung geht aber nicht so weit, dass auch die Details einer Vereinbarung, also etwa gewährte Rabatte oder Sonderkonditionen, veröffentlicht werden müssen.

2.2.4.4 Übliche Kennzahlen

Es ist gängige Praxis, dass die Emittenten bei ihren Ad-hoc-Mitteilungen von betriebswirtschaftlichen Kennzahlen Gebrauch machen. Dies gilt insbesondere für die Darstellung und Kommentierung von Geschäftsergebnissen. Tatsächlich liegt die Veröffentlichung von Kennzahlen auch durchaus im Interesse der Anleger und wird folglich auch von der BaFin nicht beanstandet, wenn den verwendeten Kennzahlen ein erhebliches Preisbeeinflussungspotenzial zukommt.

Kennzahlen können ohne Zweifel dazu beitragen, eine inhaltliche Aussage zu verdichten und tragen auf diese Weise dazu bei, den Vergleich zwischen unterschiedlichen Berichtsperioden sowie den Vergleich mit den Unternehmen der *Peer Group* zu erleichtern. Anders verhält es sich freilich, wenn die tatsächliche Entwicklung im Unternehmen durch die Verwendung von Phantasiekennzahlen oder einen willkürlichen Wechsel der genutzten Kennzahlen verschleiert oder in die eine oder andere Richtung überzeichnet werden soll. Unvergessen ist die Veröffentlichungspraxis einzelner Unternehmen des Neuen Marktes, die die BaFin in ihrem Rundschreiben vom 26. November 2002 letztlich zum Anlass genommen hat, zu diesem Themenkomplex umfassend Stellung zu beziehen.

Fehlentwicklungen bei der Verwendung von Kennzahlen

Zwischenzeitlich haben die dort ausgeführten Überlegungen Eingang in das Wertpapierhandelsgesetz gefunden. So müssen nach § 15 Abs. 1 Satz 6 WpHG die in der Veröffentlichung genutzten Kennzahlen im Geschäftsverkehr üblich sein und einen Vergleich mit den zuletzt vom Emittenten genutzten Kennzahlen ermöglichen. Diese Vorschrift soll sicherstellen, dass die Marktteilnehmer ein klares Bild von dem neu eingetretenen Umstand haben. Offen bleibt freilich, wonach sich das in Kriterium der Üblichkeit bestimmt. Hierzu macht die BaFin im Emittentenleitfaden nähere Ausführungen. Danach werden die nachfolgend aufgeführten Kennzahlen von den Unternehmen im Geschäftsverkehr besonders häufig verwendet und daher als üblich im Sinne von § 15 Abs. 1 Satz 6 WpHG einzustufen (vgl. BaFin (2005), S. 49):

Katalog üblicher Kennzahlen

- Umsatz *(Umsatzerlöse, sales, revenue)*,
- Ergebnis pro Aktie *(earnings per share, EPS)*,
- Jahresüberschuss *(net profit)*,
- Cashflow,

- Ergebnis vor Zinsen und Steuern *(earnings before interest and taxes, EBIT)*,
- Dividende pro Aktie *(dividends per share)*,
- Ergebnis vor Zinsen, Steuern und Abschreibungen *(earnings before interest, taxes, depreciation and amortization; EBITDA)*,
- Ergebnismarge *(in Prozent der Umsätze)*,
- Eigenkapitalquote,
- Ergebnis der gewöhnlichen Geschäftstätigkeit,
- Betriebliches Ergebnis,
- Operatives Ergebnis vor Sondereinflüssen.

Dieser Katalog ist als positive, nicht abschließende Festlegung der Kennzahlen zu werten, die nach Auffassung der BaFin den Anforderungen von § 15 Abs. 1 Satz 6 WpHG in Bezug auf das Kriterium der Üblichkeit entsprechen. Die BaFin weist im Emittentenleitfaden darauf hin, dass in einzelnen Branchen Kennzahlen gebräuchlich sein können, die ebenfalls als üblich eingestuft werden können.

Zusätzliche Angaben

Um dem Anleger anhand der in einer Ad-hoc-Meldung verwendeten Kennzahlen eine sachgerechte Bewertung der veröffentlichten Umstände zu ermöglichen, müssen – wie schon vor Inkrafttreten des Anlegerschutzverbesserungsgesetzes – die entsprechenden Vorjahreszahlen und/oder die prozentualen Veränderungen ebenfalls in der Veröffentlichung genannt werden. Haben sich gegenüber dem Vergleichszeitraum wesentliche Veränderungen beim Konsolidierungskreis oder der Bilanzierungspraxis ergeben, so sollte in der Ad-hoc-Veröffentlichung auch darauf explizit hingewiesen werden.

2.2.4.5 Missbrauch der Ad-hoc-Publizität

Beschränkung auf notwendige Inhalte

Mit Einführung der Ad-hoc-Publizität hat der Gesetzgeber einen Informationskanal geschaffen, der Emittenten von Finanzinstrumenten eine sehr rasche und effektive Unterrichtung des Publikums über Umstände mit erheblichem Preisbeeinflussungspotenzial ermöglicht. Die Akzeptanz dieses Informationskanals hängt ganz entscheidend davon ab, dass die Unternehmen mit diesem aufmerksamkeitswirksamen Instrument keinen Missbrauch betreiben. Es ist deshalb nur verständlich, dass die BaFin im Emittentenleitfaden nochmals eindringlich auf die Notwendigkeit hinweist, Ad-hoc-Mitteilungen ausschließlich auf die vom Gesetzgeber hierfür vorgeschriebenen Inhalte zu beschränken.

Folgende Praktiken wertet die BaFin als Missbrauch der Ad-hoc-Publizität (vgl. BaFin (2005), S. 59):

- *Wiederholung von Meldungsinhalten in Form von wörtlichen Zitaten* von Vorstandsmitgliedern oder anderen Personen,
- *Wiederholung von Inhalten, die bereits Gegenstand früherer Veröffentlichungen waren* (sofern dies nicht im Rahmen einer Korrekturmeldung zwingend erforderlich ist),
- Äußerungen, die lediglich *Reaktionen auf Angriffe durch Mitbewerber* des eigenen Unternehmens darstellen sowie *eigene Bewertungen von Mitbewerbern,*
- die *Kommentierung allgemeiner wirtschaftlicher Entwicklungen,*
- die *Veröffentlichung des eigenen Firmenprofils* sowie
- die *Veröffentlichung von Zwischenberichten und Jahresabschlüssen in voller Länge* (Inhalte aus dem Bereich der Regelpublizität können zwar auch eine Ad-hoc-Publizitätspflicht auslösen, allerdings ist die Veröffentlichung auf die Insiderinformation zu beschränken).

2.2.4.6 Ad-hoc-Mitteilungen im Falle einer Aktualisierung oder Berichtigung

Eine Ad-hoc-Publizitätspflicht entsteht gemäß § 15 Abs. 1 Satz 1, 4 und 5 WpHG auch dann, wenn sich eine bereits im Wege der Ad-hoc-Publizität veröffentlichte Insiderinformation so wesentlich verändert hat, dass sich daraus erhebliche Konsequenzen für die Bewertung der Information durch die Anleger ergeben. Voraussetzung für eine Aktualisierung ist allerdings, dass den Veränderungen und damit der Aktualisierung ein erhebliches Preisbeeinflussungspotenzial zukommt. In diesen Fällen ist es den Emittenten unbenommen, die Angaben im Rahmen einer normalen Ad-hoc-Mitteilung zu veröffentlichen.

Bedarf an einer Aktualisierung

Folgende Angaben muss die Aktualisierung gemäß § 4 Abs. 2 WpAIV enthalten (vgl. hierzu auch BaFin (2005), S. 60):

1. In der Kopfzeile eine deutlich hervorgehobene *Überschrift* »Ad-hoc-Aktualisierung nach § 15 WpHG«,
2. In der Kopfzeile ein als Betreff erkennbares *Schlagwort*, das den wesentlichen Inhalt der Veröffentlichung zusammenfasst (vgl. Abschnitt 2.2.4.2, Ziffer 2),
3. den vollständigen *Namen (Firma)* und die *Anschrift des Emittenten*,
4. die *internationalen Wertpapierkennnummern (ISIN)* der vom Emittenten ausgegebenen Finanzinstrumente, die zum Handel an einem inländischen organisierten Markt zugelassen sind oder für die eine entsprechende Zulassung beantragt wurde, sowie die *Börse* und das *Handelssegment*, für das die Zulassung besteht oder beantragt wurde.
5. *Zeitpunkt und die Verteiler der ursprünglichen Veröffentlichung* (es genügt dabei, das elektronisch betriebene Informationsverbreitungssystem, über das die ursprüngliche Ad-hoc-Meldung im Sinne von § 5 Abs. 1 Nr. 1 WpAIV veröffentlicht wurde, anzugeben. Nicht ausreichend ist hingegen die Angabe des Ad-hoc-Dienstleisters),
6. die Information über die *veränderten Umstände*,
7. *Zeitpunkt des Eintritts der veränderten Umstände*, die der Information zugrundeliegen,
8. eine kurze *Erklärung*, inwieweit die *Information den Emittenten unmittelbar betrifft*, soweit sich dies nicht bereits aus der zu veröffentlichenden Information ergibt und
9. eine *Erklärung* aus welchen Gründen die *Information geeignet* ist, im Falle ihres öffentlichen Bekanntwerdens den *Börsen- oder Marktpreis der Finanzinstrumente erheblich zu beeinflussen*, soweit sich dies nicht bereits aus der zu veröffentlichenden Information ergibt.

Für den Fall, dass unwahre Informationen veröffentlicht wurden, sind diese nach § 15 Abs. 2 Satz 2 WpHG i. V. m. § 4 Abs. 3 WpAIV unverzüglich in einer weiteren Ad-hoc-Mitteilung zu berichtigen. Die Berichtigung muss dabei die folgenden Angaben enthalten:

1. In der Kopfzeile eine deutlich hervorgehobene *Überschrift* »Ad-hoc-Berichtigung nach § 15 WpHG«,
2. In der Kopfzeile ein als Betreff erkennbares *Schlagwort*, das den wesentlichen Inhalt der Veröffentlichung zusammenfasst (vgl. Abschnitt 2.2.4.2, Ziffer 2),
3. den vollständigen *Namen (Firma)* und die *Anschrift des Emittenten*,

4. die *internationalen Wertpapierkennnummern (ISIN)* der vom Emittenten ausgegebenen Finanzinstrumente, die zum Handel an einem inländischen organisierten Markt zugelassen sind oder für die eine entsprechende Zulassung beantragt wurde, sowie die *Börse* und das *Handelssegment*, für das die Zulassung besteht oder beantragt wurde.
5. *Zeitpunkt und die Verteiler der ursprünglichen Veröffentlichung* (der Inhalt der Meldung kann gekürzt wiedergegeben werden, soweit von der Kürzung nicht der unwahre Teil der Meldung betroffen ist und die Verständlichkeit des Textes gewahrt bleibt. Für die Angabe des Verteilers genügt es, das elektronisch betriebene Informationsverbreitungssystem, über das die ursprüngliche Ad-hoc-Meldung im Sinne von § 5 Abs. 1 Nr. 1 WpAIV veröffentlicht wurde, anzugeben. Die Angabe des Ad-hoc-Dienstleisters reicht dagegen nicht aus),
6. *Feststellung der Unrichtigkeit der unwahren Information* und *die wahre Information*,
7. *Zeitpunkt des Eintritts der Umstände*, die der wahren Information zugrunde liegen,
8. eine kurze *Erklärung*, inwieweit die *wahre Information den Emittenten unmittelbar betrifft*, soweit sich dies nicht bereits aus der zu veröffentlichenden Information ergibt und
9. eine *Erklärung* aus welchen Gründen die *wahre Information geeignet* ist, im Falle ihres öffentlichen Bekanntwerdens den *Börsen- oder Marktpreis der Finanzinstrumente erheblich zu beeinflussen*, soweit sich dies nicht bereits aus der zu veröffentlichenden Information ergibt.

2.3 Rechtsfolgen bei Verstößen gegen die Ad-hoc-Publizität

Rechtliche Mindeststandards

Zweifellos sind die Emittenten schlecht beraten, die Umsetzung der Ad-hoc-Publizitätspflicht als bloße Erfüllung rechtlicher Mindeststandards zu begreifen. Vielmehr sollte die Ad-hoc-Publizität als integraler Bestandteil eines umfassenderen Konzepts der Finanzkommunikation verstanden werden. Dennoch sollte man sich als Praktiker auch vor Augen führen, dass bestimmte Verstöße gegen die Verpflichtungen im Zusammenhang mit der Ad-hoc-Publizität eine Ordnungswidrigkeit darstellen und mit Bußgeldern belegt werden können: Unterbleibt die unverzügliche Veröffentlichung einer Insiderinformation oder bilden unwahre Insiderinformationen den Gegenstand einer Ad-hoc-Meldung, so kann dies zudem kapitalmarktrechtliche Schadenersatzforderungen begründen. Davon unberührt bleiben Schadenersatzansprüche aus zivilrechtlichen Anspruchsgrundlagen.

2.3.1 Ordnungswidrigkeiten

Bestimmte Verstöße gegen die in § 15 WpHG normierten Verpflichtungen werden vom Gesetz in § 39 Abs. 2 WpHG als Ordnungswidrigkeiten erfasst. In den in § 39 Abs. 4 WpHG genannten Fällen können die Ordnungswidrigkeiten in dem in dieser Bestimmung genannten Umfang mit einem Bußgeld belegt werden.

Tatbestand der Ordnungswidrigkeit

Nach § 39 Abs. 2 Nr. 5 lit. a handelt demzufolge ordnungswidrig, wer vorsätzlich oder leichtfertig entgegen § 15 Abs. 1 Satz 1 WpHG (auch in Verbindung mit Satz 2) sowie § 15 Abs. 1 Satz 4 oder 5 WpHG (jeweils in Verbindung mit einer Rechtsverordnung nach Abs. 7 Satz 1 Nr. 1) eine Veröffentlichung nicht, nicht richtig, nicht vollständig, nicht in der vorgeschriebenen Weise oder nicht rechtzeitig vornimmt. Gleiches gilt, wenn eine Veröffentlichung in den genannten Fällen nicht oder nicht rechtzeitig nachgeholt wird. Diese Ordnungswidrigkeit kann gemäß § 39 Abs. 4 WpHG mit einer Geldbuße bis zu 1 Mio. Euro geahndet werden.

Nach § 39 Abs. 2 Nr. 2 lit. c WpHG ist eine Ordnungswidrigkeit darüber hinaus auch dann gegeben, wenn eine Mitteilung entgegen § 15 Abs. 3 Satz 4, Abs. 4 Satz 1 oder Abs. 5 Satz 2 WpHG (jeweils auch in Verbindung mit einer Rechtsverordnung nach Absatz 7 Satz 1 Nr. 2) nicht, nicht richtig, nicht vollständig, nicht in der vorgeschriebenen Weise oder nicht rechtzeitig vorgenommen wird. Diese Ordnungswidrigkeit kann gemäß § 39 Abs. 4 WpHG mit einem Bußgeld bis 200.000 Euro geahndet werden. Gleiches gilt nach § 39 Abs. 2 Nr. 6 WpHG, wenn eine Information oder eine Bekanntmachung entgegen § 15 Abs. 1 Satz 1 WpHG nicht oder nicht rechtzeitig übermittelt wird. Ordnungswidrig handelt nach § 39 Abs. 2 Nr. 7 WpHG zudem, wer vorsätzlich oder leichtfertig entgegen § 15 Abs. 5 Satz 1 WpHG eine Veröffentlichung vornimmt. Diese kann gemäß § 39 Abs. 4 WpHG mit einem Bußgeld bis 50.000 Euro belegt werden.

Vorsätzliches und leichtfertiges Handeln

Vorsätzliches Handeln muss grundsätzlich alle Merkmale des gesetzlichen Tatbestands umfassen. Bedingter Vorsatz ist dabei ausreichend. Leichtfertig handelt, wer die gebotene Sorgfalt in einem ungewöhnlich hohen Maße verletzt (vgl. hierzu Assmann, H.-D./Schneider, U.H. (2006), S. 600 ff.). Die Bußgeldandrohung richtet sich in erster Linie gegen die gesetzlichen Vertreter der Gesellschaft, da die Emittenten selbst als juristische Personen wegen fehlender Handlungsfähigkeit nicht schuldfähig sind. Nach herrschender Meinung gehört es zu der Verantwortung eines Vorstandsmitglieds, durch geeignete Organisations- und Kontrollvorkehrungen für die Einhaltung der kapitalmarktrechtlichen Verpflichtungen Sorge zu tragen.

Compliance Management

Der Vorstand hat deshalb geeignete organisatorische Vorkehrungen zu treffen, die den vorhersehbaren Missbrauch von verbotenen Insideraktivitäten wirksam unterbinden. Eine vergleichbare Organisationspflicht besteht selbstverständlich auch für die ordnungsgemäße Erfüllung der Verpflichtungen, die sich aus der Ad-hoc-Publizität als einer flankierenden insiderrechtlichen Präventivmaßnahme ergeben. Sofern dem Emittenten die erforderliche Sachkunde zur Beurteilung der Verpflichtung zur Ad-hoc-Publizität fehlt, ist er dazu verpflichtet, externen Sachverstand hinzuzuziehen. Bei dieser Beratung kann auch die beratende Person eine Ordnungswidrigkeit begehen, sofern diese vorsätzlich an einem pflichtwidrigen Unterlassen der Ad-hoc-Publizität mitwirkt.

2.3.2 Schadenersatzregelungen

In der Endphase des Neuen Marktes zeigte sich immer deutlicher ein Mangel der Ad-hoc-Publizität. Einige der am Neuen Markt notierten Unternehmen täuschten die Anleger durch unrichtige oder unterlassene Ad-hoc-Mitteilungen und fügten so dem Finanzplatz Deutschland schweren Schaden zu. Die Schwierigkeit aus rechtspolitischer Sicht bestand damals darin, dass aus einer Verletzung der Ad-hoc-Publizitätspflicht kein Anspruch auf Schadenersatz abgeleitet werden konnte.

Kein drittschützender Charakter

Wie bereits an anderer Stelle dargestellt, hat der die Ad-hoc-Publizitätspflicht normierende § 15 Abs. 1 WpHG keinen drittschützenden Charakter und stellt deshalb kein Schutzgesetz im Sinne des § 823 Abs. 2 BGB dar, bei dessen pflichtwidriger Verletzung Schadensersatzansprüche gegen den Emittenten geltend gemacht werden könnten. Versuche eine anderweitige zivil- oder strafrechtliche Anspruchsgrundlage zu schaffen, erwiesen sich als wenig fruchtbar.

Eigenständige Anspruchsgrundlage

Vor diesem Hintergrund und den zahlreichen Skandalen am Neuen Markt setzte eine breite rechtspolitische Diskussion um die Einführung einer zivilrechtlichen Haftung für fehlerhafte Kapitalmarktinformationen ein. Das Ende dieser Debatte markierte die Schaffung einer eigenständigen kapitalmarktrechtlichen Anspruchsgrundlage, die durch das 4. FMFG eingeführt und durch das AnSVG inzwischen geändert wurden. Die neu in das WpHG eingefügten Vorschriften knüpfen eine Schadensersatzpflicht an unterlassene oder verspätete (§ 37 b WpHG) sowie unwahre (§ 37 c WpHG) Ad-hoc-Mitteilungen.

Dies ist nicht der Platz, um die komplexe Thematik der Haftung für Kapitalmarktinformationen zu erörtern und den Stand der juristischen Diskussion aufzurollen. Die Darstellung soll an dieser Stelle vielmehr auf jene Aspekte beschränkt werden, die das Verständnis für die vielschichtigen Pflichten, die aus der Ad-hoc-Publizität folgen, schärfen (vgl. hierzu insbesondere Assmann, H.-D./Schneider, U.H. (2006) S. 1420 ff.).

Die Anspruchsgrundlage für mögliche Schadensersatzforderungen geschädigter Anleger bilden die §§ 37 b und 37 c WpHG. Sie verpflichten den Emittenten von Finanzinstrumenten, die zum Handel an einer inländischen Börse zugelassen sind sowie nach herrschender Meinung auch den Emittenten, der einen Antrag auf Zulassung zum Handel an einer inländischen Börse gestellt hat, unter bestimmten, eng umrissenen Voraussetzungen zur Zahlung von Schadenersatz.

Haftung des Emittenten für dessen Organe

Eine Haftung kommt dabei nur für den Emittenten selbst in Frage, nicht hingegen für dessen Organe, die für die Umsetzung der Ad-hoc-Publizität verantwortlich sind. Die Haftung ist dabei auf Vorsatz und grobe Fahrlässigkeit beschränkt. Da der Emittent als juristische Person aber selbst nicht handlungsfähig ist, wird ihm das Verschulden seiner Organmitglieder nach § 31 BGB und seiner Angestellten nach § 278 BGB zugerechnet. Das gilt auch für das Verhalten der Personen, derer er sich zur Erfüllung der Ad-hoc-Publizitätspflicht bedient.

Haftungsbegründender Tatbestand

Im Hinblick auf mögliche Verletzungen der Informationspflicht muss zwischen dem Unterlassen einer unverzüglichen Veröffentlichung und der Veröffentlichung unwahrer Insiderinformationen auf der einen Seite und negativen sowie positiven Insiderinformationen auf der anderen Seite unterschieden werden. Die erste Unterscheidung zielt auf den haftungsbegründenden Tatbestand ab, die zweite auf das Wesen der Insiderinformation. Notwendig ist die Unterscheidung zwischen positiven und negativen Insiderinformationen mit Blick auf die Ermittlung des Schadens: Positive Insiderinformationen lösen bei ihrem Bekanntwerden einen Kursanstieg aus, negative Insiderinformationen hingegen einen Kursverlust. Ein Anspruch auf Schadenersatz besteht nur dann, wenn ein Schaden entstanden ist und die Verletzung der Informationspflicht auch ursächlich für den Schaden ist.

2.3 Rechtsfolgen bei Verstößen gegen die Ad-hoc-Publizität

Unterlassen einer unverzüglichen Veröffentlichung

§ 37b Abs. 1 WpHG knüpft eine Schadenersatzpflicht sowohl an das völlige als auch an das zeitweise Unterlassen einer gesetzlich gebotenen unverzüglichen Veröffentlichung an. Damit löst auch eine verspätete Ad-hoc-Mitteilung einen Schadenersatzanspruch gemäß § 37b WpHG aus. Das rückt den Aufschub einer Ad-hoc-Veröffentlichung in ein anderes Licht: Emittenten setzen sich bei einer solchen Entscheidung stets der Gefahr aus, in ein Haftungsrisiko zu laufen.

Unzulässige Selbstbefreiung

Seit der Reformierung des Befreiungstatbestandes durch das AnSVG muss der Emittent selbst prüfen, ob die Voraussetzungen für eine (zeitweise) Befreiung von der Ad-hoc-Publizitätspflicht gegeben sind. Beurteilt er diese Frage falsch, unterliegt er der Haftung nach den §§ 37b und 37c WpHG, sofern die sonstigen Tatbestandsvoraussetzungen vorliegen. Nach der neuen, nun geltenden Rechtslage können die Anleger die Entscheidung des Emittenten über das Vorliegen der Voraussetzungen für einen Aufschub der Veröffentlichung inzident überprüfen lassen. Damit hat der Wechsel von der Administrativbefreiung zum System der Selbstbefreiung die Haftungsrisiken für die Emittenten beträchtlich erhöht.

Veröffentlichung unwahrer Insiderinformationen

§ 37c Abs. 1 WpHG sieht eine Haftung für den Fall vor, dass der Emittent eine unwahre Insiderinformation veröffentlicht, die ihn unmittelbar betrifft. Die Unwahrheit der Insiderinformation kann sich dabei zum einen daraus ergeben, dass diese inhaltlich unrichtig ist, zum anderen daraus, dass sie unvollständig ist. Unrichtig ist eine Information dann, wenn die in der Ad-hoc-Meldung enthaltenen Angaben zum Zeitpunkt ihrer Veröffentlichung nicht mit der Wirklichkeit übereinstimmen. Unvollständig ist eine Ad-hoc-Veröffentlichung dann, wenn sie nicht alle Angaben enthält, die der Emittent nach § 15 Abs. 1 Satz 1 WpHG veröffentlichen müsste, um dem Anlegerpublikum ein zutreffendes Bild von der ad-hoc-publizitätspflichtigen Information zu vermitteln. Denn auch, wenn eine Ad-hoc-Mitteilung kurz gehalten werden sollte, so darf es doch durch Weglassen wesentlicher Aspekte zu keiner Irreführung des Publikums kommen.

Schadensberechnung

Die Schadensberechnung gehört zu den umstrittensten Bereichen der kapitalmarktrechtlichen Schadenersatzvorschriften. Diesbezüglich wird an dieser Stelle auf die einschlägigen juristischen Kommentare verwiesen. Eindeutig ausgeschlossen ist ein Schadenersatzanspruch aus den §§ 37b und 37c WpHG dann, wenn den Geschädigten ein Mitverschulden trifft. Dies trifft im Fall des § 37b WpHG zu, wenn der Anleger die nicht oder verspätet veröffentlichte Insiderinformation zum Zeitpunkt des Erwerbs (§ 37b Abs. 1 Nr. 1 WpHG) bzw. bei der Veräußerung (§ 37b Abs. 1 Nr. 2 WpHG) der betreffenden Finanzinstrumente kannte. Eine grob fahrlässige Unkenntnis führt indessen nicht zu einem Ausschluss des Anspruchs. Ein Schadenersatzanspruch nach § 37c Abs. 1 WpHG scheidet dann aus, wenn der Anleger die Unwahrheit der veröffentlichten Insiderinformation zum Zeitpunkt des Erwerbs (§ 37c Abs. 1 Nr. 1 WpHG) bzw. zum Zeitpunkt der Veräußerung (§ 37c Abs. 1 Nr. 2 WpHG) der betreffenden Finanzinstrumente kannte.

Pflicht zur Berichtigung

Nur der Vollständigkeit halber sei hier darauf hingewiesen, dass eine unwahre Insiderinformation nach § 15 Abs. 2 Satz 2 WpHG nachträglich unverzüglich zu berichtigen ist. Zwar entzieht dies nicht den bereits entstandenen Ansprüchen die Legitimationsgrundlage. Immerhin lässt sich auf diese Weise verhindern, dass weitere Anleger anspruchsberechtigt werden. Schwieriger zu beantworten ist die Frage, ob auch eine unterlassene Ad-hoc-Veröffentlichung nachgeholt werden muss, insbesondere natürlich dann, wenn die Information bereits bekannt ist und deshalb an sich nicht mehr *ad hoc* publiziert werden dürfte. Nach herrschender Meinung soll die Nachholung der Veröffentlichung in diesem Fall zulässig sein, allein schon um das Dauerdelikt des Unterlassens zu beenden.

2.4 Prüfungsschema

Einem viel geäußerten Wunsch Rechnung tragend, haben wir auf der Grundlage des Emittentenleitfadens und unseren Erfahrungen aus der Beratungspraxis ein mittlerweile vielfach bewährtes Prüfungsschema ausgearbeitet, das Praktikern in Unternehmen, Agenturen und Kanzleien wertvolle Dienste leisten kann. Denn auch wenn der Gesetzgeber den Emittenten bei der Bewertung eines Sachverhaltes im Hinblick auf eine Ad-hoc-Relevanz Raum für eine sachgerechte Prüfung auch unter Hinzuziehung von externem Sachverstand zubilligt, so erfolgt diese in der Praxis doch regelmäßig unter hohem Zeitdruck. Das hier vorgeschlagene Prüfungsschema hilft, die Prüfung zu systematisieren und schafft insoweit den für eine sorgfältige einzelfallbezogene Prüfung notwendigen Freiraum.

Die Prüfung gliedert sich in drei Teile. Dabei wird zwischen einer formellen und einer materiellen Prüfung unterschieden. Die formelle Prüfung (Abschnitt 2.4.1) dient der Klärung der Frage, inwieweit die formalen Voraussetzungen für das Vorliegen des Grundtatbestands der Ad-hoc-Publizität erfüllt sind. Daran schließt sich eine materielle Prüfung (Abschnitt 2.4.2) an, bei der der fragliche Sachverhalt dahingehend überprüft wird, ob die Tatbestandsmerkmale erfüllt sind. Nur wenn sowohl die formelle als auch die materielle Prüfung zu einem positiven Ergebnis gelangt, liegt eine Ad-hoc-Publizitätspflicht vor.

In diesem Fall kann sich die Frage anschließen, inwieweit die Voraussetzungen für die Aktivierung der Selbstbefreiung gegeben sind, der Emittent also die Ad-hoc-Veröffentlichung eigenverantwortlich aufschieben kann. Die Beantwortung dieser Frage bildet den Gegenstand von Abschnitt 2.4.3.

2.4.1 Formelle Prüfung

2.4.1.1 Adressaten der Verpflichtung
1. Inlandsemittent (§ 2 Abs. 6 WpHG)
- *Regelfall:* Emittent mit Sitz in Deutschland, Zulassung für den Handel an einem inländischen organisierten Markt (§ 2 Abs. 6 Nr. 1 lit. a WpHG)
- *Sonderfall:* Person, die im Auftrag oder auf Rechnung des Emittenten handelt, und die einem anderen im Rahmen ihrer Befugnis Insiderinformationen mitteilt oder zugänglich macht (§ 15 Abs. 1 Satz 4 u. 5 WpHG)

2. Ad-hoc-publizitätspflichtige Finanzinstrumente (§ 2 Abs. 2b WpHG)
- Gruppe 1 (§ 2 Abs. 1 WpHG): Aktien, Zertifikate, die Aktien vertreten, Schuldverschreibungen, Genussscheine, Optionsscheine (soweit diese an einem Markt gehandelt werden können), darüber hinaus Wertpapiere, die mit Aktien oder Schuldverschreibungen vergleichbar sind (soweit diese an

einem Markt gehandelt werden können) und Anteile an Investmentvermögen, die von einer Kapitalanlagegesellschaft oder einer ausländischen Investmentgesellschaft ausgegeben werden,
- Gruppe 2 (§ 2 Abs. 1a WpHG): bestimmte Geldmarktinstrumente sowie
- Gruppe 3 (§ 2 Abs. 2 WpHG): bestimmte Derivate und Rechte auf Zeichnung von Wertpapieren.

3. Zulassung zum Handel an einem inländischen organisierten Markt
- *amtlicher Handel* (§§ 30 ff. BörsG) oder *geregelter Markt* (§§ 49 ff. BörsG) der deutschen Wertpapierbörsen,
- Emittenten von Wertpapieren, die nur in den *Freiverkehr* (§ 57 BörsG) einbezogen werden, unterliegen *nicht* der Ad-hoc-Publizitätspflicht,
- Der Zulassung gleichgestellt ist ein *Antrag auf Zulassung* zum Handel an einem inländischen organisierten Markt (§ 15 Abs. 1 Satz 2 WpHG).
- Nicht ausreichend ist die *öffentliche Ankündigung der Antragstellung*.

Zwischenergebnis: Die formellen Voraussetzungen für das Vorliegen einer Ad-hoc-Publizitätspflicht gemäß § 15 Abs. 1 WpHG liegen vor/liegen nicht vor.

2.4.2 Materielle Prüfung

2.4.2.1 Vorliegen einer Insiderinformation
Legaldefinition (§ 13 Abs. 1 Satz 1 WpHG): Eine konkrete (präzise) Information über nicht öffentlich bekannte Umstände, die sich auf einen oder mehrere Emittenten von Insiderpapieren oder auf die Insiderpapiere selbst beziehen und die geeignet sind, im Falle ihres öffentlichen Bekanntwerdens den Börsen- oder Marktpreis der Insiderpapiere erheblich zu beeinflussen.

1. Konkrete Information über Umstände
- *Regelfall:* Die Information muss so bestimmt sein, dass sie eine hinreichende Grundlage für eine Einschätzung über den zukünftigen Verlauf des Börsen- oder Marktpreises eines Insiderpapiers bilden kann:
  – *Alle der äußeren Wahrnehmung zugänglichen Geschehnisse oder Zustände der Außenwelt und des menschlichen Innenlebens.*
  – *Künftige Ereignisse, deren Eintritt hinreichend wahrscheinlich ist.* Hierzu müssen konkrete Anhaltspunkte vorliegen, die den Eintritt des Umstands als voraussehbar erscheinen lassen. Nicht erforderlich ist hingegen eine mit an Sicherheit grenzende Wahrscheinlichkeit.
  – *Werturteile, Einschätzungen, Absichten, Prognosen und Gerüchte,* soweit sie einer Überprüfung zugänglich sind.
- *Sonderfall »mehrstufige Entscheidungsprozesse«:* Charakteristisch für mehrstufige Entscheidungsprozesse ist die *zunehmende Konkretisierung* des (potenziell ad-hoc-publizitätspflichtigen) Sachverhaltes.
  – Die Frage, ob es sich um eine hinreichend konkrete Information handelt, ist auf jeder einzelnen (Zwischen-)Stufe zu überprüfen.
  – Davon zu unterscheiden ist die Frage, ob der Entscheidungsprozess bereits soweit vorangeschritten ist, dass der Umstand dazu geeignet ist, den Börsen- oder Marktpreis des betreffenden Insiderpapiers erheblich zu beeinflussen. Diese Frage ist im Rahmen der Eignungsprüfung (Ziffer 4) vom Standpunkt des *verständigen Anlegers* zu entscheiden.

- *Sonderfall »Gerüchte«*: Gerüchte, die einen Tatsachenkern enthalten, können ebenfalls eine Insiderinformation darstellen, soweit es sich dabei um eine hinreichend konkrete Information handelt. Ob die Information zum Zeitpunkt des Aufkommens des Gerüchts der Wirklichkeit entspricht, also wahr ist, ist zunächst nicht relevant. Entscheidend ist, ob ein *verständiger Anleger* auf der Grundlage dieses Gerüchts handeln würde. Diese Frage ist im Rahmen der Eignungsprüfung (Ziffer 4) zu beantworten. Maßgeblich dafür sind v.a.
  – die Quelle des Gerüchtes,
  – die dem Gerücht zugrundeliegenden nachprüfbaren Fakten,
  – die Verfassung der Märkte im Allgemeinen und des Segments des betroffenen Unternehmens im Besonderen.

2. Nicht öffentlich bekannt

- *Negative Abgrenzung:* Eine Insiderinformation ist dann öffentlich bekannt, wenn sie einer unbestimmten Zahl von Personen zeitgleich zugänglich gemacht wurde.
- *Bereichsöffentlichkeit*: Maßgeblich ist dabei die *Bereichsöffentlichkeit*, also jener Kreis von Personen, die regelmäßig berufsbedingt am Kapitalmarkt teilnehmen. Ausreichend ist, dass die Insiderinformationen einer unbestimmten Zahl von Personen zeitgleich zugänglich gemacht wird. Eine Veröffentlichung in den Medien ist hierfür nicht erforderlich.
- Die Information der breiten Öffentlichkeit ist *nicht* erforderlich.
- Unerheblich ist, *wer* die Insiderinformation öffentlich bekannt gemacht hat und *auf welche Weise* diese der Öffentlichkeit zugänglich gemacht wurde.
- Beispiele für Veröffentlichungswege, die *nicht* dazu geeignet sind, eine Insiderinformation öffentlich bekannt zu machen, sind:
  – Bekanntgabe der Insiderinformation anlässlich einer Hauptversammlung, selbst wenn dies in Erfüllung eines Auskunftsersuchens eines Aktionärs geschieht und die Hauptversammlung *live* im Internet übertragen wird,
  – Veröffentlichung der Insiderinformation in einem nur in einschlägigen Kreisen verbreiteten Börseninformationsdienst oder Newsboard,
  – Bekanntgabe der Insiderinformation im Rahmen von Pressekonferenzen, Hintergrundgesprächen mit Finanzjournalisten oder *One on Ones* mit Investmentanalysten oder Investoren-Präsentationen.

3. Emittentenbezug

- Die Insiderinformation muss sich auf einen (oder mehrere) Emittenten von Insiderpapieren oder auf das Insiderpapier selbst beziehen.

4. Eignung zur erheblichen Preisbeeinflussung

- Eine Insiderinformation liegt nur dann vor, wenn die ihr zugrundeliegenden Umstände im Falle ihres Bekanntwerdens dazu geeignet sind, den Börsen- oder Marktpreis der betreffenden Insiderpapiere *erheblich* zu beeinflussen.
- Notwendig ist eine *Einschätzung, inwieweit der Börsen- oder Marktpreis beeinflusst wird,* wenn die Umstände bekannt werden. Es kommt dabei nicht darauf an, inwieweit sich der Kurs des Insiderpapiers *nach* Bekanntwerden der Insiderinformation tatsächlich verändert.

- Die Eignungsprüfung hat vom *Standpunkt eines verständigen Anlegers* zu erfolgen. Eine Eignung zur erheblichen Preisbeeinflussung ist anzunehmen, wenn ein verständiger Anleger die fragliche Information in Ansehung der damit verbundenen Kosten und Risiken bei seiner Anlageentscheidung berücksichtigen würde. Das ist der Fall, wenn ein *Kauf- oder Verkaufsanreiz* gegeben ist und dem Anleger das Geschäft lohnenswert erscheint.
- Damit scheiden jene Fälle aus, in denen die Verwertung einer Information von vornherein keinen *nennenswerten* wirtschaftlichen Vorteil verspricht.
- Die Beurteilung der Preiserheblichkeit kann in zwei Schritten erfolgen:
  1. Beurteilung, ob der Umstand für sich betrachtet zum Zeitpunkt der Prüfung (*ex ante*) nach allgemeiner Erfahrung ein erhebliches Preisbeeinflussungspotenzial haben kann.
  2. Einbeziehung der zum Zeitpunkt der Prüfung vorliegenden oder absehbaren Umstände des konkreten Einzelfalls, die das Preisbeeinflussungspotenzial erhöhen oder vermindern können.

Zwischenergebnis: Der infrage stehende Sachverhalt ist als Insiderinformation zu werten/ist nicht als Insiderinformation zu werten.

2.4.2.2 Unmittelbare Betroffenheit des Emittenten
- Eine Verpflichtung zur unverzüglichen Veröffentlichung besteht nur für solche Insiderinformationen, die den Emittenten *unmittelbar betreffen*.
- Die Insiderinformation muss dabei *den Emittenten selbst* und nicht nur die von ihm emittierten Finanzinstrumente betreffen, insbesondere
  - Vorgänge im Tätigkeitsbereich des Unternehmens,
  - Entscheidungen von Behörden, soweit dies etwa die Bildung von Rückstellungen oder eine preiserhebliche Prognosekorrektur zur Folge hat.

Zwischenergebnis: Es liegt eine Ad-hoc-Publizitätspflicht vor/es liegt keine Ad-hoc-Publizitätspflicht vor.

2.4.3 Aktivierung der Selbstbefreiung
Der Emittent kann bei Vorliegen einer Ad-hoc-Publizitätspflicht die Veröffentlichung unter bestimmten Voraussetzungen eigenverantwortlich aufschieben (§ 15 Abs. 3 WpHG). Dabei muss er abwägen, ob der Schutz seiner berechtigten Interessen gegenüber dem Interesse des Kapitalmarktes an einer vollständigen und zeitnahen Veröffentlichung überwiegt, keine Irreführung der Öffentlichkeit zu befürchten ist und er die Vertraulichkeit der Information gewährleisten kann.

1. Berechtigtes Interesse
- *Grundsatz:* Ein berechtigtes Interesse, das den Emittenten legitimieren kann, einen Aufschub der Veröffentlichung vorzunehmen, ist nach § 6 WpAIV vor allem dann anzunehmen, wenn
  - das Ergebnis oder der Gang laufender Verhandlungen über Geschäftsinhalte, die geeignet wären, im Falle ihres öffentlichen Bekanntwerdens den Börsen- oder Marktpreis erheblich zu beeinflussen, von der Veröffentlichung wahrscheinlich erheblich beeinträchtigt würden und eine Veröffentlichung die Interessen der Anleger ernsthaft gefährden würde,

- durch das Geschäftsführungsorgan des Emittenten abgeschlossene Verträge oder andere getroffene Entscheidungen zusammen mit der Ankündigung bekannt gegeben werden müssten, dass die für die Wirksamkeit der Maßnahme erforderliche Zustimmung eines anderen Organs des Emittenten noch aussteht, und dies die sachgerechte Bewertung der Information durch das Publikum gefährden würde.
- Weitere Fälle, in denen ein *berechtigtes Interesse* des Emittenten gegeben sein kann, nennt die BaFin im Emittentenleitfaden. Danach kann auch dann ein berechtigtes Interesse vorliegen, wenn
  - die Veröffentlichung einer bereits vom Geschäftsführungsorgan getroffenen Maßnahme die ausstehende Zustimmung durch den Aufsichtsrat oder die Durchführbarkeit der Maßnahme gefährden könnte,
  - wenn es um die Entwicklung von Produkten, Patenten oder Erfindungen, deren Realisierung ein erhebliches Preisbeeinflussungspotenzial hat, geht. Hier wird ein berechtigtes Interesse solange vermutet, bis der Emittent die erforderlichen Maßnahmen ergriffen hat, um seine Rechte abzusichern (z. B. Patentanmeldung).
- *Abwägung:* Das berechtigte Interesse des Emittenten ist stets gegenüber dem Interesse des Kapitalmarktes an einer vollständigen und zeitnahen Veröffentlichung abzuwägen.

2. Keine Irreführung der Öffentlichkeit

- In dem Zeitraum, in dem der Emittent von einer Insiderinformation Kenntnis hat und diese nicht veröffentlicht, liegt ein *Informationsungleichgewicht* vor. Dieses stellt aber für sich betrachtet noch *keine Irreführung* dar.
- *Keine aktiven Signale:* Während des Befreiungszeitraums darf der Emittent aktiv keine Signale setzen, die zu der noch nicht veröffentlichten Information in Widerspruch stehen.

3. Gewährleistung der Vertraulichkeit der Information

- *Organisatorische Vorkehrungen:* Der Emittent muss durch geeignete organisatorische Maßnahmen sicherstellen, dass die im Unternehmen vorhandenen Informationen während des Befreiungszeitraums ausschließlich an Personen weitergegeben werden, die diese zur Wahrnehmung der ihnen übertragenen Aufgaben benötigen.
- *Vertraulichkeitslücken:* Die Vertraulichkeit der Insiderinformation ist dann nicht mehr gewährleistet, wenn der Emittent beim Aufkommen von Gerüchten oder Bekanntwerden von Teilen der Umstände, die der Information zugrundeliegen, weiß oder Grund zur Annahme hat, dass dies auf Vertraulichkeitslücken in seinem Herrschaftsbereich zurückzuführen ist.
- *No Comment Policy*: Auch bei Aufkommen von Gerüchten oder beim Bekanntwerden von Details der Insiderinformation kann der Emittent die Befreiung prinzipiell fortsetzen, sofern er ausschließen kann, dass diese aus seiner Sphäre stammen. Der Emittent darf in diesem Fall aber aktiv keine gegenläufigen Erklärungen abgeben oder Signale setzen (Dementis), da andernfalls der Tatbestand der Irreführung erfüllt sein könnte. In diesem Fall sollte sich der Emittent auf eine *no comment policy* beschränken.

3 Besondere Anwendungsfälle

Bei der Umsetzung der Ad-hoc-Publizität agieren die Emittenten in einem engen Korridor, der aus den Anforderungen des Gesetzgebers auf der einen Seite und den Anforderungen der Kapitalmarktteilnehmer auf der anderen Seite gezogen wird. Die Bewertung einer etwaigen Insiderinformation im Hinblick auf eine Ad-hoc-Publizitätspflicht erfordert eine Überprüfung der konkreten Umstände des jeweiligen Einzelfalls. Vergleichsweise einfach ist dies bei der ereignisbezogenen Ad-hoc-Publizität. Beispiele hierfür sind die Entscheidung einer Behörde, überraschende Veränderungen bei Schlüsselpositionen des Unternehmens oder der Ausfall eines wichtigen Schuldners. Hier beschränkt sich die Prüfung im Wesentlichen auf die Bewertung einer etwaigen Insiderinformation im Hinblick auf das ihr innewohnende Preisbeeinflussungspotenzial. Anders verhält es sich bei zeitlich gestreckten Sachverhalten, die einen Prozess der zunehmenden Konkretisierung durchlaufen. Dies gilt für die Mehrzahl der ad-hoc-publizitätspflichtigen Sachverhalte. Die Praxis kennt eine Vielzahl von Fallkonstellationen. Hierbei stellt sich regelmäßig die Frage, in welchen Fällen eine Ad-hoc-Publizität gegeben sein kann und wann die Veröffentlichungspflicht ausgelöst wird. In Bezug auf die inhaltliche Reichweite der Ad-hoc-Publizität stellt sich zudem die Frage, wo die Veröffentlichungspflicht beginnt und wo diese endet. Eine Hilfestellung bietet der *Katalog von veröffentlichungspflichtigen Insiderinformationen* im Emittentenleitfaden der BaFin. Allerdings entbindet auch dieser Katalog die Emittenten nicht von einer einzelfallbezogenen Prüfung. Eine wertvolle Orientierungshilfe sind die Standards, die sich zwischenzeitlich im Markt im Sinne einer *Best Practice* herausgebildet haben.

3.1 Ausgewählte Anwendungsbeispiele

Bei der Ausgestaltung der Ad-hoc-Publizitätspflicht stand der Gesetzgeber vor der Herausforderung, eine Regelung zu schaffen, die möglichst alle relevanten Sachverhalte erfasst. Dies erklärt, weshalb die Vorschriften des § 15 WpHG so allgemein gehalten sind. Aus der Praxis wurde deshalb nach der umfassenden Neuregelung der Ad-hoc-Publizität durch das Wertpapierhandelsgesetz der Ruf nach konkreten Orientierungshilfen laut. Der Wunsch nach einem Katalog von (potenziell) ad-hoc-publizitätspflichtigen Insiderinformationen wie ihn die BaFin auch im Emittentenleitfaden veröffentlicht hat (vgl. hierzu Abschnitt 2.2.2.5), ist verständlich. Er entbindet die Emittenten aber dennoch nicht von einer einzelfallbezogenen Prüfung einer etwaigen Insiderinformation im Hinblick auf eine Ad-hoc-Publizitätspflicht.

So ist der Katalog weder als abschließende Aufzählung zu werten, noch sind die im Katalog enthaltenen Beispiele so zu verstehen, dass diese automatisch eine Ad-hoc-Publizitätspflicht auslösen. Vielmehr kommt es auch in den im Katalog enthaltenen Beispielen stets auf die konkreten Umstände des jeweili-

Keine abschließende Aufzählung publizitätspflichtiger Sachverhalte

gen Einzelfalls an. Insofern ist die im Emittentenleitfaden gewählte Überschrift (*Katalog von veröffentlichungspflichtigen Insiderinformationen*) etwas unglücklich, suggeriert sie doch genau das Gegenteil.

Auf den folgenden Seiten sollen einige besonders häufige Anwendungsfälle der Ad-hoc-Publizität dargestellt werden. Unser Anspruch dabei ist es, Praktikern eine Hilfestellung für die Bewertung von etwaigen Insiderinformationen zu geben.

3.1.1 Geschäftsergebnisse

Eindeutige Rechtslage

Für Verunsicherung sorgt in der Praxis seit Inkrafttreten des Wertpapierhandelsgesetzes die Bewertung von Geschäftsergebnissen im Hinblick auf eine mögliche Ad-hoc-Publizitätspflicht. Abzulesen ist dies auch an dem vergleichsweisen hohen Anteil, den diese Fallgruppe am gesamten Meldungsaufkommen hat. Doch trotz anfänglicher Irritationen, an denen der Gesetzgeber durchaus seinen Anteil hatte, ist die rechtliche Situation heute zweifelsfrei geklärt, das Verhältnis zwischen der Regelpublizität und der Ad-hoc-Publizität mithin klar geregelt.

Ergänzung der Regelpublizität

Bereits in der Begründung zum Regierungsentwurf für die Börsengesetznovelle von 1986, die mit § 44a BörsG a. F. und in Umsetzung der EG-Börsenzulassungs-Richtlinie den Tatbestand der Ad-hoc-Publizität im deutschen Kapitalmarktrecht verankert hat, heißt es zum Verhältnis von Regelpublizität und Ad-hoc-Publizität unmissverständlich, »dass alle für die Beurteilung der zugelassenen Wertpapiere wichtigen Tatsachen schon *unverzüglich nach ihrem Eintreten* zu veröffentlichen sind« (Deutscher Bundestag (1994a), S. 16). Mit dieser Regelung sollte den Kapitalmarktteilnehmern zwischen den Stichtagen der Regelpublizität der Zugang zu kursrelevanten Informationen ermöglicht werden.

Dieser Auffassung hatte sich das BAWe in der am 9. Juli 1996 veröffentlichten »Bekanntmachung zum Verhältnis von Regelpublizität und Ad-hoc-Publizität« angeschlossen. Dort heißt es, dass »Ereignisse, die im Rahmen der Regelpublizität darzustellen sind, unter bestimmten Voraussetzungen bereits vor der Veröffentlichung im Rahmen der Regelpublizität der in § 15 WpHG geregelten Ad-hoc-Publizität unterliegen« können. Weiter heißt es dort: »Resultiert eine neue, potenziell kursrelevante Tatsache, z. B. ein erheblicher Gewinn oder ein erheblicher Verlust, aus einem einzelnen Ereignis, so ist diese Tatsache unverzüglich nach ihrem Eintritt zu veröffentlichen.« Das BAWe

Summatorische Ereignisse

stellte außerdem klar, dass diese Vorschrift auch für sogenannte *summatorische Ereignisse*, gilt, also für solche Sachverhalte, die sich aus dem Aufsummieren von Informationen ergeben, die für sich genommen nicht ad-hoc-publizitätspflichtig sind. In diesem Fall ist das Ergebnis dieser Summierung *ad hoc* zu veröffentlichen, immer vorausgesetzt, dass die Voraussetzungen von § 15 WpHG erfüllt sind. Die Veröffentlichungspflicht entsteht dabei, sobald die betreffende Information dem Vorstand oder dem sonst für die Veröffentlichung nach § 15 WpHG Verantwortlichen zur Verfügung steht. Dieser Rechtsauffassung hat sich die BaFin mehrfach angeschlossen, zuletzt im Emittentenleitfaden vom 15. Juli 2005. An der Rechtslage seit Inkrafttreten des AnSVG hat sich insoweit nichts geändert.

Erhebliches Preisbeeinflussungspotenzial

Halten wir also fest: Geschäftsergebnisse unterliegen grundsätzlich der Ad-hoc-Publizitätspflicht. Voraussetzung für eine Veröffentlichung nach § 15

WpHG ist aber, dass die end- oder auch unterjährigen Geschäftsergebnisse ein *erhebliches* Preisbeeinflussungspotenzial besitzen. Davon ist insbesondere dann auszugehen, wenn die Ergebnisse in signifikanter Weise von den Vergleichswerten der Vorperiode oder den für die betreffende Periode publizierten Planungen abweichen. Die Veröffentlichung hat in diesem Fall *unverzüglich* zu erfolgen, und zwar ohne Rücksicht auf zuvor festgelegte Veröffentlichungstermine, Finanztermine, wie Analysten- oder Bilanzpressekonferenzen oder auch die Börsenhandelszeiten. In den Fällen, in denen neben dem Vorstand noch ein weiteres Organ oder Gremium (z. B. Aufsichtsrat oder Aufsichtsratsausschuss) in die endgültige Bewertung der Geschäftszahlen eingebunden ist, kann das Unternehmen die Veröffentlichung zeitweise aufschieben, soweit die Voraussetzungen dafür gegeben sind. Selbst wenn eine Ad-hoc-Publizitätspflicht zweifelsfrei gegeben ist, erstreckt sich diese aber lediglich auf die Information, die das Preisbeeinflussungspotenzial aufweist und keineswegs auf den gesamten Jahresabschluss oder Zwischenbericht.

Prognosen

Da BaFin macht in ihrem Emittentenleitfaden zudem deutlich, dass sie mit Blick auf Prognosen an der vor Inkrafttreten des AnSVG herrschenden Rechtspraxis festhält. Das bedeutet, dass sich die Ad-hoc-Publizitätspflicht grundsätzlich auch auf Prognosen erstreckt – immer vorausgesetzt, dass mit hinreichender Wahrscheinlichkeit davon ausgegangen werden kann, dass das prognostizierte Ereignis auch tatsächlich eintritt. Davon ist nach Einschätzung der BaFin jedenfalls dann auszugehen, wenn der Emittent die Prognosen auf Basis *konkreter* Anhaltspunkte für die weitere Geschäftsentwicklung erstellt. Dagegen begründen allgemein gehaltene Erwartungen oder langfristige Planungen des Emittenten, also etwa Planungen mit einem Zeithorizont von drei oder mehr Jahren und rein interne Planungen im Sinne von Zielvorgaben, von vornherein keine Veröffentlichungspflicht, da sie in der Regel keine hinreichend konkreten Rückschlüsse auf die tatsächlich eintretende Entwicklung zulassen.

Keine Rechtspflicht zur Abgabe von Prognosen

Um Missverständnissen vorzubeugen: Der Emittent ist nicht dazu verpflichtet, Prognosen abzugeben. Allerdings können Prognosen, die auf Basis konkreter Anhaltspunkte für den weiteren Geschäftsverlauf formuliert werden, ad-hoc-publizitätspflichtig sein, sofern die Progose eine erhebliche Kursrelevanz besitzt. Dies ist aller Erfahrung nach nur dann der Fall, wenn die Prognose von den zurückliegenden Geschäftsergebnissen oder den Kapitalmarkterwartungen abweicht. Auch eine Korrektur einer publizierten Prognose kann eine Ad-hoc-Publizitätspflicht begründen. Tritt die prognostizierte Entwicklung dann tatsächlich ein, so lösen die erzielten Ergebnisse *keine* Veröffentlichungspflicht aus. Dies gilt in ähnlicher Weise auch für die Veröffentlichung vorläufiger Geschäftsergebnisse.

Vorläufige Geschäftsergebnisse

Vor dem Hintergrund der gestiegenen Haftungsrisiken im Falle einer verspäteten Veröffentlichung sind viele Unternehmen nach Inkrafttreten des AnSVG dazu übergegangen, vorläufige Ergebnisse zu veröffentlichen. An die Veröffentlichung vorläufiger Geschäftsergebnisse sind grundsätzlich dieselben Anforderungen zu stellen wie an endgültige Ergebnisse, d. h. vor einer Veröffentlichung sind die Daten zunächst auf ihre Eignung zur erheblichen Preisbeeinflussung zu überprüfen. Werden die publizierten vorläufigen Ergebnisse später bestätigt, so lösen die endgültigen Werte dann in der Regel keine Ad-hoc-Publizitätspflicht mehr aus.

Eignungspotenzial

Die Bewertung von Geschäftsergebnissen in Bezug auf das Preisbeeinflussungspotenzial zählt vermutlich zu den schwierigsten Aufgaben im Zusammenhang mit der Ad-hoc-Publizität. Der Grund hierfür liegt in den komplexen Wechselwirkungen zwischen der operativen Performance der Unternehmen auf der einen und den Kapitalmarkterwartungen auf der anderen Seite (vgl. hierzu auch Abschnitt 4.3.2). Dies gilt sowohl für die zu erwartende Stärke der Kursreaktion als auch für deren Richtung. Das unterscheidet Informationen über die operative Performance eines Unternehmens von allen anderen Anwendungsfällen. Selbst die beständige Übererfüllung der Erwartungen ist keine Garantie für eine positive Kursreaktion. Umgekehrt straft der Kapitalmarkt selbst kleinste Zielverfehlungen teilweise mit erheblichen Kursverlusten ab.

Inkonsistentes Ergebnisbild

Erschwert wird die Abschätzung der Kursrelevanz, wenn die finanziellen Kennzahlen kein einheitliches Gesamtbild ergeben. Dies kann etwa dann der Fall sein, wenn Sonderfaktoren in unterschiedlicher Weise auf die verschiedenen Ergebnisgrößen durchschlagen. Auch besitzen die Finanzkennzahlen einen unterschiedlichen zeitlichen Bezug zur Unternehmensentwicklung. So kann etwa das Ergebnis in der Berichtsperiode eine Trendwende beim Ertragsmomentum signalisieren, während der Auftragseingang genau das entgegengesetzte Bild zeichnet. Dies ist etwa der Fall, wenn es zur Verschiebung von Aufträgen kommt. Auch kann sich die operative Ertragskraft zeitweise von der Umsatz- und Ergebnisentwicklung abkoppeln, etwa als Folge von außergewöhnlichen Aufwendungen oder Erträgen (vgl. hierzu auch Abschnitt 3.1.2) oder auf Grund des Erwerbs oder der Veräußerung von margenschwachen Nichtkerngeschäftsaktivitäten. Eine Herausforderungen stellen in diesem Zusammenhang zudem Änderungen im Konsolidierungskreis, ein Wechsel der Bilanzierungsmethode oder Änderungen der Bilanzierungspraxis sowie Umstellungen des Geschäftsjahres dar.

Erwartungskorrektur

Auf das komplexe Zusammenspiel von Prognosen und Kapitalmarkterwartungen weist die BaFin im Emittentenleitfaden hin. Danach besteht für einen Emittenten grundsätzlich keine Verpflichtung, Kapitalmarkterwartungen über den Weg einer Ad-hoc-Mitteilung zu korrigieren, wenn dieser eine Prognose abgegeben hat, die Erwartungen im weiteren Verlauf aber auf Grund von Faktoren, die von Dritten publiziert wurden, erheblich von dieser Prognose abweichen. Die Emittenten sind also nicht dazu verpflichtet, Markterwartungen, die sie nicht selbst hervorgerufen haben *ad hoc* zu korrigieren, sofern sie an ihren eigenen Prognosen festhalten. Gleiches gilt nach Auffassung der BaFin für Markterwartungen, die durch eine von dritter Seite vorgenommene Publikation unzutreffender Geschäftsergebnisse hervorgerufen werden. Die Bundesanstalt weist aber in diesem Zusammenhang darauf hin, dass die Emittenten gut beraten sind, die Markterwartungen in diesem Fall durch geeignete Kommunikationsmaßnahmen (z. B. Pressemitteilung) zu korrigieren.

Umgang mit Kennzahlen

Anlass zu berechtigter Kritik gab in der Vergangenheit wiederholt der Umgang mit Kennzahlen. Auch hier ist die Rechtslage zwischenzeitlich eindeutig. Nach § 15 Abs 1. Satz 6 WpHG müssen die in einer Ad-hoc-Mitteilung verwendeten Kennzahlen erstens üblich sein und zweitens einen Vergleich mit den vom Emittenten zuletzt genutzten Kennzahlen ermöglichen. Diese Vorschrift, die an sich eine Selbstverständlichkeit thematisiert, soll ganz einfach sicherstellen, dass die Marktteilnehmer ein klares Bild von dem eingetretenen Umstand erhalten.

Die Vorschrift war in der ursprünglichen Fassung des Wertpapierhandelsgesetzes nicht enthalten. Sie ist als Reaktion auf eine um sich greifende Unsitte, negative Entwicklungen durch Verwendung von Phantasiekennzahlen und einen häufigen Wechsel der verwendeten Kennzahlen zu verschleiern, im Zusammenhang mit dem 4. FMFG in das WpHG gelangt. Durch das AnSVG ist diese Vorschrift nicht verändert worden. Offen lässt die Regelung freilich, wonach sich das Kriterium der Üblichkeit bestimmen soll. Aus der Gesetzesbegründung geht indessen hervor, dass allein die vielfache Verwendung von Kennzahlen, per se noch kein Beleg dafür ist, dass diese auch tatsächlich im Geschäftsverkehr *üblich* sind. Der Gesetzgeber hatte dabei wohl den Geschäftsverkehr in seiner Gesamtheit vor Augen. Der Emittentenleitfaden der BaFin erlaubt aber den Schluss, dass auch lediglich branchenübliche Kennzahlen als üblich im Sinne der gesetzlichen Vorschrift des § 15 Abs. 1 Satz 6 WpHG gelten *können*.

Übliche Kennzahlen

Auf der Basis einer Auswertung der Geschäftsberichte von 70 börsennotierten Unternehmen wurden zunächst elf Kennzahlen als üblich eingestuft. Diesen Katalog hat die BaFin erstmals im Schreiben vom 26. November 2002 veröffentlicht. Im Emittentenleitfaden wurde der Katalog dann noch einmal geringfügig erweitert (zu den Kennzahlen, die als üblich im Sinne von § 15 Abs. 1 Satz 6 WpHG gelten vgl. Abschnitt 2.2.4.4). In dem Schreiben fanden sich auch nähere Aussagen zur Verwendung von Kennzahlen in Ad-hoc-Mitteilungen, die im Emittentenleitfaden ebenfalls aufgegriffen wurden.

So sind in der Ad-hoc-Mitteilung neben den Kennzahlen für die Berichtsperiode auch die entsprechenden Werte des Vergleichszeitraumes und/oder die prozentualen Veränderungen gegenüber dem Vergleichszeitraum auszuweisen, um so die Vergleichbarkeit mit den vorher genutzten Kennzahlen sicherzustellen. Auf diese Weise soll verhindert werden, dass eine negative Entwicklung durch einen Wechsel der Kennzahlen verschleiert wird. Darüber hinaus sind die Emittenten aufgefordert, in der Ad-hoc-Mitteilung darauf hinzuweisen, wenn sich gegenüber dem Vergleichszeitraum Änderungen im Konsolidierungskreis des Unternehmens ergeben haben oder ein Wechsel bei der Bilanzierungsmethode erfolgt ist. Denn nur so ist es den Kapitalmarktteilnehmern möglich, die Kennzahlen miteinander zu vergleichen und die richtigen Schlussfolgerungen daraus zu ziehen.

Vergleichbarkeit der Angaben

Im Übrigen empfiehlt es sich, in einer Ad-hoc-Meldung bzw. den zugehörigen Erläuterungen mehrere Kennzahlen anzugeben, um den Kapitalmarktteilnehmern ein differenziertes Bild von der wirtschaftlichen Lage zu vermitteln. Doch auch die Veröffentlichung von Kennzahlen, wie auch allen anderen Informationen, ist nur dann geboten, wenn die Kennzahl selbst ein erhebliches Preisbeeinflussungspotenzial aufweist. Allerdings ist ihre Nennung in einer Ad-hoc-Meldung dann legitim, wenn die Erläuterung eines ad-hoc-publizitätspflichtigen Umstands oder Ereignisses dies sinnvoll erscheinen lässt.

Notwendige Erläuterungen

Gerade bei Geschäftsergebnissen registrieren wir eine Verunsicherung darüber, wo die Ad-hoc-Publizitätspflicht beginnt und wo diese endet. Maßgeblich für die Abgrenzung ist der in § 15 Abs. 2 Satz 1 WpHG enthaltene Grundsatz, wonach die Veröffentlichung solcher Angaben, die offensichtlich überflüssig sind, nicht *ad hoc* veröffentlicht werden dürfen. Dabei handelt es sich um einen unbestimmten Rechtsbegriff, der all jene Angaben umfasst, die in keinem sachlichen Zusammenhang mit der Insiderinformation stehen.

Abgrenzungsprobleme

Offensichtlich überflüssige Angaben

Im Einzelfall ist also zu überprüfen, ob eine Angabe überhaupt dazu geeignet ist, dem tatsächlichen oder potenziellen Anleger eine angemessene Bewertung einer ad-hoc-publizitätspflichtigen Information zu ermöglichen. Damit sind jene Angaben von vornherein offensichtlich überflüssig, denen es an der Eignung fehlt. Beispiele dafür sind Hinweise auf Finanztermine (»der komplette Jahresabschluss wird auf der heutigen Bilanzpressekonferenz veröffentlicht«) oder den Download-Bereich der Webseite des Emittenten (»der vollständige Geschäftsbericht steht ab sofort auf unserer Internetseite zum Download bereit«). Ein Ärgernis sind auch Zitate des Vorstands, die die Geschäftsentwicklung einfach noch einmal in wörtlicher Rede wiederholen.

Anders verhält es sich dagegen mit solchen Angaben, die für eine sachgerechte Bewertung einer Information erforderlich sind. So sind Informationen, die dem Verständnis und der Einordnung eines ad-hoc-publizitätspflichtigen Sachverhalts dienen, nicht nur zulässig, sondern in manchen Fällen durchaus sogar geboten. Dazu kann gehören, die Auswirkungen eines Ereignisses auf die Vermögens- oder Finanzlage oder den allgemeinen Geschäftsverlauf des Emittenten zu erläutern, wenngleich der Emittent zu solchen Angaben nicht verpflichtet ist. Vorbildlich ist in dieser Hinsicht die nachfolgende Ad-hoc-Meldung der Sixt AG.

---

euro adhoc: Sixt Aktiengesellschaft
Geschäftszahlen/Bilanz
Sixt-Konzern erreicht 2006 Ergebnissteigerung von 33,9 %
15.03.2007 – 07:44 Uhr, Sixt Aktiengesellschaft

Ad hoc-Mitteilung übermittelt durch euro adhoc mit dem Ziel einer europaweiten Verbreitung. Für den Inhalt ist der Emittent verantwortlich.

15.03.2007

Pullach, 15. März 2007 – Der Sixt-Konzern hat im Geschäftsjahr 2006 neue Rekordwerte beim operativen Umsatz und beim Ertrag erreicht. Nach vorläufigen Zahlen erhöhte sich das Konzernergebnis vor Steuern (EBT) um 33,9 % auf 121,6 Mio. Euro nach 90,9 Mio. Euro im Jahr 2005. Damit wurde die im Jahresverlauf mehrmals nach oben revidierte Prognose einer mindestens 25-prozentigen Steigerung des operativen Ergebnisses nochmals übertroffen. Der Konzernüberschuss des Mobilitätsdienstleisters beträgt 73,8 Mio. Euro, das entspricht einer Steigerung von 31,7 % gegenüber dem Vorjahreswert (56,0 Mio. Euro).

Basis der sehr guten Ergebnisentwicklung waren die weitere deutliche Ausweitung des operativen Geschäfts, Fortschritte bei der Auslandsexpansion sowie eine unterproportionale Kostenentwicklung. Der operative Konzernumsatz aus Vermiet- und Leasinggeschäften (ohne Erlöse aus dem Verkauf gebrauchter Leasingfahrzeuge), der die Geschäftsentwicklung von Sixt am besten widerspiegelt, stieg 2006 um 12,6 % auf 1,21 Mrd. Euro (2005: 1,08 Mrd. Euro) und lag damit im angekündigten Zielkorridor von 10 bis 15 %. Der gesamte Konzernumsatz (inklusive Erlöse aus dem Verkauf gebrauchter Leasingfahrzeuge) erreichte 1,44 Mrd. Euro nach 1,34 Mrd. Euro im Vorjahr (+8,0 %).

Für die Geschäftsentwicklung 2007 ist der Vorstand optimistisch. Allerdings ist weiterhin mit allgemeinen Kostensteigerungen, insbesondere bei den Fuhrparkkosten, zu rechnen, die durch höhere Preise in den Märkten sowie durch weitere Effizienzverbesserungen kompensiert werden sollen.

Für 2007 geht Sixt von einer weiteren Erhöhung des operativen Konzernumsatzes und des operativen Konzernergebnisses aus. Dabei wird unterstellt, dass die notwendigen Preissteigerungen im Markt durchgesetzt werden können, dass sich die gesamtwirtschaftliche Lage wie prognostiziert entwickelt, dass sich der Gebrauchtwagenmarkt nicht verschlechtert und dass keine unvorhergesehenen negativen Ereignisse von wesentlicher Tragweite für den Konzern eintreten.

Ende der Mitteilung euro adhoc

Eine Hilfestellung für die Strukturierung von Informationen im Zusammenhang mit Geschäftsergebnissen bieten die folgenden Fragen:
- Haben sich gegenüber dem Vergleichszeitraum Veränderungen im Konsolidierungskreis ergeben und/oder ist ein Wechsel bei der Bilanzierungsmethodik erfolgt?
- Gibt es Entwicklungen, die sich in ihren Auswirkungen auf das Ergebnis wechselseitig kompensieren und die deshalb einer Erläuterung bedürfen?
- Gibt es langfristig Trends, die sich aus den Kennzahlen herauslesen lassen?
- Falls ja: Welche nachhaltigen Auswirkungen haben diese Veränderungen auf das Ergebnisbild?
- Ergeben die Kennzahlen ein konsistentes Gesamtbild von der wirtschaftlichen Lage des Unternehmens?
- Bei Prognosen: In welchem Korridor bewegen sich die Prognosen und welche Prämissen liegen den Prognosen zugrunde?
- Wird das Ergebnisbild durch außerordentliche Erträge oder Aufwendungen beeinflusst?
- Sind Sonderfaktoren wirksam geworden, die das Ergebnisbild beeinflussen?

3.1.2 Außerordentliche Erträge oder Aufwendungen

Eine weitere praxisrelevante Fallgruppe von grundsätzlich ad-hoc-publizitätspflichtigen Sachverhalten betrifft außerordentliche Erträge und Aufwendungen. Dabei handelt es sich um eine äußerst heterogene Fallgruppe von Einzelsachverhalten, die aber eins verbindet: Es handelt sich um ergebniswirksame Vorgänge im Tätigkeitsbereich des Emittenten, die außerhalb der gewöhnlichen Geschäftstätigkeit des Unternehmens anfallen. Im Emittentenleitfaden listet die BaFin die folgenden Beispiele für außerordentliche Erträge und Aufwendungen auf:

Heterogene Fallgruppe

- Gewinne/Verluste aus der Veräußerung ganzer Betriebe, wesentlicher Betriebsteile oder bedeutender Beteiligungen,
- außerplanmäßige Abschreibungen als Folge eines außergewöhnlichen Ereignisses, wie etwa der Stilllegung von Betrieben, Enteignungen oder der Zerstörung von Betrieben infolge von Katastrophen,
- außergewöhnliche Schadensfälle, die beispielsweise durch Unterschlagungen von Mitarbeitern verursacht wurden,
- Erträge/Aufwendungen auf Grund des Ausgangs eines für das Unternehmen existenziellen Gerichts- oder Verwaltungsverfahrens,
- vom Emittenten zu tragende Entschädigungszahlungen im Falle von Massenentlassungen,

- Gewinne/Verluste aus Umwandlungen,
- Erträge auf Grund eines allgemeinen Forderungsverzichts der Gläubiger (*Sanierungsgewinn*) sowie
- Einmalige Zuschüsse der öffentlichen Hand zur Umstrukturierung von Branchen.

Die nachfolgende Ad-hoc-Mitteilung stellt in dieser Hinsicht insoweit einen Sonderfall dar, als es sich um einen Mischsachverhalt handelt – die Bekanntgabe eines Beschlusses, von der Möglichkeit einer Barkapitalerhöhung Gebrauch zu machen – mit dem Ziel, die dem Unternehmen auf diesem Weg zufließenden Mittel zur Ablösung von Krediten einzusetzen. Auf Grund der dem Unternehmen von den kreditgebenden Banken in Aussicht gestellten Nachlässe konnte der Emittent in der betreffenden Periode außerordentliche Erträge erzielen.

---

euro adhoc: Plambeck Neue Energien AG
Kapitalmaßnahmen
Barkapitalerhöhung zur Ablösung von Krediten mit signifikanten Nachlässen
06.11.2006 – 08:51 Uhr, Plambeck Neue Energien AG

Ad hoc-Mitteilung übermittelt durch euro adhoc. Für den Inhalt ist der Emittent verantwortlich.

06.11.2006

Cuxhaven, 06. November 2006 – Vorstand und Aufsichtsrat der Plambeck Neue Energien AG (ISIN: DE000A0JBPG2) haben beschlossen, von der Möglichkeit einer Barkapitalerhöhung Gebrauch zu machen. Die dem Unternehmen daraus zufließenden Mittel sollen wesentlich zur Ablösung von Krediten eingesetzt werden. Aufgrund von den Banken in Aussicht gestellten signifikanten Nachlässen bei der Ablösung der Kredite kann die Plambeck Neue Energien AG daraus noch in diesem Geschäftsjahr außerordentliche Erträge von bis zu 7,2 Mio. Euro erzielen.

Das genehmigte Kapital wird ausgenutzt, um das Grundkapital der Gesellschaft durch Ausgabe von bis zu 12,4 Mio. Stück neuen auf den Namen lautenden Stückaktien mit einem rechnerischen Anteil am Grundkapital von je 1,00 Euro gegen Bareinlagen von derzeit 25,1 Mio. Euro auf bis zu 37,5 Mio. Euro zu erhöhen. Der Ausgabepreis ist noch nicht festgelegt. Die neuen Aktien sind ab dem 1. Januar 2006 gewinnberechtigt. Den Aktionären soll ein Bezugsrecht im Verhältnis 2:1 eingeräumt werden. Von den Aktionären nicht gezeichnete Aktien sollen im Wege eines öffentlichen Angebots in der Bundesrepublik Deutschland und ausgewählten Investoren im Rahmen eines Private Placements zur Zeichnung angeboten werden. Die Kapitalerhöhung wird begleitet von der VEM Aktienbank AG, München.

Ende der Mitteilung

Preisbeeinflussungspotenzial

Ob außerordentliche Erträge oder Aufwendungen eine Ad-hoc-Publizitätspflicht auslösen, ist in erster Linie eine Frage der Kurserheblichkeit. Bei der Bewertung etwaiger Insiderinformationen über außerordentliche Erträge oder Aufwendungen muss man das Ergebnisvolumen in Relation zum Gesamtergebnis setzen. Ein erhebliches Preisbeeinflussungspotenzial wird man zumindest in jenen Fällen unterstellen können, bei denen es sich – gemessen am

Ergebnisbeitrag – um bedeutende Gewinne oder Verluste handelt. Die Richtung der Kursreaktion wird in diesen Fällen zumeist bereits durch das Vorzeichen der Position bestimmt.

3.1.3 Personalveränderungen bei Schlüsselpositionen des Unternehmens

Ad-hoc-Mitteilungen, die personelle Veränderungen bei Schlüsselpositionen des Unternehmens zum Gegenstand haben, zählen ohne Zweifel zu den Nachrichten, denen die *Financial Community* am meisten Beachtung schenkt. Ein Grund dafür mag in dem Trend zu einer verstärkten Personalisierung sowohl in der Außendarstellung der Unternehmen als auch in der Berichterstattung der Medien liegen. Eine andere Erklärung für das gesteigerte Interesse von Analysten und Investoren an personellen Veränderungen besteht darin, dass diese – zumindest teilweise – auch einen Rückschluss auf die Stabilität der Führungsstruktur und damit letztlich auch auf die Handlungsfähigkeit der Leitungs- und Kontrollorgane erlauben.

Hohe Aufmerksamkeitswirkung

Außerdem werden Personen aus der Führungsebene des Unternehmens immer auch mit bestimmten strategischen Konzepten in Verbindung gebracht. Damit löst jede bedeutende Personalie automatisch auch Spekulationen über den künftigen Kurs des Unternehmens aus. Für gewöhnlich erhöht daher ein Wechsel in der Führungsetage die Unsicherheit über die Zukunft des Unternehmens. Die Investoren fordern eine höhere Risikoprämie – das ist Gift für den Aktienkurs.

Anstieg der Risikoprämie

Personalveränderungen können also eine Ad-hoc-Publizitätspflicht auslösen, soweit sie Schlüsselpositionen im Unternehmen betreffen. Entgegen einer weit verbreiteten Meinung ist dies keineswegs nur auf die Organe der Gesellschaft, also Vorstand und Aufsichtsrat, beschränkt. Unter bestimmten Voraussetzungen können auch Personalveränderungen außerhalb der Organe die Veröffentlichung einer Ad-hoc-Mitteilung notwendig machen. Dies gilt besonders für Unternehmen, deren operative Performance in einem ganz entscheidenden Maße von der Innovationsfähigkeit oder der Kreativität einzelner Personen abhängt. Zu denken ist in diesem Zusammenhang an Software- und Filmproduktionsfirmen, Biotechnologieunternehmen oder auch Automobilhersteller (Chefdesigner).

Schlüsselpositionen des Unternehmens

Die entscheidende Frage bei der Bewertung von Personalveränderungen im Hinblick auf eine mögliche Ad-hoc-Publizitätspflicht betrifft die Kursrelevanz. Wenn es um Veränderungen bei der personellen Zusammensetzung der Organe der Gesellschaft geht, wird man in den meisten Fällen von einem erheblichen Preisbeeinflussungspotenzial ausgehen können. Die zu erwartende Stärke der Kursreaktion hängt dabei von einer ganzen Reihe von Faktoren ab – allen voran von der Stellung der Person(en) im Unternehmen, ihrer Bedeutung für die operative Performance und dem Überraschungspotenzial der Nachricht. Schwieriger verhält es sich mit der Richtung der Kursreaktion. Wenn der Vertrag eines Vorstands wegen schwacher Ergebnisse nicht verlängert wird, so ist dies völlig anders zu bewerten, als wenn ein als fähig geltender Vorstand aus gesundheitlichen Gründen aus dem Unternehmen ausscheiden muss. Aussagen über die Richtung der Kursreaktion lassen sich nur bei genauer Kenntnis der Hintergründe der Personalveränderung und der wirtschaftlichen Situation des Unternehmens treffen.

Kurserheblichkeit von Personalveränderungen

Bestimmungsfaktoren des Eignungspotenzials

Diese Überlegungen machen eine klare Unterscheidung zwischen dem Gewicht der Nachricht und dem ihr innewohnenden Überraschungspotenzial auf der einen und ihrer Bewertung durch den Kapitalmarkt auf der anderen Seite notwendig. Das Eignungspotenzial der Personalveränderung im Hinblick auf die bei einer Offenlegung zu erwartende Stärke der Kursreaktion wird durch die ersten beiden Faktoren – das Gewicht und das Überraschungspotenzial der etwaigen Insiderinformation – bestimmt. Das Gewicht der Nachricht wiederum hängt maßgeblich von den organisatorischen Gegebenheiten im Unternehmen und den Führungsstrukturen, der Bedeutung der betreffenden Person für die Entwicklung des Unternehmens sowie der Tragweite der personellen Veränderungen ab.

Führungsstrukturen

So ist zunächst eine Differenzierung dahingehend vorzunehmen, welchem Organ bzw. welcher organisatorischen Einheit die betreffende Person angehört und welche Stellung die Person innerhalb der Führungsstrukturen einnimmt. Es liegt auf der Hand, dass der Rücktritt eines Alleinvorstands oder des Aufsichtsratsvorsitzenden anders zu bewerten ist, als der Rücktritt eines Spartenvorstands eines breit aufgestellten Konzernvorstands. Damit verbunden ist die Frage, mit welchen Macht- bzw. Kontrollbefugnissen die betreffende Person ausgestattet ist.

Sonderkonstellation

Eine Sonderkonstellation ist dann gegeben, wenn der Aufsichtsratsvorsitzende als Vorsitzender des Vorstands in den Jahren zuvor eine unmittelbare persönliche Verantwortung für das operative Geschäft getragen hat. Diese Bezüge treten dann besonders deutlich zutage, wenn mögliche Versäumnisse in die Phase der Vorstandszugehörigkeit des Aufsichtsratschefs fallen. Ein weiterer Sonderfall liegt vor, wenn ein Aufsichtsrat zugleich auch einem Leitungs- oder Kontrollgremium eines wichtigen strategischen Partners des Unternehmens angehört. In diesem Fall kann der Rückzug von einem Aufsichtsratsmandat vom Markt auch als Indiz für eine Neubewertung der Partnerschaft interpretiert werden.

Gewicht der Personalveränderung

Die Bedeutung einer Personalie für die Entwicklung des Unternehmens hängt von einer ganzen Fülle von Einzelfaktoren ab. Ein wichtiger Faktor ist die strategische Bedeutung der Funktionsbereiche und Aufgaben, die von der Personalveränderung betroffen sind. Bei der Bewertung ist der Umsatz- und Ergebnisbeitrag, den die Verantwortungsbereiche zum finanziellen Gesamtergebnis des Unternehmens beisteuern, zu berücksichtigen. Aber auch mögliche Sonderaufgaben, wie etwa die Sanierung einer *Problemsparte* oder der Aufbau eines neuen strategisch bedeutenden Geschäftsfeldes sollte bei der Bewertung berücksichtigt werden. Eine Sonderrolle fällt in diesem Kontext den Finanzvorständen zu. Die Erfahrung zeigt, dass personelle Veränderungen bei diesem Vorstandsressort von Analysten und Investoren besonders kritisch beäugt werden, weil sie auch ein Indiz für Versäumnisse im Bereich des betrieblichen Rechnungswesens sein können.

Tragweite des Ereignisses

Dies bringt uns zu einem weiteren Faktor, der das Gewicht einer Personalveränderung bestimmt: die Tragweite der personellen Veränderung. Diese hängt ohne Zweifel auch ganz erheblich von den Führungsstrukturen und der Bedeutung der Person für die operative Performance des Unternehmens ab. Hinzu kommen aber der Charakter des Unternehmens und das Reservoir an personellen Alternativen.

Was den Charakter des Unternehmens betrifft, so kann ganz grob zwischen dem Prototyp des gründergeprägten mittelständischen Unternehmens auf der einen und dem kapitalmarktorientierten multinationalen Konzern auf der anderen Seite unterschieden werden. Je stärker ein Unternehmen auf eine bestimmte Person zugeschnitten ist, desto größer ist auch die Lücke, die diese Person bei einem Weggang hinterlässt. Dies muss nicht notwendigerweise der Firmengründer sein. Es ist allerdings nicht von der Hand zu weisen, dass mittelständische Firmen sich mit dieser Frage besonders intensiv auseinandersetzen müssen. Insofern hat das Bemühen um eine Nachfolgeregelung durchaus auch eine kommunikative Dimension. Damit in Verbindung ist die Frage nach dem (internen und externen) Angebot an personellen Alternativen zu sehen. Je besser ein Unternehmen auf der Führungsebene aufgestellt ist, desto schneller kann der Weggang einzelner Schlüsselpersonen aufgefangen werden und desto höher ist die Wahrscheinlichkeit, dass eine vakante Position intern angemessen besetzt werden kann.

Wie bereits ausgeführt spielt bei der Frage nach dem Eignungspotenzial neben dem Gewicht der Nachricht auch das ihr innewohnende Überraschungspotenzial eine wichtige Rolle. Dieses hängt ganz wesentlich mit den Erwartungen der Kapitalmarktteilnehmer im Hinblick auf das Timing und den Gegenstand möglicher Personalveränderungen ab. Je überraschender der Zeitpunkt für eine Veränderung bei der Schlüsselposition ist und je überraschender die Änderung in der Sache ist, desto stärker dürfte die Kursreaktion ausfallen. So ist das planmäßige Ausscheiden eines Vorstandsvorsitzenden bei Erreichen einer (allgemein bekannten) Altersgrenze, wie sie in vielen Unternehmen für Vorstände vorgesehen ist, völlig anders zu bewerten als der überraschende Rückzug eines Aufsichtsratsvorsitzenden.

Überraschungspotenzial

Eine Sonderproblematik liegt vor, wenn zwar der Zeitplan für eine personelle Veränderung vom Unternehmen bekannt gemacht wurde, gleichzeitig aber die Änderung in der Sache für die Märkte überraschend ist. Zu denken ist hier etwa an eine Konstellation, bei der eine Person in der Öffentlichkeit als Nachfolger des ausscheidenden Firmengründers für die Position des Vorstandsvorsitzenden aufgebaut wurde, dann aber ein vollkommen anderer Nachfolger präsentiert wird. Diese Nachricht erwischt die Kapitalmarktteilnehmer auf dem falschen Fuß und wirft Fragen im Hinblick auf einen hinter den Kulissen tobenden Machtkampf und eine Auseinandersetzung über den künftigen Kurs des Unternehmens auf.

Während nun das Gewicht einer Personalveränderung und das Überraschungspotenzial für die Stärke der zu erwartenden Kursreaktion maßgeblich sind, ist die Frage der Bewertung der etwaigen Insiderinformation durch das Publikum für die Richtung der Kursbewegung ausschlaggebend. Dabei ist es sinnvoll zwischen positiven und negativen Personalnachrichten zu differenzieren, auch wenn diese Unterscheidung nicht ganz trennscharf ist. Denn, wenn man von Krisenszenarien einmal absieht, liegt ein gewisses Maß an personeller Kontinuität im Hinblick auf die Führungsmannschaft immer im Interesse der Investoren. Insofern sind personelle Veränderungen bei den Schlüsselpositionen des Unternehmens in jedem Fall erst einmal mit einem gewissen Makel behaftet. Dies gilt zumindest dann, wenn eine Personalveränderung den Kapitalmarkt unvorbereitet trifft.

Bewertung der Personalveränderung

Timing und Art der Position

Die Bewertung einer Personalveränderung seitens der Investoren und Analysten hängt natürlich ganz erheblich vom Timing und der Art der Position ab. Darüber hinaus fließt in die Bewertung der persönliche Background der betroffenen Personen sowie die Frage der Dauerhaftigkeit einer personellen Veränderung mit ein. Je überzeugender und nachhaltiger die Lösung des personellen Problems ist, desto positiver wird diese von den Märkten aufgenommen. Im Hinblick auf den Background eines Nachfolgers oder Anwärters auf einen bestimmten Posten sind dabei nicht nur die fachliche Eignung und der persönliche *Track Record* von Bedeutung, sondern auch die Kapitalmarkterfahrung. Denn dies lässt aus Sicht der Analysten und Investoren Rückschlüsse auf die Auswirkungen der Personalveränderung auf die *Disclosure Policy* und die *Corporate Governance Performance* zu, insbesondere dann, wenn davon die Funktion des Vorstands- oder Aufsichtsratsvorsitzenden oder die des Finanzvorstands betroffen ist.

Wirtschaftliche Situation des Unternehmens

Wichtig für die Bewertung einer Personalveränderung ist zudem die wirtschaftliche Situation des Unternehmens. Dabei lässt sich folgende Regel aufstellen: Je positiver sich die wirtschaftliche Situation und die Perspektive des Unternehmens darstellt, desto stärker dürfte bei Analysten und Investoren das Bedürfnis nach personeller Kontinuität bei den Schlüsselpositionen ausgeprägt sein. Befindet sich das Unternehmen dagegen in einer wirtschaftlichen Schieflage, so kann von einem personeller Wechsel im Vorstand ein positives Signal ausgehen – immer vorausgesetzt, die personelle Alternative ist überzeugend. In diesem Fall neigt der Kapitalmarkt auch schon einmal zu Übertreibungen. Dann ist davon die Rede, dass der neue Vorstandsvorsitzende »mit Vorschusslorbeeren bedacht wird«.

Dauerhaftigkeit einer Personalentscheidung

Das bringt uns zu einem weiteren, für die Bewertung einer Personalveränderung durch das Publikum bedeutsamen Punkt: die Dauerhaftigkeit einer personellen Entscheidung. Aus den Überlegung zum Bedürfnis der Kapitalmarktteilnehmer nach einer möglichst hohen Kontinuität auf der personellen Ebene wird deutlich, dass Personalentscheidungen, die längerfristig wirksam werden und deshalb eine gewisse Planungssicherheit mit Blick auf die Besetzung der Schlüsselpositionen des Unternehmens mit sich bringen, vom Kapitalmarkt positiver aufgenommen werden als Interimslösungen. Kommissarische Nachfolger werden von den Marktakteuren schnell als *lahme Enten* (*lame ducks*) diskreditiert, weil man ihnen intern nicht das notwendige Durchsetzungsvermögen zutraut. Offen schwelende Nachfolgedebatten sind daher für die Kursentwicklung eine schwere Hypothek.

One Voice Policy

Spätestens an dieser Stelle wird deutlich, dass der Informationspolitik des Unternehmens im Zusammenhang mit personellen Veränderungen bei der Führungsriege die Qualität eines eigenständigen Bewertungskriteriums zukommt. Indes, bei kaum einem anderen Themenfeld ist eine *One Voice Policy* so schwer durchzusetzen wie bei Personalveränderungen. Denn schließlich geht es hier auch um handfeste persönliche Interessen, die die beteiligten Akteure auch über die Medien durchzusetzen versuchen. Erschwert wird dies aber auch dadurch, dass die Interessenlage häufig komplex und die Zahl der Akteure, die auf Personalentscheidungen Einfluss zu nehmen versuchen, vergleichsweise groß ist.

> **euro adhoc: AUDI AG**
> **Führungswechsel**
> **Aufsichtsrat der AUDI AG beschließt: Rupert Stadler Nachfolger von Prof. Dr. Martin Winterkorn – Martin Winterkorn übernimmt am 1. Januar 2007 Aufsichtsratsvorsitz**
> 06.12.2006 – 15:10 Uhr, Audi AG
>
> Ad hoc-Mitteilung übermittelt durch euro adhoc. Für den Inhalt ist der Emittent verantwortlich.
>
> 06.12.2006
>
> Ingolstadt, 6. Dezember 2006
>
> Der Aufsichtsrat der AUDI AG hat in seiner heutigen Sitzung Rupert Stadler, Vorstand Finanz und Organisation, zum 1. Januar 2007 kommissarisch zum Vorstandsvorsitzenden des Unternehmens bestellt. Stadler wird sein bisheriges Ressort in Personalunion weiter führen.
>
> Gleichzeitig wechselt Prof. Dr. Martin Winterkorn, der am 1. Januar 2007 den Vorstandsvorsitz der VOLKSWAGEN AG übernimmt, in den Aufsichtsrat der Gesellschaft und wurde von den Mitgliedern zum neuen Vorsitzenden des Aufsichtsrats der AUDI AG gewählt.
>
> Winterkorn dankte Dr. Bernd Pischetsrieder, der seit dem 1. Januar 2002 Aufsichtsratsvorsitzender der AUDI AG war, für die vertrauensvolle und gute Zusammenarbeit und seine Leistungen als Aufsichtsratsvorsitzender von Audi. Er habe es dem Unternehmen ermöglicht, attraktive Modelle zu entwickeln und erfolgreich auf den Markt zu bringen und Audi so als Premiummarke weiter weltweit zu etablieren.
>
> **Ende der Mitteilung**

Schließlich ist für die Bewertung einer Personalveränderungen von Bedeutung, ob es sich um eine einzelne Personalie handelt oder aber um eine umfassende Neuordnung der Führungsstrukturen, vielleicht sogar verbunden mit weitergehenden organisatorischen und strukturellen Veränderungen. Grundsätzlich hängt die Bewertung auch hier von den oben aufgeführten Faktoren ab. Die Situation erfährt dabei insoweit eine Zuspitzung, als die Verunsicherung, die ein Revirement des Vorstands bei Analysten und Investoren auszulösen vermag, wesentlicher größer sein wird, als bei der Neubesetzung einer einzelnen Position. Dreht sich das Personalkarussell in kurzer Zeit mehrmals hintereinander, so schürt diese logischerweise die Befürchtung tiefer liegender Probleme. Hier fällt der Kommunikation eine besonders wichtige Rolle zu.

Ausmaß der personellen Veränderungen

> **euro adhoc: Zapf Creation AG**
> **Sonstiges**
> **Zapf Creation AG: Wechsel im Aufsichtsratsvorsitz**
> 27.02.2007 – 19:46 Uhr, Zapf Creation AG
>
> Ad-hoc-Mitteilung übermittelt durch euro adhoc mit dem Ziel einer europaweiten Verbreitung. Für den Inhalt ist der Emittent verantwortlich.
>
> Aufsichtsrat
>
> 27.02.2007
>
> Rödental, 27. Februar 2007 – Der Aufsichtsrat der Zapf Creation AG hat in seiner heutigen Sitzung Herrn Dr. Harald Rieger, gerichtlich bestelltes Mitglied des Aufsichtsrats seit 12. Februar 2007, zum neuen Aufsichtsratsvorsitzenden gewählt. Der bisherige Aufsichtsratsvorsitzende, Herr Miguel Perez-Carballo Villar, wird ab sofort als einfaches Mitglied des Aufsichtsrats tätig sein. Das Amt des stellvertretenden Aufsichtsratsvorsitzenden wird weiterhin von Herrn Francesc Robert wahrgenommen.
>
> **Ende der Mitteilung euro adhoc**

Bei der Strukturierung von etwaigen Insiderinformationen im Zusammenhang mit personellen Veränderungen bei Schlüsselpositionen des Unternehmens kann der nachfolgende Fragenkatalog, den wir auf Basis unserer Erfahrungen aus der Beratungspraxis entwickelt haben, eine wertvolle Hilfestellung bieten:

- Welches Leitungs-/Kontrollorgan bzw. welche Organisationseinheit im Unternehmen ist von der personellen Veränderung betroffen (Vorstand, Aufsichtsrat oder sonstige Schlüsselposition im Unternehmen)?
- Wie ist das betroffene Leitungs-/Kontrollorgan bzw. die betroffene Organisationseinheit strukturiert (z.B. Alleinvorstand oder breit aufgestellter Konzernvorstand)?
- Welcher Funktionsbereich ist von der Veränderung betroffen und welche Bedeutung hat dieser Funktionsbereich für die operative Performance des Unternehmens?
- Mit welchen Befugnissen ist die betroffene Position ausgestattet?
- Wie dauerhaft ist die getroffene personelle Nachfolgeregelung (kommissarischer Nachfolger – ggf. mit Mandat zur Suche einer dauerhaften personellen Lösung, Länge der Vertragslaufzeit)?
- Liegt der Grund für das Ausscheiden in der Person selbst (Fehlverhalten,) begründet oder sind äußere Faktoren dafür maßgeblich (Krankheit, Tod, *Shareholder Action*)?
- Erfolgt die personelle Veränderung planmäßig (z.B. Erreichen einer bestimmten Altersgrenze) oder außerplanmäßig (Aufsichtsrat legt sein Mandant überraschend nieder)?
- Handelt es sich um eine einzelne, isoliert zu betrachtende Veränderung oder um eine Kaskade von personellen Veränderungen (*Revirement*)?
- In welcher wirtschaftlichen Situation befindet sich das Unternehmen?
- Könnte die personelle Veränderung von den Kapitalmarktteilnehmern als Indiz für eine Führungskrise im Unternehmen interpretiert werden?

- Stammt der Nachfolger aus dem Unternehmen oder kommt er von außen?
- Über welchen Background verfügt die ausscheidende Person, über welchen Background verfügt der Nachfolger (*Educational Background*, persönlicher *Track Record*, Image)?
- Erfolgt die personelle Veränderung, soweit dies von außen zu beurteilen ist, im gegenseitigen Einvernehmen oder markiert sie das (vielleicht vorläufige) Ende (eines in der Öffentlichkeit ausgetragenen) Machtkampfes?

3.1.4 Verwaltungs- und Gerichtsverfahren

Auch Verwaltungs- und Gerichtsverfahren, an denen der Emittent beteiligt ist und die ihn unmittelbar betreffen, unterliegen grundsätzlich der Ad-hoc-Publizität. Dies gilt selbst dann, wenn ein solches Verfahren im Licht der Öffentlichkeit abläuft. Denn die Gerichtsöffentlichkeit ist nicht mit der *Bereichsöffentlichkeit* im Sinne des Wertpapierhandelsgesetzes gleichzusetzen. Die *Gerichtsöffentlichkeit* entbindet den Emittenten deshalb nicht von seiner Verpflichtung eine Veröffentlichung gemäß § 15 WpHG vorzunehmen, wenn die sonstigen Voraussetzungen erfüllt sind. Oder anders formuliert: Die Tatsache, dass ein Gericht in einer öffentlichen Sitzung in einem den Emittenten betreffenden Gerichts- oder Verwaltungsverfahren ein für ihn erheblich preisbeeinflussendes Urteil verkündet, entbindet ihn keineswegs von der Ad-hoc-Publizitätspflicht. Von der Veröffentlichung einer an sich gebotenen Ad-hoc-Mitteilung darf nur dann abgesehen werden, wenn die Entscheidung des Gerichts *allgemein* öffentlich bekannt geworden ist.

Gerichtsöffentlichkeit

Die größte Schwierigkeit liegt in diesem Zusammenhang in der Bestimmung des Zeitpunktes, zu dem eine Ad-hoc-Publizitätspflicht entsteht. Denn, ähnlich wie bei mehrstufigen Entscheidungen, handelt es sich auch bei Verwaltungs- und Gerichtsverfahren um einen zeitlich gestreckten Prozess, der typischerweise mit Vorermittlungen der Staatsanwaltschaft und der sich daran anschließenden Klageerhebung beginnt und mit der Verkündigung eines finalen, im Zweifel höchstrichterlichen Urteils oder einer außergerichtlichen Einigung endet. Nach Auffassung der BaFin wird eine Ad-hoc-Publizitätspflicht zu dem Zeitpunkt begründet, bei dem mit hinreichender Wahrscheinlichkeit von einem – erheblich preisbeeinflussenden – Ausgang des Verfahrens gerechnet werden muss. Im nachfolgenden Beispiel war dies mit dem Schließen eines Vergleichs gegeben.

Entstehung der Ad-hoc-Publizitätspflicht

---

euro adhoc: WEB.DE AG
Recht/Prozesse
Allianz mit United Internet vor Vollzug – Gerichtlicher Vergleich mit Klägern geschlossen
12.10.2005 – 15:32 Uhr, WEB.DE GmbH

Ad hoc-Mitteilung übermittelt durch euro adhoc. Für den Inhalt ist der Emittent verantwortlich.

12.10.2005

Heute hat die WEB.DE AG (ISIN: DE 000 529 650 3), Karlsruhe, vor dem Landgericht Karlsruhe mit sämtlichen Klägern einen gerichtlichen Vergleich geschlossen. Sämtliche anhängigen Anfechtungs- und Nichtigkeitsklagen gegen die Beschlüsse der Hauptversammlung vom 6. und 7. Juli 2005 wurden zurückgenommen.

> Im Rahmen des Vergleiches verpflichtet sich die WEB.DE AG, die bestehende Ermächtigung zum Rückkauf von bis zu 10 % des Grundkapitals (= 3,8 Mio. Aktien) den Hauptversammlungen 2006 sowie 2007 zur Erneuerung vorzulegen. Gleichzeitig verpflichtet sich die WEB.DE AG im rechtlich zulässigen Rahmen, bis zum 31. August 2007 – auf der Basis eines gesonderten Beschlusses des Vorstands und unter Anrechnung der von der Gesellschaft bereits gehaltenen eigenen Aktien – Aktien im Umfang von insgesamt 10 % des bestehenden Grundkapitals zurück zu erwerben und gemäß der jeweiligen Ermächtigung vollständig zu verwenden. Ab dem 1. September 2007 werden dann auf der Basis eines gesonderten Beschlusses des Vorstands und im Einklang mit bestehenden gesetzlichen Vorschriften erneut 10 % des dann bestehenden Grundkapitals zurück erworben. Der Hauptaktionär der Gesellschaft, die Cinetic Gesellschaft zur Entwicklung und Vertrieb von Medientechnik mbH, hat sich verpflichtet, den Ermächtigungsbeschlüssen auf der jeweiligen Hauptversammlung zuzustimmen. Die Verpflichtung zum Rückerwerb erlischt sobald der Aktienkurs der WEB.DE AG (XETRA) einen Wert von 11,10 EUR erreicht, dem ungefähren derzeitigen, rechnerischen Wert liquider und liquiditätsnaher Mittel pro Aktie nach Vollzug der Transaktion.
>
> Daneben verpflichtet sich die WEB.DE AG zu einer Nachtragsberichterstattung auf der Hauptversammlung 2006, in der zu den strategischen Überlegungen der Entscheidung für die umfassende Allianz mit der United Internet-Gruppe, den Grundlagen der Bewertung für das Portalgeschäft und der Kooperation mit der United Internet-Gruppe ab Vollzug der Transaktion Stellung genommen wird.
>
> Durch die Regelungen des gerichtlichen Vergleichs soll Aktionären Gelegenheit gegeben werden, den Wert der Aktie am Markt zu realisieren und sich zusätzlich über die Transaktion zu informieren. Der Vorstand der WEB.DE AG hat diese im Interesse aller Aktionäre liegende Vereinbarung geschlossen und wird nun die auf der Hauptversammlung mit einer Mehrheit von 99,97 % beschlossene umfassende Allianz mit der United Internet-Gruppe zügig vollziehen. Im Ergebnis werden der Gesellschaft hierdurch EUR 200 Mio. in bar sowie 5,8 Mio. United Internet Aktien zufließen. Dies entspricht aktuell einem Gegenwert von mehr als EUR 360 Mio.
>
> **Ende der Mitteilung**

Vorbereitungsmaßnahmen

Im Emittentenleitfaden weist die BaFin darauf hin, dass eine Veröffentlichungspflicht auch schon dann entstehen kann, wenn der Emittent – unabhängig von dem zu diesem Zeitpunkt noch offenen Ausgang – eines anhängigen Verfahrens Maßnahmen ergreift, die für sich betrachtet erheblich preisbeeinflussend sind. Zu denken ist hierbei etwa an die Bildung von Rückstellungen für ungewisse Verbindlichkeiten gemäß § 249 Abs. 1 Satz 1 HGB vor dem Hintergrund einer Schadenersatzklage gegen den Emittenten. Auch in diesem Fall bedarf es jedoch einer einzelfallbezogenen Prüfung der konkreten Umstände im Hinblick auf die vom Gesetz geforderte Eignung zur erheblichen Kursbeeinflussung.

Art und Umfang der Sanktionen

Bezüglich der zu erwartenden Stärke der Kursbewegung sind in erster Linie Art und Umfang der drohenden Sanktionen sowie mögliche Folgeeffekte zu berücksichtigen. Die Richtung der Kursbewegung hängt in diesem Fall vom Ausgang des Verfahrens ab. Je nach Stand des Verfahrens ist darüber hinaus zu berücksichtigen, in welcher Rolle der Emittent bei dem Verfahren in Erscheinung tritt. Ob als Kläger oder Beklagter sowie – im Falle der Klägerrolle – als Kläger oder Nebeninteressent. Bei schwebenden oder gerade erst eingeleiteten

Verfahren spielt zudem die Einschätzung der Erfolgswahrscheinlichkeit und der sie bestimmenden Faktoren (bpsw. Ort des Verfahrens, Klarheit der Rechtslage, Rechtssicherheit bei Verfahren mit internationalem Bezug, Reputation der beteiligten Parteien) eine Rolle (vgl. hierzu auch Leis, J./Nowak, E. (2001), S. 87).

3.1.5 Abschluss, Änderung oder Kündigung bedeutender Verträge mit Kunden, Lieferanten und Partnern

Verträge abzuschließen, zu ändern oder zu kündigen ist im Geschäftsleben ein ganz gewöhnlicher, um nicht zu sagen alltäglicher Vorgang. Gleichwohl gibt es hin und wieder Verträge, die für die Entwicklung eines Unternehmens von ganz besonderer Bedeutung sind. So wirken unerwartete Großaufträge wie positive Schocks auf die künftige Ertragslage und damit in aller Regel auch auf den Aktienkurs. Umgekehrt kann der Ausfall eines wichtigen Zulieferers im Zeitalter der *Just-in-time*-Produktion Konventionalstrafen und den Verlust wichtiger Kunden zur Folge haben – Gift für die Kursperformance. Diese Überlegungen zeigen, dass der Abschluss bedeutender Verträge mit Kunden, Lieferanten und Partnern grundsätzlich eine Ad-hoc-Publizitätspflicht auszulösen vermag, sofern diese ein hinreichendes Preisbeeinflussungspotenzial besitzen. Der kritische Punkt liegt hier denn auch in der Bestimmung des Eignungspotenzials. Die Richtung der zu erwartenden Kursreaktion lässt sich dagegen meist eindeutig vorhersagen.

Hinreichendes Preisbeeinflussungspotenzial

Beim Abschluss, der Änderungen oder der Kündigung bedeutender Verträge mit Kunden, Lieferanten und Partnern handelt es sich um eine äußerst heterogene Fallgruppe. Wenn es um die Bewertung einer etwaigen Insiderinformation im Hinblick auf das Preisbeeinflussungspotenzial geht, bestehen aber Gemeinsamkeiten. Voraussetzung für eine erhebliche Kursrelevanz eines einzelnen Vertragsvorgangs ist, dass der in Frage stehende Vertrag als bedeutend einzustufen ist. Davon ist in der Regel dann auszugehen, wenn der Abschluss oder die Änderung bzw. Kündigung des Vertrages einen signifikanten Niederschlag im Ergebnisbild des Unternehmens findet und insofern aus dem normalen Geschehen herausragt.

Bedeutung des Abkommens

Bei Aufträgen wird man das in der Regel am Auftragsvolumen festmachen. Auf die Bekanntgabe von Großaufträgen mit signifikantem Umsatz- bzw. Ergebnisvolumen reagiert die Börse regelmäßig mit einem Kursfeuerwerk, vor allem dann, wenn diese mit einer Anhebung der Planzahlen bzw. Geschäftsprognosen verbunden sind. Hinzu kommen kann ein *Signaleffekt*, der als positiver Verstärker der Nachricht wirkt. Dies ist etwa dann der Fall, wenn der Gewinn eines Auftrags als Beleg für eine Verbesserung der Marktposition gewertet werden kann. Daran kann man etwa bei Märkten mit oligopolistischen Strukturen, wie etwa der Luft- und Raumfahrtindustrie, denken. Besonders positiv ist die Erteilung eines Auftrags auch in forschenden Branchen zu werten, insbesondere natürlich bei Unternehmen mit einem schmalen Produktportfolio. Hier kann ein Auftrag als *Signal* für einen technologischen und wirtschaftlichen Durchbruch gewertet werden. Zudem kann ein bedeutender Auftrag auch ein Indiz für einen erfolgreichen *Turnaround* sein.

Auftragsvolumen

Spiegelbildlich stellt sich die Situation bei Verträgen auf der Lieferantenseite dar. Allerdings beschränkt sich der Kreis der potenziell ad-hoc-publizitätspflichtigen Sachverhalte hier weitgehend auf Szenarien, in denen sich Unter-

Zugang zu wichtigen Inputfaktoren

nehmen den Zugang zu strategisch wichtigen Inputfaktoren sichern, seien es natürliche Rohstoffe, Energieträger oder industrielle Vorprodukte, wie etwa elektronische Bauteile, also solchen Inputfaktoren, bei denen das Marktangebot (kurzfristig) nicht erhöht werden kann und die im Produktionsprozess nicht oder wenn, dann jedenfalls nur bedingt, substituiert werden können. Zu denken ist hier etwa an Schürfrechte, Lizenzabkommen für die Nutzung geistigen Eigentums oder die Belieferung mit knappen industriellen Rohstoffen, wie im folgenden Beispiel.

---

euro adhoc: ersol Solar Energy AG
Sonstiges
Persol sichert sich weiteres Silizium von Wacker Chemie
21.03.2007 – 15:37 Uhr, ersol Solar Energy AG

Ad-hoc-Mitteilung übermittelt durch euro adhoc mit dem Ziel einer europaweiten Verbreitung. Für den Inhalt ist der Emittent verantwortlich.

Verträge

21.03.2007

Die ersol Solar Energy AG (ersol) unterzeichnete heute mit der deutschen Wacker Chemie AG, dem weltweit zweitgrößten Anbieter von Polysilizium für die Halbleiter- und Photovoltaikindustrie, einen Vertrag über die Lieferung des knappen Rohmaterials. Der Kontrakt gilt ab 2009 und wird ersol über neun Jahre eine zusätzliche Produktionsmenge von rund 300 MWp kristalline Solarzellen ermöglichen. Der Preis für das Silizium ist für die gesamte Vertragslaufzeit fest vereinbart. Es ist vorgesehen, dass ersol Anzahlungen (sog. »Downpayments«) leistet.

Ende der Mitteilung

Bewertung von Liefervereinbarungen

Latente Rückwirkungen bei der Begründung, Änderung oder Beendigung von Lieferantenbeziehungen auf die operative Performance und damit letzten Endes auch auf die Kursentwicklung können sich dabei in dreierlei Hinsicht ergeben: Erstens kann eine Veränderung des Marktangebots, etwa ausgelöst durch Naturkatastrophen oder Produktionsunfälle, einen Preisanstieg auslösen, der als externer Kostenschock auf die künftige Ertragslage durchschlägt, indem entweder die Gewinnmargen abschmelzen oder aber Aufträge verloren gehen, weil die Kosten auf die Kunden überwälzt werden. Zweitens kann es durch Lieferengpässe zu Verzögerungen im Produktionsprozess kommen. Werden deswegen Liefertermine nicht eingehalten, zwingt dies das Unternehmen unter Umständen zur Zahlung von Konventionalstrafen. Drittens können Schwierigkeiten auf der Beschaffungsseite mit dem Verlust von Aufträgen und einer nachhaltigen Imageschädigung verbunden sein. Diese Überlegungen machen deutlich, dass Lieferabkommen im Sinne eines Risiko-Managements sowie zur Stärkung einer strategischen Marktposition durchaus eine Ad-hoc-Publizitätspflicht begründen können. Im Regelfall sind der Abschluss sowie die Veränderung oder Kündigung von Lieferverträgen stärker erläuterungsbedürftig als vergleichbare Vorgänge auf der Kundenseite.

Noch schwieriger ist in der Regel die Bewertung von Informationen über den Abschluss oder die Beendigung von Vereinbarungen mit strategischen Partnern. Gleichwohl kann auch die Unterzeichnung einer Vertriebs- oder Entwicklungspartnerschaft eine Ad-hoc-Publizitätspflicht auslösen, sofern dieser Sachverhalt ein hinreichendes Preisbeeinflussungspotenzial besitzt. Dies ist ganz wesentlich von der Art und Qualität der Partnerschaft abhängig. Je enger und verbindlicher die Partnerschaft ist, desto besser lassen sich die konkreten Auswirkungen auf die künftige Ertragsentwicklung des Unternehmens abschätzen. Eine besondere Qualität erhält eine Partnerschaft etwa durch die Gründung eines Gemeinschaftsunternehmens oder die gemeinsame Nutzung von Produktionsanlagen. Nicht zuletzt hängt die Bewertung eines Kooperationsvertrags von der Qualität des Partners (Umsatz/Ergebnis, Marktanteil, Image etc.), der wirtschaftlichen Situation des Unternehmens und dem bisherigen Verhältnis der Partner zueinander ab. So wird man einer Partnerschaft dann ein erhebliches Preisbeeinflussungspotenzial zusprechen können, wenn sich dadurch siginifikante Verschiebungen im Marktgefüge ergeben, etwa wenn zwei Konkurrenten eine Kooperation eingehen.

Unabhängig von der Art des Vertrages hängt die Bewertung von einer Reihe von Faktoren ab, die in die Bemessung der Kursrelevanz einfließen sollten. Ein wichtiger Faktor ist die Vertragslaufzeit und die rechtliche Stellung der Partner. Dabei ist grundsätzlich davon auszugehen, dass das Preisbeeinflussungspotenzial umso höher ist, je besser die rechtliche Stellung des Unternehmens ist (z.B. Exklusivität, besonderer Status). Daneben spielt auch die Qualität des Partners (z.B. Marktanteil, Bonität, Image) eine Rolle. Zudem sind die Rückwirkungen auf die Risikostruktur zu berücksichtigen. Die Begründung und Beendigung von Abkommen mit Kunden, Lieferanten und Partnern ist dann positiv zu bewerten, wenn dadurch Abhängigkeiten von bestehenden Partnern verringert und damit zugleich operative Risiken reduziert werden, etwa weil die Kundenbasis erweitert und somit die Abhängigkeit von einzelnen Auftraggebern reduziert wird.

Im Unterschied etwa zu finanziellen Kennzahlen bedarf es beim Abschluss oder der Kündigung eines bedeutenden Vertrags weitergehender Erläuterungen, damit die Investoren den Sachverhalt korrekt bewerten und bei ihren Anlageentscheidungen angemessen berücksichtigen können. Das erfordert, dass wesentliche Merkmale eines Vertrags in der Ad-hoc-Mitteilung dargestellt werden müssen. Bei einem bedeutenden Vertrag ist nach Auffassung der BaFin die Angabe einer Größenordnung des Geschäftsvolumens und der Vertragslaufzeit notwendig, jedenfalls dann, wenn es gerade diese Vertragsmerkmale sind, die das erhebliche Preisbeeinflussungspotenzial der Insiderinformation begründen. Auch eine zwischen den Vertragspartnern getroffene Vertraulichkeitsvereinbarung entbindet den Emittenten nicht von der Pflicht zur Offenlegung der näheren Umstände, die einer Insiderinformation zugrunde liegen. Die Verpflichtung geht aber andererseits nicht so weit, dass auch die Details einer Vereinbarung, also etwa gewährte Rabatte oder Sonderkonditionen, veröffentlicht werden müssen.

Folgende Fragen stellen sich im Zusammenhang mit einem bedeutenden Vertrag:
- Was ist Gegenstand der getroffenen bzw. geänderten oder beendeten vertraglichen Vereinbarung?
- Welche Laufzeiten und Kündigungszeiten wurden im Vertrag vereinbart?

Strategische Partnerschaften

Bestimmungsfaktoren der Kursrelevanz

Erläuternde Angaben

- Wie ist die rechtliche Position der Vertragspartner zu bewerten?
- Welche Bedeutung hat der Vertragsabschluss für die künftige Ertragsentwicklung des Unternehmens?
- Welche Auswirkungen hat die getroffene bzw. geänderte oder gelöste Vereinbarung auf die Organisationsstrukturen des Unternehmens (z. B. Gründung eines *Joint Ventures*)?
- Welche Rückwirkungen gehen von den getroffenen bzw. geänderten oder gelösten Vereinbarungen auf die operativen Risiken aus?

3.1.6 Restrukturierungsmaßnahmen

Anforderungen an Investor Relations

Die kommunikative Begleitung von Restrukturierungsmaßnahmen gehört ohne Zweifel zu den größten Herausforderungen für Investor Relations. Die Gründe hierfür sind vielfältig. Zuvorderst liegt dies an der Komplexität der Transaktion: Unternehmensrestrukturierungen sind komplexe Veränderungsprozesse, die mit tiefgreifenden Veränderungen der internen Ablauf- und Aufbauorganisation, des Leistungs- und Beteiligungsportfolios und häufig auch der Kapitalstruktur des Unternehmens verbunden sind. Häufig gehen diese strukturellen Veränderungen mit Personalveränderungen bei Schlüsselpositionen des Unternehmens einher, insbesondere wenn sich das Unternehmen in einer wirtschaftlichen Schieflage befindet. Schließlich markieren Restrukturierungsprozesse in vielen Fällen den Beginn einer grundlegenden strategischen Neuausrichtung eines Unternehmens oder einzelner Geschäftsbereiche, wie etwa im nachfolgenden Beispiel.

---

euro adhoc: KarstadtQuelle AG
Strategische Unternehmensentscheidungen
KarstadtQuelle strukturiert Versandhandel neu
28.11.2006 – 08:13 Uhr, KarstadtQuelle AG

Ad hoc-Mitteilung übermittelt durch euro adhoc. Für den Inhalt ist der Emittent verantwortlich.

28.11.2006

Ad-hoc-Meldung nach § 15 WpHG

KarstadtQuelle strukturiert Versandhandel neu

Essen, 28.11.06. Die KarstadtQuelle AG optimiert ihren Geschäftsbereich Versandhandel und strukturiert ihn neu. Der Universalversand Deutschland konzentriert sich künftig auf den Marktführer Quelle, der zweite Universalversender neckermann.de wird 2007 an die Börse gebracht. Alternativ dazu wird auch ein Verkauf von neckermann.de, der Nummer drei im deutschen Versandhandelsmarkt, geprüft.

Die Quelle GmbH, Europas führender Universalanbieter, wird forciert weiterentwickelt. Dabei wird insbesondere die führende Position unter den deutschen Versandhandelsunternehmen im Internet weiter ausgebaut. Darüber hinaus plant Quelle den Einstieg in das weiter wachsende Segment Teleshopping. Die Auslandsgeschäfte von Quelle werden konsequent auf Wachstumsregionen ausgerichtet. Dazu konzentriert Quelle seine Aktivitäten auf Mittel- und Osteuropa sowie den deutschsprachigen Raum, wobei ein besonderer Schwerpunkt auf die zügige Expansion in

> Russland gelegt wird. Die Gesellschaften in Frankreich, Portugal und Spanien sollen verkauft werden, entsprechende Verkaufsgespräche wurden bereits aufgenommen. In Belgien und in den Niederlanden sollen zu Beginn des Jahres 2007 die Aktivitäten eingestellt werden. Im Spezialversand konzentriert sich KarstadtQuelle zukünftig auf die Segmente Golden Ager, Premium sowie Communities. Von allen übrigen Spezialversendern wird sich KarstadtQuelle mittelfristig trennen. Die Versandhandels-Service Group, bestehend aus 14 Call Centern, fünf Logistikstandorten und IT-Dienstleistern mit insgesamt 10.000 Beschäftigten, soll verkauft oder gemeinsam mit einem strategischen Partner entwickelt werden.
>
> **Ende der Mitteilung**

Die Herausforderung für die Kapitalmarktkommunikation resultiert aber nicht nur aus der Komplexität der Transaktion, sondern auch aus der zeitlichen Streckung und der Ergebnisoffenheit des Prozesses – und der damit einhergehenden Verunsicherung der Kapitalmarktteilnehmer. Da Restrukturierungen im Licht der Öffentlichkeit ablaufen und die Beteiligten ihren Interessen teils auch öffentlich Ausdruck verleihen, muss Investor Relations auch komplexe Rückwirkungen der Kommunikation auf den Verlauf des Veränderungsprozesses in die Überlegungen einbeziehen: Spekulationen und Gerüchte können auch bei Mitarbeitern, Kunden, Lieferanten und Partnern Verhandlungsänderungen auslösen und auf diese Weise krisenverschärfend wirken. Aus diesem Grund muss die gesamte Kommunikation darauf abzielen, bei den Bezugsgruppen des Unternehmens für die Unterstützung des Veränderungsprozesses zu werben. Dazu bedarf es einer ganzheitlichen Kommunikationsstrategie unter Nutzung des gesamten Instrumentariums.

Komplexe Rückwirkungen

Der Ad-hoc-Publizität kommt dabei in der Regel die Aufgabe zu, die Kapitalmarktteilnehmer über die besonders wert- und deshalb erheblich kursrelevanten Restrukturierungsschritte zu informieren. Zweifellos wird man der Ankündigung eines umfassenden Restrukturierungsprogramms in der Regel ein erhebliches Preisbeeinflussungspotenzial zusprechen und deshalb bei einem entsprechenden (ggf. unter Mitwirkung des Aufsichtsrates zu treffenden) Vorstandsbeschluss von einem ad-hoc-publizitätspflichtigen Sachverhalt ausgehen können. Inwieweit im weiteren Verlauf des Restrukturierungsprozesses die Notwendigkeit weiterer Ad-hoc-Veröffentlichungen entsteht, hängt wesentlich von der Konsistenz und der Wirksamkeit der ergriffenen Maßnahmen sowie der Informationspolitik ab. Wenn alle Maßnahmen die erwarteten Wirkungen zeigen und die angestrebten Veränderungen im vorgegeben Zeitrahmen erreicht werden und darüber hinaus die Kapitalmarktteilnehmer im Rahmen der allgemeinen Kommunikation stets umfassend über den Fortgang des Veränderungsprozesses informiert werden, besteht an sich kein Bedarf an weiteren Ad-hoc-Mitteilungen.

Ereignisorientierte Kommunikation

Das Spektrum an Restrukturierungsmaßnahmen ist sehr breit. Die folgenden Fragen können deshalb nur eine grobe Orientierungshilfe bei der Strukturierung der Inhalte bieten:
- Was sind die Beweggründe/Motive für die Unternehmensrestrukturierung?
- Auf welche Bereiche des Unternehmens erstreckt sich die Restrukturierung (z. B. Aufbau-/Ablauforganisation, Leistungs-/Beteiligungsportfolio, Kapitalstruktur)?

- Welches Konzept liegt dem Restrukturierungsprozess zugrunde (z. B. *Sell Off*, *Carve Out*, *Spin Off*) und wie vertraut sind die Kapitalmarktteilnehmer mit diesem Konzept?
- Wie konsistent und überzeugend ist das Restrukturierungskonzept? Wie ist das Konzept im Hinblick auf die Akzeptanz im Kapitalmarkt zu bewerten?
- Welche Restrukturierungsschritte (*Milestones*) wurden definiert?
- In welchem Zeitrahmen bewegt sich der Restrukturierungsprozess?
- Inwieweit geht die Restrukturierung auch mit einer strategischen Neuausrichtung des Unternehmens einher?
- In welcher wirtschaftlichen Situation befindet sich das Unternehmen und wie stellt sich im Vergleich dazu die Situation in der Branche dar?
- Welche Konfliktpotenziale lassen sich identifizieren?

3.1.7 Strategische Entscheidungen, Investitionen und Desinvestitionen

Auswirkungen auf den Cash-Flow

Von erheblichem Interesse für die Investoren sind strategische Entscheidungen, da es sich um langfristig wirksame Grundsatzentscheidungen handelt, die in der Regel auch unmittelbare Rückwirkungen auf den Cash-Flow des Unternehmens haben und in der Regel nicht ohne weiteres, oder doch zumindest nur unter Inkaufnahme hoher Kosten rückgängig gemacht werden können. Darunter fallen so unterschiedliche Sachverhalte wie der Einstieg in neue Geschäftsfelder oder die Veräußerung von Nichtkerngeschäftsaktivitäten, Entscheidungen über Breite und Tiefe des Leistungsangebotes sowie über Absatzwege und Kundensegmente.

---

euro adhoc: LPKF Laser & Electronics AG
Strategische Unternehmensentscheidungen
LPKF steigt in Solartechnik ein
15.01.2007 – 08:28 Uhr, LPKF Laser & Electronics AG

Ad hoc-Mitteilung übermittelt durch euro adhoc. Für den Inhalt ist der Emittent verantwortlich.

15.01.2007

LPKF steigt in Solartechnik ein

Die LPKF Laser & Electronics AG verkauft jetzt Laseranlagen zur Dünnschichtstrukturierung von Solarzellen und engagiert sich damit erstmals im dynamisch wachsenden Markt der Photovoltaik. Erste Aufträge liegen bereits vor.

Die Systeme werden in enger Zusammenarbeit mit der Konzerntochter LPKF Motion & Control in Suhl entwickelt und unter dem Namen LPKFSolar verkauft. Der Konzern will mit diesem Schritt die Abhängigkeit von den Zyklen des Elektronikmarktes weiter verringern.

Die Aktien der LPKF Laser & Electronics AG notieren im Prime Standard der Frankfurter Wertpapierbörse (ISIN 0006450000).

Ende der Mitteilung

Häufig sind strategische Entscheidungen mit Investitionen oder Desinvestitionen verbunden. Wegen der unmittelbaren Rückwirkung auf die Cash-Flow-Situation finden Mitteilungen über Investitions- und Desinvestitionsentscheidungen bei den Investoren regelmäßig besondere Beachtung. An Ad-hoc-Veröffentlichungen sind hier freilich besondere Anforderungen zu stellen. Die Prüfung etwaiger Insiderinformationen richtet sich dabei vor allem auf das Preisbeeinflussungspotenzial.

Kursrelevanz

Investitionen gehören zu den unternehmerischen Entscheidungen, die den Wert eines Unternehmens am unmittelbarsten und zugleich am stärksten beeinflussen. Dies hat schlichtweg finanzmathematische Gründe: Die Investition verwandelt heute frei verfügbare, der Höhe nach sichere Cash-Flows in zukünftige erwartete und dabei bezüglich Zeitpunkt und Höhe unsichere Cash-Flows. Von der Relation zwischen der Investitionssumme und dem Barwert der auf den Gegenwartszeitpunkt abdiskontierten erwarteten Cash-Flows hängt es ab, ob eine Investition den Unternehmenswert steigert oder mindert.

Eignungspotenzial

Nur wenn die Investition einen positiven Kapitalwert aufweist, der Barwert der Zahlungsmittelrückflüsse also mithin größer ist als das Investitionsvolumen, ist das Vorhaben positiv zu bewerten. Das Verhältnis der beiden Größen bestimmt somit die Richtung der bei Bekanntgabe einer Investition zu erwartenden Kursbewegung, die größenmäßige Relation und der daraus abgeleitete Effekt auf den Unternehmenswert die Stärke der Kursreaktion. Dies ist bei der Bewertung einer etwaigen Insiderinformation im Hinblick auf das Preisbeeinflussungspotenzial zu berücksichtigen.

Positiver Kapitalwert

Die Schwierigkeit für die Kommunikation liegt nun im Management der Kapitalmarkterwartungen. Denn die tatsächlichen und potenziellen Anleger sehen sich gleich in zweierlei Hinsicht mit einer Situation der Unsicherheit konfrontiert: Mit Blick auf die Vorteilhaftigkeit der im Raum stehenden Investitionsentscheidung resultiert eine gewisse Unsicherheit aus der Zukunftsoffenheit unternehmerischen Handelns. Unternehmerische Entscheidungen sind immer Entscheidungen unter unvollkommener Information und bergen das Risiko einer Fehlentscheidung. Im Verhältnis zum Management – das ist die zweite Dimension der Unsicherheit – muss nun aber ein strukturell bedingtes Informationsungleichgewicht zu Lasten der Investoren unterstellt werden. Dies hat schlichtweg mit dem Zugang zu *First Hand Information* aus dem Bereich des Unternehmens zu tun.

Unsicherheit bei Investitionsentscheidungen

Beide Dimensionen der Unsicherheit sind bei der Bewertung einer etwaigen Insiderinformation im Zusammenhang mit einer Investitions- oder Desinvestitionsentscheidung und bei der Ausgestaltung der *Disclosure Policy* zu berücksichtigen. Aus der Verunsicherung, die aus der Zukunftsoffenheit von unternehmerischen Entscheidungen resultiert, kann man die Forderung ableiten, die Beweggründe, die den Vorstand zu einer Entscheidung veranlasst haben schlüssig zu erläutern. Soweit die Verunsicherung aus der Informationsasymmetrie zwischen Vorstand und Kapitalmarktteilnehmern resultiert, kann man daraus nur die Forderung nach einer *Disclosure Policy* erheben, die auf Transparenz in einem ganz umfassenden Sinne angelegt ist. In dieser Hinsicht ist die folgende Meldung mustergültig.

> **euro adhoc: Winter AG**
> **Strategische Unternehmensentscheidungen**
> **Veräußerung des Geschäftsbereichs Direct Mailing**
> 23.12.2005 – 15:16 Uhr, Winter AG
>
> Ad hoc-Mitteilung übermittelt durch euro adhoc. Für den Inhalt ist der Emittent verantwortlich.
>
> 23.12.2005
>
> Der Vorstand und Aufsichtsrat der Winter AG haben heute beschlossen, dass der Geschäftsbereich Direct Mailing nicht mehr zum Kerngeschäft der Gesellschaft gehört. Im Geschäftsbereich Direct Mailing sind 74 der 159 Mitarbeiter der Winter AG beschäftigt. Vom Gesamtumsatz der Winter AG zum 30. September 2005 in Höhe von rund 16,2 Millionen Euro werden rund 9,9 Millionen Euro in Weidenberg erwirtschaftet.
>
> Der Vorstand wurde durch den Aufsichtsrat ermächtigt Verhandlungen zu führen.
>
> Eine allfällige Veräußerung wird sich nicht auf den Ertrag der Gesellschaft im laufenden Geschäftsjahr auswirken. Die Gesellschaft rechnet mit einem Jahresergebnis für das laufende Geschäftsjahr von unter -3 Millionen Euro.
>
> **Ende der Mitteilung**

Im Zusammenhang mit strategischen Entscheidungen, insbesondere Investitions- und Desinvestitionsentscheidungen, stellen sich u.a. die folgenden Fragen:

- Was ist Gegenstand der strategischen Entscheidung und welche Faktoren sind für eine angemessene Bewertung der Entscheidung maßgeblich?
- Was sind die Beweggründe für die Entscheidung?
- Auf welchen Prämissen basiert die strategische Entscheidung?
- Welche unternehmerischen Handlungsalternativen wurden geprüft?
- Welche kurz-, mittel- und langfristigen Auswirkungen hat die strategische Entscheidung auf die Ertrags- und Vermögenslage des Unternehmens?
- Mit welchen Chancen/Risiken ist die strategische Entscheidung verbunden und wie sind diese Chancen/Risiken zu bewerten?

3.2 Wertpapiererwerbs-, Übernahme- und Pflichtangebote

3.2.1 Die Rechtslage bei Wertpapiererwerbs-, Übernahme- und Pflichtangeboten

Wohl kaum ein Thema beflügelt die Phantasie der Kapitalmarktteilnehmer so sehr wie Beteiligungen, Fusionen und Übernahmen. Ein in der Praxis besonders relevanter Themenkomplex betrifft daher die M&A-Aktivitäten börsennotierter Aktiengesellschaften. Da hier das Interesse der Beteiligten an einer möglichst langen Geheimhaltung der Informationen naturgemäß besonders ausgeprägt ist, stieß der Entwurf der Bundesregierung für das Anlegerschutzverbesserungsgesetz bei M&A-Praktikern auf erhebliche Skepsis. Zwischenzeitlich sind die kritischen Stimmen jedoch verstummt, wohl auch deshalb, weil sich gezeigt hat, dass die neue Rechtslage bei weitem nicht so einschränkend ist, wie dies von einigen Kommentatoren im Vorfeld erwartet worden war, die befürchteten negativen Auswirkungen auf das M&A-Geschäft mithin weitgehend ausgeblieben sind.

Börsennotierte Aktiengesellschaften können in unterschiedlicher Weise in M&A-Transaktionen eingebunden oder von diesen betroffen sein – als Käufer, Verkäufer oder Zielgesellschaft. Eine zusätzliche Komplexität im Hinblick auf eine mögliche Ad-hoc-Publizitätspflicht erlangen diese Transaktionen, wenn die beteiligten Unternehmen in einen Konzernzusammenhang eingebunden sind, weil sich dann kommunikative Bezüge auf zwei Ebene ergeben können. Die Zahl der denkbaren Fallkonstellationen ist also unübersehbar groß. Allgemeine Handlungsempfehlungen sind deshalb mit Vorsicht zu genießen. Auch hier gilt der Grundsatz, dass im Hinblick auf eine mögliche Ad-hoc-Publizitätspflicht jeder Fall einer individuellen Prüfung bedarf, bei der die besonderen Umstände des konkreten Einzelfalls berücksichtigt werden müssen.

Vielfältige Fallkonstellationen

Schwierigkeiten bereitet dabei nach unserer Beobachtung immer wieder das Konkurrenzverhältnis der Ad-hoc-Publizität zu den Transparenzvorschriften, die das Wertpapiererwerbs- und Übernahmegesetz (WpÜG) vorsieht. Ausgangspunkt ist die Spezialnorm des § 10 Abs. 6 WpÜG, die besagt, dass die in § 15 WpHG normierten Publizitätsvorschriften auf die Entscheidung des Bieters zur Abgabe eines Angebots zum Erwerb von Wertpapieren keine Anwendung finden. Nach § 10 Abs. 1 WpÜG ist die Entscheidung zur Angebotsabgabe vielmehr unverzüglich in einem in Anlehnung an die Ad-hoc-Meldepflicht ausgestalteten und in § 10 Abs. 3 WpÜG normierten Verfahren zu veröffentlichen. Diese Verpflichtung greift unabhängig davon, ob der Bieter selbst börsennotiert ist und damit den Regelungen des Wertpapierhandelsgesetzes unterliegt. Ebenso wenig ist hierfür von Bedeutung, ob die Entscheidung des Bieters zur Abgabe eines Angebots für die Finanzinstrumente des Bieters eine Kursrelevanz besitzt oder nicht. Diese Regelung vermeidet aus Gründen der Verfahrenseffizienz und der Kapitalmarkttransparenz, dass der börsennotierte Bieter zur Veröffentlichung zweier zeitlich sich überlagernder und inhaltlich deckungsgleicher Meldungen verpflichtet ist (vgl. Brandi, T. O./Süßmann, R. (2004), S. 651f.).

Konkurrierende Transparenzvorschriften

Die Entscheidung des Bieters, ein Übernahmeangebot abzugeben, ist somit ausschließlich nach den Vorschriften des § 10 WpÜG zu publizieren. Eine Ad-hoc-Publizitätspflicht wird dadurch nicht ausgelöst. Anders verhält es sich freilich mit den Informationen, die nicht in der Meldung gemäß § 10 WpÜG aufgeführt werden müssen oder die, weil sie zum Zeitpunkt der Veröffentlichung noch gar nicht vorlagen, tatsächlich auch noch nicht aufgeführt wurden. Zu denken ist dabei etwa an die Eckdaten eines konkreten Angebots. Diese Informationen sind sehr wohl *ad hoc* zu veröffentlichen, sofern sie als erheblich preisbeeinflussend für die vom Bieter emittierten Finanzinstrumente zu bewerten sind. Im Jahresbericht 2006 weist die Bundesanstalt explizit darauf hin, dass bei Unternehmensübernahmen zumindest eine Größenordnung für den Kaufpreis anzugeben ist. Alternativ können auch die bilanziellen Auswirkungen der Übernahme angegeben werden. Fehlen diese Informationen, stuft die BaFin die Ad-hoc-Mitteilung als unvollständig ein (vgl. hierzu BaFin (2007), S. 176.). Ebenfalls *ad hoc* zu veröffentlichen sind alle Ereignisse, die im

Übernahmeangebot

Zusammenhang mit dem Übernahmeangebot nach der Entscheidung zur Abgabe eines Angebots eintreten. Das ist damit gemeint, wenn die BaFin im Emittentenleitfaden ein wenig missverständlich darauf hinweist, dass »diese Veröffentlichungs- und Hinweispflichten keine der Ad-hoc-Publizität vorrangigen oder sie gar ersetzenden Transparenzvorschriften« darstellen (BaFin (2005), S. 47).

Entstehung der Ad-hoc-Publizitätspflicht

Doch auch Vorgänge, die der Entscheidung zur Abgabe eines Angebots vorausgehen, können eine Ad-hoc-Publizitätspflicht begründen. Hier stellt sich die Frage nach dem Verhältnis der beiden Publizitätsnormen unter einem anderen Blickwinkel. So kann auch das Vorhaben des Vorstands, ein Übernahmeangebot abzugeben, ein ad-hoc-publizitätspflichtiger Umstand sein. In diesem Fall darf die Veröffentlichung unter Berufung auf § 10 WpÜG nicht aufgeschoben werden. Hier muss der Bieter prüfen, ob die Voraussetzungen für eine Selbstbefreiung nach § 15 Abs. 3 WpHG gegeben sind. Inwieweit der Entschluss des Bieters, vor Abgabe eines – nach § 10 WpÜG zu publizierenden – Angebots Sondierungsgespräche mit der Zielgesellschaft aufzunehmen, *ad hoc* zu veröffentlichen ist, bestimmt sich allein danach, ob die Abgabe des Angebots allein schon auf Grund dieses Umstands als hinreichend wahrscheinlich einzuschätzen ist.

Festzuhalten bleibt, dass sich für den Bieter bzw. Kaufinteressenten gegenüber der vor Inkrafttreten des AnSVG geltenden Rechtslage keine wesentlichen Veränderungen ergeben haben (vgl. von Braunschweig, P. (2005), S. 92). Vorstände und Berater müssen in einem zweistufigen Verfahren prüfen, ob und wann eine Ad-hoc-Mitteilung erfolgen muss: Liegt ein ad-hoc-publizitätspflichtiger Umstand vor? Falls ja: Sind die Voraussetzungen für eine Befreiung erfüllt?

Pflichten der Zielgesellschaft

Wesentlich einschneidender als beim Bieter sind die Änderungen für eine börsennotierte Zielgesellschaft. Für die Zielgesellschaft wurde bis zur Neufassung des § 15 WpHG eine Ad-hoc-Publizitätspflicht im Falle von ihr bekannt gewordenen Informationen über eine bevorstehende Abgabe von Wertpapiererwerbs-, Übernahme- und Pflichtangebote ganz überwiegend verneint. Begründet wurde dies damit, dass die bloße Erwerbs- oder Übernahmeabsicht keine im Tätigkeitsbereich der Zielgesellschaft eingetretene ad-hoc-publizitätspflichtige Tatsache sei (vgl. Weber-Rey, D. (2005), S. 488). Diese Argumentation ist aber nach dem Inkrafttreten des Anlegerschutzverbesserungsgesetzes nicht mehr aufrecht zu erhalten (vgl. Assmann, H.-D./Scheider, U. H. (2006), S. 534).

3.2.2 Mitteilungspflichten der Bietergesellschaft bzw. des Kaufinteressenten

Zeitlich gestreckte Ereignisse

Dem Wesen nach handelt es sich bei Unternehmenszusammenschlüssen und Übernahmen um *zeitlich gestreckte Sachverhalte*, also Vorgänge, die über mehrere Stufen hinweg verwirklicht werden. Es ist kein Geheimnis, dass allein schon die Veröffentlichung von Übernahmeplänen oder entsprechende Marktgerüchte signifikante Auswirkungen auf den Aktienkurs der betroffenen Unternehmen haben kann. Zahlreiche Ereignisstudien belegen diesen Effekt (vgl. hierzu Leis, J./Nowak, E. (2001), S. 203 ff.). Dies erklärt auch das Interesse des Bieters bzw. Kaufinteressenten an einer möglichst langen Geheimhaltung der Fusions- bzw. Übernahmepläne. Umgekehrt könnte die Zielgesellschaft die

Veröffentlichung der ihr bekannt gewordenen Übernahmeabsichten gezielt zur Abwehr einer feindlichen Übernahme nutzen, indem der Preis auf ein für die Bietergesellschaft nicht mehr attraktives Niveau getrieben wird.

Die Tatsache, dass sich die Umstände bei einem Anteilserwerb, einer Fusion oder einer Übernahme über einen vergleichsweise langen Zeitraum schrittweise konkretisieren, wirft in der Praxis die Frage auf, wann gegebenenfalls eine Ad-hoc-Publizitätspflicht ausgelöst wird und inwieweit der Bieter von der Option der Selbstbefreiung Gebrauch machen kann. Schon bei der alten Rechtslage wurde die Frage des Veröffentlichungszeitpunkts kontrovers diskutiert. Strittig war vor allem, ob die Ad-hoc-Meldepflicht des Emittenten mit Rücksicht auf die aktienrechtliche Kompetenzordnung erst durch die erteilte Zustimmung des Aufsichtsrates oder bereits vorher durch den Vorstandsbeschluss ausgelöst wird. *Veröffentlichungszeitpunkt*

Nach neuem Recht knüpft die Ad-hoc-Publizitätspflicht unmittelbar an dem europarechtlich geprägten Begriff der *Insiderinformation* an. Der deutsche Gesetzgeber hat diesen Begriff wie oben bereits ausgeführt in § 13 Abs. 1 WpHG näher definiert. Nach herrschender Meinung liegt dabei eine Insiderinformation auch hinsichtlich solcher Umstände vor, bei denen mit hinreichender Wahrscheinlichkeit davon ausgegangen werden kann, dass sie in Zukunft eintreten werden (vgl. Brandi, T. O./Süßmann, R. (2004), S. 646). Voraussetzung hierfür ist, dass die Information hinreichend konkret ist, um überhaupt ein erhebliches Preisbeeinflussungspotenzial annehmen zu können. *Preisbeeinflussungspotenzial*

Mit Blick auf M&A-Aktivitäten sind bei einer Transaktion reine Vorbereitungshandlungen von den eigentlichen Verhandlungen zu unterscheiden. Hilfestellung bei der Abgrenzung bietet dabei der Emittentenleitfaden der Bundesanstalt (vgl. hierzu BaFin (2005), S. 51 ff.). Danach ist die interne Entscheidung des Vorstands der Bietergesellschaft grundsätzlich noch keine Insiderinformation, da dieser Entschluss im Regelfall noch nicht hinreichend konkret ist und die Erfolgsaussichten in diesem Stadium noch nicht klar genug abzuschätzen sind, um ein erhebliches Preisbeeinflussungspotenzial annehmen zu können. Dies gilt in der Regel selbst dann, wenn bereits Berater, etwa Unternehmensberater, Banken und Rechtsanwälte mit der Prüfung eines entsprechenden Vorhabens beauftragt wurden. Auch die Einleitung eines nichtöffentlichen Bietverfahrens (*Limited Auction*) durch eine Investmentbank genügt regelmäßig noch nicht (vgl. von Braunschweig, P. (2005), S. 92). *Vorbereitungshandlungen* *Limited Auction*

Auch ein rechtlich unverbindliches indikatives Angebot in der Frühphase von Bietungsverfahren (*Non Binding Indicative Offer Letter*) erfüllt nach Auffassung der Bundesanstalt nicht die Voraussetzungen für eine Ad-hoc-Publizitätspflicht. Gleiches gilt nach Einschätzung der BaFin auch für Vorgespräche des potenziellen Bieters mit der Zielgesellschaft oder Aktionären der Zielgesellschaft, auch wenn bereits ein *Non Disclosure Agreement* unterzeichnet wurde. Begründet wird dies damit, dass der Erfolg einer Transaktion in diesem frühen Stadium von einer Vielzahl noch unbestimmter Faktoren abhängt. *Non Binding Indicative Offer Letter* *Non Disclosure Agreement*

Nach Auffassung der BaFin entsteht eine Insiderinformation grundsätzlich erst dann, wenn aus Sicht eines verständigen Anlegers eine hinreichende Wahrscheinlichkeit für das Zustandekommen der betreffenden Transaktion besteht und dies – einschließlich der Aussicht auf eine etwa zu erwartende Gegenleistung, beispielsweise eine Prämie, ein erhebliches Preisbeeinflussungspotenzial begründen kann. Der im Emittentenleitfaden enthaltene Hin- *Eintrittswahrscheinlichkeit einer Übernahme* weis, dass bereits in den Kurs der Finanzinstrumente des Bieters eingepreiste Nachrichten, Gerüchte oder Übernahmephantasien bei der Beurteilung des Umstands im Hinblick auf das Preisbeeinflussungspotenzial zu berücksichtigen sind, ist insoweit etwas irreführend, als der Bieter bei Aufkommen entsprechender Marktgerüchte gut beraten ist, eine unverzügliche Veröffentlichung seiner Beteiligungs- bzw. Übernahmeabsichten in Erwägung zu ziehen, da er sich andernfalls dem Vorwurf einer verspäteten Veröffentlichung aussetzt.

Letter of Intent mit typischem Inhalt

In den Fällen, in denen jeweils nur eine Bieter- und Zielgesellschaft an den Verhandlungen beteiligt ist oder aber einem Verhandlungspartner Exklusivität zugestanden wurde, ist mit dem Abschluss eines *Letter of Intent* mit typischem Inhalt (z. B. Vereinbarung der Eckpunkte des künftigen Vertrags, Preisspanne) zu prüfen, inwieweit bereits eine Insiderinformation vorliegt. Davon zu unterscheiden sind nach Auffassung der Bundesanstalt Szenarien, bei denen auf der einen oder anderen Seite mehrere Unternehmen beteiligt sind. In diesen Fällen wird im Regelfall mit allen Verhandlungspartnern eine solche Absichtserklärung getroffen. Während dies aus Sicht der Zielgesellschaft bereits eine Insiderinformation darstellen kann, fehlt es aus Sicht der Bietergesellschaft wegen des ungewissen Ausgangs der Verhandlungen im Regelfall an der für ein erhebliches Preisbeeinflussungspotenzial notwendigen Konkretisierung der Information. In diesem Fall sollte nach Auffassung der Bundesanstalt spätestens beim Eintritt in konkrete Verhandlungen auf exklusiver Basis geprüft werden, ob eine ad-hoc-publizitätspflichtige Insiderinformation vorliegt.

Umfassende Dokumentation

Unabhängig davon, zu welchem Ergebnis die Prüfung gelangt, empfiehlt es sich, den gesamten Prozess beginnend mit der internen Entscheidung des Vorstands umfassend zu dokumentieren und auf jeder Stufe des Prozesses darzulegen, aus welchen Gründen die Voraussetzungen für eine Ad-hoc-Publizitätspflicht noch nicht erfüllt sind. Dies gilt umso mehr, wenn die Bietergesellschaft konkrete Verhandlungen aufnimmt und dabei von der Möglichkeit der Selbstbefreiung Gebrauch macht.

Selbstbefreiung

Nach Auffassung der Bundesanstalt ist ein berechtigtes Interesse des Bieters an einem Aufschub der Veröffentlichung regelmäßig anzunehmen, wenn durch die frühzeitige Offenlegung der Information eine für die Bietergesellschaft nicht akzeptable Preisänderung oder gar ein Scheitern der Transaktion zu befürchten ist (vgl. BaFin (2005), S. 52). Da sich der im Rahmen des Übernahmeangebots zu zahlende angemessene Mindestpreis nach dem durchschnittlichen Börsenkurs vor der Veröffentlichung der Angebotsabgabe gemäß § 10 Abs. 1 Satz 1 WpÜG richtet, hätte dies zur Folge, dass die Übernahme für den Bieter zu teuer wird und sich dieser mithin zur Rücknahme der Pläne gezwungen sieht. Wenn aber eine Transaktion an einer verfrühten Veröffentlichung scheitert, so könnten auch die Kapitalmarktteilnehmer irregeführt werden. Nach Auffassung von Brandi/Süßmann rechtfertigt deshalb auch die Gefahr einer Irreführung den Aufschub einer Veröffentlichung (vgl. Brandi, T. O./Süßmann, R. (2004), S. 652).

Vertraulichkeit

Die Aktivierung der Selbstbefreiung setzt allerdings gemäß § 15 Abs. 3 WpHG voraus, dass die Vertraulichkeit hinsichtlich des geplanten Übernahmeangebotes gewahrt ist – eine Voraussetzung, die gerade bei komplexen Transaktionen sehr hohe Anforderungen an die *Compliance Organisation* des Unternehmens stellt. Dazu gehört selbstverständlich eine lückenlose Erfassung aller unternehmensinternen und externen Personen, die in die Transaktion eingebunden sind. Bei strategisch besonders bedeutsamen Transaktionen empfiehlt es sich darüber hinaus, die Präsenz von Vorständen auf Investoren- und Analystenkonferenzen und vergleichbaren Veranstaltungen zu überdenken, da Fragen zu möglichen Beteiligungen und Übernahmen zum Standardrepertoire von Finanzjournalisten und Analysten gehören. Kommen Marktgerüchte auf, so ist eine unverzügliche Veröffentlichung der Insiderinformation zu prüfen (vgl. hierzu Abschnitt 3.1.4). Damit ist dem Bieter mehr noch als schon in der Vergangenheit zu empfehlen, den Zeitraum zwischen Vorstands- und Aufsichtsratsbeschluss über die Angebotsabgabe möglichst kurz zu halten und den Kreis der in den Prozess eingebundenen Personen von vornherein so eng wie möglich zu halten.

Mit Vorliegen des Vorstandsbeschlusses über die Angebotsabgabe und der Zustimmung des Aufsichtsrates greift dann ohnehin die übernahmerechtliche Veröffentlichungspflicht nach § 10 WpÜG, sofern auch die übrigen gesetzlichen Voraussetzungen erfüllt sind. Um unkontrollierbare Spekulationen zu vermeiden, ist es ratsam, neben der Entscheidung zur Angebotsabgabe auch die Angebotseckdaten zu veröffentlichen, sofern diese bereits vorliegen. In diesem Fall entfällt die Verpflichtung zu einer gesonderten Ad-hoc-Meldung.

Vorstandsbeschluss über eine Angebotsabgabe

Werden die Eckdaten des Angebots dagegen erst nach der Bekanntgabe der Entscheidung zur Angebotsabgabe gemäß § 10 WpÜG festgelegt, so sind diese wie bereits dargestellt nach § 15 Abs. 1 WpHG zu veröffentlichen – vorausgesetzt, diese Informationen erfüllen auch die sonstigen Voraussetzungen für eine Ad-hoc-Veröffentlichung. Ob die Eckdaten des Angebots im Hinblick auf die Finanzinstrumente des Bieters ein hinreichendes Preisbeeinflussungspotenzial annehmen können, hängt vor allem von der wirtschaftlichen Bedeutung der geplanten Transaktion für den Bieter ab und davon, inwieweit die angebotene Gegenleistung über bzw. unter den Markterwartungen liegt.

Angebotseckdaten

Vergleichbare Fragen stellen sich, wenn der Bieter oder Kaufinteressent plant, ein kontrollvermittelndes Aktienpaket im Sinne von § 35 WpÜG an der Zielgesellschaft zu erwerben. Nach § 35 Abs. 1 Satz 1 WpÜG ist der Bieter dazu verpflichtet, den Kontrollerwerb unverzüglich zu veröffentlichen. Auch hier wird jedoch die Ad-hoc-Publizitätspflicht nur insoweit durch die übernahmerechtliche Spezialnorm verdrängt, als es um die Veröffentlichung der Kontrollerlangung selbst geht. Alle übrigen Ereignisse, die im Vorfeld oder nach dem Kontrollerwerb eintreten, unterliegen der Pflicht zur Ad-hoc-Publizität, sofern sie die sonstigen Voraussetzungen erfüllen. Ein Aufschub der Veröffentlichung ist auch in diesem Fall nur unter den Voraussetzungen des § 15 Abs. 3 WpHG zulässig (vgl. Assmann, H.-D./Schneider, U. H. (2006), S, 533 f.). Diese Frage stellt sich in der Praxis vor allem dann, wenn der Beteiligungserwerb noch vom Eintritt bestimmter Bedingungen, etwa der Zustimmung des Aufsichtsrats der Bietergesellschaft, abhängig ist (vgl. Brandi, T. O./ Süßmann, R. (2004), S. 653).

Kontrollvermittelndes Aktienpaket

3.2.3 Mitteilungspflichten der Zielgesellschaft

Für die Zielgesellschaft wurde bis zur Neufassung des § 15 WpHG durch das Anlegerschutzverbesserungsgesetz eine Pflicht zur Offenlegung ihr bekannt gewordener Informationen über eine bevorstehende Abgabe eines Wertpapiererwerbs-, Übernahme- oder Pflichtangebots mit der Begründung, eine solche Information stelle kein im Tätigkeitsbereich des Emittenten eingetretenes Er-

Unmittelbare Betroffenheit der Zielgesellschaft

eignis dar, mehrheitlich verneint. Diese Argumentation kann jedoch nach der Änderung des § 15 Abs. 1 Satz 1 WpHG nicht mehr aufrecht erhalten werden. Denn nunmehr reicht es aus, dass die Insiderinformation die Zielgesellschaft als Emittenten unmittelbar betrifft. Davon ist aber bei einem an die Zielgesellschaft herangetragenen Übernahmeangebot i. S. v. § 29 WpÜG wegen das damit verbundenen bevorstehenden Kontrollwechsels regelmäßig auszugehen (vgl. Brandi, T. O./Süßmann, R. (2004), S. 654).

Eignungspotenzial

Im Regelfall dürfte die Nachricht von einem bevorstehenden Übernahmeangebot wohl auch ein hinreichendes Preisbeeinflussungspotenzial begründen. Daher unterliegt nach der neuen Rechtslage auch die Zielgesellschaft grundsätzlich der Verpflichtung zur unverzüglichen Veröffentlichung, sobald sie von einem Bevorstehen eines Übernahmeangebots erfährt. Dies gilt unabhängig davon, ob es sich um eine freundliche oder eine feindliche Übernahme handelt. Dabei wird die Ad-hoc-Publizitätpflicht bereits dann begründet, wenn die Abgabe eines Übernahme- oder Pflichtangebots hinreichend wahrscheinlich ist.

Einzelfallbezogene Prüfung

Wann eine solche hinreichende Wahrscheinlichkeit gegeben ist, lässt sich nur im konkreten Einzelfall feststellen. Bei einem freundlichen Übernahmeangebot wird dies zumeist erst dann gegeben sein, wenn die Geschäftsführungsorgane der beteiligten Unternehmen eine Vereinbarung über die Durchführung des Übernahmeangebots bzw. eines vorausgehenden oder parallel erfolgenden Paketerwerbs abgeschlossen haben. Ist die Umsetzung dieser Vereinbarung an Bedingungen, etwa die Zustimmung der Aufsichtsgremien der an der Transaktion beteiligten Unternehmen, geknüpft, so kann die Ad-hoc-Meldpflicht bereits vor Eintritt der Bedingungen entstehen, vorausgesetzt der Eintritt der Bedingung ist hinreichend wahrscheinlich.

Selbstbefreiung

Auch für die Zielgesellschaft stellt sich freilich die Frage, ob sie die Veröffentlichung der Information bezüglich eines bevorstehenden Übernahme- oder Pflichtangebots solange aufschieben darf, bis der Bieter seine Entscheidung zur Angebotsabgabe bzw. den erfolgten Kontrollerwerb nach den übernahmerechtlichen Vorschriften veröffentlicht. Grundsätzlich ist eine Aktivierung der Selbstbefreiung möglich, sofern die Voraussetzungen des § 15 Abs. 3 WpHG erfüllt sind. Mit anderen Worten: Die Zielgesellschaft als ad-hoc-publizitätspflichtige Emittentin muss prüfen, ob sich berechtigte Interessen für den Aufschub anführen lassen, keine Irreführung der Öffentlichkeit zu befürchten ist und die Vertraulichkeit der Information gewährleistet werden kann. Dabei wird sie das Aufschieben der Veröffentlichung im Regelfall nur mit größeren Schwierigkeiten rechtfertigen können als der Bieter. Dies gilt insbesondere für den Nachweis des berechtigten Interesses.

Berechtigtes Interesse

In einigen Fällen wird man der Zielgesellschaft indessen ein berechtigtes Interesse an einer Verzögerung der Veröffentlichung nicht absprechen können. Dies dürfte etwa dann der Fall sein, wenn die finanzielle Überlebensfähigkeit der Zielgesellschaft ernsthaft in Frage gestellt ist, sodass eine verfrühte Bekanntgabe laufender Sanierungsverhandlungen mit einem Bieter die Interessen der Gesellschaft und ihrer Aktionäre ernsthaft gefährden könnte (vgl. Brandi, T. O./ Süßmann, R. (2004), S. 655). Auch wenn der Bieter die Zielgesellschaft mit Finanz- und Produktionsmitteln ausstatten will, die diese für ihre unternehmerischen Aktivitäten benötigt, kommt eine Selbstbefreiung in Betracht (vgl. Weber-Rey, D./Scholderer, R. (2005), S. 489). Allerdings muss dieser Nachweis in jedem konkreten Einzelfall geführt werden. Entfällt der Grund für die Befreiung, so ist die Ad-hoc-Mitteilung gegebenenfalls unverzüglich nachzuholen. Anders stellt sich die Situation bei einer feindlichen Übernahme dar. Ein berechtigtes Interesse an einer Verzögerung der Veröffentlichung lässt sich hier nur schwer konstruieren. In jedem Fall erfordert das Aufschieben der Veröffentlichung nach § 15 Abs. 3 WpHG, dass die Vertraulichkeit der Insiderinformation gewährleistet ist. In der Praxis stellt sich hierbei immer wieder die Frage, wie mit Gerüchten über ein bevorstehendes Übernahmeangebot bzw. den bevorstehenden Kontrollwechsel umzugehen ist.

3.2.4 Umgang mit Marktgerüchten

Bieter- wie Zielgesellschaft sind dazu verpflichtet, geeignete organisatorische Vorkehrungen zu treffen, durch die gewährleistet ist, dass die im Unternehmen vorhandenen Insiderinformationen während des Aufschubs der Veröffentlichung nur an Personen weitergegeben werden, die diese zur Wahrnehmung der ihnen übertragenen Aufgaben benötigen. Tauchen in der Öffentlichkeit Informationen über das geplante Vorhaben auf oder dringen Gerüchte in den Markt, so muss der Emittent erst einmal davon ausgehen, dass die Vertraulichkeit nicht mehr gegeben ist – dies gilt jedenfalls dann, wenn er Grund zur Annahme hat, dass das Bekanntwerden der Details oder die Gerüchte auf eine Vertraulichkeitslücke in seinem Herrschaftsbereich bzw. seiner Sphäre zurückzuführen ist.

Compliance Organisation

Vertraulichkeitslücke

Ein Grund zur Annahme, dass die Quelle für das Gerücht im Unternehmen selbst liegt, ist jedenfalls dann gegeben, wenn in der Presse *Unternehmenskreise* oder *unternehmensnahe Kreise* zitiert werden. Auch wenn die Details, die an die Öffentlichkeit gelangt sind, sehr konkret sind, liegt der Schluss nahe, dass die Vertraulichkeitslücke im Unternehmen selbst zu suchen ist. In der Regel wird aber kaum zu klären sein, welcher Sphäre (Bieter, Zielgesellschaft oder Berater) die Quelle des Gerüchts zuzurechnen ist. Kann nicht zweifelsfrei ausgeschlossen werden, dass die Gerüchte dem Unternehmen zuzurechnen sind, so ist der Emittent gut beraten, die Insiderinformation unverzüglich zu veröffentlichen. Denn das Auftauchen von Gerüchten über Insiderinformationen schafft gerade den Zustand, den die EU-Marktmissbrauchsrichtlinie zum Schutz der Markttransparenz und Marktintegrität verhindern wollte. Kommen Gerüchte auf, ist der börsennotierte Bieter daher – ebenso wie die Zielgesellschaft – verpflichtet, die Insiderinformation über das geplante Übernahmeangebot bzw. den bevorstehenden Kontrollerwerb gemäß § 15 Abs. 1 WpHG im Wege einer Ad-hoc-Mitteilung unverzüglich offenzulegen, sofern das Gerücht hinreichend konkret ist, um von den Anlegern als beweisrelevant angesehen zu werden. Eine im Markt kursierende bloße diffuse Vermutung dürfte hierfür dagegen noch nicht ausreichen (vgl. Brandi, T. O./Süßmann, R. (2004), S. 653).

Diese vorzeitige Ad-hoc-Meldpflicht nach § 15 Abs. 1 WpHG verstößt übrigens nicht gegen das übernahmerechtliche Vorveröffentlichungsverbot des § 10 Abs. 3 Satz 3 WpÜG, das insofern nach Inkrafttreten der europäischen Marktmissbrauchsrichtlinie richtlinienkonform einschränkend auszulegen ist. Auch materiell liegt insofern kein Widerspruch vor, da die Ad-hoc-Meldung über dieselben elektronischen Informationsmedien erfolgen muss wie die Ver-

Vorzeitige Veröffentlichung

öffentlichung der Entscheidung zur Angebotsabgabe nach § 10 Abs. 1 WpÜG, sodass die Marktöffentlichkeit in gleicher Weise hergestellt wird.

No Comment Policy

Kann der Emittent dagegen ausschließen, dass die Marktgerüchte bzw. an die Öffentlichkeit gelangten Details seiner Sphäre zuzurechnen sind, so kann er den Aufschub der Veröffentlichung prinzipiell fortsetzen. Der Emittent darf in diesem Fall aber aktiv keine gegenläufigen Erklärungen abgeben oder Signale, etwa in Form von Dementis, setzen, da andernfalls das Tatbestandsmerkmal der Irreführung erfüllt sein könnte. Die Bundesanstalt rät für diesen Fall dazu, sich auf eine *No Comment Policy* zu beschränken (vgl. BaFin (2005), S. 56). Nur der Vollständigkeit halber sei erwähnt, dass ein Emittent zu falschen Gerüchten, denen kein zutreffender Tatsachenkern zugrundeliegt, nicht Stellung nehmen muss. Gleiches gilt für diffuse Spekulationen.

3.2.5 Anteilserwerbe, die nicht dem Wertpapiererwerbs- und Übernahmegesetz unterfallen

Kursrelevanz

Ob M&A-Transaktionen, die nicht dem WpÜG unterfallen, eine Ad-hoc-Publizitätspflicht begründen, hängt von konkreten Umständen des jeweiligen Einzelfalls ab. Der Umfang der Transaktion ist dabei nur insoweit relevant, als dieser eine Auswirkung auf das Preisbeeinflussungspotenzial der Transaktion hat. Dagegen ist sowohl für die Bieter- als auch für die Zielgesellschaft zu bejahen, dass ein Anteilserwerb, etwa zum Aufbau einer Beteiligung von bis zu 29 Prozent oder zur Aufstockung einer Beteiligung, etwa von 75 auf 95 Prozent, die Emittenten unmittelbar betrifft.

Einzelfallbezogene Prüfung

Plant also ein Emittent den Erwerb von Finanzinstrumenten, die zum Handel an einem inländischen organisierten Markt zugelassen sind oder für die er eine solche Zulassung beantragt hat, ohne dass auf diese Transaktion das Wertpapiererwerbs- und Übernahmegesetz Anwendung finden, so können Informationen über das Vorhaben und die konkreten Schritte zur Umsetzung dieses Vorhabens Insiderinformationen sein, die den Käufer als Emittenten unmittelbar betreffen und deshalb gemäß § 15 Abs. 1 Satz 1 eine Ad-hoc-Publizitätspflicht auslösen.

Dies gilt sowohl für den börslichen und außerbörslichen Erwerb kleinerer Positionen zum Ausbau einer bestehenden Beteiligung, als auch für den Erwerb größerer Aktienpakete. Ob hier eine Verpflichtung zur Veröffentlichung besteht, hängt allein von dem Preisbeeinflussungspotenzial, das der Insiderinformation innewohnt, ab. Auch der Verkäufer der Finanzinstrumente kann eine Pflicht zur Veröffentlichung der Transaktion treffen, sofern dieser als Emittent der Ad-hoc-Publizität unterliegt und die Veräußerung der Papiere der von ihm emittierten Finanzinstrumente als kurserheblich anzusehen ist (vgl. Assmann, H.-D./ Schneider, U. H. (2006), S. 535).

4 Handlungsempfehlungen für die Praxis

Die Umsetzung der Ad-hoc-Publizitätspflicht ist für die Emittenten mit einer Fülle von inhaltlichen, rechtlichen und letztlich auch organisatorischen Unwägbarkeiten verbunden. Mit Inkrafttreten des Transparenzrichtlinie-Umsetzungsgesetzes am 20. Januar 2007 und der darin enthaltenen Verpflichtung zur europaweiten Verbreitung von Ad-hoc-Mitteilungen hat die Komplexität der Anforderungen, denen sich die Emittenten gegenübersehen, nochmals zugenommen. Der Dokumentationsaufwand ist angesichts der gestiegenen Haftungsrisiken immens. Entscheidungen müssen unter hohem Zeitdruck und zumeist ohne großen Vorlauf getroffen werden. Dies stellt die organisatorischen Strukturen vor eine harte Belastungsprobe. Darin liegt aber auch eine Chance für Investor Relations. Denn immer stärker fließt neben den Insiderinformationen auch der Charakter der Umsetzung der Ad-hoc-Publizität in die Bewertung einer Ad-hoc-Meldung durch das Publikum ein.

4.1 Organisatorische Aspekte der Ad-hoc-Publizität

Die Umsetzung der Ad-hoc-Publizität ist für die Emittenten nicht nur mit inhaltlichen Unwägbarkeiten verbunden. Sie wirft auch organisatorische Fragen auf, wenn es um die Erfüllung der vom Gesetzgeber detailliert vorgegebenen Veröffentlichungspflichten geht. Eine erneute Steigerung hat die Komplexität der Anforderungen mit Inkrafttreten des Transparenzrichtlinie-Umsetzungsgesetzes am 20. Januar 2007 und die darin enthaltene Verpflichtung zur europaweiten Verbreitung von Ad-hoc-Mitteilungen erfahren.

Transparenzanforderungen

4.1.1 Compliance Management

Mit der zunehmenden Regulierungsdichte sind auch die Anforderungen, die an die *Compliance Organisation* der Emittenten gestellt werden, gewachsen. Daher sind viele Unternehmen zwischenzeitlich dazu übergegangen, ein *Compliance Office* einzurichten, auch wenn dies in Deutschland – abgesehen von den Wertpapierdienstleistungsunternehmen – nicht obligatorisch ist. Auch wenn keine rechtliche Verpflichtung zur Einrichtung einer solchen organisatorischen Einheit besteht, so sprechen doch zahlreiche Argumente für einen solchen Schritt.

Compliance Office

So erleichtert die Bündelung von Aufgaben, die sich aus den vielfältigen gesetzlichen Vorgaben ableiten, eine gesetzeskonforme Umsetzung – der Informationsfluss wird koordiniert, die Anwendung unternehmensweiter Verhaltensstandards wird erleichtert und Anpassungen der Compliance Organisation an Änderungen im regulatorischen Umfeld und die Erwartungen der Kapitalmarktteilnehmer lassen sich einfacher durchsetzen. Auch fördert die Schaffung eines *Compliance Office* – eine entsprechende Unterstützung durch den Vorstand vorausgesetzt – die Herausbildung einer kapitalmarktfreund-

Kapitalmarktfreundliche Unternehmenskultur

lichen Unternehmenskultur. Dadurch kann Rechtsverstößen bereits im Vorfeld durch Prävention begegnet werden.

Gleichzeitig mindert dies das Risiko von Haftungsschäden und schützt vor den negativen Folgen eines Ermittlungsverfahrens für die Reputation. Aber auch rein organisatorische Aspekte sprechen für die Einführung eines *Compliance Office*. So reduziert sich durch die Konzentration der Aufgaben in einer Abteilung der mit dem Compliance Management verbundene administrative Aufwand. Auch die Schaffung einer zentralen Anlaufstelle für Führungskräfte und Mitarbeiter sowie für externe Anfragen bei Ermittlungen der BaFin oder der Staatsanwaltschaft rechtfertigt die Einrichtung einer entsprechenden Abteilung.

Unter welchen Voraussetzungen die Schaffung eines *Compliance Office* sinnvoll ist und wie dieses organisatorisch ausgestaltet werden sollte, hängt von vielen Faktoren ab und soll an dieser Stelle nicht näher erörtert werden. Die Darstellung soll hier auf solche Aspekte des *Compliance Managements* beschränkt bleiben, die mit Blick auf eine gesetzeskonforme Umsetzung der Ad-hoc-Publizität von Bedeutung sind. Es sind vor allem zwei Aktionsfelder, bei denen es zu Überschneidungen zwischen *Compliance* und *Investor Relations* kommt und die wechselseitige Konsultationen notwendig machen (vgl. Wolfram, J. (2005), S. 30 ff.).

Vertraulichkeitsbereiche

Das erste Aktionsfeld betrifft die Ausgestaltung von Vertraulichkeitsbereichen im Unternehmen. In engem Zusammenhang damit steht die Administration des Insiderverzeichnisses und die Aufklärung von Insidern. Berührungspunkte mit Investor Relations sind in der Praxis immer dann gegeben, wenn ein Emittent von der Möglichkeit der Selbstbefreiung Gebrauch macht. Denn der Emittent ist – wie an anderer Stelle bereits ausführlich dargestellt – dazu verpflichtet, die Vertraulichkeit der Insiderinformation im Befreiungszeitraum sicherzustellen. Dies setzt aber die genaue Kenntnis der Insider und die Schaffung von Vertraulichkeitsbereichen zwingend voraus.

Management von Insiderinformationen

Das zweite Aktionsfeld betrifft das Management von Insiderinformationen. Hier gilt es zu klären, an welchen Stellen im Unternehmen überhaupt potenziell preisbeeinflussende Informationen entstehen, auf welchem Weg und in welcher Form diese an die für die Umsetzung der Ad-hoc-Publizitätspflicht verantwortlichen Stellen weitergeleitet und nach welchen internen Kriterien diese bewertet werden. Weil sowohl die Insiderhandelsverbote als auch die Ad-hoc-Publizität am einheitlichen, europarechtlich geprägten Begriff der Insiderinformation anknüpfen, bedarf es einer engen Abstimmung zwischen dem *Compliance Office* und *Investor Relations*. Viel spricht dafür, dass dem *Compliance Office* in der Praxis in Fragen der Ad-hoc-Publizität eine Koordinierungsfunktion zukommen sollte. Unabhängig davon ist es mit Blick auf eine gesetzeskonforme Umsetzung der Ad-hoc-Publizität ratsam, ein Gremium einzurichten, das sich dezidiert nur mit der Bewertung von potenziell preisbeeinflussenden Informationen befasst.

4.1.2 Ad-hoc-Publizitäts-Gremium

Reduzierung der Risiken

Die Idee eines Ad-hoc-Publizitäts-Gremiums ist nicht neu. Das Bundesaufsichtsamt für den Wertpapierhandel hatte den Unternehmen bereits im Emittentenleitfaden aus dem Jahr 1998 dazu geraten, »eine entsprechende Organisationseinheit im Unternehmen vorzuhalten bzw. zu bestimmen (z. B. ein Ad hoc-Publizitäts-Gremium), die mit der Aufgabe betraut ist, die Tatsachen über die Kurserheblichkeit zu erfassen und über die Mitteilungs- und Veröffentlichungspflicht zu entscheiden« (BaFin/BAWe (1998 a), S. 52). Angesichts der Ausdehnung der Ad-hoc-Publizitätspflichten durch das AnSVG und dem damit verbundenen Anstieg der Haftungsrisiken hat diese Idee zuletzt aber neuen Auftrieb erhalten.

Die Zusammensetzung des Gremiums richtet sich nach den organisatorischen Gegebenheiten im Unternehmen. Neben Mitgliedern des Vorstandes, dem die Verantwortung für die gesetzeskonforme Umsetzung der kapitalmarktrechtlichen Verpflichtungen obliegt, sollten dem Ad-hoc-Ausschuss – soweit vorhanden – der *Compliance Officer*, der Leiter *Investor Relations* sowie ein mit Kapitalmarktrecht vertrauter Syndikus angehören. Bei Bedarf können Führungskräfte aus den betroffenen operativen Kernbereichen hinzugezogen werden. Fehlt es im Unternehmen selbst an der für eine Bewertung etwaiger Insiderinformationen notwendigen Sachkunde, so ist der Vorstand gut beraten, sich des Sachverstands eines mit den Verhältnissen am Kapitalmarkt vertrauten externen Experten zu bedienen. Allerdings berechtigt dies nicht zum Aufschub der Veröffentlichung.

Zusammensetzung des Gremiums

Nach unserer Erfahrung erscheint es sinnvoll, dem Ad-hoc-Publizitäts-Gremium die folgenden Aufgaben zu übertragen:
- Ausarbeitung von Kriterien für eine systematische Bewertung von potenziell preisbeeinflussenden Informationen im Hinblick auf eine Ad-hoc-Publizitätspflicht auf Basis der gesetzlichen Vorgaben,
- Ausarbeitung von Kriterien für die Überprüfung einer etwaigen Insiderinformation im Hinblick auf das Vorliegen der Voraussetzungen für einen Aufschub der Veröffentlichung auf Basis der gesetzlichen Vorgaben,
- Ausarbeitung unternehmensinterner Richtlinien für den Umgang mit sensiblen Informationen,
- Erfassung und Bewertung potenziell preisbeeinflussender Informationen im Hinblick auf eine Ad-hoc-Publizitätspflicht,
- Entscheidung über eine zeitweilige Selbstbefreiung gemäß § 15 Abs. 3 WpHG sowie
- Dokumentation sämtlicher Entscheidungen (Ad-hoc-Reporting).

Aktionsfelder des Ad-hoc-Publizitäts-Gremiums

Die Entscheidung über die Einstufung eines Sachverhaltes als Insiderinformation und die Aktivierung der Selbstbefreiung liegt letzten Endes beim Vorstand. Den übrigen Beteiligten kommt insoweit nur eine beratende Rolle zu. Die Umsetzung der konkreten Aufgaben, die sich an das Vorliegen der Ad-hoc-Publizitätspflicht anschließen, obliegt in der Praxis zumeist den Investor-Relations-Abteilungen.

Selbstbefreiung

Eine zentrale Aufgabe der Organisationseinheit ist die Bewertung von etwaigen Insiderinformationen im Hinblick auf eine Ad-hoc-Publizitätspflicht. Dazu ist es sinnvoll, in einem ersten Schritt – basierend auf den gesetzlichen Vorgaben – Kriterien für die systematische Bewertung von potenziell preisbeeinflussenden Informationen festzulegen. Hierbei empfiehlt sich die Ausarbeitung einer unternehmensspezifischen Kasuistik, die typische – interne wie externe – Umstände beinhaltet, die den Emittenten unmittelbar betreffen und die aus dem normalen betrieblichen Geschehen herausragen. Anhaltspunkte für derartige Informationen lassen sich auch aus dem laufenden Risiko-Management gewinnen. Mit einfließen sollten in diesen Kriterienkatalog im Sinne einer

Bewertung von Insiderinformationen

Feedback-Schleife auch die Erfahrungswerte aus der Veröffentlichung zurückliegender Ad-hoc-Mitteilungen. Eine solche Kasuistik entbindet den Emittenten zwar nicht von einer einzelfallbezogenen Prüfung, sie erleichtert aber eine effiziente und zugleich konsistente Bewertung etwaiger Insiderinformationen.

Einzelfallbezogene Prüfung

Bei der Bewertung selbst sind in jedem konkreten Einzelfall detailliert die konkreten Gründe darzulegen, die den Emittenten dazu bewogen haben, einen Sachverhalt als (nicht) ad-hoc-publizitätspflichtig einzustufen. Mit Blick auf die zuletzt deutlich gestiegenen Haftungsrisiken, die mit einer verspäteten oder unterlassenen Veröffentlichung verbunden sind, sollten die bei der Bewertung angestellten Überlegungen detailliert und auch für Außenstehende problemlos nachvollziehbar dokumentiert werden. Dies gilt nicht nur mit Blick auf die Übermittlung dieser Informationen an die BaFin im Falle einer positiven Ad-hoc-Publizitätspflicht, sondern auch dann, wenn ein Sachverhalt als nicht ad-hoc-publizitätspflichtig eingestuft wurde.

Aufschub der Veröffentlichung

Eine weitere wesentliche Aufgabe des Ad-hoc-Publizitäts-Gremiums liegt in der Entscheidung darüber, ob in einem konkreten Einzelfall die Voraussetzungen für einen Aufschub der Veröffentlichung gegeben sind. Mit Blick auf die während der Selbstbefreiung vom Emittenten sicherzustellende Vertraulichkeit ist hier eine besonders enge Rückkopplung mit dem *Compliance Office* geboten. Im Sinne einer Selbstdisziplinierung des Gremiums empfiehlt es sich auch hier auf Basis der gesetzlichen Vorgaben einen unternehmensinternen Katalog von Kriterien, die bei der Abwägung zu berücksichtigen sind, schriftlich zu fixieren.

Ad-hoc-Reporting

Auf einen wichtigen Aspekt im Zusammenhang mit dem Ad-hoc-Reporting weist Wolfram hin: Ermittlungen der BaFin und der Staatsanwaltschaft werden unter Umständen erst nach einigen Jahren eingeleitet. Vielfach wird sich die personelle Zusammensetzung des Gremiums zwischenzeitlich verändert haben, was eine nachträgliche Rekonstruktion der Beweggründe, die zu einer Entscheidung geführt haben, nahezu unmöglich machen dürfte. Dem muss das Ad-hoc-Reporting unbedingt Rechnung tragen. Andernfalls bringt sich der Emittent in Bezug auf das Erbringen von Entlastungsbeweisen unter Umständen in eine Situation, die man nur als *prekär* bezeichnen kann (vgl. Wolfram, J. (2005), S. 49).

Ausarbeitung von internen Verhaltensrichtlinien

Zu den Aufgaben des Ad-hoc-Publizitäts-Ausschusses zählt darüber hinaus auch die Ausarbeitung von Richtlinien, die den Umgang mit sensiblen Informationen regeln. Dazu bedarf es zunächst einer Prüfung, in welchen Stellen innerhalb des Unternehmens etwaige Insiderinformationen geboren werden und von welchen Personen und bei welcher Gelegenheit sensible Informationen offengelegt werden könnten. Auch hier ist eine Rückkopplung mit dem *Compliance Office* mit Blick auf bestehende Vertraulichkeitsbereiche und den Kreis der Insider notwendig. In der Richtlinie sollte schriftlich fixiert werden, welche Informationen bei welcher Gelegenheit (Messen, Kundenveranstaltungen, Festreden, Präsentationen) ohne vorherige oder nachträgliche Unterrichtung des Ad-hoc-Publizitäts-Ausschusses veröffentlicht werden können und unter welchen Voraussetzungen eine vorherige Freigabe zu erfolgen hat. Flankiert werden muss diese Richtlinie freilich durch eine Aufklärung der Mitarbeiter über Insiderhandelsverbote und die Rechtsfolgen von Verstößen. Diese Aktivitäten müssen in das Bemühen um die Schaffung einer kapitalmarktorientierten Unternehmenskultur eingebunden sein.

4.1.3 Ad-hoc-Dienstleister

»Jede Publizität ist nur so gut wie ihre Verbreitung«: Mit dieser Aussage hat der Rechtswissenschaftler Klaus Hopt bereits vor einem Vierteljahrhundert die Rolle der formellen Publizität für die Funktionsfähigkeit der Kapitalmärkte einprägsam auf den Punkt gebracht (zitiert nach Noack, U. (2003), S. 537). In einer Welt, in der die Bereitstellung, Verbreitung und Auswertung von Informationen Kosten verursacht, spielt auch die Frage der Distribution von Kapitalmarktinformationen für die Transparenz eine wichtige Rolle. Zumindest in dieser Hinsicht lässt der Finanzplatz Deutschland keine Wünsche offen. *Formelle Publizität*

Durch den auch vom Gesetzgeber betriebenen Siegeszug elektronischer Publikationsmedien – seit Inkrafttreten des AnSVG ist eine Veröffentlichung von Ad-hoc-Mitteilungen in den Börsenpflichtblättern nicht mehr vorgesehen – haben sich Dienstleister entwickelt, die den Emittenten bei der Erfüllung ihrer vielfältigen kapitalmarktrechtlichen Publizitätspflichten zur Seite stehen. Dabei haben sich die Service Provider über die Jahre immer mehr zu Komplettlösungsanbietern entwickelt, die als Intermediär zwischen den Emittenten auf der einen und den verschiedenen Zielgruppen im Kapitalmarkt auf der anderen Seite stehen. Vorreiter in Deutschland war die Deutsche Gesellschaft für Ad-hoc-Publizität, die bei der Verbreitung von Ad-hoc-Meldungen lange Zeit praktisch eine Monopolstellung hatte. Wettbewerb fand lediglich im Verhältnis mit den überregionalen Börsenpflichtblättern sowie – in einem begrenzten Umfang – mit internen Lösungen der Emittenten statt. Der Versuch der Stuttgarter Börse, über ihr Tochterunternehmen XiQu einen eigenen Anbieter zu etablieren, scheiterte. Mit dem Markteintritt von news aktuell und Hugin im Jahr 2001 änderten sich die Markt- und Wettbewerbsverhältnisse indessen deutlich. Eine für alle Marktbeobachter überraschende Entwicklung hat der Markt mit dem Einstieg der EquityStory AG in die Verbreitung von Kapitalmarktinformationen genommen. Erst im April 2004 mit einem eigenen Angebot gestartet, hat das Unternehmen mit Wirkung zum 9. Dezember 2005 den Konkurrenten DGAP übernommen. *Service Provider*

Heute stehen sich auf dem deutschen Markt vier etablierte Ad-hoc-Dienstleister gegenüber. Es sind dies neben der zwischenzeitlich zur EquityStory AG gehörenden Deutschen Gesellschaft für Ad-hoc-Publizität (DGAP) das dpa-Tochterunternehmen news aktuell mit seinem European Adhoc and Disclosure Service *euro adhoc*, der deutsche Ableger des norwegischen Informationsdienstleisters Hugin und der Nachrichtendienstleister Business Wire. *Vier etablierte Dienstleister*

Die DGAP wurde als *Joint Venture* der Deutsche Börse AG sowie der beiden Informationsdienstleister Reuters und Vereinigte Wirtschaftsdienste (vwd) gegründet. Bereits seit 1996, dem Jahr nach der umfassenden Neuregelung der Ad-hoc-Publizität durch das damals neu geschaffene Wertpapierhandelsgesetz, verbreitet die DGAP auf elektronischem Wege Pflichtmitteilungen im Auftrag von inländischen und ausländischen Emittenten. Nach der Übernahme durch die EquityStory AG wurde der Firmensitz zwischenzeitlich von Frankfurt am Main nach München verlegt. Als Spezialist für Ad-hoc-Mitteilungen gestartet, bietet die DGAP heute vielfältige Dienstleistungen für die Erfüllung gesetzlicher Publizitätspflichten sowie die – über die gesetzlichen Mindestanforderungen hinausgehende – Kommunikation der Unternehmen mit dem Kapitalmarkt. *DGAP*

EquityStory AG

news aktuell/euro adhoc Die news aktuell GmbH wurde 1989 gegründet und ist seit 1994 ein Tochterunternehmen der Deutschen Presse-Agentur (dpa). Das Unternehmen hat sich auf die Verbreitung von textbasierten, audio-visuellen und multimedialen Unternehmensinformation an die Medien im In- und Ausland spezialisiert. news aktuell beschäftigt am Firmensitz in Hamburg sowie in den Niederlassungen in Berlin, Frankfurt am Main, München und Zürich nach eigenen Angaben über 100 Mitarbeiter. Seit dem Jahr 2001 bietet news aktuell gemeinsam mit APA OTS, einer Tochtergesellschaft der Austria Presse Agentur (APA), und news aktuell Schweiz, einem Joint Venture der Schweizerischen Depeschenagentur (sda) und news aktuell, den European Adhoc and Disclosure Service *euro adhoc*. Ohne Zweifel hat news aktuell als größter Mitbewerber des Branchenprimus DGAP dem Markt immer wieder wichtige Impulse bei der Entwicklung neuer Services gegeben, von denen letztlich alle Emittenten profitiert haben.

Hugin IR Services Unter den Ad-hoc-Dienstleistern ist die Hugin IR Services Deutschland GmbH wohl der Anbieter mit dem am stärksten ausgeprägten europäischen Profil. Dazu hat sicherlich auch die Übernahme der Konzernmutter durch die paneuropäische Börse Euronext im Dezember 2006 beigetragen. Das norwegische Unternehmen verfügt über Standorte in Oslo (Sitz), Kopenhagen, Helsinki, München, Amsterdam, Stockholm, Zürich und London. Hugin hat sich ähnlich wie news aktuell auf die Distribution von Unternehmensinformationen an die Medien spezialisiert. Diese Position hat das Unternehmen durch den Zusammenschluss mit dem auf die Verbreitung von Pressemitteilungen spezialisierten Anbieter direct news im Oktober 2005 gestärkt. Einen Ad-hoc-Publizitätsservice für Deutschland bietet Hugin seit März 2001 an.

Busines Wire Vergleichsweise spät ist der Nachrichtendienstleister Business Wire in die Verbreitung von Ad-hoc-Mitteilungen eingestiegen. Der nach eigenen Angaben weltweit größte PR- und IR-Dienstleister, der seit Anfang 2006 zur amerikanischen Berkshire Hathaway Unternehmensgruppe gehört, bietet seinen Ad-hoc-Service in Deutschland erst seit dem 1. Juni 2005 an. Business Wire wurde 1961 gegründet. Das weltweite Nachrichten-Netzwerk bietet einen direkten Zugang zu den wichtigsten internationalen Finanzmärkten in Nordamerika, Europa, Asien, Lateinamerika, dem Nahen Osten und Teilen Afrikas. Über Niederlassungen sowie Tochtergesellschaften und Kooperationspartner ist Business Wire in den wichtigsten Finanzzentren vertreten.

Anforderungen der Emittenten an die Service Provider Bei der Auswahl des Anbieters sind nach der von uns im Jahr 2004 durchgeführten *Studie Ad-hoc-Dienstleister in Deutschland* vor allem zwei Faktoren entscheidend: Die Reichweite und die Option, möglichst viele Aktivitäten über einen Anbieter abdecken zu können (vgl. Gutzy, J./Märzheuser, M. (2004). Diese Aussage dürfte angesichts der gestiegen Komplexität der Aufgabenstellungen im Bereich der kapitalmarktrechtlichen Publizitätspflichten heute noch mehr gelten als damals. Ganz allgemein hat sich das Leistungsangebot der Service Provider über die Jahre einander angenähert. Abhängig von der Historie und der Eigentümerstruktur bestehen jedoch noch immer Unterschiede in Bezug auf die Distributionskanäle, wobei bei allen Anbietern eine europaweite Verbreitung der Ad-hoc-Mitteilungen im Einklang mit den Vorschriften des TUG gewährleistet ist.

Breites Service-Angebot Neben der Verbreitung von Ad-hoc-Meldungen bieten alle Anbieter Lösungen für die Verbreitung von Corporate News, die keinen direkten Kapitalmarktbezug aufweisen. Ergänzt wird das Leistungsangebot durch Lösungen zur Verbreitung von Bildern, Grafiken sowie Video und Tondokumenten, Lösungen zur TUG-konformen Erfüllung der Mitteilungspflichten im Rahmen des WpÜG sowie zur TUG-konformen Verbreitung von Directors Dealings-Meldungen, einen Zugang zum Exchange Reporting System (ERS) sowie vielfältige Online-IR-Tools, die die Arbeit der Investor Relations-Abteilungen erleichtern. Wer die Zahl seiner Dienstleister gering halten möchte, für den spielt die Breite des Angebotes eine wichtige Rolle. Bei der Auswahl des Anbieters lohnt indessen nicht nur ein Blick auf die Zahl der Dienstleistungen und die Preisstruktur, sondern auch auf deren Qualität (vgl. hierzu Strüwing, S. (2006), S. 49). Denn was nützt es, wenn die Hotline zwar rund um die Uhr besetzt ist, der Ansprechpartner am anderen Ende der Leitung aber nicht mit den Gegebenheiten des deutschen Marktes vertraut ist?

4.2 Praktische Hilfestellungen für das Formulieren von Ad-hoc-Mitteilungen

Das Formulieren von Ad-hoc-Meldungen ist zu einem guten Teil ein Handwerk, das sich journalistischer Schreibtechniken bedient. Eine an den Bedürfnissen des Kapitalmarktes ausgerichtete Umsetzung der Ad-hoc-Publizitätspflicht ist freilich auch eine Kunst – die Kunst, Investoren und Analysten im besten Sinne des Wortes zu informieren und dabei zugleich Glaubwürdigkeit zu signalisieren. Dabei gilt es formale, sprachliche und inhaltliche Anforderungen zu beachten.

4.2.1 Formale Anforderungen an Ad-hoc-Mitteilungen

Form und Aufbau von Ad-hoc-Mitteilungen

Form und Aufbau einer Ad-hoc-Mitteilung orientieren sich in erster Linie an den Vorschriften der Wertpapierhandelsanzeige- und Insiderverzeichnisverordnung. Diese Vorschriften fordern vor allem die Angabe bestimmter Informationen zum Emittenten und dessen Finanzinstrumenten. Die in § 4 WpAIV enthaltenen Regeln entsprechen dabei im Wesentlichen der vor Inkrafttreten des AnSVG herrschenden Praxis (vgl. hierzu auch Abschnitt 2.2.4.2).

Umfang der Ad-hoc-Mitteilungen

Die Veröffentlichung soll kurz gefasst sein. Zum Umfang der Ad-hoc-Meldung haben die BaFin und zuvor bereits das BaWe mehrfach ausgeführt, dass 10 bis 20 Zeilen in der Regel genügen, um einen ad-hoc-publizitätspflichten Sachverhalt mit kurzer Erläuterung darzustellen. Als Richtschnur für die Länge einer Ad-hoc-Meldung kann der Maßstab gelten, den Wittich bereits 1995 aufgestellt hat: »Eine kurze, etwa eine Seite umfassende Mitteilung genügt im Regelfall. Das Medium der Ad-hoc-Publizität würde entwertet, wenn Zwischenberichte in voller Länge als Ad-hoc-Mitteilung verbreitet würden. Den Emittenten treffen dann die Kosten der – umfangreichen – Veröffentlichung. Die Anleger werden zum Teil durch die Fülle von Informationen verwirrt, da sie die wesentliche Mitteilung des Berichtes unter Umständen nicht mehr erkennen können« (zitiert nach Leis, J./Nowak, E. (2001), S. 172). Die Aussage, die in erster Linie auf die damals weit verbreitete Praxis, Zwischenberichte in voller Länge zu veröffentlichen, gemünzt war, kann ohne weiteres auch auf andere Anwendungsfälle übertragen werden.

4.2.2 Sprachliche Anforderungen an Ad-hoc-Mitteilungen

Einsatz sprachlicher Stilmittel

Für das Formulieren von Ad-hoc-Mitteilungen gelten grundsätzlich dieselben Regeln wie für das Abfassen von Pressemitteilungen. Mit Blick auf die herausgehobene Rolle der Ad-hoc-Publizität innerhalb der Kapitalmarktkommunikation und die hohen Anforderungen, die der Gesetzgeber an die Emittenten stellt, sollten sich all jene Personen, die in die Formulierung des Meldungstextes eingebunden sind, ein gerütteltes Maß an Zurückhaltung beim Einsatz sprachlicher Stilmittel verordnen. Ad-hoc-Meldungen sind rein funktionale Texte, die vor allem ein Ziel verfolgen: den Kapitalmarkt kurz, präzise und verständlich über Umstände, die den Emittenten betreffen und die ein erhebliches Preisbeeinflussungspotenzial aufweisen, zu informieren. Dem ist auch bei der Verwendung sprachlicher Stilmittel in angemessener Weise Rechnung zu tragen.

Differenzierte Bewertung von Ad-hoc-Mitteilungen durch das Publikum

Für Unternehmen, die längst von den Radarschirmen der Finanzjournalisten und Investmentanalysten verschwunden sind, besteht hier freilich die Verlockung, die Aufmerksamkeitsschwelle durch kreativen Einsatz sprachlicher Stilmittel zu durchstoßen. Letztlich fällt dies aber auf die Emittenten zurück. Nach unserer Beobachtung fließt in die Bewertung einer Ad-hoc-Meldung durch das Publikum nicht nur der Inhalt der Meldung, sondern auch der Grad an Professionalität bei der Umsetzung der Ad-hoc-Publizität ein. Hierzu hat ohne Zweifel auch die wechselvolle Erfahrung der Anleger mit einigen Unternehmen des *Neuen Marktes* beigetragen. Denn so manches Unternehmen, das sich via Ad-hoc-Mitteilung selbst zum *Weltmarktführer* ausgerufen hatte, ist zwischenzeitlich sang- und klanglos von der Bildfläche verschwunden. Zwar hat – wenn man die Ergebnisse der *Benchmark-Studie Ad-hoc-Publizität 2003* zugrunde legt – der teilweise exzessive Missbrauch die Sonderrolle der Ad-hoc-Publizität bei der Offenlegung von Kapitalmarktinformationen nicht grundsätzlich in Frage gestellt (vgl. hierzu Gutzy, J./ Märzheuser, M. (2004)). Wir registrieren aber in unserer Beratungspraxis auf Seiten der Anleger eine gesteigerte Sensibilität gegenüber der *Disclosure Policy* – gefördert auch durch eine zunehmend kritische Berichterstattung der Medien.

Faktenorientierte Darstellung

Wir raten aus diesem Grund zu einer nüchternen, faktenorientierten und in der Sache objektivierbaren Darstellung. Der Einsatz sprachlicher Stilmittel sollte allein dem Zweck dienen, den Sachverhalt transparent und für Außenstehende nachvollziehbar darzustellen. Das erfordert einen logischen Aufbau der Meldung: das Wichtigste, also die eigentliche Insiderinformation, gehört an den Anfang der Meldung, Unwichtiges hat in einer Ad-hoc-Mitteilung ohnehin nichts zu suchen. Ebenso wichtig ist der Satzbau: Schachtelsätze öffnen Fehlinterpretationen Tür und Tor. Bewährt haben sich knappe Sätze, die logisch aufeinander aufbauen.

Präzise Formulierungen

Die Formulierungen sollten so gewählt werden, dass sie klar und präzise sind und nicht etwa Spielraum für Fehlinterpretationen lassen oder gar Gerüchten Auftrieb geben. Für blumige Formulierungen wie *Mega-Deal* oder *Jahrhundert-Auftrag* ist in einer Ad-hoc-Mitteilung kein Platz. Auch Begriffe wie *Technologieführer* oder *führender Anbieter* sind eher kontraproduktiv, erst recht natürlich, wenn sich dafür keine überzeugenden Belege anführen lassen. Denn auch wenn sich die Kommunikation in den Boards und Chats häufig auf Headlines zu beschränken scheint – für die Ad-hoc-Publizität gilt: *Übertreibungen haben kurze Beine*.

Zurückhaltung ist auch bei der Verwendung von Fachbegriffen angebracht. Ad-hoc-Mitteilungen richten sich an die Kapitalmarktöffentlichkeit und nicht an ein technisch kundiges Fachpublikum. Dort wo die Verwendung von Fachbegriffen zwingend notwendig erscheint, ist es ratsam, diese auch kurz zu erläutern. Tabu sind auch Formulierungen aus dem internen *Wortschatz* des Unternehmens. Dieser Hinweis ist auch insoweit relevant, als eine immer größere Zahl von Unternehmen bei der Kommunikation mit Regeln für das *Corporate Wording* arbeitet. Dies darf jedoch gerade bei der Ad-hoc-Publizität nicht dazu führen, dass sich die Emittenten in Worthülsen und Platitüden flüchten.

Verwendung von Fachbegriffen

Corporate Wording

Hier noch einmal alle Tipps rund um die Verwendung sprachlicher Stilmittel bei der Formulierung von Ad-hoc-Mitteilungen auf einen Blick:

- Logischer Aufbau der Meldung: das Wichtigste, die eigentliche Insiderinformation, gehört an den Anfang.
- Nüchterne, faktenorientierte und möglichst objektivierbare Darstellung des Sachverhaltes.
- Vermeidung von unpräzisen Formulierungen, die Spielraum für Fehlinterpretationen lassen oder Gerüchten Auftrieb geben könnten.
- Verzicht auf blumige Formulierungen (*Mega-Deal, Jahrhundert-Auftrag*).
- Zurückhaltung bei der Verwendung von Fachbegriffen; dort wo Fachbegriffe unverzichtbar erscheinen, sollten diese ggf. kurz erläutert werden.
- Übertreibungen, Sprachhülsen und Platitüden sind absolut tabu.
- Vermeidung von Schachtelsätzen, knappe Sätze verwenden.

4.2.3 Inhaltliche Anforderungen an Ad-hoc-Mitteilungen

Die Anforderungen an den Inhalt von Ad-hoc-Mitteilungen ergeben sich direkt aus dem Gesetz, das insoweit eindeutig ist. Richtschnur für Investor Relations ist dabei zum einen die in § 15 Abs. 1 WpHG enthaltene Verpflichtung zur unverzüglichen Veröffentlichung von Insiderinformationen, die den Emittenten unmittelbar betreffen, zum anderen das in § 15 Abs. 2 Satz 1 WpHG enthaltene Verbot, Angaben, die offensichtlich *nicht* ad-hoc-publizitätspflichtig sind, *ad hoc* zu veröffentlichen, und zwar auch nicht in Verbindung mit veröffentlichungspflichtigen Informationen im Sinne des Absatzes 1. Konkretisiert werden diese Vorschriften durch § 4 Abs. 1 WpAIV (vgl. hierzu Abschnitt 2.2.4.3).

Eindeutige Rechtslage

Wo beginnt die Veröffentlichungspflicht und wo endet sie? Diese Frage stellt sich den Praktikern regelmäßig beim Abfassen einer Ad-hoc-Mitteilung. Hier hilft es, sich vor Augen zu führen, dass eine Ad-hoc-Meldung eine in sich abgeschlossene, eigenständige Information ist, die auch für Außenstehende aus sich selbst heraus verständlich sein muss. Was bedeutet das für die Praxis? Sämtliche Umstände, die der Insiderinformation zugrunde liegen und sämtliche Faktoren, die für die Bewertung der Insiderinformation im Hinblick auf das von ihr ausgehende (erhebliche) Preisbeeinflussungspotenzial zwingend erforderlich sind, müssen –ungeachtet der gegenüber Dritten eingegangenen Vertraulichkeitsverpflichtungen – in die Meldung Eingang finden. Es ist unzulässig, notwendige Bestandteile einer Ad-hoc-Meldung in andere Publikationen zu verlagern. Genauso unzulässig ist es, die Meldung auf solche Faktoren auszudehnen, die nicht zwingend für das Verständnis des veröffentlichungspflichtigen Sachverhaltes notwendig sind.

Abgrenzung der Inhalte

Leitfragen

Eine Orientierungshilfe bei der Abgrenzung der ad-hoc-publizitätspflichtigen Informationen von den übrigen Informationen können die folgenden Leitfragen geben, die auch für die Stoffsammlung verwendet werden können:
- Was ist der genaue Inhalt der Insiderinformation? Welches sind die Umstände, die die Insiderinformation konstituieren?
- Welche Faktoren sind für die Bewertung der Information durch die Anleger im Hinblick auf das Preisbeeinflussungspotenzial zwingend erforderlich?
- In welcher Weise betreffen die Umstände, die der Insiderinformation zugrunde liegen, den Emittenten?
- Wie ist der Informationsstand der *Öffentlichkeit* im Hinblick auf die der Insiderinformation zugrunde liegenden Umstände?
- Wann, von wem und auf welchem Weg wurden ggf. schon einmal Informationen über denselben Sachverhalt veröffentlicht?
- Welche Vorabinformationen (Prognosen, Ankündigungen) zu den fraglichen Umständen hat es im Vorfeld bereits gegeben?
- Ist die Information vollständig und konsistent oder sind Fehlinterpretationen möglich? Welche Aspekte könnten Anlass für Fehlinterpretationen geben?
- Handelt es sich bei den Umständen, die einer Information zugrunde liegen, um ein singuläres Ereignis oder um eine nachhaltige Entwicklung?
- Ist das Eintreten der Umstände auf Sonderfaktoren zurückzuführen? Wenn ja: Wie nachhaltig sind diese Faktoren wirksam?

Missbrauch der Ad-hoc-Publizität

Einfacher zu beantworten ist die Frage: Wo beginnt der Missbrauch der Ad-hoc-Publizität? Ausgehend von den Erfahrungen aus der Aufsichtspraxis benennt die BaFin im Emittentenleitfaden verschiedene Formen des Missbrauchs. Eine Form des Missbrauch sind ausufernde Ad-hoc-Mitteilungen, die auch solche Angaben enthalten, die offensichtlich nicht die Voraussetzungen des § 15 Abs. 1 WpHG erfüllen. Ein in der Vergangenheit immer wieder zu beobachtender, besonders gravierender Missstand im Zusammenhang mit Geschäftsergebnissen ist die Veröffentlichung von Jahresabschlüssen und Zwischenberichten in voller Länge. Geschäftsergebnisse können, wie an anderer Stelle bereits ausführlich dargestellt, zwar grundsätzlich ad-hoc-publizitätspflichtig sein. Zu veröffentlichen ist in diesem Falle aber nur die Insiderinformation selbst, also etwa ein signifikanter Gewinnanstieg oder -rückgang, nicht aber der komplette Finanzbericht.

Firmenprofile und Zitate

Was viele Emittenten noch immer nicht zu wissen scheinen: Missbräuchlich ist auch die Veröffentlichung von Firmenprofilen oder von Zitaten, die lediglich in wörtlicher Rede Aussagen wiederholen, die bereits an anderer Stelle der Meldung getroffen wurden. Gleiches gilt für die Wiederholung von Informationen, die bereits in einer früheren Ad-hoc-Mitteilung veröffentlicht wurden – sofern dies nicht im Rahmen einer Ad-hoc-Berichtigung notwendig ist. Als grobe Irreführung der Anleger ist es zu werten, wenn Informationen, die bereits zu einem früheren Zeitpunkt veröffentlicht wurden, als neu dargestellt werden. An sich eine Selbstverständlichkeit ist der im Emittentenleitfaden enthaltene Hinweis, wonach Reaktionen auf Angriffe durch Mitbewerber des Unternehmens, die eigene Bewertung von Mitbewerbern oder die Kommentierung allgemeiner wirtschaftlicher Entwicklungen nicht Gegenstand einer Ad-hoc-Mitteilung bilden dürfen.

Jenseits aller seltsamen Blüten, die die Umsetzung der Ad-hoc-Publizität in den Unternehmen zuweilen treibt, sollte man sich stets vor Augen führen, was hinter der Überlegung des Gesetzgebers steht, die Voraussetzungen an die Ad-hoc-Publizität so eng zu fassen, wie dies eben geschehen ist. Die Überlegung ist von der Intention getragen, einer ausufernden Informationsflut entgegenzutreten, die es den Anlegern erschweren, wenn nicht gar unmöglich machen würde, die wirklich bedeutsamen Informationen zu erkennen, zu bewerten und angemessen bei ihren Investitionsentscheidungen zu berücksichtigen.

Transparenzgebot

Noch gravierender als eine ungebremste Informationsflut ist der Versuch, den Anleger durch redaktionelle Kunstgriffe gezielt über den eigentlichen Inhalt der Ad-hoc-Mitteilung in die Irre zu führen. Eine Unsitte ist es, den Charakter einer Information durch eine Sinn entstellende Überschrift zu verändern oder eine für das Unternehmen ungünstige Entwicklung gezielt zu verschleiern. Nach wie vor weit verbreitet ist die Praxis negative Nachrichten in einem Umfeld vermeintlich positiver Nachrichten zu platzieren und dadurch umzudeuten. Auch die Veröffentlichung von Meldungen mit Mehrfachinhalten, die kausal unverbunden nebeneinander stehen und sich in ihren Auswirkungen auf die Kursentwicklung wechselseitig aufheben, ist vor diesem Hintergrund äußerst kritisch zu bewerten.

Umdeutung von Insider-informationen

Eine Orientierungshilfe für eine aus rechtlicher wie auch aus ethischer Sicht nicht zu beanstandende Umsetzung der Ad-hoc-Publizität gibt in diesem Zusammenhang die von dem Deutschen Rat für Public Relations (DRPR) verabschiedete Richtlinie zur ordnungsgemäßen Ad-hoc-Publizität (vgl. DRPR 2005). Die in der PR-Branche viel diskutierte Ratsrichtlinie wurde im November 2003 der Öffentlichkeit vorgestellt und im November 2005 an den veränderten gesetzlichen Rahmen angepasst. Sie wendet sich vor allem gegen den Missbrauch der Ad-hoc-Publizität für die Verbreitung von allgemeinen Werbe- oder PR-Botschaften. Dabei konkretisiert sie die bestehenden gesetzlichen Vorschriften und formuliert zugleich *vier Gebote einer redlichen Ad-hoc-Publizität*. Verstöße gegen diese Gebote werden nach den Regeln des PR-Rates öffentlich gerügt.

Richtlinie des DRPR

4.3 Grundsätze einer kapitalmarktorientierten Disclosure Policy

In einer idealtypischen Welt vollkommener Informationseffizienz, in der alle relevanten Informationen für alle Marktteilnehmer jederzeit verfügbar sind und sich vollständig und korrekt in den Kursen niederschlagen ist kein Raum für die Ad-hoc-Publizität, wenn man einmal von externen Schocks, wie zum Beispiel Produktionsunfällen, absieht. Die Wirklichkeit sieht jedoch anders aus. Zwischen den Unternehmensinsidern auf der einen und den Outsidern auf der anderen Seite bestehen strukturell bedingte Informationsungleichgewichte, die sich schlichtweg aus dem Umstand ergeben, dass die eine Personengruppe einen Zugang zur Unternehmenssphäre hat und die andere eben nicht. Aber auch innerhalb der beiden Personengruppen gibt es Informationsungleichgewichte. So gibt es etwa im Unternehmen selbst Personen, die ganz unmittelbar an der Verwirklichung von Umständen mitwirken, die den Ausgangspunkt für eine Insiderinformation bilden.

Strukturell bedingte Informationsasymmetrien

Eindämmung von Insideraktivitäten

Dem steht regelmäßig eine weitaus größere Personengruppe gegenüber, die über keinerlei Insiderwissen verfügt. So sollen denn auch die Informationsungleichgewichte zwischen Insidern und Outsidern nicht völlig beseitigt werden. In gewisser Hinsicht sind diese sogar eine Grundvoraussetzung für die Existenz von Unternehmen. Denn wenn jeder selbst erarbeitete Informationsvorsprung sofort offengelegt würde, würde jeglicher Investitionsanreiz entfallen. Das kann auch nicht im Interesse der Anleger liegen. Verhindert werden soll vielmehr, dass diejenigen, die Zugang zu Insiderinformationen haben, dies missbrauchen, um zu Lasten der übrigen Anleger finanzielle Sondervorteile zu erzielen. Dem trägt die rechtliche Ausgestaltung der Ad-hoc-Publizität angemessen Rechnung, indem die Pflicht zur Offenlegung auf den eng gefassten Kreis der Insiderinformationen beschränkt ist und zudem die Möglichkeit einer Selbstbefreiung vorgesehen ist, wenn auch unter klar definierten, eng umrissenen Voraussetzungen.

Disclosure Policy

Aufgabe einer kapitalmarktorientierten *Disclosure Policy* ist es, die oben beschriebenen Informationsungleichgewichte unter Berücksichtigung der gesetzlichen Vorgaben und der berechtigten Interessen des Kapitalmarktes so weit wie möglich zu beseitigen. Es ist unstrittig, dass ein verbesserter Informationsstand der Kapitalmarktakteure als Folge einer offenen und fairen Informationspolitik des Unternehmens seinen Niederschlag in einer geringeren Risikoprämie, die Anleger für ihre Investition verlangen, findet. Dies wiederum wirkt sich positiv auf die Kapitalkosten und den Unternehmenswert aus. Zudem führt dies zu einer geringeren Schwankung bei der Kursentwicklung der Finanzinstrumente.

Value Reporting

Das Fundament für eine kapitalmarktorientierte *Disclosure Policy* können die Prinzipien bilden, die für die externe wertorientierte Berichterstattung (*Value Reporting*) entwickelt wurden. Den theoretischen Bezugsrahmen hierfür bilden informationsökonomische Überlegungen. Den Ausgangspunkt bilden dabei das Konzept der Informationseffizienz und das Principal-Agent-Problem (vgl. hierzu Abschnitt 1.2). Im Einklang mit den Ergebnissen empirischer Studien wird hier unterstellt, dass bei der Beschaffung, Bereitstellung, Verarbeitung, Aufbereitung und Distribution von Informationen Kosten entstehen – welcher IR-Praktiker wollte dem ernsthaft widersprechen? Ausgangspunkt für das Value Reporting ist die These, dass eine auf den Kapitalmarkt ausgerichtete externe Berichterstattung nur dann wertschaffend sein kann, wenn die unternehmensinternen Kosten der Informationsbereitstellung niedriger sind als die Kosten, die entstehen würden, wenn sich die Kapitalmarktakteure die Informationen selbst beschaffen würden.

Nun besteht die Schwierigkeit bei Insiderinformationen, die hier im Mittelpunkt der Betrachtung stehen, darin, dass strukturelle Informationsungleichgewichte zwischen Insidern und Outsidern bestehen, die nicht vollständig beseitigt werden können. Dennoch können die Anforderungen, die an das Value Reporting gestellt werden, auch auf den Bereich der Ad-hoc-Publizität übertragen werden.

Anforderungen an die Disclosure Policy

Kötzle/Niggemann definieren für das *Value Reporting* – basierend auf einem von Klein (1999) entwickelten Modell von Zielkriterien zur Beurteilung von steuerungsorientierten Kontrollrechnungen – einen Anforderungskatalog, der vier Anforderungen umfasst. *Value Reporting* soll den Zielen Anreizverträglichkeit, Analysefähigkeit, Kommunikationsfähigkeit und Wirtschaftlichkeit genügen (vgl. hierzu Kötzle, A./Niggemann, M. (2001), S. 640ff.).

Wirtschaftlichkeit ist dabei als übergeordnetes Ziel des *Value Reporting* zu verstehen. Anreizverträglichkeit, Analysefähigkeit und Kommunikationsfähigkeit sind nachgeordnete Ziele, die einen unmittelbaren Beitrag zur Wirtschaftlichkeit leisten. Wirtschaftlichkeit ist in diesem Kontext gegeben, wenn das externe Reporting unter Berücksichtigung der bei der Bereitstellung der Informationen anfallenden Kosten einen Beitrag zur Steigerung des Unternehmenswertes leistet. Dies setzt wiederum voraus, dass die internen Kosten der Informationsbereitstellung niedriger sind als die Kosten, die auf Seiten der Kapitalmarktteilnehmer entstehen würden, wenn diese die Informationen selbst beschaffen würden.

Wirtschaftlichkeit

Die Forderung nach anreizverträglichen Informationen umfasst zwei Aspekte, die beide mit der Forderung nach Bereitstellung von Informationen mit einem positiven Brutto-Informationswert korrespondieren. Dies bedarf der Bereitstellung zielkongruenter und objektivierbarer Informationen. Zielkongruente Informationen meint in diesem Zusammenhang Informationen, die einen klaren Bezug zu den werttreibenden Faktoren erkennen lassen. Damit sind solche Informationen, die in keiner Beziehung zum Unternehmenswert stehen, von vornherein nicht in die Kapitalmarktkommunikation einzubeziehen. Dies gilt insbesondere auch für redundante Informationen. Auch eine Verbesserung der Objektivität des *Value Reporting* trägt zu einer Steigerung des Informationswerts bei. Demzufolge sollten die Informationen, die in die externe Berichterstattung Eingang finden, nicht nur einen klaren Bezug zu den spezifischen Werttreibern eines Unternehmens aufweisen, sondern darüber hinaus idealerweise auch noch objektivierbar, d.h. in Bezug auf ihren Wahrheitsgehalt überprüfbar sein. Dies bedeutet nicht, dass subjektive Einschätzungen und Meinungen des Managements keinen Eingang in das Reporting finden sollten. Der Informationswert lässt sich allerdings verbessern, wenn erstens eine klare Trennung zwischen Analysen auf der einen und Prognosen bzw. Wertungen auf der anderen Seite vorgenommen wird und zweitens die Prämissen, auf denen die Analysen und Prognosen beruhen, sowie das Präferenzsystem des Managements, aus dem sich die Wertungen ableiten, möglichst vollständig offengelegt werden.

Anreiz-kompatible Informationen

Die Frage der Analysierbarkeit der Informationen ist aus Sicht der Investoren und Analysten zu stellen. Zwei Faktoren sind dabei besonders zu beachten – die Vergleichbarkeit und die Relevanz von Informationen. Die Kapitalmarktakteure benötigen für ihre Entscheidungen Informationen, die einen Vergleich erlauben, sei es im Rahmen einer Abweichungsanalyse, eines Vergleiches der vom Unternehmen publizierten Zielgrößen mit den eigenen Informationen zur Ist-Situation, eines Zeitvergleiches, einer Analyse der Unternehmensentwicklung im Zeitablauf oder eines Unternehmensvergleiches. Dies erfordert ein gewisses Maß an Objektivierbarkeit der Informationen sowie eine Stetigkeit des Reportings, etwa im Hinblick auf die Art der verwendeten Kennzahlen sowie der zugrunde gelegten Wertansätze. Gerade für Unternehmensvergleiche ist eine Standardisierung der Informationen unabdingbar. Hieraus lässt sich die Forderung nach Verwendung branchenüblicher Kennzahlen in der externen Berichterstattung ableiten.

Analysierbarkeit der Informationen

Kommunikative Einflussfaktoren

Der Beitrag des Reportings zur Steigerung des Unternehmenswertes wird aber auch ganz wesentlich von kommunikativen Faktoren beeinflusst. Es handelt sich dabei wohl um den Bereich, der am schwierigsten zu steuern ist. Denn die Verarbeitung von Informationen auf Seiten der Investoren und Analysten unterliegt kognitiven Prozessen, die sich dem Einfluss des Unternehmens entziehen. Bedingt beeinflusst werden kann die Wahrnehmung und Interpretation von Informationen auf der semantischen Ebene. Nachteilig wirkt sich in diesem Zusammenhang der Hang zur zunehmenden *Verrechtlichung* der Kapitalmarktkommunikation aus. Die Ad-hoc-Publizität ist dabei nur ein Spiegelbild eines übergeordneten Trends, der seine Wurzeln auch in den gestiegenen Haftungsrisiken für die Emittenten hat. Auch wenn die rechtlichen Bezüge unstrittig sind: die Offenlegung von Insiderinformationen ist doch in erster Linie eine Kommunikationsaufgabe und so sollte die Ad-hoc-Publizität von den Unternehmen auch gelebt werden.

4.3.1 Ganzheitliches Kommunikationskonzept

Notwendig ist ein ganzheitliches, an den Bedürfnissen der verschiedenen Zielgruppen im Kapitalmarkt ausgerichtetes Kommunikationskonzept, das zwei Entwicklungen Rechnung trägt: dem Trend zur zunehmenden *Verrechtlichung* der Kapitalmarktkommunikation und der wachsenden Diskrepanz zwischen der Informationsversorgung auf der einen Seite und die Möglichkeit der Investoren, diese Informationen auszuwerten, auf der anderen Seite.

Trend zur Verrechtlichung

Das Anlegerschutzverbesserungsgesetz und das Transparenzrichtlinie-Umsetzungsgesetz sind nur zwei Beispiele aus der jüngeren Vergangenheit, die exemplarisch für eine stärkere Verrechtlichung der Kapitalmarktkommunikation stehen. Investor Relations sieht sich immer mehr vor der Aufgabe, gesetzlich normierte Publizitätspflichten zu erfüllen. Die Verpflichtungen erstrecken sich dabei sowohl auf die Kommunikationsinhalte als auch auf das Timing. Beide Faktoren sind jedoch wichtige Parameter einer Kommunikationsstrategie. Für einen strategischen Einsatz dieser Parameter bei der Kapitalmarktkommunikation bleibt indessen immer weniger Raum. Dies gilt in besonderer Weise für die ereignisbezogene Ad-hoc-Publizität, wenngleich den Unternehmen angesichts der an anderer Stelle vielfach kritisierten unbestimmten Rechtsbegriffe innerhalb gewisser Grenzen ein Spielraum verbleibt, der für eine enge oder eben weite *Disclosure Policy* genutzt werden kann (vgl. Wolfram, J. (2005), S. 60f.).

Verschiebung im Wertesystem der Anleger

Die *Verrechtlichung* führt nach unserer Einschätzung zu einer Verschiebung im Wertesystem der Kapitalmarktteilnehmer. So findet neben den eigentlichen Kommunikationsinhalten ein zweiter – zunehmend wichtiger – Aspekt Eingang in die Bewertung des Unternehmens: die Informationspolitik selbst. Dabei ist die Ad-hoc-Publizität nur ein, wenngleich für die Wahrnehmung des Unternehmens am Kapitalmarkt besonders wichtiger Baustein der Informationspolitik. An der Handhabung der Ad-hoc-Publizität können die Anleger vergleichsweise einfach ablesen, welchen Stellenwert ihre Informationsbedürfnisse im Zielsystem eines Unternehmens haben. Verstöße gegen gesetzliche Regeln und – damit verknüpft – die Verletzung ethischer Mindeststandards, wie sie ihren Niederschlag etwa in der DRPR-Richtlinie zur ordnungsgemäßen Ad-hoc-Publizität gefunden haben oder auch nur eine unprofessionelle Handhabung dieses Instrumentes werden auf Grund der herausgehobenen Rolle, die der Gesetzgeber für diesen Bereich der Kapitalmarktkommunikation vorgesehen hat, besonders schnell sichtbar. Dafür sorgen auch die Aktivitäten der BaFin im Rahmen der Marktaufsicht, sowie kritische Berichte der Medien über Fälle möglichen Fehlverhaltens.

Zwar wird die Art der Umsetzung der Ad-hoc-Publizität die eigentlichen Inhalte in der Regel nicht überstrahlen. Oder anders ausgedrückt: Aus einer Gewinnwarnung wird noch lange keine positive Nachricht, nur weil der Sachverhalt in schonungsloser Offenheit dargestellt wird. Die Qualität der Umsetzung tritt aber als ein zweiter Bewertungsfaktor neben die Information selbst und wirkt dabei wie ein positiver oder negativer Verstärker. Besonders offen tritt dieser Zusammenhang zu Tage, wenn eine negative Entwicklung bewusst verschleiert wird.

Neben der Verrechtlichung und den damit verbundenen Auswirkungen auf die Gestaltungsmöglichkeiten der Informationspolitik stehen die IR-Abteilungen aber noch vor einer zweiten Herausforderung. Diese resultiert aus der zunehmenden Diskrepanz zwischen dem stetig steigenden Angebot an Informationen und der begrenzten Aufnahmefähigkeit der Anleger. Die nicht abebbende Informationsflut stellt die Anleger vor die kaum lösbare Aufgabe, diese zu bewerten und bei den eigenen Investitionsentscheidungen angemessen zu berücksichtigen. Dies gilt natürlich in besonderer Weise für Privatanleger, trifft aber letztlich auch die institutionellen Investoren. Denn weder der Finanzteil der Tageszeitung noch die Research-Kapazitäten lassen sich beliebig ausbauen. Besonders hart trifft diese Entwicklung die *Small* und *Mid Caps*, die beständig dagegen ankämpfen müssen, von den Radarschirmen der Finanzjournalisten und Analysten zu verschwinden.

Aufmerksamkeitsschwelle

Vor diesem Hintergrund ist eine Einbindung der Ad-hoc-Publizität in die gesamte Informationspolitik unabdingbar. Die Einbindung ist dabei sowohl in inhaltlich-konzeptioneller, logistischer und organisatorischer Hinsicht sinnvoll. In inhaltlich-konzeptioneller Hinsicht geht es vor allem darum, die Aufmerksamkeit der Zielgruppen im Kapitalmarkt zu finden und die Wahrnehmungs- und Interpretationsmuster zu beeinflussen. Dies erfordert eine konsistente, glaubwürdige und dabei zugleich überzeugende *Equity Story*. Sie bildet gewissermaßen den Erwartungsrahmen, eine Art Referenzsystem. Je konsistenter das Bild ist, das sich aus der Summe der Informationen ergibt, desto geringer ist das Überraschungspotenzial.

Integriertes Kommunikationskonzept

Wenn es darum geht, die Deutungshoheit zu gewinnen, müssen neben inhaltlich-konzeptionellen Überlegungen auch informationslogistische Aspekte bedacht werden. Dies gilt für die Ad-hoc-Publizität in besonderer Weise, da der Raum für die Darstellung von Hintergründen aus den bekannten Gründen begrenzt ist, Interpretationsmuster mithin also nur bedingt zusammen mit der Information publiziert werden können. In der Praxis bedeutet dies, dass eine Ad-hoc-Meldung von flankierenden Kommunikationsmaßnahmen begleitet werden sollte. Der Maßnahmenmix sollte dabei den spezifischen Bedürfnissen der verschiedenen Zielgruppen im Kapitalmarkt in Bezug auf Tiefe und Breite der Erläuterungen in angemessener Form Rechnung tragen, freilich ohne dabei gegen den Grundsatz des *Fair Disclosure* zu verstoßen. Notwendig ist also ein kapitalmarktgerechtes Kommunikationskonzept, das darauf abzielt, die Deutungshoheit zu erlangen.

Wettbewerb um Deutungshoheit

Instrumenten-Mix

Dabei kann das gesamte Instrumentarium der *Public* und *Investor Relations* zum Einsatz kommen. Die gängigsten Instrumente sind:
- Conference Call, Video Webcast,
- Corporate Blogs, Audio Podcast,
- Pressemitteilung, Pressekonferenz, Hintergrundgespräche,
- TV-Auftritte des Vorstands (n-tv, N24, Bloomberg Business TV),
- Sonderveröffentlichungen auf der Internetseite des Unternehmens (z. B. Fragen-/Antworten-Katalog),
- Aktionärsbrief (am besten in elektronischer Form).

Anforderungen an die interne Organisation

Das Vorgehen hängt naturgemäß sehr stark von organisatorischen Gegebenheiten und den personellen und finanziellen Ressourcen ab. Grundsätzlich stellt jede Form der flankierenden Kommunikation extrem hohe Anforderungen an die IR-und PR-Organisation. Dabei müssen sich die IR- und PR-Verantwortlichen vor Augen führen, dass die Vorbereitung derartiger flankierender Kommunikationsmaßnahmen den Emittenten keineswegs zu einem Aufschub der Veröffentlichung berechtigt. Wenn aber die organisatorischen Voraussetzungen für eine ordnungsgemäße Erfüllung der Ad-hoc-Publizitätspflicht im Vorfeld geschaffen werden, und die Kommunikationsstrukturen und -prozesse flexibel und belastbar genug sind, muss es möglich sein, in einer zweiten Stufe – zeitnah zur Veröffentlichung der Insiderinformation – eine Kommunikationsoffensive zu starten.

Follow-up-Maßnahmen

Die Realität sieht leider allzu oft ganz anders aus. Da wird mit größter Energie am Feinschliff einzelner Formulierungen gearbeitet und alle Beteiligten sind froh darüber, wenn die Ad-hoc-Mitteilung *just in time* abgesetzt wird. Doch im Grunde fängt die Arbeit dann erst richtig an. Gerade wenn ein Unternehmen nicht im Mittelpunkt des medialen Interesses steht, ist eine proaktive Nacharbeit für die angemessene Beachtung einer Ad-hoc-Mitteilung unabdingbar. Denn Kapitalmarktkommunikation ist eine Bringschuld.

Erreichbarkeit des Vorstands

Das bedeutet auch, dass der Vorstand am Tag der Veröffentlichung für Stellungnahmen erreichbar ist. Eine Kleinigkeit, die aber gerne vergessen wird, vor allem dann, wenn es einmal nicht so gut läuft im Unternehmen. Dabei ist Zeit im Kapitalmarkt alles. Deshalb ist es auch so wichtig, die Analystenkommentare und die Reaktionen der Presse und der Privatanleger (IR-Hotline, Chats, Boards) sorgfältig auszuwerten, um mögliche Fehlinterpretationen herauszufiltern und bei Bedarf frühzeitig gegenzusteuern. In dieser Situation zahlen sich gute Kontakte zu Finanzjournalisten und Investmentanalysten aus. Um unangenehme Überraschungen zu vermeiden, empfiehlt es sich, die Organisation von Zeit zu Zeit einem Belastungstest zu unterziehen, am besten mit externer Unterstützung.

4.3.2 Expectation Management

Bedürfnisse der Kapitalmarktakteure

Es ist schon an anderer Stelle gesagt worden: Gerüchte, Spekulationen und die Erwartungen der Marktakteure bilden die Triebkräfte für die Kursentwicklung an den Kapitalmärkten. Nicht ohne Grund heißt es: »An der Börse wird die Zukunft gehandelt und nicht die Vergangenheit.« Das Management der Kapitalmarkterwartungen zählt deshalb heute zu den Kernaufgaben der Investor-Relations-Arbeit. Damit rücken verstärkt die Bedürfnisse der verschiedenen Zielgruppen im Kapitalmarkt in den Fokus. Denn ohne gesichertes Wissen über die spezifischen Handlungsmotive und Interpretationsmuster ist es kaum möglich, Einfluss auf die Bildung der Erwartungen zu nehmen. In der Praxis liegen solche Kenntnisse jedoch zumeist nur von Schlüsselinvestoren oder bedeutenden Analysten vor.

Wenn in diesem Kontext von Erwartungen die Rede ist, dann sind damit in der Regel die objektivierbaren Wahrnehmungen der Marktakteure im Hinblick auf die operative Performance, die die Grundlage für die Bewertung eines Unternehmens bildet, gemeint. Die Schwierigkeit hierbei liegt darin, dass die Kapitalmarkterwartungen nur bedingt einer direkten Beobachtung zugänglich sind. Als Indikatoren für Markterwartungen werden in der Praxis deshalb in erster Linie die von Analysten publizierten Umsatz- und Ergebnisschätzungen herangezogen. Aus dem Durchschnitt aller Erwartungen, insbesondere in Bezug auf den Gewinn pro Aktie (*EPS*) – ergibt sich der Marktkonsensus, der als Indikator für die ansonsten unsichtbaren Kapitalmarkterwartungen herangezogen wird.

EPS-Schätzungen

Genau darin liegt aber eine methodische Schwäche dieses Indikators. Liegen die Schätzungen der Analysten nämlich sehr weit auseinander, dann verliert der Durchschnittswert an Aussagekraft. Verwässert wird die Aussagekraft des Marktkonsensus aber auch dadurch, dass jede *EPS*-Schätzung – unabhängig von der Reputation eines Analysten bzw. Researchhauses oder möglichen Interessenkonflikten durch wie auch immer geartete Beziehungen zwischen Emittent und Researchhaus – mit demselben Gewicht in die Durchschnittsbildung eingeht. Kaum lösbare methodische Probleme ergeben sich bei einer unzureichenden *Coverage* – ein Schicksal, das viele *Small*- und *Mid Cap*-Unternehmen teilen.

Perception Studies

Angesichts dieser nicht von der Hand zu weisenden methodischen Schwächen des Marktkonsensus empfiehlt es sich, die Beobachtung der Markterwartungen über den Kreis der publizierten Umsatz- und Ergebnisschätzungen zu erweitern. Dabei sollten auch die Wahrnehmung der Investoren und Analysten im Hinblick auf qualitative Bewertungsfaktoren, wie etwa die Einschätzung der Marktposition, Einschätzungen zur Bedeutung der unterschiedlichen Werttreiber oder etwa auch der *Corporate Governance Performance* in die Analyse einfließen. Erkenntnisse hierzu können im Rahmen von *Perception Studies* gewonnen werden.

Expectation Management

Wenn schon die Beobachtung der Markterwartungen die Investor-Relations-Abteilung vor Schwierigkeiten stellt, so gilt dies noch in viel stärkerem Maße für die Beeinflussung der Kapitalmarkterwartungen. In der Praxis stellt sich der Prozess der Erwartungssteuerung, neudeutsch auch als *Expectation Management* bezeichnet, als eine Art strategisches Spiel mit komplexen Wechselwirkungen zwischen der operativen Performance, dem *Financial Track Record*, und den Wahrnehmungen und Bewertungen der Investoren und Analysten dar.

Erwartungsbildungsprozesse

Viele IR-Praktiker kennen das wohl aus eigener Erfahrung: Vor wenigen Jahren konnte man fast zwangsläufig mit einer positiven Kursreaktion rechnen, wenn die veröffentlichten Umsatz- und Ergebniszahlen die Vergleichswerte der Vorperiode bzw. die Prognosen für die betreffende Periode überschritten hatten. Dieser Zusammenhang scheint sich aber in den letzten Jahren zunehmend gelockert zu haben. Erklären lässt sich dies damit, dass der *Financial Track Record* in die Erwartungsbildung der Marktteilnehmer einfließt. Die Erwartungen bekommen dabei eine *dynamische Komponente* –

steigende Gewinne bedeuten zugleich auch steigende Erwartungen. Die bloße Erfüllung der Erwartungen reicht damit aber nicht mehr aus, um eine Kurssteigerung auszulösen, weil – bei entsprechend positiver operativer Performance – von den Märkten eine Überschreitung der Ergebnisse der Vorperiode bzw. der Prognosen für die betreffende Periode in gewisser Weise schon *erwartet* wird (vgl. hierzu Brammer, R. (2001), S. 616f.).

Folgende Szenarien lassen sich hierbei unterscheiden:

1. *Einmalige Übererfüllung:* Liegen die erzielten Ergebnisse einmal über dem Marktkonsensus, so wirkt sich das in der Regel positiv auf den Aktienkurs aus (positive Überraschung). Eine Trendwende setzt aber dann ein, wenn die Markterwartungen dann nur noch erfüllt werden.
2. *Ständige Übererfüllung:* Kaum zu glauben, aber wahr – das Problem setzt dann ein, wenn die publizierten Zahlen ein ums andere mal über dem Marktkonsensus liegen. Denn dann bildet sich am Markt die Erwartungshaltung einer permanenten Übererfüllung heraus. Die vom Unternehmen veröffentlichten Prognosen werden dann schnell als zu konservativ bewertet. Eine Trendwende in der Kursentwicklung setzt dann ein, wenn die ständig gesteigerten Erwartungen nicht mehr übererfüllt, sondern nur noch erfüllt werden. Diese nachlassende Dynamik kann von den Marktteilnehmern bereits als Indikator für eine Trendwende im Ertragsmomentum interpretiert werden.
3. *Einmalige leichte Untererfüllung bei profitablen Unternehmen:* Magendrücken bereitet den Investor-Relations-Verantwortlichen die Untererfüllung der Markterwartungen. Indes, die Erfahrung zeigt, dass der Markt gegenüber einer einmaligen leichten Untererfüllung durchaus eine gewisse Toleranz zeigt, jedenfalls dann, wenn glaubwürdig dargelegt werden kann, dass es sich tatsächlich nur um eine einmalige Abweichung, etwa als Folge von Sondereinflüssen, handelt.
4. *Wiederholte Nichterfüllung bei nicht profitablen Unternehmen:* Anders verhält es sich, wenn ein Unternehmen noch nie schwarze Zahlen geschrieben hat und die Verluste – entgegen den Erwartungen – weiter ausgebaut werden. Dies führt leicht zu Überreaktionen und massiven Kursverlusten.

Signaleffekte

Abgesehen von den Rückschlüssen die eine Untererfüllung mit Blick auf die operative Performance nahelegt, kann dies auch weitergehende negative Botschaften an Analysten und Investoren übermitteln. So kann die fortwährende Verfehlung der Markterwartungen auch als Indiz für Schwächen des Managements oder Planungs-, Kontroll- und Risiko-Management-Systems gewertet werden. Außerdem wird die wiederholte Untererfüllung der Erwartungen von den Märkten als Beleg für eine ineffiziente und intransparente Informationspolitik gewertet.

Begrenzte Rationalität der Anlageentscheidungen

Was folgt daraus für die Kapitalmarktkommunikation? Wichtig ist zunächst einmal die Erkenntnis, dass die Interpretation von potenziell preisbeeinflussenden Informationen stets vor dem Hintergrund von Erwartungen erfolgt. Der Prozess der Erwartungsbildung ist sehr komplex. In die Erwartungsbildung fließt eine Vielzahl von Faktoren ein – die operative Performance des Unternehmens ist dabei nur einer von vielen Faktoren. Hinzu kommen offizielle Verlautbarungen des Managements, die *Equity Story*, die Perspektiven der Branche und das allgemeine konjunkturelle Klima. Wichtig ist auch die

Erkenntnis, dass die Fundamentaldaten die Kursentwicklung nicht allein zu erklären vermögen.

Die Kommunikation mit den Kapitalmarktteilnehmern sollte sich aus diesem Grund nicht allein auf quantitative Performancedaten beschränken, sondern sich auch auf Bewertungsmodelle erstrecken. Es gehört deshalb heute zu den Aufgaben von Investor Relations, mit Analysten einen konstruktiven Dialog über die jeweiligen Analysemodelle zu führen. Auf diese Weise kann das Unternehmen ein Gespür für die Bewertung von Geschäftsergebnissen durch den Markt entwickelt werden. Dabei ist es hilfreich, wenn das Unternehmen den Geschäftsablauf und das Geschäftsmodell für Außenstehende so präzise wie eben möglich modelliert und auch die Prämissen, die der Planung zugrunde liegen, offenlegt.

Transparenz des Planungsprozesses

Um es noch einmal ganz klar zu sagen: Es besteht keine generelle Verpflichtung zur Abgabe von Geschäftsprognosen im Rahmen der Ad-hoc-Publizität. Um die Erwartungen der Kapitalmarktteilnehmer an die operative Performance des Unternehmens zu steuern, kann es aber sinnvoll sein, Prognosen zu erstellen und – sofern die rechtlichen Voraussetzungen gemäß § 15 WpHG erfüllt sind – auch *ad hoc* zu publizieren. Im Hinblick auf die oben beschriebenen komplexen Rückwirkungen zwischen dem *Financial Track Record* und der Bildung von Markterwartungen erscheint es aber sinnvoll, möglichst präzise Prognosen zu veröffentlichen, denn Unternehmen werden vom Kapitalmarkt nicht unbedingt dafür belohnt, Ergebnisse anzukündigen, die über dem Marktkonsensus liegen. Ein Zielkorridor lässt mehr Interpretationsspielraum zu als eine Punktprognose, darf aber natürlich, um eine hinreichende Signalwirkung zu entfalten, nicht zu weit gefasst sein. Schließlich empfiehlt es sich, zeitgleich mit der Prognose selbst auch die Prämissen, die der Prognose zugrunde liegen, zu veröffentlichen.

Prognose-Publizität

4.3.3 Earnings Guidance

Ein wesentliches Element des Managements der Kapitalmarkterwartungen ist der beständige Abgleich der internen finanziellen Kennzahlen mit den Projektionen der Analysten und Investoren – mit dem Ziel, die Markterwartungen in Richtung der internen Zahlen zu lenken. Das erfordert zweierlei: die genaue Kenntnis der Markterwartungen und die Offenlegung bewertungsrelevanter Informationen im Rahmen einer kapitalmarktorientierten *Disclosure Policy*. Im Kern bedeutet diese *Earnings Guidance*, den Kapitalmarktteilnehmern eine realistische Einschätzung der künftigen Entwicklung bewertungsrelevanter Kennziffern des Unternehmens zu geben und somit negative – die Reputation schädigende – Überraschungen zu vermeiden. Die Betrachtungsrichtung ist die Zukunft, Gegenstand der *Earnings Guidance* sind sämtliche – quantitativen und qualitativen – Informationen, die den Kapitalmarktteilnehmern valide Rückschlüsse auf die Ertragskraft erlauben.

Management der Markterwartungen

Die *Guidance* gehört sicherlich zu den schwierigeren Aufgabe der Unternehmen im Bereich der Kapitalmarktkommunikation. Denn einerseits erwarten Analysten und Investoren vom Management eine verlässliche Auskunft darüber, wie sich das Unternehmen – gemessen an Umsatz, Ertrag und Cash-Flow – entwickeln wird. Und mit Blick auf die harte Konkurrenzsituation am Kapitalmarkt ist der Erwartungsdruck, der auf dem Management lastet, keinesfalls gering. Andererseits darf das Management nicht gegen den Grundsatz des *Fair Disclosure* verstoßen.

Fokus auf kurzfristige Entwicklungen

Kritiker bringen gegen eine Steuerung der Kapitalmarkterwartungen in Bezug auf finanzielle Kennzahlen vor, dass dies zu einer – vermeintlich kurzsichtigen – Fokussierung auf kurzfristige Entwicklungen zu Lasten langfristiger Faktoren führe. Sie argumentieren dabei, dass der Verzicht auf jede Form der *Earnings Guidance* die Marktteilnehmer dazu bewege, den langfristigen Faktoren eine stärkere Beachtung zu schenken. Diese Überlegung erweist sich aber bei näherer Betrachtung als Trugschluss. Denn letztlich ist die *lange Frist* nichts anderes als eine Aneinanderreihung kürzerer Beobachtungszeiträume. Verzichtet ein Unternehmen gänzlich darauf, für kürzere Planungszeiträume *Forecasts* zu publizieren, so führt dies zunächst nur dazu, dass Analysten und Investoren nicht mehr ohne weiteres in der Lage sind, zu beurteilen, ob sich ein Unternehmen auf dem richtigen Kurs befindet. Die Folge: Die Unsicherheit steigt.

Financial Forecasts

Kritiker einer *Earnings Guidance* sind in der schwierigen Situation den Beweis dafür anzutreten, dass die Kapitalmarktakteure mit *weniger* Informationen *besser* gestellt sind. Der Verzicht auf jegliche *Guidance* wird die Fixierung der Financial Community auf kurzfristige Ergebnisse kaum beseitigen – selbst langfristig denkende Investoren benötigen für ihre Entscheidungen Informationen darüber, ob sich das Unternehmen im Einklang mit den Erwartungen des Managements entwickelt. Viel eher wird der Verzicht auf jede Form von *Guidance* deshalb die Unsicherheit erhöhen. Ohne den Anker, den *Forecasts* für die Erwartungen der Kapitalmarktteilnehmer bilden, werden die Projektionen der Analysten erheblich an Präzision verlieren. Das erhöht zwangsläufig die Wahrscheinlichkeit größerer Abweichungen zwischen den vom Markt erwarteten und den tatsächlichen Ergebnissen und produziert unangenehme – weil negative – Überraschungen: Die Folgen – stärkere Kursbewegungen und risikobedingte Abschläge bei der Kursperformance – können den Unternehmen nicht gleichgültig sein. Gangbar mag der Verzicht auf jegliche *Guidance* vielleicht noch für Unternehmen sein, die über eine hohe Reputation verfügen, nicht aber für das Gros der Unternehmen.

Noch weiter geht die Kritik, die negative Rückwirkungen einer auf kurzfristige Ergebnisse fokussierten *Financial Community* auf die langfristige Ertragskraft postuliert. Danach fördert die Fixierung auf kurzfristige finanzielle Kennzahlen ein Management-Verhalten, das blind ist für die Notwendigkeiten eines auf nachhaltige Steigerung der Ertragskraft ausgerichten Management-Verhaltens, auch um den Preis einer Verringerung der kurzfristigen Rentabilität – etwa wenn es darum geht, Investitionen in Forschung und Entwicklung zu tätigen.

Langfristiger Planungshorizont

Ohne Zweifel mag es auch solche Fehlentwicklungen geben, gefördert durch ein Anreizsystem, dass kurzfristige finanzielle Erfolge belohnt. Indessen, selbst den Investoren mit einem kurzen Anlagehorizont dürfte klar sein, dass eine solche Strategie nur um den Preis einer Schwächung der künftigen Ertragskraft durchzuhalten ist. Das spricht dafür, den Kapitalmarktteilnehmern mehr Flexibilität im Denken zuzusprechen, als dies gemeinhin in der öffentlichen Debatte geschieht. Voraussetzung dafür ist allerdings eine *Disclosure Policy*, die auch Informationen zu den langfristigen Ertragspotenzialen und Werttreibern bereitstellt. Darin liegt der große Irrtum der Kritiker einer *Earnings*

Guidance. Die Veröffentlichung von kurzfristigen *Forecasts* hält das Unternehmen nicht davon ab, auch langfristige Planungen und qualitative Informationen zu veröffentlichen. Ganz im Gegenteil. Solange die Informationen ein umfassendes Bild von der operativen Performance zu vermitteln vermögen, kann es gar nicht genug Transparenz geben – nach dem Prinzip: *Je mehr Informationen, desto besser.*

Um Missverständnisse und Fehlinterpretationen zu vermeiden, bedarf es klarer Vorgaben bezüglich der Informationspolitik. Das betrifft natürlich die Inhalte der Kommunikation, die Kernbotschaften. Dazu gehören aber auch Vorgaben über den Zeitpunkt der Offenlegung, die Art der Kommunikation und die Person, die diese Informationen in den Markt trägt – soweit sich dies eben mit Blick auf eine mögliche Ad-hoc-Publizitätspflicht überhaupt frei gestalten lässt. Immerhin, nicht alle Informationen, von denen hier die Rede ist, sind zwangsläufig als ad-hoc-publizitätspflichtig einzustufen. Eine enge Koordination der Kommunikation ist dringend geboten, um Inkonsistenzen in der Darstellung zu vermeiden. Gerade bei kapitalmarktrelevanten Informationen ist eine *One Voice Policy* unerlässlich, um Irritationen und Fehldeutungen auf Seiten der Analysten und Investoren zu vermeiden. Dies gilt umso mehr, als eine schlecht abgestimmte Kommunikation von den Märkten auch als Frühindikator für eine mögliche Führungskrise im Unternehmen gewertet werden kann (vgl. Brammer, R. (2001), S. 621).

One Voice Policy

Inhaltlich sollten sich die Aussagen des Managements auf solche Informationen richten, die Rückschlüsse auf die Ertragskraft zulassen. Dies sind keineswegs nur quantitative Unternehmenskennzahlen, sondern durchaus auch Aussagen zu den nicht-finanziellen *harten* und *weichen* Faktoren. Wenn es dabei um konkrete Aussagen zur Ertragskraft geht, sollten die Kernbotschaften ertragsseitig erfüllbar sein. Andernfalls leidet die Glaubwürdigkeit des Managements. Denn nichts ist am Kapitalmarkt mehr verpönt und wird von den Märkten härter abgestraft, als zuerst überzogene Erwartungen zu schüren und diese dann nicht einzuhalten.

Nicht finanzielle Faktoren

4.4 Schlussbetrachtung

»Zu viel Regulierung am Aktienmarkt schmälert die Rendite der Anleger« schrieb Rüdiger von Rosen, Geschäftsführendes Vorstandsmitglied des angesehenen Deutschen Aktieninstituts (DAI), am 6. April 2004 in einem Gastbeitrag für das *Handelsblatt* (vgl. Von Rosen, R. (2005), S, b04). Wenige Tage später titelte die renommierte Wirtschaftszeitung »Verschlimmbessert: Neue Veröffentlichungsregeln sorgen für Verwirrung« (vg. Schnell, C. (2005), S. 29).

Wenn die Unternehmen gegen ein Regulierungsvorhaben, das für die Wirtschaft mit Belastungen verbunden ist, Sturm laufen, ist das nicht weiter verwunderlich. Im Falle des Anlegerschutzverbesserungsgesetzes ging der Widerstand indessen weit über die üblichen Rituale hinaus. Die Heftigkeit, mit der die Kritik vorgetragen wurde, war insoweit überraschend, als der deutsche Gesetzgeber hier im Wesentlichen die EU-Marktmissbrauchsrichtlinie in nationales Recht umsetzte. Dies mag vielleicht auch damit zusammenhängen, dass die deutsche Seite an den Gesetzgebungsprozessen in Brüssel nicht hinreichend beteiligt war.

Emittenten üben heftige Kritik am AnSVG

Leitfaden löst überwiegend positives Echo aus

Für Kritik sorgte auch der Entwurf für den Emittentenleitfaden, den die BaFin im Dezember 2004 vorstellte. Interessensgruppen und Verbände, allen voran DIRK, DAI und BDI, forderten von der Aufsichtsbehörde fast unisono Zugeständnisse, Nachbesserungen und Detaillierungen. Mit ihrer Kritik versuchten die Verbände, die Folgen des Gesetzes für die Firmen abzumildern – mit großem Erfolg. Viele Anregungen fanden tatsächlich Eingang in den Leitfaden. Entsprechend positiv sind die Reaktionen der emittierenden Wirtschaft auf die endgültige Fassung des Emittentenleitfadens, die am 15. Juli 2005 veröffentlicht wurde ausgefallen.

Befürchtungen haben sich nicht bestätigt

Rückblickend betrachtet, mag einem die Debatte ein wenig wie der sprichwörtliche *Sturm im Wasserglas* vorkommen. Die Unternehmen haben inzwischen gelernt, mit den neuen Spielregeln zu leben. Die Befürchtung, dass Kapitalmarkttransaktionen in unzumutbarer Weise erschwert würden, hat sich in der Praxis nicht bestätigt. Auch hat sich bei den Emittenten zwischenzeitlich eine gewisse Sicherheit im Umgang mit der Selbstbefreiung herausgebildet. Der Emittentenleitfaden hat daran ohne Zweifel seinen Anteil, wenngleich wegen der Vielfalt der Fallkonstellationen längst nicht alle Fragen abschließend geklärt wurden. Aus Sicht der Emittenten ist sicherlich an der einen oder anderen Stelle eine Überarbeitung und Präzisierung des Leitfadens wünschenswert.

Kritische Stimmen mehren sich

In neuerer Zeit mehren sich indessen wieder die kritischen Stimmen. Nach einer vom Deutschen Aktieninstitut im März 2007 veröffentlichten Studie werden die kapitalmarktrechtlichen Neuerungen der vergangenen Jahre von den Emittenten übereinstimmend als »belastend« oder sogar »sehr belastend« empfunden, ohne dass den Regelungen dabei ein Nutzen für den Kapitalmarkt zugesprochen wird. Besonders schlecht kommt bei den Unternehmen das AnSVG weg: 98,6 Prozent der befragten Firmen empfinden die Maßnahmen, die sich daraus für die Unternehmen ableiten, aus der eigenen Perspektive betrachtet als »belastend« oder »deutlich belastend«. Immerhin rund 43,9 Prozent halten die gesetzlichen Neuerungen auch aus der übergeordneten Kapitalmarktperspektive für »überflüssig« oder doch zumindest »nicht unbedingt notwendig« (vgl. DAI (2007), S. 11 ff.).

Vorrang der Kapitalmarktperspektive

Nun mag man dagegen zu Recht einwenden, dass die Unternehmensperspektive nicht der alleinige Ausgangspunkt für die Kapitalmarktregulierung sein kann. Denn würde man die – vordergründigen – Bedürfnisse der Emittenten in den Mittelpunkt der Überlegungen stellen, so wären wir heute vermutlich noch immer beim System der freiwilligen Selbstkontrolle, wie es in Deutschland vor der Schaffung eines zeitgemäßen Insiderrechts existierte. Mit dem Bild eines international wettbewerbsfähigen Kapitalmarkts wäre dies wohl kaum vereinbar.

Kosten-/Nutzen-Analyse

Bei aller berechtigten Kritik gegenüber einer schrankenlosen Ausdehnung von Transparenz- und Verhaltensauflagen am Kapitalmarkt muss es schon erlaubt sein, die Frage zu stellen, ob die Unternehmen Kosten und Nutzen der Kapitalmarktregulierung überhaupt richtig abschätzen können. Denn während die Kosten der Regulierung für die Firmen – zumindest in Teilen – unmittelbar fühlbar sind, verteilt sich der Nutzen in Form eines funktionsfähigen Marktes – für das einzelne Unternehmen kaum fühlbar – auf alle Kapitalmarktteilnehmer. Bewusst wird den Beteiligten die Bedeutung dieser Zusammenhänge immer dann, wenn Kapitalmaßnahmen anstehen: Ohne

Zweifel ist die Aufnahmefähigkeit des Primärmarkts auch ein Spiegelbild der Effektivität der Kapitalmarktregulierung.

Insoweit können die Kosten, die bei der Umsetzung der Transparenzvorschriften in den Firmen anfallen, kein Argument gegen jegliche Form der Regulierung sein. Im Übrigen werden die Kosten der Transparenz – rein ökonomisch betrachtet – letztlich ohnehin von den Anlegern getragen, schmälern sie doch den Gewinn der Unternehmen. Insofern findet wohl jeder Finanzplatz die für ihn optimale Regulierungsdichte. Gleichwohl sollte dies die politischen Entscheidungsträger und die Aufsichtsbehörden nicht davon abhalten, von Zeit zu Zeit die Effektivität und Effizienz der Regulierungsmaßnahmen zu überprüfen und dort, wo es geboten erscheint, Fehlentwicklungen gegensteuern und Überregulierungen abbauen. Dies erfordert auf Seiten des Gesetzgebers *Mut zur Lücke* und die Bereitschaft, nicht aus wahltaktischen Überlegungen über die europäischen Regelungen hinauszugehen. **[Optimale Regulierung]**

Keine Frage, der allgegenwärtige Trend zur Verrechtlichung engt den Handlungsspielraum von Investor Relations ein. Auf der anderen Seite eröffnet die steigende Regulierungsdichte den Unternehmen aber auch die Möglichkeit zur Profilierung im Wettbewerb um die Gunst der Investoren. Das Vertrauen der Anleger definiert sich heute eben nicht mehr ausschließlich über die Wertschöpfung des Unternehmens, die *operative Performance*. Zunehmend wichtiger wird der Beitrag der Kommunikation. Dazu gehört auch die Effektivität, mit der Unternehmen die gesetzlichen Transparenzvorschriften und Wohlverhaltensregeln umsetzen, also die *Corporate Governance Performance*. **[Chance zur Profilierung nutzen]**

Die Handhabung der Ad-hoc-Publizität ist für die Anleger insoweit immer auch ein Indiz, wie ernst es ein Unternehmen mit den Bedürfnissen der Kapitalmarktteilnehmer meint. Abseits jeder Regulierung geht es darum, offen und ehrlich mit dem Kapitalmarkt zu kommunizieren. Die Emittenten sollten sich von den gesetzlichen Vorschriften nicht abschrecken lassen und die bestehenden Spielräume nutzen. Das zahlt sich in jedem Fall aus – allein schon deshalb, weil es bei guter IR-Arbeit deutlich weniger Bedarf an Ad-hoc-Mitteilungen gibt. **[Bestehende Spielräume nutzen]**

Anhang: Gesetze und Verordnungen

Gesetz über den Wertpapierhandel (Wertpapierhandelsgesetz – WpHG)
In der Fassung der Bekanntmachung vom 9. September 1998 (BGBl. I S. 2708), zuletzt geändert durch Art. 1 des Gesetzes vom 5. Januar 2007 (BGBl. I S. 10) – Auszug, nicht amtlicher Text –

§ 2 [Begriffsbestimmungen]
(1) Wertpapiere im Sinne dieses Gesetzes sind, auch wenn für sie keine Urkunden ausgestellt sind,

1. Aktien
2. mit Aktien vergleichbare Anlagewerte und Zertifikate, die Aktien vertreten, sowie
3. Schuldtitel, insbesondere Inhaberschuldverschreibungen und Orderschuldverschreibungen einschließlich Genussscheine, Optionsscheine und Zertifikate, die Schuldtitel vertreten,

wenn sie an einem Markt gehandelt werden können. Wertpapiere sind auch Anteile an Investmentvermögen, die von einer Kapitalanlagegesellschaft oder einer ausländischen Investmentgesellschaft ausgegeben werden.

(1 a) Geldmarktinstrumente im Sinne dieses Gesetzes sind Forderungen, die nicht unter Absatz 1 fallen und üblicherweise auf dem Geldmarkt gehandelt werden.

(2) Derivate im Sinne dieses Gesetzes sind als Festgeschäfte oder Optionsgeschäfte ausgestaltete Termingeschäfte, deren Preis unmittelbar oder mittelbar abhängt von

1. dem Börsen- oder Marktpreis von Wertpapieren,
2. dem Börsen- oder Marktpreis von Geldmarktinstrumenten,
3. Zinssätzen oder anderen Erträgen,
4. dem Börsen- oder Marktpreis von Waren oder Edelmetallen oder
5. dem Preis von Devisen.

(2 a) Finanztermingeschäfte im Sinne dieses Gesetzes sind Derivate im Sinne des Absatzes 2 und Optionsscheine.

(2 b) Finanzinstrumente im Sinne dieses Gesetzes sind Wertpapiere im Sinne des Absatzes 1, Geldmarktinstrumente im Sinne des Absatzes 1 a, Derivate im Sinne des Absatzes 2 und Rechte auf Zeichnung von Wertpapieren. Als Finanzinstrumente gelten auch sonstige Instrumente, die zum Handel an einem organisierten Markt im Sinne des Absatzes 5 im Inland oder in einem anderen Mitgliedstaat der Europäischen Union zugelassen sind oder für die eine solche Zulassung beantragt worden ist.

(3) Wertpapierdienstleistungen im Sinne dieses Gesetzes sind

1. die Anschaffung und die Veräußerung von Finanzinstrumenten im eigenen Namen für fremde Rechnung,
2. die Anschaffung und die Veräußerung von Finanzinstrumenten im Wege des Eigenhandels für andere,

3. die Anschaffung und die Veräußerung von Finanzinstrumenten im fremden Namen für fremde Rechnung,
4. die Vermittlung oder der Nachweis von Geschäften über die Anschaffung und die Veräußerung von Finanzinstrumenten,
5. die Übernahme von Finanzinstrumenten für eigenes Risiko zur Platzierung oder die Übernahme gleichwertiger Garantien,
6. die Verwaltung einzelner in Finanzinstrumenten angelegter Vermögen für andere mit Entscheidungsspielraum.

(3 a) Wertpapiernebendienstleistungen im Sinne dieses Gesetzes sind

1. die Verwahrung und die Verwaltung von Wertpapieren für andere, sofern nicht das Depotgesetz anzuwenden ist,
2. die Gewährung von Krediten oder Darlehen an andere für die Durchführung von Wertpapierdienstleistungen durch das Unternehmen, das den Kredit oder das Darlehen gewährt hat,
3. die Beratung bei der Anlage in Finanzinstrumenten,
4. die in Absatz 3 Nr. 1 bis 4 genannten Tätigkeiten, soweit sie Devisengeschäfte zum Gegenstand haben und im Zusammenhang mit Wertpapierdienstleistungen stehen.

(4) Wertpapierdienstleistungsunternehmen im Sinne dieses Gesetzes sind Kreditinstitute, Finanzdienstleistungsinstitute und nach § 53 Abs. 1 Satz 1 des Kreditwesengesetzes tätige Unternehmen, die Wertpapierdienstleistungen allein oder zusammen mit Wertpapiernebendienstleistungen gewerbsmäßig oder in einem Umfang erbringen, der einen in kaufmännischer Weise eingerichteten Geschäftsbetrieb erfordert.

(5) Organisierter Markt im Sinne dieses Gesetzes ist ein Markt, der von staatlich anerkannten Stellen geregelt und überwacht wird, regelmäßig stattfindet und für das Publikum unmittelbar oder mittelbar zugänglich ist.

(6) Emittenten, für die die Bundesrepublik Deutschland der Herkunftsstaat ist, sind

1. Emittenten von Schuldtiteln mit einer Stückelung von weniger als 1 000 Euro oder dem am Ausgabetag entsprechenden Gegenwert in einer anderen Währung oder von Aktien,
   a) die ihren Sitz im Inland haben und deren Wertpapiere zum Handel an einem organisierten Markt im Inland oder in einem anderen Mitgliedstaat der Europäischen Union oder einem anderen Vertragsstaat des Abkommens über den Europäischen Wirtschaftsraum zugelassen sind, oder
   b) die ihren Sitz in einem Staat haben, der weder Mitgliedstaat der Europäischen Union noch Vertragsstaat des Abkommens über den Europäischen Wirtschaftsraum ist (Drittstaat), und deren Wertpapiere zum Handel an einem organisierten Markt im Inland oder in einem anderen Mitgliedstaat der Europäischen Union oder einem anderen Vertragsstaat des Abkommens über den Europäischen Wirtschaftsraum zugelassen sind, wenn das jährliche Dokument im Sinne des § 10 des Wertpapierprospektgesetzes bei der Bundesanstalt zu hinterlegen ist,
2. Emittenten, die keine Finanzinstrumente im Sinne der Nummer 1 begeben, wenn sie im Inland oder in einem Drittstaat ihren Sitz haben und ihre Finanzinstrumente zum Handel an einem organisierten Markt im Inland, nicht aber in einem anderen Mitgliedstaat der Europäischen Union oder in einem Vertragsstaat des Abkommens über den Europäischen Wirtschaftsraum zugelassen sind,

3. Emittenten, die keine Finanzinstrumente im Sinne der Nummer 1 begeben und nicht unter Nummer 2 fallen,
   a) wenn sie im Inland ihren Sitz haben und ihre Finanzinstrumente zum Handel an einem organisierten Markt auch oder ausschließlich in einem oder mehreren anderen Mitgliedstaaten der Europäischen Union oder in einem oder mehreren anderen Vertragsstaaten des Abkommens über den Europäischen Wirtschaftsraum zugelassen sind oder
   b) wenn sie ihren Sitz in einem anderen Mitgliedstaat der Europäischen Union oder in einem anderen Vertragsstaat des Abkommens über den Europäischen Wirtschaftsraum haben und ihre Finanzinstrumente zum Handel an einem organisierten Markt auch oder ausschließlich im Inland zugelassen sind oder
   c) wenn sie ihren Sitz in einem Drittstaat haben und ihre Finanzinstrumente zum Handel an einem organisierten Markt im Inland und in einem oder mehreren anderen Mitgliedstaaten der Europäischen Union oder in einem oder mehreren anderen Vertragsstaaten des Abkommens über den Europäischen Wirtschaftsraum zugelassen sind,

und sie die Bundesrepublik Deutschland nach Maßgabe des § 2 b als Herkunftsstaat gewählt haben. Für Emittenten, die unter Buchstabe a fallen, aber keine Wahl getroffen haben, ist die Bundesrepublik Deutschland der Herkunftsstaat; das Gleiche gilt für Emittenten, die unter Buchstabe c fallen, aber keine Wahl getroffen haben, wenn das jährliche Dokument im Sinne des § 10 des Wertpapierprospektgesetzes bei der Bundesanstalt zu hinterlegen ist.

(7) Inlandsemittenten sind

1. Emittenten, für die die Bundesrepublik Deutschland der Herkunftsstaat ist, mit Ausnahme solcher Emittenten, deren Wertpapiere nicht im Inland, sondern lediglich in einem anderen Mitgliedstaat der Europäischen Union oder einem anderen Vertragsstaat des Abkommens über den Europäischen Wirtschaftsraum zugelassen sind, soweit sie in diesem anderen Staat Veröffentlichungs- und Mitteilungspflichten nach Maßgabe der Richtlinie 2004/109/EG des Europäischen Parlaments und des Rates vom 15. Dezember 2004 zur Harmonisierung der Transparenzanforderungen in Bezug auf Informationen über Emittenten, deren Wertpapiere zum Handel auf einem geregelten Markt zugelassen sind, und zur Änderung der Richtlinie 2001/34/EG (ABl. EU Nr. L 390 S. 38) unterliegen, und
2. Emittenten, für die nicht die Bundesrepublik Deutschland, sondern ein anderer Mitgliedstaat der Europäischen Union oder ein anderer Vertragsstaat des Abkommens über den Europäischen Wirtschaftsraum der Herkunftsstaat ist, deren Wertpapiere aber nur im Inland zum Handel an einem organisierten Markt zugelassen sind.

§ 13 [Insiderinformation]

(1) Eine Insiderinformation ist eine konkrete Information über nicht öffentlich bekannte Umstände, die sich auf einen oder mehrere Emittenten von Insiderpapieren oder auf die Insiderpapiere selbst beziehen und die geeignet sind, im Falle ihres öffentlichen Bekanntwerdens den Börsen- oder Marktpreis der Insiderpapiere erheblich zu beeinflussen. Eine solche Eignung ist gegeben, wenn ein verständiger Anleger die Information bei seiner Anlageentscheidung berücksichtigen würde. Als Umstände im Sinne des Satzes 1 gelten auch solche, bei denen mit hinreichender Wahrscheinlichkeit davon ausgegangen werden kann, dass sie in Zukunft eintreten

werden. Eine Insiderinformation ist insbesondere auch eine Information über nicht öffentlich bekannte Umstände im Sinne des Satzes 1, die sich

1. auf Aufträge von anderen Personen über den Kauf oder Verkauf von Finanzinstrumenten bezieht oder
2. auf Derivate nach § 2 Abs. 2 Nr. 4 bezieht und bei der Marktteilnehmer erwarten würden, dass sie diese Information in Übereinstimmung mit der zulässigen Praxis an den betreffenden Märkten erhalten würden.

(2) Eine Bewertung, die ausschließlich auf Grund öffentlich bekannter Umstände erstellt wird, ist keine Insiderinformation, selbst wenn sie den Kurs von Insiderpapieren erheblich beeinflussen kann.

§ 15 [Mitteilung, Veröffentlichung und Übermittlung von Insiderinformationen an das Unternehmensregister]

(1) Ein Inlandsemittent von Finanzinstrumenten muss Insiderinformationen, die ihn unmittelbar betreffen, unverzüglich veröffentlichen; er hat sie außerdem unverzüglich, jedoch nicht vor ihrer Veröffentlichung dem Unternehmensregister im Sinne des § 8 b des Handelsgesetzbuchs zur Speicherung zu übermitteln. Als Inlandsemittent gilt im Sinne dieser Vorschrift auch ein solcher, für dessen Finanzinstrumente erst ein Antrag auf Zulassung gestellt ist. Eine Insiderinformation betrifft den Emittenten insbesondere dann unmittelbar, wenn sie sich auf Umstände bezieht, die in seinem Tätigkeitsbereich eingetreten sind. Wer als Emittent oder als eine Person, die in dessen Auftrag oder auf dessen Rechnung handelt, im Rahmen seiner Befugnis einem anderen Insiderinformationen mitteilt oder zugänglich macht, hat diese gleichzeitig nach Satz 1 zu veröffentlichen und dem Unternehmensregister im Sinne des § 8 b des Handelsgesetzbuchs zur Speicherung zu übermitteln, es sei denn, der andere ist rechtlich zur Vertraulichkeit verpflichtet. Erfolgt die Mitteilung oder Zugänglichmachung der Insiderinformation nach Satz 4 unwissentlich, so ist die Veröffentlichung und die Übermittlung unverzüglich nachzuholen. In einer Veröffentlichung genutzte Kennzahlen müssen im Geschäftsverkehr üblich sein und einen Vergleich mit den zuletzt genutzten Kennzahlen ermöglichen.

(2) Sonstige Angaben, die die Voraussetzungen des Absatzes 1 offensichtlich nicht erfüllen, dürfen, auch in Verbindung mit veröffentlichungspflichtigen Informationen im Sinne des Absatzes 1, nicht veröffentlicht werden. Unwahre Informationen, die nach Absatz 1 veröffentlicht wurden, sind unverzüglich in einer Veröffentlichung nach Absatz 1 zu berichtigen, auch wenn die Voraussetzungen des Absatzes 1 nicht vorliegen.

(3) Der Emittent ist von der Pflicht zur Veröffentlichung nach Absatz 1 Satz 1 solange befreit, wie es der Schutz seiner berechtigten Interessen erfordert, keine Irreführung der Öffentlichkeit zu befürchten ist und der Emittent die Vertraulichkeit der Insiderinformation gewährleisten kann. Die Veröffentlichung ist unverzüglich nachzuholen. Absatz 4 gilt entsprechend. Der Emittent hat die Gründe für die Befreiung zusammen mit der Mitteilung nach Absatz 4 Satz 1 der Bundesanstalt unter Angabe des Zeitpunktes der Entscheidung über den Aufschub der Veröffentlichung mitzuteilen.

(4) Der Emittent hat die nach Absatz 1 oder Absatz 2 Satz 2 zu veröffentlichende Information vor der Veröffentlichung

1. der Geschäftsführung der inländischen organisierten Märkte, an denen die Finanzinstrumente zum Handel zugelassen sind,

2. der Geschäftsführung der inländischen organisierten Märkte, an denen Derivate gehandelt werden, die sich auf die Finanzinstrumente beziehen, und
3. der Bundesanstalt

mitzuteilen. Absatz 1 Satz 6 sowie die Absätze 2 und 3 gelten entsprechend. Die Geschäftsführung darf die ihr nach Satz 1 mitgeteilte Information vor der Veröffentlichung nur zum Zweck der Entscheidung verwenden, ob die Ermittlung des Börsenpreises auszusetzen oder einzustellen ist. Die Bundesanstalt kann gestatten, dass Emittenten mit Sitz im Ausland die Mitteilung nach Satz 1 gleichzeitig mit der Veröffentlichung vornehmen, wenn dadurch die Entscheidung der Geschäftsführung über die Aussetzung oder Einstellung der Ermittlung des Börsenpreises nicht beeinträchtigt wird.

(5) Eine Veröffentlichung von Insiderinformationen in anderer Weise als nach Absatz 1 in Verbindung mit einer Rechtsverordnung nach Absatz 7 Satz 1 Nr. 1 darf nicht vor der Veröffentlichung nach Absatz 1 Satz 1, 4 oder 5 oder Absatz 2 Satz 2 vorgenommen werden. Der Inlandsemittent hat gleichzeitig mit den Veröffentlichungen nach Absatz 1 Satz 1, Satz 4 oder Satz 5 oder Absatz 2 Satz 2 diese der Geschäftsführung der in Absatz 4 Satz 1 Nr. 1 und 2 erfassten organisierten Märkte und der Bundesanstalt mitzuteilen; diese Verpflichtung entfällt, soweit die Bundesanstalt nach Absatz 4 Satz 4 gestattet hat, bereits die Mitteilung nach Absatz 4 Satz 1 gleichzeitig mit der Veröffentlichung vorzunehmen.

(6) Verstößt der Emittent gegen die Verpflichtungen nach den Absätzen 1 bis 4, so ist er einem anderen nur unter den Voraussetzungen der §§ 37 b und 37 c zum Ersatz des daraus entstehenden Schadens verpflichtet. Schadenersatzansprüche, die auf anderen Rechtsgrundlagen beruhen, bleiben unberührt.

(7) Das Bundesministerium der Finanzen kann durch Rechtsverordnung, die nicht der Zustimmung des Bundesrates bedarf, nähere Bestimmungen erlassen über

1. den Mindestinhalt, die Art, die Sprache, den Umfang und die Form der Veröffentlichung nach Absatz 1 Satz 1, 4 und 5 sowie Absatz 2 Satz 2,
2. den Mindestinhalt, die Art, die Sprache, den Umfang und die Form einer Mitteilung nach Absatz 3 Satz 4, Absatz 4 und Absatz 5 Satz 2 und
3. berechtigte Interessen des Emittenten und die Gewährleistung der Vertraulichkeit nach Absatz 3.

Das Bundesministerium der Finanzen kann die Ermächtigung durch Rechtsverordnung auf die Bundesanstalt für Finanzdienstleistungsaufsicht übertragen.

§ 37 b [Schadenersatz wegen unterlassener unverzüglicher Veröffentlichung von Insiderinformationen]

(1) Unterlässt es der Emittent von Finanzinstrumenten, die zum Handel an einer inländischen Börse zugelassen sind, unverzüglich eine Insiderinformation zu veröffentlichen, die ihn unmittelbar betrifft, ist er einem Dritten zum Ersatz des durch die Unterlassung entstandenen Schadens verpflichtet, wenn der Dritte

1. die Finanzinstrumente nach der Unterlassung erwirbt und er bei Bekanntwerden der Insiderinformation noch Inhaber der Finanzinstrumente ist oder
2. die Finanzinstrumente vor dem Entstehen der Insiderinformation erwirbt und nach der Unterlassung veräußert.

(2) Nach Absatz 1 kann nicht in Anspruch genommen werden, wer nachweist, dass die Unterlassung nicht auf Vorsatz oder grober Fahrlässigkeit beruht.

(3) Der Anspruch nach Absatz 1 besteht nicht, wenn der Dritte die Insiderinformation im Falle des Absatzes 1 Nr. 1 bei dem Erwerb oder im Falle des Absatzes 1 Nr. 2 bei der Veräußerung kannte.

(4) Der Anspruch nach Absatz 1 verjährt in einem Jahr von dem Zeitpunkt an, zu dem der Dritte von der Unterlassung Kenntnis erlangt, spätestens jedoch in drei Jahren seit der Unterlassung.

(5) Weitergehende Ansprüche, die nach Vorschriften des bürgerlichen Rechts auf Grund von Verträgen oder vorsätzlichen unerlaubten Handlungen erhoben werden können, bleiben unberührt.

(6) Eine Vereinbarung, durch die Ansprüche des Emittenten gegen Vorstandsmitglieder wegen der Inanspruchnahme des Emittenten nach Absatz 1 im Voraus ermäßigt oder erlassen werden, ist unwirksam.

§ 37 c [Schadenersatz wegen Veröffentlichung unwahrer Insiderinformationen]

(1) Veröffentlicht der Emittent von Finanzinstrumenten, die zum Handel an einer inländischen Börse zugelassen sind, in einer Mitteilung nach § 15 eine unwahre Insiderinformation, die ihn unmittelbar betrifft, ist er einem Dritten zum Ersatz des Schadens verpflichtet, der dadurch entsteht, dass der Dritte auf die Richtigkeit der Insiderinformation vertraut, wenn der Dritte

1. die Finanzinstrumente nach der Veröffentlichung erwirbt und er bei dem Bekanntwerden der Unrichtigkeit der Insiderinformation noch Inhaber der Finanzinstrumente ist oder
2. die Finanzinstrumente vor der Veröffentlichung erwirbt und vor dem Bekanntwerden der Unrichtigkeit der Insiderinformation veräußert.

(2) Nach Absatz 1 kann nicht in Anspruch genommen werden, wer nachweist, dass er die Unrichtigkeit der Insiderinformation nicht gekannt hat und die Unkenntnis nicht auf grober Fahrlässigkeit beruht.

(3) Der Anspruch nach Absatz 1 besteht nicht, wenn der Dritte die Unrichtigkeit der Insiderinformation im Falle des Absatzes 1 Nr. 1 bei dem Erwerb oder im Falle des Absatzes 1 Nr. 2 bei der Veräußerung kannte.

(4) Der Anspruch nach Absatz 1 verjährt in einem Jahr von dem Zeitpunkt an, zu dem der Dritte von der Unrichtigkeit der Insiderinformation Kenntnis erlangt, spätestens jedoch in drei Jahren seit der Veröffentlichung.

(5) Weitergehende Ansprüche, die nach Vorschriften des bürgerlichen Rechts auf Grund von Verträgen oder vorsätzlichen unerlaubten Handlungen erhoben werden können, bleiben unberührt.

(6) Eine Vereinbarung, durch die Ansprüche des Emittenten gegen Vorstandsmitglieder wegen der Inanspruchnahme des Emittenten nach Absatz 1 im Voraus ermäßigt oder erlassen werden, ist unwirksam.

Verordnung zur Konkretisierung von Anzeige-, Mitteilungs- und Veröffentlichungspflichten sowie der Pflicht zur Führung von Insiderverzeichnissen nach dem Wertpapierhandelsgesetz (Wertpapierhandelsanzeige- und Insiderverzeichnisverordnung – WpAIV)
vom 13. Dezember 2004 (BGBl. I S. 3376), zuletzt geändert durch Art. 2 des Gesetzes vom 5. Januar 2007 (BGBl. I S. 10)
– Auszug, nicht amtlicher Text –

§ 3 a [Art der Veröffentlichung von Informationen]

(1) Die Informationen, auf die dieser Abschnitt Anwendung findet, sind zur Veröffentlichung Medien zuzuleiten, einschließlich solcher, bei denen davon ausgegangen werden kann, dass sie die Information in der gesamten Europäischen Union und in den übrigen Vertragsstaaten des Abkommens über den Europäischen Wirtschaftsraum verbreiten. Soweit nichts anderes bestimmt ist, richtet sich ihre Veröffentlichung im Übrigen nach den Absätzen 2 bis 4 und § 3 b und ihre Mitteilung nach § 3 c.

(2) Bei der Veröffentlichung der Informationen durch Medien nach Absatz 1 ist zu gewährleisten, dass

1. die Information von Medien empfangen wird, zu denen auch solche gehören müssen, die die Information so rasch und so zeitgleich wie möglich in allen Mitgliedstaaten der Europäischen Union und in den übrigen Vertragsstaaten des Abkommens über den Europäischen Wirtschaftsraum aktiv verbreiten können,
2. der Text der Information an die Medien in einer Weise gesandt wird, dass
    a. der Absender der Information sicher identifiziert werden kann,
    b. ein hinreichender Schutz gegen unbefugte Zugriffe oder Veränderung der Daten besteht und die Vertraulichkeit und Sicherheit der Übersendung auch im Übrigen durch die Art des genutzten Übertragungswegs oder durch eine Verschlüsselung der Daten nach dem Stand der Technik sichergestellt ist,
    c. Übertragungsfehler oder -unterbrechungen unverzüglich behoben werden können, und
3. bei der Übersendung der Information an die Medien
    a. der Name des Veröffentlichungspflichtigen einschließlich seiner Anschrift,
    b. ein als Betreff erkennbares Schlagwort, das den wesentlichen Inhalt der Veröffentlichung zusammenfasst,
    c. der Tag und die Uhrzeit der Übersendung und
    d. das Ziel, die Information als eine vorgeschriebene Information europaweit zu verbreiten,

erkennbar ist.
Der Veröffentlichungspflichtige ist für technische Systemfehler im Verantwortungsbereich der Medien, an die die Information versandt wurde, nicht verantwortlich.

(3) Der Veröffentlichungspflichtige muss auf Anforderung sechs Jahre lang in der Lage sein, der Bundesanstalt

1. die Person, die die Information an die Medien gesandt hat,
2. die verwandten Sicherheitsmaßnahmen für die Übersendung an die Medien,
3. den Tag und die Uhrzeit der Übersendung an die Medien,
4. das Mittel der Übersendung an die Medien und
5. gegebenenfalls alle Daten zu einer Verzögerung der Veröffentlichung

mitzuteilen.

(4) Beauftragt der Veröffentlichungspflichtige einen Dritten mit der Veranlassung der Veröffentlichung, bleibt er für die Erfüllung seiner Veröffentlichungspflicht verantwortlich; der Dritte muss die Anforderungen der Absätze 1 bis 3 erfüllen.

§ 3 b [Sprache der Veröffentlichung]

(1) Emittenten, deren Sitz im Ausland ist, oder Emittenten, für die die Bundesrepublik Deutschland der Herkunftsstaat nach § 2 Abs. 6 Nr. 3 Buchstabe a des Wertpapierhandelsgesetzes ist oder die bei der Bundesanstalt einen Prospekt in englischer Sprache für die Wertpapiere, auf die sich die Information bezieht, hinterlegt haben, können die Veröffentlichung ausschließlich in englischer Sprache vornehmen. Im Übrigen gelten die Absätze 2 bis 4.

(2) Sind Wertpapiere eines Emittenten, für den die Bundesrepublik Deutschland nach § 2 Abs. 6 des Wertpapierhandelsgesetzes der Herkunftsstaat ist, lediglich zum Handel an einem organisierten Markt im Inland zugelassen, so ist die Information in deutscher Sprache zu veröffentlichen. Sind die Wertpapiere zum Handel an einem organisierten Markt im Inland und in einem oder mehreren anderen Mitgliedstaaten der Europäischen Union oder in einem oder mehreren anderen Vertragsstaaten des Abkommens über den Europäischen Wirtschaftsraum zugelassen, so ist die Information in deutscher oder englischer Sprache und nach Wahl des Emittenten in einer Sprache, die von den zuständigen Behörden der betreffenden Mitgliedstaaten der Europäischen Union oder der betreffenden Vertragsstaaten des Abkommens über den Europäischen Wirtschaftsraum akzeptiert wird, oder in englischer Sprache zu veröffentlichen.

(3) Ein Inlandsemittent im Sinne des § 2 Abs. 7 Nr. 2 des Wertpapierhandelsgesetzes muss die Information in deutscher oder in englischer Sprache veröffentlichen. Ein Emittent, der seinen Sitz im Inland hat und dessen Wertpapiere nicht im Inland, sondern in mehr als einem anderen Mitgliedstaat der Europäischen Union oder Vertragsstaat des Abkommens über den Europäischen Wirtschaftsraum zum Handel an einem organisierten Markt zugelassen sind, hat die Information nach seiner Wahl in einer von den zuständigen Behörden der betreffenden Mitgliedstaaten der Europäischen Union oder der betreffenden Vertragsstaaten des Abkommens über den Europäischen Wirtschaftsraum akzeptierten Sprache oder in englischer Sprache zu veröffentlichen; er kann sie zusätzlich auch in deutscher Sprache veröffentlichen.

(4) Sind Wertpapiere eines Inlandsemittenten im Sinne des § 2 Abs. 7 des Wertpapierhandelsgesetzes mit einer Mindeststückelung von 50 000 Euro oder einem am Ausgabetag entsprechenden Gegenwert in einer anderen Währung zum Handel an einem organisierten Markt im Inland oder in einem oder mehreren Mitgliedstaaten der Europäischen Union oder in einem oder mehreren Vertragsstaaten des Abkommens über den Europäischen Wirtschaftsraum zugelassen, so hat er die Information abweichend von den Absätzen 2 und 3 in englischer Sprache oder in einer Sprache zu veröffentlichen, die von der Bundesanstalt und im Falle der Zulassung in anderen Mitgliedstaaten der Europäischen Union oder Vertragsstaaten des Abkommens über den Europäischen Wirtschaftsraum von den zuständigen Behörden dieser Staaten akzeptiert wird.

§ 3 c [Mitteilung der Veröffentlichung]

Soweit nichts anderes bestimmt ist, muss der Bundesanstalt die Veröffentlichung unter Angabe des Textes der Veröffentlichung, der Medien, an die die Information gesandt wurde, sowie des genauen Zeitpunkts der Versendung an die Medien mitgeteilt werden.

§ 4 Inhalt der Veröffentlichung

(1) In der Veröffentlichung nach § 15 Abs. 1 des Wertpapierhandelsgesetzes sind anzugeben:

1. in der Kopfzeile
   a. eine deutlich hervorgehobene Überschrift »Ad-hoc-Meldung nach § 15 WpHG«,
   b. ein als Betreff erkennbares Schlagwort, das den wesentlichen Inhalt der Veröffentlichung zusammenfasst,
2. zum Emittenten
   a. sein Name und
   b. seine Anschrift,
3. die internationalen Wertpapierkennnummern der vom Emittenten ausgegebenen Aktien, Options- und Wandelanleihen sowie Genussscheine mit Ausstattungsmerkmalen, die den Aktien vergleichbar sind, soweit sie zum Handel an einem inländischen organisierten Markt zugelassen sind oder für sie eine solche Zulassung beantragt wurde, sowie die Börse und das Handelssegment, für die die Zulassung besteht oder beantragt wurde; hat der Emittent weitere Finanzinstrumente ausgegeben, für die eine Zulassung besteht oder beantragt wurde, genügt die Angabe einer Internetadresse, unter der er die entsprechenden Angaben für diese Finanzinstrumente in einer stets aktuellen und vollständigen Datei bereitzustellen hat, wobei die Hauptseite einen deutlich erkennbaren Hinweis auf eine Seite mit Informationen für Anleger zu enthalten hat, unter der die Datei leicht aufzufinden sein muss,
4. die zu veröffentlichende Information,
5. Datum des Eintritts der der Information zugrunde liegenden Umstände,
6. eine kurze Erklärung, inwieweit die Information den Emittenten unmittelbar betrifft, soweit sich dies nicht schon aus den Angaben zu Nummer 4 ergibt, sowie
7. eine Erklärung, aus welchen Gründen die Information geeignet ist, im Fall ihres öffentlichen Bekanntwerdens den Börsen- oder Marktpreis erheblich zu beeinflussen, soweit sich dies nicht schon aus den Angaben zu Nummer 4 ergibt.

Die Veröffentlichung soll kurz gefasst sein. Ist nach § 15 Abs. 1 Satz 4 und 5 des Wertpapierhandelsgesetzes eine Person, die im Auftrag oder auf Rechnung des Emittenten handelt, veröffentlichungspflichtig, so hat sie den Emittenten hierüber unverzüglich zu informieren und in der Veröffentlichung durch Nennung ihres Namens und ihrer Anschrift ihre Urheberschaft kenntlich zu machen.

(2) Hat wegen einer erheblichen Veränderung der bereits veröffentlichten Information erneut eine Veröffentlichung nach § 15 Abs. 1 des Wertpapierhandelsgesetzes zu erfolgen, so muss sie enthalten

1. in der Kopfzeile
   a. eine deutlich hervorgehobene Überschrift »Ad-hoc-Aktualisierung nach § 15 WpHG«,
   b. ein Schlagwort im Sinn des Absatzes 1 Satz 1 Nr. 1 Buchstabe b,
2. nach den Angaben im Sinn des Absatzes 1 Satz 1 Nr. 2 und 3 die Medien, an die die Information gesandt wurde, sowie den Zeitpunkt dieser Versendung,
3. die zu veröffentlichende Information über die veränderten Umstände und
4. die Angaben im Sinn des Absatzes 1 Satz 1 Nr. 5 bis 7.

(3) Die Veröffentlichung nach § 15 Abs. 2 Satz 2 des Wertpapierhandelsgesetzes hat zu enthalten

1. in der Kopfzeile
   a. eine deutlich hervorgehobene Überschrift »Ad-hoc-Berichtigung nach § 15 WpHG«,
   b. ein Schlagwort im Sinn des Absatzes 1 Satz 1 Nr. 1 Buchstabe b,
2. nach den Angaben im Sinn des Absatzes 1 Satz 1 Nr. 2 und 3 den Inhalt der Veröffentlichung der unwahren Information, die Medien, an die die Information gesandt wurde, sowie den Zeitpunkt dieser Versendung,
3. die wahre Information und
4. die Angaben im Sinn des Absatzes 1 Satz 1 Nr. 5 bis 7, bezogen auf die wahre Information.

§ 5 [Art der Veröffentlichung]

Unbeschadet der Anforderungen der §§ 3 a und 3 b hat der Veröffentlichungspflichtige dafür Sorge zu tragen, dass die Information

1. über ein elektronisch betriebenes Informationsverbreitungssystem, das bei Kreditinstituten, nach § 53 Abs. 1 Satz 1 des Kreditwesengesetzes tätigen Unternehmen, anderen Unternehmen, die ihren Sitz im Inland haben und an einer inländischen Börse zur Teilnahme am Handel zugelassen sind, und Versicherungsunternehmen weit verbreitet ist, in die Öffentlichkeit gelangt und
2. sofern der Veröffentlichungspflichtige über eine Adresse im Internet verfügt, unter dieser Adresse für die Dauer von mindestens einem Monat verfügbar ist, wobei die Hauptseite einen deutlich erkennbaren Hinweis auf eine Seite mit Informationen für Anleger zu enthalten hat, unter der die Veröffentlichung leicht aufzufinden sein muss.

Die Veröffentlichung nach Satz 1 Nr. 2 darf nicht vor der Veröffentlichung nach Satz 1 Nr. 1 erfolgen. Die Verpflichtungen nach dieser Vorschrift gelten nicht für Emittenten im Sinn des § 2 Abs. 7 Nr. 2 des Wertpapierhandelsgesetzes.

§ 5 a [Mitteilung der Veröffentlichung]

Die Mitteilung über die Veröffentlichung nach § 15 Abs. 5 Satz 2 des Wertpapierhandelsgesetzes ist mit den von § 3 c geforderten Angaben auch an die Geschäftsführung der organisierten Märkte im Sinn des § 15 Abs. 4 Satz 1 Nr. 1 und 2 des Wertpapierhandelsgesetzes zu senden. Für die Versendung der Mitteilung gelten die Anforderungen nach § 3 a Abs. 2 Satz 1 Nr. 2 und 3 entsprechend.

§ 6 [Berechtigte Interessen für eine verzögerte Veröffentlichung]

Berechtigte Interessen, die nach § 15 Abs. 3 Satz 1 des Wertpapierhandelsgesetzes von der Pflicht zur sofortigen Veröffentlichung nach § 15 Abs. 1 Satz 1 des Wertpapierhandelsgesetzes befreien können, liegen vor, wenn die Interessen des Emittenten an der Geheimhaltung der Information die Interessen des Kapitalmarktes an einer vollständigen und zeitnahen Veröffentlichung überwiegen. Dies kann insbesondere dann der Fall sein, wenn

1. das Ergebnis oder der Gang laufender Verhandlungen über Geschäftsinhalte, die geeignet wären, im Falle ihres öffentlichen Bekanntwerdens den Börsen- oder Marktpreis erheblich zu beeinflussen, von der Veröffentlichung wahrscheinlich erheblich beeinträchtigt würden und eine Veröffentlichung die Interessen der Anleger ernsthaft gefährden würde, oder

2. durch das Geschäftsführungsorgan des Emittenten abgeschlossene Verträge oder andere getroffene Entscheidungen zusammen mit der Ankündigung bekannt gegeben werden müssten, dass die für die Wirksamkeit der Maßnahme erforderliche Zustimmung eines anderen Organs des Emittenten noch aussteht, und dies die sachgerechte Bewertung der Information durch das Publikum gefährden würde.

§ 7 [Gewährleistung der Vertraulichkeit während der Befreiung von der Veröffentlichungspflicht]

Während der Befreiung nach § 15 Abs. 3 Satz 1 des Wertpapierhandelsgesetzes hat der Emittent den Zugang zur Insiderinformation zu kontrollieren, indem er wirksame Vorkehrungen dafür trifft,

1. dass andere Personen als solche, deren Zugang zu Insiderinformationen für die Wahrnehmung ihrer Aufgaben beim Emittenten unerlässlich ist, keinen Zugang zu dieser Information erlangen und
2. dass er die Information unverzüglich bekannt geben kann, wenn er nicht länger in der Lage ist, ihre Vertraulichkeit zu gewährleisten.

§ 8 [Inhalt der Mitteilung]

(1) In der Mitteilung nach § 15 Abs. 4 des Wertpapierhandelsgesetzes sind anzugeben:

1. der Wortlaut der vorgesehenen Veröffentlichung,
2. der vorgesehene Zeitpunkt der Veröffentlichung und
3. ein Ansprechpartner des Emittenten mit Rufnummer.

(2) Zusätzlich sind im Fall des § 15 Abs. 2 Satz 2 des Wertpapierhandelsgesetzes nur in der Mitteilung an die Bundesanstalt nach § 15 Abs. 4 Satz 1 Nr. 3 des Wertpapierhandelsgesetzes die Gründe der Veröffentlichung der unwahren Information darzulegen. § 4 Abs. 9 Satz 1 des Wertpapierhandelsgesetzes gilt entsprechend.

(3) Zusätzlich hat im Fall des § 15 Abs. 1 Satz 4 und 5 des Wertpapierhandelsgesetzes der Emittent nur in der Mitteilung an die Bundesanstalt nach § 15 Abs. 4 Satz 1 Nr. 3 des Wertpapierhandelsgesetzes anzugeben

1. den Vor- und Familiennamen der Person, der die Insiderinformation mitgeteilt oder zugänglich gemacht worden ist,
2. ihre Geschäftsanschrift, oder, falls eine solche nicht besteht, ihre Privatanschrift,
3. den Zeitpunkt der Informationspreisgabe sowie
4. im Fall des § 15 Abs. 1 Satz 5 des Wertpapierhandelsgesetzes die Umstände der unwissentlichen Informationspreisgabe.

§ 4 Abs. 9 Satz 1 des Wertpapierhandelsgesetzes gilt entsprechend.

(4) Die Angaben nach den Absätzen 2 und 3 können innerhalb von 14 Tagen nach der Veröffentlichung nachgereicht werden.

(5) Die Mitteilung an die Bundesanstalt nach § 15 Abs. 3 Satz 4 des Wertpapierhandelsgesetzes hat zu enthalten:

1. die Gründe für die Befreiung von der Pflicht zur Veröffentlichung sowie
2. die Angabe
   a. des Zeitpunktes der Entscheidung über den Aufschub der Veröffentlichung, der späteren Termine, an denen der Fortbestand der Gründe überprüft

wurde, und des Zeitpunktes der Entscheidung über die nunmehr vorzunehmende Mitteilung und Veröffentlichung sowie

b. der Vor- und Familiennamen sowie der Geschäftsanschriften und Rufnummern aller Personen, die an der Entscheidung über die Befreiung beteiligt waren.

§ 9 [Art und Form der Mitteilungen]

(1) Mitteilungen nach § 8 sind schriftlich mittels Telefax zu übersenden. Auf Verlangen der Bundesanstalt ist die eigenhändig unterschriebene Mitteilung auf dem Postweg nachzureichen. Gleiches kann auch die Geschäftsführung der organisierten Märkte im Sinn des § 15 Abs. 4 Satz 1 Nr. 1 und 2 des Wertpapierhandelsgesetzes verlangen, sofern sie nach diesen Vorschriften eine Mitteilung erhält.

(2) Die Bundesanstalt kann die Möglichkeit eröffnen, die Mitteilungen nach § 8 im Wege der Datenfernübertragung zu übersenden, sofern dem jeweiligen Stand der Technik entsprechende Maßnahmen zur Sicherstellung von Datenschutz und Datensicherheit getroffen werden, die insbesondere die Vertraulichkeit und Unversehrtheit der Daten gewährleisten, und sofern im Fall der Nutzung allgemein zugänglicher Netze dem jeweiligen Stand der Technik entsprechende Verschlüsselungsverfahren angewendet werden.

Literaturverzeichnis

Achleitner, A.-K./Bassen, A. (Hrsg.) (2001): Investor Relations am Neuen Markt, Stuttgart.
Akerlof, G. (1970): The Market for »Lemons«: Quality Uncertainty and the Market Mechanism, in: Quarterly Journal of Economics, 84. Jg., S. 488 – 500.
Assmann, H.-D./Schneider, U. H. (Hrsg.) (2006): Wertpapierhandelsgesetz, Kommentar, 4. Auflage, Köln.
BaFin/BAWe (1995): Jahresbericht 1995, Frankfurt am Main.
BaFin/BAWe (1996 a): Jahresbericht 1996, Frankfurt am Main.
BaFin/BAWe (1996 b): Bekanntmachung zur Veröffentlichung und Mitteilung kursbeeinflussender Tatsachen nach § 15 des Wertpapierhandelsgesetzes vom 29. Januar 1996, Frankfurt am Main.
BaFin/BAWe (1997): Jahresbericht 1997, Frankfurt am Main.
BaFin/BAWe (1998 a): Jahresbericht 1998, Frankfurt am Main.
BaFin/BAWe (1998 b): Bekanntmachung zur Mitteilung kursbeeinflussender Tatsachen nach § 15 Wertpapierhandelsgesetz durch ausländische Emittenten vom 11. August 1998, Frankfurt am Main.
BaFinBAWe (1999): Jahresbericht 1999, Frankfurt am Main.
BaFin/BAWe (2000 a): Jahresbericht 2000, Frankfurt am Main.
BaFin/BAWe (2000 b): Schreiben an die Vorstände der börsennotierten Aktiengesellschaften: Missbrauch der Ad-hoc-Publizität nach § 15 WpHG, Frankfurt am Main.
BaFin/BAWe (2001): Jahresbericht 2001, Frankfurt am Main.
BaFin/BAWe/Deutsche Börse AG (1998): Insiderhandelsverbot und Ad-hoc-Publizität nach dem Wertpapierhandelsgesetz, 2. Aufl., Frankfurt am Main.
BaFin (2002): Jahresbericht 2002, Frankfurt am Main.
BaFin (2003): Jahresbericht 2003, Frankfurt am Main.
BaFin (2006): Jahresbericht 2006, Frankfurt am Main.
BaFin (2004): Emittentenleitfaden der Bundesanstalt für Finanzdienstleistungsaufsicht, Entwurf in der Fassung vom 22. Dezember 2004, Frankfurt am Main.
BaFin (2005): Emittentenleitfaden der Bundesanstalt für Finanzdienstleistungsaufsicht, Stand 15. Juli 2005, Frankfurt am Main.
Brammer, R. (2001): Management von Kapitalmarkterwartungen, in: Achleitner, A.-K./Bassen, A. (Hrsg.) (2001): Investor Relations am Neuen Markt, S. 613 – 623.
Brandi, T. O./Süßmann, R. (2004): Neue Insiderregeln und Ad-hoc-Publizität – Folgen für Ablauf und Gestaltung von M & A-Transaktionen, in: Die Aktiengesellschaft 2004, Heft 12, S. 642 – 658.
Claussen, C. P. (1996): Insiderhandelsverbot und Ad hoc-Publizität: Praktikerhinweise und -empfehlungen für Emittenten, Anleger, Banken, Wertpapierdienstleister und ihre Berater, Köln.
Claussen, C. P. (1997 a): Das Wertpapierhandelsgesetz und die Wertpapieranalysten – ein offenes Feld, in: Die Aktiengesellschaft, Heft 7/1997, S. 306 – 314.
Claussen, C. P. (1997 b): Die Wertpapieranalysten und die Intention des Wertpapierhandelsgesetzes, in: Claussen, C. P./Schwark, E. (Hrsg.) (1997 b): Insiderrecht für Finanzanalysten, Köln, S. 11 – 31.

Claussen, C. P.; Schwark, E. (Hrsg.) (1997): Insiderrecht für Finanzanalysten, Köln.

Claussen, C. P./Florian, U. (2005): Der Emittentenleitfaden, in: Die Aktiengesellschaft, Heft 20/2005, Seite 745–765.

Deutscher Bundestag (1994 a): Gesetzesentwurf der Bundesregierung, Entwurf eines Gesetzes über den Wertpapierhandel und zur Änderung börsenrechtlicher und wertpapierrechtlicher Vorschriften (Zweites Finanzmarktförderungsgesetz), Drucksache 12/6679.

Deutscher Bundestag (1994 b): Beschlußempfehlung und Bericht des Finanzausschusses zu dem Entwurf der Bundesregierung (Drucksache 12/6679), Drucksache 12/7918.

Deutscher Bundestag (2002): Gesetzesentwurf der Bundesregierung, Entwurf eines Gesetzes zur weiteren Fortentwicklung des Finanzplatzes Deutschland (Viertes Finanzmarktförderungsgesetz), Drucksache 14/8017.

Deutscher Bundestag (2004): Gesetzesentwurf der Bundesregierung, Entwurf eines Gesetzes zur Verbesserung des Anlegerschutzes (Anlegerschutzverbesserungsgesetz – AnSVG), Drucksache 15/3174.

Deutsches Aktieninstitut (2007): Kosten und Nutzen der Regulierung börsennotierter Unternehmen – Ergebnisse einer Umfrage, Studien des Deutschen Aktieninstituts, Heft 35, Frankfurt am Main.

Deutscher Rat für Public Relations (DRPR) (2005): DRPR-Richtlinie zur ordnungsmäßigen Ad-hoc-Publizität, 21. November 2005, Frankfurt am Main.

Dier, C./Fürhoff, J. (2002): Die geplante europäische Marktmissbrauchsrichtlinie, in: Die Aktiengesellschaft, Jg. 2002, Heft 11, S. 604–610.

Dreyling, G. M. (1997): Die Erfahrungen des Bundesaufsichtsamtes für den Wertpapierhandel bei der Verfolgung von Insidern, in: Claussen, C. P./Schwark, E. (Hrsg.) (1997 b): Insiderrecht für Finanzanalysten, Köln.

Dreyling, G. M. (2001): Ge- und Missbrauch der Ad-hoc-Publizität, in: Achleitner, A.-K.; Bassen, A. (Hrsg.) (2001): Investor Relations am Neuen Markt, Stuttgart, S. 365–379.

Dreyling, G. M./Schäfer, F. A. (2001): Insiderrecht und Ad-hoc-Publizität, Köln.

Europäische Kommission (1998): Finanzdienstleistungen: Abstecken eines Aktionsrahmens, Mitteilung der Kommission vom 28.10.1998, KOM (1998) 625.

Europäische Kommission (1999): Umsetzung des Finanzmarktrahmens: Aktionsplan, Mitteilung der Kommission vom 11. Mai 1999, KOM (1999) 232.

Europäische Kommission (2001): Vorschlag für eine Richtlinie des Europäischen Parlaments und des Rates über Insider-Geschäfte und Marktmanipulation vom 30. Mai 2001, KOM (2001) 281 endgültig.

Europäische Kommission (2003 a): Richtlinie 2003/6/EG des Europäischen Parlaments und des Rates vom 28. Januar 2003 über Insider-Geschäfte und Marktmanipulation (Marktmissbrauch).

Europäische Kommission (2003 b): Richtlinie 200/124/EG der Kommission vom 22. Dezember 2003 zur Durchführung der Richtlinie 2003/6/EG des Europäischen Parlaments und des Rates betreffend die Begriffsbestimmung und die Veröffentlichung von Insider-Informationen und die Begriffsbestimmung der Marktmanipulation.

Europäische Kommission (2004): Richtlinie 2004/109/EG des Europäischen Parlaments und des Rates vom 15. Dezember 2004 zur Harmonisierung der Transparenzanforderungen in Bezug auf Informationen über Emittenten, deren Wertpapiere zum Handel auf einem geregelten Markt zugelassen sind, und zur Änderung der Richtlinie 2001/34/EG.

Fama, E. (1970): Efficient Capital Markets: A Review of Theory and Empirical Work, in: Journal of Finance, Vol. 25, S. 383–418.

Fürhoff, J. (2003): Neuregelung der Ad-hoc-Publizitätspflicht auf europäischer Ebene Auswirkungen auf § 15 WpHG und systematische Einordnung, in: Die Aktiengesellschaft, Heft 2/2003, S. 80–85.

Großmann, K./Nikoleyczik, T. (2002): Praxisrelevante Änderungen des Wertpapierhandelsgesetzes: Die Auswirkungen des Vierten Finanzmarktförderungsgesetzes, in: Der Betrieb, Heft 39, S. 2031–2037.

Gutzy, J./Märzheuser, M. (2003): Benchmark-Studie Ad-hoc-Publizität 2003, München.

Gutzy, J./Märzheuser, M. (2004): Studie Ad-hoc-Dienstleister in Deutschland, München.

Hasche/Sigle (2007): Update Gesellschafts- und Kapitalmarktrecht, Januar 2007.

Hopt, K. (1995): Ökonomische Theorie und Insiderrecht, in: Die Aktiengesellschaft, S. 353 – 362.

Hutter, S./Kaulamo, K. (2007): Das Transparenzrichtlinie-Umsetzungsgesetz: Änderungen der anlassabhängigen Publizität, in: Neue Juristische Wochenschrift, Heft 8/2007, S. 471 – 478.

Kadner, C. (2002): Das 4. Finanzmarktförderungsgesetz, Standpunkt – Januar 2002, Lazard Asset Management, Frankfurt am Main.

Koch, S. (2005): Neuerungen im Insiderrecht und der Ad-hoc-Publizität, in: Der Betrieb, Heft 5/2005, S. 267–274.

Kötzle, A./Niggemann, M. (2001): Value Reporting: in: Achleitner, A.-K./Bassen, A. (Hrsg.) (2001): Investor Relations am Neuen Markt, Stuttgart.

Kümpel, S. (1997): Aktuelle Fragen der Ad-hoc-Publizität, in: Die Aktiengesellschaft, Heft 2/1997, S. 66–73.

Leis, J./Nowak, E. (2001): Ad-hoc-Publizität nach § 15 WpHG, Stuttgart.

Loistl, O. (1997): Finanzanalysten als Investorenvertreter und Insiderproblematik: Kurserheblichkeit als essentielles Tatbestandsmerkmal, in: Claussen, C. P./ Schwark, E. (Hrsg.) (1997 b): Insiderrecht für Finanzanalysten, Köln, S. 80–106.

Möllers, T. M. J./Rotter, K. (2003): Ad-hoc-Publizität – Handbuch der Rechte und Pflichten von börsennotierten Unternehmen und Kapitalanlegern, München: C. H. Beck.

Noack, U. (2003): Elektronische Publizität im Aktien- und Kapitalmarktrecht in Deutschland und Europa: Medien für Unternehmensinformationen im Wandel, in: Die Aktiengesellschaft, Heft 10/2003, S. 537–550.

Pellens, B./Fülbier, R. U. (1994): Publizitätspflichten nach dem Wertpapierhandelsgesetz – Ausgestaltung unter Berücksichtigung anglo-amerikanischer Regulierungen, Der Betrieb, 1994, S. 1381–1385.

Schneider, D. (1993): Wider Insiderhandelsverbot und die Informationseffizienz des Kapitalmarkts, in: Der Betrieb, Heft 29/1993, S. 1429–1435.

Schnell C. (2005): Verschlimmbessert: Neue Veröffentlichungsregeln sorgen für Verwirrung, in: Handelsblatt, Ausgabe 69/2005, S. 29.

Strüwing, S. (2006): Ad-hoc-Dienstleister unter der Lupe: Wandel zu universalen Distributoren von Unternehmensinformationen, in: Going Public, Ausgabe 01/2006, S. 46–49.

Von Braunschweig, P. (2005): Ad-hoc-Pflichten bei M&A-Transaktionen – Neuerungen durch das Anlegerschutzverbesserungsgesetz (AnSVG), in: Going Public, Sonderausgabe »Kapitalmarktrecht 2005«, S. 92–93.

Von Rosen, R. (2005): Zu viel Regulierung am Aktienmarkt schmälert die Rendite der Anleger: Steigende Anforderungen an Publizität und Haftung erhöhen Kosten der Emittenten, in: Handelsblatt, Ausgabe 66/2005, S. b04.

Weber-Rey, D./Scholderer, F. (2005): Rechts-Report Finanzmarktaufsicht: Konkurrenzverhältnis der Ad-hoc-Publizitätspflicht nach dem WpHG zur Transparenzvorschrift des WpÜG, in: Die Aktiengesellschaft, Heft 21/2005, Seite R487 – R489.

Wölk, A. (1997): Ad-hoc-Publizität – Erfahrungen aus der Sicht des Bundesaufsichtsamtes für den Wertpapierhandel, in: Die Aktiengesellschaft, Heft 2/1997, S. 73–81.

Wolfram, J. (2005): WpHG-Paxis für Investor Relations – Praxiserfahrungen zum Anlegerschutzverbesserungsgesetz, DIRK Forschungsreihe, Bd. 5, Going Public Media AG: Wolfratshausen.

Disclaimer

Die in dem vorliegenden Buch verwendeten bzw. wiedergegebenen Informationen beruhen auf persönlichen Erfahrungen der Autoren bzw. auf Quellen, die von den Autoren für zuverlässig und korrekt gehalten werden. Eine Gewährleistung für die Richtigkeit oder Vollständigkeit der wiedergegebenen Auffassungen kann jedoch nicht übernommen werden. Insbesondere können sich sowohl die wiedergegebenen Informationen als auch die darauf basierenden Aussagen jederzeit ohne vorherige Ankündigung ändern. Viele Einschätzungen beruhen darüber hinaus auf zeitpunktbezogenen Betrachtungen und Zusammenhängen, die zwischenzeitlich eine Veränderung erfahren haben können. Dies gilt um so mehr, als der Gegenstandsbereich des vorliegenden Buches in besonderem Maße der Dynamik des Gesetzgebungsprozesses – sowohl auf der Ebene der Bundesrepublik Deutschland als auch auf der Ebene der Europäischen Union – unterliegt.

Soweit in dem vorliegenden Buch zur Erläuterung von Aussagen der Autoren oder der zitierten Quellen Informationen börsennotierter Gesellschaften verwendet werden, stellen weder die Informationen selbst noch die hieraus gewonnenen Erkenntnisse der Autoren oder die daraus ableitbaren Schlussfolgerungen ein Angebot oder eine Aufforderung zur Abgabe eines Angebots für den Erwerb oder die Veräußerung von Wertpapieren oder den darauf bezogenen Derivaten der betreffenden Gesellschaften dar. Weder die Autoren noch der Verlag oder die gesetzlichen Vertreter, Mitarbeiter oder Repräsentanten der Autoren oder des Verlages übernehmen eine Haftung für Verluste, die – direkt oder indirekt – aus der Verwendung dieses Buches oder seines Inhaltes entstanden sind oder entstehen.

Stichwortverzeichnis

A

Abusive Squeezes 34
Ad-hoc-Dienstleister
 – Service Provider 119, 121, 171–172
Ad-hoc-Mitteilung 174
 – Anzahl 72, 77
 – formale Anforderung 173
 – Formulieren 173
 – Inhalt 79
 – inhaltliche Anforderung 175
 – Qualität 72
 – Zeitpunkt der Veröffentlichung 42, 80
Ad-hoc-Publizität 8, 10
 – Ad-hoc-Gremium 112, 118, 168–169
 – Beurteilung 54
 – Grundlagen 1
 – Missbrauch 124
 – neues Recht 85
 – ökonomische Perspektive 54
 – organisatorische Aspekte 167
 – rechtliche Grundlagen 1
 – Rechtsfolgen 85
 – rechtshistorische Wurzel 19
 – rechtspolitische Perspektive 65
 – Regelungsbereiche 1
 – sachlicher Anwendungsbereich 41
 – Schutzzweck 5
 – Selbstbefreiung 114
 – Tatbestandsmerkmale 85, 90
 – Umsetzung 70
 – Zielsetzung 4
Ad-hoc-Publizitätspflicht
 – Anträge auf Befreiung 76
 – Insiderinformation 93
 – Normadressaten 91
 – Voraussetzungen 94
Ad-hoc-Publizitätspraxis
 – Börsensegmente 82
Ad-hoc-Reporting 170
Adverse Selektion 60
Akerlof-Problem 63

Aktionsplan für Finanzdienstleistungen
 – FSAP 29
Aktualisierung 125
Angaben zum Emittenten 121
Angaben zur Insiderinformation 122
Anlegerschutzverbesserungsgesetz
 – Ad-hoc-Publizität 37
 – AnSVG 1–2, 5, 12, 20, 29, 36–38, 40–41, 64, 85–86, 90, 114, 158, 163, 180, 204, 206
 – Insiderrecht 37
Anteilserwerbe
 – nicht unter WpÜG 166
Anwendungsfälle 135
Asymmetrische Information 60
Außerordentliche Aufwendung 141
Außerordentlicher Ertrag 141
Auftragsstudie
 – Auftragsresearch 17
Auslandsemittentenprivileg 2, 23

B

Berechtigtes Interesse 44, 87, 114, 116, 164, 195
Bereichsöffentlichkeit 35, 88, 103–104, 132, 149
Berichtigung 125
Betroffenheit 104
Bilanzeid 8–10, 49
Bundesanzeiger 8, 73, 90
Business Wire 172

C

Compliance Management 127, 167
Compliance Officer
 – Compliance Office 118, 169
Compliance Organisation 117–118, 162, 167
Corporate Governance 24, 146, 183
Corporate Wording 175
Coverage 17, 83, 110, 183

D

Desinvestition 156
DGAP 171
Directors' Dealings 24, 26, 37, 46, 70
Disclosure Policy 146, 157, 174, 177–178, 180, 185–186

Drittes Finanzmarktförderungsgesetz 22
- 3. FiFöG 23
Due Diligence 97

E

Earnings Guidance 185–187
Earnings per Share (EPS) 17
EG-Börsenzulassungsrichtlinie 1, 86, 103
Eignung zur erheblichen Preisbeeinflussung
- Kurserheblichkeit 98, 100, 107, 132–133, 137
Emittentenleitfaden 3, 86, 92, 99–100, 103, 105, 107–108, 112, 116–117, 119, 121, 123–124, 134–139, 141, 150, 160–161, 168, 176, 188, 203
Equity Story 181, 184
EU-Marktmissbrauchsrichtlinie 5, 15, 28, 31–32, 35–36, 39, 42–43, 45–46, 85, 88–89, 92, 103, 107, 165, 187
- Gegenstand 31
- Regelungsbereiche 32
- Ziele 31
EU-Transparenzrichtlinie 48
Euro adhoc 171
Expectation Management
- Erwartungsmanagement 182–183

F

Fair Disclosure 103, 186
Fehlende Öffentlichkeit 102
Financial Forecasts 110, 186
Financial Track Record
- operative Performance 110, 183, 185
Finanzdienstleistungsaufsichtsgesetz
- FinDAG 24
Finanzplatz Deutschland 6, 21, 23, 37, 72, 127, 171
First Hand Information 58

G

Geschäftsergebnis 136
Gesetz über den Wertpapierhandel (Wertpapierhandelsgesetz – WpHG) 191

H

Handlungsempfehlung
- für die Praxis 167
Herkunftsstaatsprinzip 91
Hugin IR Services Deutschland GmbH 172

I

Informationseffizienz 4, 15, 18, 57–59, 61–63, 82, 177–178, 205
Informationspolitik 4, 21, 83, 146, 155, 178, 180, 184, 187
- aktive 110
Inlandsemittent 91, 130, 194–195, 198
Insiderhandel 6, 55, 57, 60–66, 69, 95
- Strafbedürftigkeit 67
- Strafwürdigkeit 66
Insiderhandelsverbot 7, 33, 38–39, 41, 65, 67–68, 70, 92–93, 106, 108, 203, 205
- gesetzliches 6
Insiderinformation 3, 7, 12–13, 15–19, 32–33, 35, 38–45, 61, 80, 87, 90, 93–97, 100–108, 112–120, 122–124, 128–129, 131–135, 139, 145, 151, 153, 157, 161–166, 168–169, 174–177, 182, 193–196, 201
- Legaldefinition 94
- Veröffentlichung 111
- Vorabmitteilung 111
Insiderpapier 38
Insiderprävention
- insiderrechtliche Präventivmaßnahme 4, 19, 68
Insiderrecht
- Beurteilung 54
- ökonomische Perspektive 54
- rechtspolitische Perspektive 65
Insiderregulierung
- Grenzen 68
- Möglichkeiten 68
Insiderverzeichnis 45, 120
Investition 156

J

Journalistenprivileg 99

K

Kapitalmarkt
- als Informationsverarbeitungssystem 55
Kennzahl 123
Kommunikationskonzept
- ganzheitliches 180
Konsensschätzung
- Konsensus 17
Kurserheblichkeit
- Preisbeeinflussungspotenzial 16, 109, 111, 142, 169, 205

L
Letter of Intent (LoI) 97–98, 162
Limited Auction 161

M
Marking the Close 34
Markterwartung 16–18, 99, 110, 138, 163, 183–185
Marktgerücht 55, 99–102, 118, 131–132, 155, 162, 165, 182
Marktmissbrauchsrichtlinie
– europarechtliche Vorgabe 88
Mehrstufige Entscheidung 96
Meldepraxis 10, 15, 77–78
Mergers & Acquisitions 80, 118, 158–159, 161, 166, 203
Missbrauch 5, 7, 32, 73–74, 121, 124, 127, 174, 176–177, 204
Mitteilungspflichten
– der Bietergesellschaft 160
– der Zielgesellschaft 163
– des Kaufinteressenten 160

N
Neuigkeitsgehalt einer Information
– Überraschungspotenzial 16
news aktuell GmbH 172
No Comment Policy 102, 117, 134, 166
Non Binding Indicative Offer Letter 161
Non Disclosure Agreement 161

O
One Voice Policy 146, 187
Opting Out 69
Ordnungswidrigkeit 126

P
Peer Group 16, 111, 123
Personalveränderung
– bei Schlüsselpositionen 143
Pflichtangebot 158
Präzise Information 12, 39, 89
Preisbeeinflussungspotenzial
– Sachverhalte Regelpublizität 15
Prognose
– Publizität 14, 17–18, 98–99, 107, 137–138, 140, 185
Prüfung
– formelle 130
– materielle 131
Prüfungsschema 130
Prüfungszeitraum 112

Publizität
– kapitalmarktrechtliche 8

R
Random Walk 58
Rechtsfolgen
– bei Verstößen gegen die Ad-hoc-Publizität 126
Regelpublizität 4, 8, 10–16, 18, 22, 73–74, 79, 124, 136
Restrukturierungsmaßnahmen 154

S
Scalping 35
Schadenersatzanspruch 3, 6, 24, 27, 68, 126, 128, 195
Schadenersatzregelung 127
Selbstbefreiung
– Aktivierung der 133
– Aufschub der Veröffentlichung 2–3, 78, 85–90, 97, 101, 112, 114–115, 117, 129–130, 133, 160–162, 164, 168–169, 178, 188
– unzulässige 129
– Voraussetzungen 117
Service Provider 171
Small Caps 17, 83
Small Company-Effekt 18
Strategische Entscheidung 156

T
Tatsache 7, 12–15, 17, 20, 22, 25–26, 29, 35, 42–43, 64, 68, 75, 83, 96, 98, 100, 102–103, 106, 112, 115, 136, 149, 160–161
Theorie des Handlungsanreizes 16
Timing 111
Transparenzrichtlinie-Umsetzungsgesetz
– TUG 1–2, 5, 10, 48, 85–86, 90, 180
– Veröffentlichung und Speicherung von Ad-hoc-Mitteilungen 52
Two Tire Board 96

U
Übernahmeangebot 158
Umstand 12, 17, 39, 56, 88, 92, 97, 110–112, 117, 123, 131, 133, 138, 160, 177
Unmittelbarkeit 104
Unternehmensregister 8–9, 48–49, 53, 87, 113, 194
Unverzüglichkeit 19, 80–81, 112, 119–120

V

Value Reporting 178
Veröffentlichung
— Sprache 120
— Umfang 120
— Unverzüglichkeit 112
Veröffentlichungsweg 113
Veröffentlichungszeitpunkt
— Sachverhalte Regelpublizität 18
Verträge
— Veränderung 151
Verwaltungs- und Gerichtsverfahren 149
Viertes Finanzmarktförderungsgesetz 23
— 4. FMFG 6, 23–24, 77, 128, 139
Vorabmitteilung 23, 112, 115, 118–120

W

Weitergabe 33, 40–41, 89, 101, 111, 119
Wertpapiererwerbsangebot 158
Wertpapierhandelsanzeige- und Insiderverzeichnisverordnung – WpAIV 197
Wertpapierhandelsgesetz 2
— Novellierung 36

Z

Zustimmungsvorbehalt 44, 80, 117
Zweites Finanzmarktförderungsgesetz 22
Zwischenbericht
— Quartalsbericht 18, 137